한일관계사연구논집 19

한일 역사교과서 서술의 이념

한일관계사연구논집 편찬위원회 편

景仁文化社

발 간 사

최근 한국과 일본 두 나라는 새로운 미래를 함께 열어가기 위한 공동의 노력을 전개하고 있다. 양국의 정치지도자나 여론 주도층에서는 동아시아 내지 세계 인류의 발전과 번영을 위해 양국이 공동으로 노력해나가야 한다는 사실에 적지 않게 공감하고 있다. 특히 오늘과 내일의 역사를 주도할 두 나라의 젊은이들도 점차 과거의 관념에서 벗어나 새로운 양국관계를 형성해 가려고 한다. 이는 양국 관계의 전개에 있어서 매우 바람직한 현상으로 생각된다. 이와 같은 공감대는 해방 이후 반세기 이상이 지나서야 비로소 나타날 수 있었다.

그러나 현재 한일 양국이 인류의 발전을 위해 공동보조를 견지하기 위해서는 더 큰 노력을 기울여야 한다. 특히 오늘의 역사연구자와 역사교육자들, 그리고 교육행정가들은 미래사의 주역이 될 양국의 젊은이들에게 중등학교 교육을 통해서 양국 간의 관계사에 대한 정확한 지식을 전수해야 할 책임을 지고 있다. 과거사에 대한 이해 없이는 미래에 대한 건전한 전망도 불가능하기 때문이다.

그럼에도 불구하고 한국의 연구자들은 일본의 중등학교 역사교육 과정에서 사용되는 일부 교과서에 대해 적지 않은 문제를 제기해 왔다. 이 문제를 해결하기 위해 양국 정부수반의 합의에 따라 2002년도부터 한일역사공동연구위원회가 설치되어 양국간의 역사문제에 대한 공식적 논의를 착수하게 되었다. 특히 제2기 한일역사공동연구위원회는 2007년도부터 활동을 시작하여 2009년도 말에 그 상호연구를 마무리 지을 수 있었다.

생각해보건대, 한국과 일본 두 나라는 분명 그 문화와 역사가 다른 나라이다. 그러나 한국과 일본 두 나라는 선사시대 이래 오늘에 이르기까지 긴밀한 관계를 유지해 왔다. 이 역사적 사실에서 양국 간에는 특별한 관계사가 성립되었다. 한일관계사 속에는 외교관계나 문화관계 등 평화적 상호관계가 있었다. 이와 함께 한국과 일본 두 나라는 때로는 전쟁관계에 놓이기도 했다.

더욱이 한국은 20세기에 이르러 일본 제국주의의 식민지로 전락되었다. 식민지 지배에 대한 한국인의 거부와 저항은 한일양국간의 상호관계를 적대관계로 변질시켰다. 이 적대관계는 해방과 그 이후에 체결된 한일간의 조약에 의해서 법적으로는 청산되었다. 그러나 일본의 중등학교 역사교과서에 수록된 정당하지 못한 내용이 전달될 경우에는 그 적대관계가 재차 형성되었고, 미래사에 대한 암담한 전망 때문에 양국의 상호관계가 냉각되기도 했다.

이에 양국의 연구자들은 그 과거사가 미래를 향하려는 길목에 장애가 됨을 공감했다. 그리하여 연구자들은 새로운 미래사를 전개하기 위한 전제조건으로 양국의 역사문제에 대한 해결을 위해 진지하게 토론하고 의견을 나누었다. 한일역사공동연구위원회는 이를 위해 출범했으며, 제2기 한일역사공동연구위원회의 한국측 위원회는 제1기의 전례에 따라 양국간에 합의한 공동주제에 대해 다시 심화연구를 추진했다.

그 결과 각 분과에서는 각기의 공동주제에 대한 이해의 심화를 위해 소주제들을 정하여 이에 대한 심화연구가 이루어졌다. 4개 분과가 각기 추진해온 그 세부 주제에 대한 연구는 모두 76편의 전문적 논문으로 정리되었다. 그런데 제1기의 경우에는 그 연구결과를 모아서 한일관계사연구논집 편찬위원회의 명의로 ≪한일관계사연구논집≫(전10권)을 간행한 바 있었다. 이에 이어서 한일역사공동연구위원회 제2기 한국측위원회도 그 논집을 이어받아 제11집부터 21집까지의 일련번호를 부여하여 간행하게 되었다. 이번에 간행된 책자에는 영문과 일문의 요약을 첨부했다. 특히 영문 요약문의 최종 검토작업은 한지은 선생과 UBC의 Franklin Rausch 선생이 나누어서 해주었다. 그동안 연구에 참여한 위원 및 공동연구원, 그리고 이 책의 간행에 도움을 준 모든 분들에게 특별히 감사드린다.

2010.3.

한일관계사연구논집 편찬위원회 위원장 조 광

＜목 차＞

한국과 일본의 역사교과서에 그려진 근대의 肖像

-'15년 전쟁'과 '식민지 조선'-

정 재 정*

Ⅰ. 머리말

일본은 1910년 8월에 한국을 병합하여 1945년 8월까지 35년 동안 식민지로 지배했다. 이 시기는 한국사에서 흔히 '日帝下의 民族受難期' 또는 '抗日民族解放運動期'라고 불리는데,[1] 최근의 연구에서는 한국인

* 이 논문은 ≪제2기 한일역사공동연구보고서 제6권≫(2010, 한일역사공동연구위원회)에서 재수록한 것임.
** 서울시립대학교 국사학과 교수

1) 한국의 교육인적자원부가 저작권을 가지고 있는 2008.3 ≪중학교 국사≫ 교과서는 '일제하 35년'을 '민족의 수난'과 '독립전쟁의 전개'를 두 기둥으로 삼

들이 이민족의 지배 아래서도 근대민족국가의 수립을 위해 줄기차게 反帝國主義鬪爭을 전개하는 한편, 근대문명을 수용하는 데도 매우 적극적으로 나섰던 '식민지 근대'의 시기로도 평가한다. 그 중에서도 특히 만주사변(1931.9)에서 시작하여 중일전쟁(1937.7)과 아시아·태평양전쟁(1941.12)을 거쳐 일본의 패망(1945.8)에 이르는 '15년 전쟁'[2]은 戰時 總動員體制 아래 '식민지 조선'에서 이른바 '식민지 근대'의 현상이 집중적으로 釀成된 시기로 보고 있다.[3]

피지배자인 한국인과 지배자인 일본인은 전쟁을 매개로 하여 二人三脚의 복잡하고 위태로운 관계로 얽혀 '15년 전쟁'을 함께 치렀다. 이런 同床異夢의 관계 속에서 한국인과 일본인은 일정 부분에서나마 전쟁이라는 경험을 공유했다고도 볼 수 있다. 그렇지만 한국인과 일본인이 전쟁에 참가한 사정이나 종전 이후 걸어온 道程이 서로 다르기 때문에, 두 나라가 전쟁 경험을 공유했으면서도 그것을 기억하고 해석하는 태도는 전혀 다르다. 더구나 두 나라의 역사교과서는 자국중심의 현재적 관점에서 '15년 전쟁'과 '식민지 조선'을 기술하기 때문에 경험의 공유에 대한 기억은 거의 사라지고 그 차이만이 더욱 부각되고 있다.

아 기술하고 있다.

2) 이 논문에서는 세 단계의 전쟁이 아무 관계없이 따로따로 일어난 것이 아니라, 서로 內的 연관을 가지고 발생한 一連의 전쟁이라는 뜻에서 '15년 전쟁'이라는 용어를 사용했다. 이러한 개념은 다음의 책에서 시사를 받았다. 江口圭一, 1991 ≪十五年戰爭小史≫ (靑木書店)

3) '식민지 근대'에 대한 한국 역사학계의 최근의 연구와 논쟁에 대해서는 먼저 다음을 참조할 것.
정재정, 2008 <한국근대와 식민지 근대성론> 한국사연구회 편, ≪새로운 한국사 길잡이(제3판 한국사연구입문)≫ (지식산업사) ; 권태억, 2000 <근대화·동화·식민지 유산> ≪한국사연구≫ 108 (한국사연구회) ; 김철·박지향·이영훈 엮음, 2006 ≪해방 전후사의 재인식≫ 1·2 (책세상) ; 윤해동·천정환·허수·황병주·이용기·윤대석 엮음, 2006 ≪근대를 다시 읽는다 1·2－한국 근대인식의 새로운 패러다임을 위하여≫ (역사비평사)

'15년 전쟁'과 '식민지 조선'에 대한 한국과 일본의 분열된 이해는 때때로 현실관계에서도 갈등을 촉발했다. 한국정부는 2001년과 2005년에 일본정부가 '15년 전쟁'을 국위의 선양으로 묘사한 중학교의 '새 역사교과서'를 검정에 합격시키고, 小泉純一郎 총리대신이 '15년 전쟁'의 A급 전범이 합사된 靖國神社를 참배한 것에 대해 강력히 항의했다. 일본은 한국의 항의에 당혹해 하면서도, 두 나라 사이에 역사인식이 서로 다를 수 있다는 원론적 자세를 견지하였다. 그리하여 한일 양국은 한 동안 정상회의를 열지 않을 만큼 냉랭한 관계에 빠졌다.4)

한국과 일본이 근린 국가로서 평화와 共榮의 미래를 열어가기 위해서는 '15년 전쟁'과 '식민지 조선'에 대한 분열된 역사인식을 극복해야한다. 이를 위해서는 두 나라의 역사교과서가 상호이해의 방향에서 '15년 전쟁'과 '식민지 조선'을 기술할 필요가 있다. 왜냐하면 역사교과서는 국민의 역사인식 형성에 큰 영향을 미치기 때문이다.

한국과 일본이 공통의 역사인식을 모색하기 위해서는 먼저 두 나라의 역사교과서가 '15년 전쟁'과 '식민지 조선'에 대해 어떻게 기술하고 있는가를 비교 검토해 볼 필요가 있다. 이러한 작업은 한국과 일본이 '15년 전쟁'과 '식민지 조선'의 이야기를 통해 어떤 역사관을 후세에 가르치고, 또 한국과 일본이 전쟁의 평가와 책임을 둘러싸고 왜 아직도 대립하고 있는가를 이해하는 데 도움을 줄 것이다.5)

---

4) 정재정, 2007 <韓日의 歷史葛藤과 歷史對話 - 和解와 相生의 歷史認識을 향하여> ≪史學研究≫ 88 (韓國史學會)

5) 이 논문은 미국 Stanford University의 The Walter H. Shorenstein Asia-Pacific Research Center와 한국 동북아역사재단이 공동으로 주최한 국제심포지엄 (<기억의 차이와 화해, Divided Memories and Reconciliation>, 2008년 9월 29일, 서울)과 한일역사공동연구위원회 교과서 분과회의(2008년 10월 24일, 삿포로)에서 발표한 <한국과 일본의 역사교과서에 그려진 근대의 肖像 - '15년 전쟁'과 '식민지 조선'>을 수정하고 보완한 것이다. 두 회의에서 拙稿에 대해 助言과 批評을 해주신 분들께 감사드린다.

위와 같은 문제의식을 바탕으로 하여 이 논문에서는 한국과 일본의
역사교과서가 '15년 전쟁'과 '식민지 조선'의 몇 가지 사안에 대해 어
떻게 기술하고 있는가를 상호 비교의 관점에서 개괄적으로 검토하겠
나.6)

그런데 두 나라 역사교과서의 특징을 미리 말하면, 한국의 역사교과
서는 '15년 전쟁'에 대해서는 거의 언급하지 않은 대신에, 전쟁시기의

---

6) 이 논문에서 분석의 대상으로 삼은 한국의 역사교과서는 다음과 같은 3종류
이다. ①국사편찬위원회 국정도서편찬위원회, 2007 ≪고등학교 국사≫ (교학
사) ②김한종 외, 2005 ≪고등학교 한국근·현대사≫ (금성출판사) ③오금성
외, ≪고등학교 세계사≫ (금성출판사) ④국사편찬위원회 국정도서편찬위원
회, 2008 ≪중학교 국사≫ (주 두산)
　①은 고등학교 1학년에서 배우는 한국사 교과서로 전근대사(19세기 중반
이전)를 위주로 하여 구성되었다. 교육인적자원부가 저작권을 가지고 있고,
전국의 고등학생이 모두 필수로 배워야하는 유일본이다. 내용이 정치·경제·
사회·문화의 영역으로 나뉘어 있어서 역사의 흐름을 종합하여 파악하기 어려
운 단점이 있다. ②는 고등학교 2~3학년의 학생이 選擇하여 배울 수 있는 검
인정 교과서인데, 19세기 중반 이후의 한국사를 通史 형식으로 다루고 있다.
한국근·현대사 교과서 시장에서 54%의 채택률을 기록하고 있다. ③은 인문
계 고등학교에서 선택과목으로 되어 있는 세계사 교과서인데, 채택률이 비교
적 높은 편에 속한다. ④는 중학교 2~3학년에서 배우는 한국사 교과서로서
고대부터 현대까지의 通史로 구성되었다. 교육인적자원부가 저작권을 가지고
있고, 전국의 중학생이 모두 필수로 배워야하는 유일본이다.
　한편 한국의 역사교과서와 비교의 대상이 된 일본의 고등학교 역사교과서
는 東京書籍의 2003 ≪日本史 B≫ (⑤), 山川出版社의 2005 ≪詳說世界史≫
(⑥), 중학교 역사교과서는 東京書籍의 2008 ≪新編 新しい歷史≫ (⑦), 扶桑
社의 2008 ≪新編 新しい歷史敎科書≫ (⑧)이다. ⑤는 中道의 시각에서 일본
사를 기술한 교과서이고, ⑥과 ⑦은 해당 분야의 교과서 중에서 가장 많이 채
택되고 있다. ⑧은 근린 제국과의 관계사를 기술한 부분에서 일본의 내셔널
리즘이 과도하게 표출되어 한국과 중국으로부터 강력한 비판을 받은 바 있다.
　한국과 일본에서 각각 독특한 성격을 갖고 있는 위와 같은 역사교과서를
서로 비교해보면 한국과 일본의 역사인식의 공통점과 차이점을 잘 알 수 있
게 될 것이다. 앞으로 본문에서 위의 역사교과서들을 인용할 때는 번호로써
書誌를 대신하는 경우도 있을 것이다.

'식민지 조선'의 상황에 대해서는 아주 자세히 기술했다. 반면에 일본의 역사교과서는 '15년 전쟁'의 경과에 대해 대단히 자세하게 기술한 대신에, '식민지 조선'의 실상에 대해서는 아주 간략하게 언급했다. 그러므로 한국과 일본의 역사교과서를 조목조목 비교 검토하는 데는 원천적으로 한계가 있기 때문에, 따라서 이 논문에서는 경우에 따라 '15년 전쟁'에 대해서는 소략하게 언급하는 한편, '식민지 조선'에 대해서는 자세히 다룰 수밖에 없을 것이다. 이 점을 양해해 주기 바란다. 이 논문이 한국과 일본의 역사교과서 기술을 개선하는 데 조금이라도 도움이 된다면 다행이라고 생각한다.

Ⅱ. '15년 전쟁'의 경과와 講和

1. 滿洲事變과 滿洲國

한국의 자국사 교과서에는 이상할 정도로 만주사변과 만주국에 관한 기술이 거의 없다. ≪고등학교 국사≫는 '일제의 만주 침략'(① 121쪽)이라고 표현하고, ≪고등학교 한국근·현대사≫는 '만주사변'이라는 용어를 사용했다. 그렇지만 두 교과서는 만주사변이 무엇이고, 왜 발발했는지, 그리고 그 결과로 만주국이 성립했다는 사실 등에 대해서는 설명하지 않았다. 한국사 교과서는 오로지 '항일민족운동'이나 '무장독립전쟁의 근거지'라는 시각에서 '만주'를 언급하고 있을 뿐이다. ≪중학교 국사≫ 교과서도 이와 마찬가지이다.

반면에 한국의 ≪고등학교 세계사≫는 만주사변과 만주국에 대해, 일본이 만주사변을 일으켜 중국 북동부를 점거한 뒤 괴뢰정권(만주국)을 세웠다(1931)고 기술했다(③ 275쪽). 여기에서도 만주사변이 어떤 과정을 거쳐 발생했는지에 대한 설명은 없다. 다만 만주사변의 결과 중국 동북부에 만주국이라는 꼭두각시 국가가 출현했다는 사실은 알 수 있도록 기술했다.

만주사변과 그 귀결로써 출현한 만주국은 식민지 조선의 운명과도 밀접히 관련되어 있다. 만주사변 때 조선에 주둔하고 있던 일본군은 국경을 넘어 만주로 진격했다. 그리고 이듬해 수립된 만주국은 일본인뿐만 아니라 한국인에게도 무언가 꿈을 실현할 수 있는 기회의 땅으로 비쳐졌다.[7] 식민지 조선에서는 이 新天地로 이주하는 사람이 줄을 이었다. 그들 중에는 몰락한 농민도 있었고, 한몫 잡으려는 야심가도 있었고, 독립운동을 꿈꾸는 志士도 있었다.

만주사변 당시 만주에는 이미 63만 여 명의 한국인이 살고 있었는데, 만주국이 패망할 당시에는 그 수가 170만여 명에 달했다.[8] 한국인이 만주에서 항일독립운동을 전개할 수 있던 것은 이런 토대가 마련되어 있었기 때문이다.

1990년대까지만 하더라도 한국의 역사학계는 20세기의 만주에 대해 별로 연구하지 않았다. 만주에 관한 연구는 주로 그곳에서 전개된 한국인의 항일민족운동을 해명하는데 집중되었다. 그렇지만 최근에는 滿洲學會가 창립되어 만주의 정치·경제·사회·문화 등에 대한 연구가 활발하다. 그리하여 만주의 인구이동과 도시발달 등에 대한 全貌가 어느 정도 밝혀지게 되었다.[9] 앞으로 역사교과서는 이런 연구 성과를 적극

---

7) 한석정, 2007 ≪개정판 만주국 건국의 재해석 – 괴뢰국의 국가효과 1932~1936≫ (동아대학교 출판부) ; 김재용, 2006 <일제말 한국인의 만주인식 – 만주 및 '만주국'을 재현한 한국 문학을 중심으로> ≪北方史論叢≫ 12 (고구려연구재단) ; 김철, 2002 <몰락하는 신생 – '만주'의 꿈과 <농군>의 오독> ≪상허학보≫ 9 (깊은 샘)

8) 고구려역사재단 편, 2005 ≪만주 – 그 땅, 사람 그리고 역사≫

9) 만주학회는 1998년 2월에 창립되었는데, 1년 2회 ≪만주연구≫라는 학술잡지를 간행하고 있다. 동 학회 회원의 주요 업적으로는 김경일 등, 2004 ≪동아시

적으로 수용해야 할 것이다. 만주가 한국인의 일상생활과 민족운동의 터전이었다는 점을 감안하면, 한국의 역사교과서가 만주사변과 만주국에 대해 좀 더 자세히 기술하는 것이 좋다고 생각한다.

한편 일본의 자국사 교과서는 <만주사변과 정당정치의 후퇴>라는 절에서 9쪽에 걸쳐 만주사변 전후의 국내외 정세를 자세히 기술했다. 곧 일본군의 중국 진출과 국가개조운동, 만주사변의 발생과 정당내각의 붕괴, 국제연맹(League of Nations)에서의 탈퇴와 군부의 쿠데타, 유럽의 정세와 日·獨·伊 삼국의 제휴, 학문·사상의 억압과 민심의 동향 등이 기술되어 있다 (⑤ 327~336쪽). 반면에 식민지 조선의 사정이나 만주에서의 항일운동 등에 대해서는 전혀 언급하지 않았다.

東京書籍의 중학교 역사교과서는 <일본의 중국침략>이라는 절 속에 <滿洲事變>이라는 항목을 설정하여 만주사변, 만주국 수립, 5·15 사건, 국제연맹 탈퇴 등에 대해 1페이지를 기술했다(⑦ 186쪽).10) 扶桑社의 중학교 역사교과서는 <만주사변>이라는 절에서 <만주사변 前夜의 만주>, <만주사변으로부터 만주국의 건국으로>, <만주사변을 세계는 어떻게 보았는가>라는 항목을 설정하여 2쪽이나 기술했다(⑧ 196~197쪽).11) ⑦이 일본의 행위를 비판적 시각에서 기술한 반면, ⑧은 일본의 행동을 변명하는 방식으로 기술했다.

아의 민족이산과 도시-20세기 전반 만주의 조선인≫ (역사비평사) (Korean Diaspora in Manchurian Cities in the Early Twentieth Century) 등을 참조할 것.
10) 東京書籍이 간행한 중학교 역사교과서의 한국 관련 내용을 자세히 분석한 논문으로서는 다음과 같은 것이 있다. 정재정, 2003 <일본 중학교 역사교과서의 개편과 한국사관련 서술의 변화-東京書籍 간행 新舊교과서의 對比를 중심으로-> ≪史學硏究≫ 69 (韓國史學會)
11) 扶桑社가 간행한 중학교 역사교과서의 한국 관련 내용을 자세히 분석한 논문으로서는 다음과 같은 것이 있다. 정재정, 2001 <일본 중학교 역사교과서의 나타난 韓國史觀의 특징> ≪한국독립운동사연구≫ 16 (독립기념관 한국독립운동사연구소)

일본의 세계사 교과서는 <만주사변·일중전쟁과 중국의 저항>이라는 항목(3쪽)을 설정하여, 전쟁의 경과와 여파를 국제정세의 흐름 속에서 꽤 자세히 기술했다. 또 전쟁의 와중에서 중국의 국민당과 공산당이 내전을 멈추고 동일선선을 구축하여 일본에 대항했다는 기술에도 많은 지면을 할애했다. 남경학살사건에 대해서는 "남경 점령 때에는 다수의 중국인을 살해하여 국제여론의 비난을 받았다"고 기술했다 (⑥ 304~311쪽). 그러나 식민지 조선의 사정에 대한 기술은 없다.

한국과 일본의 역사교과서는 만주사변과 만주국에 대해 기술하는 태도가 전혀 다르다. 일본의 역사교과서는 일본제국이 치밀한 전략을 세워 주체적으로 만주사변을 일으키고 만주국을 수립해가는 과정을 자세히 묘사했다. 반면에 한국의 역사교과서는 만주사변이 일어나고 만주국이 수립되었다는 사실만을 언급했을 뿐, 그 과정에 대해서는 거의 기술하지 않았다. 곧 한국 교과서는 '항일민족운동'의 관점에서 만주를 한두 번 언급한다. 반면에 일본 교과서는 일본 세력의 팽창이라는 관점에서 만주사변과 만주국의 추이를 국제정세와 관련시켜 자세히 설명한다. 만주사변과 만주국 수립에서 한국은 客體이고 일본은 主體였기 때문에 두 나라의 역사교과서가 이렇게 다르게 기술한 것으로 보인다. 한국과 일본의 학생이 만주사변과 만주국 수립에 대해 이렇게 다른 내용의 역사교과서를 배우면, 서로 다른 역사지식과 역사인식을 갖게 될 것은 불을 보듯 뻔한 일이다.

2. 중일전쟁과 아시아·태평양전쟁

중일전쟁의 발발에서부터 아시아·태평양전쟁의 종결에 이르는 시기에 '식민지 조선'에서는 전시동원체제가 형성되고 황국신민화정책이 강력하게 추진되었다. 그 강도와 범위는 전쟁의 추이에 따라 격화되고 확대되었다. 일본의 식민지였던 조선이 독립국가의 자격을 가지고 이 전쟁에 참가한 것은 아니지만 한국인은 '대일본제국의 신민'이라는 구실 아래 철저하게 전쟁에 동원되었다. 그리하여 조선사회는 전쟁과 共鳴하면서 급격히 변모해갔다. 국가총동원체제 아래 정치적으로는 조선인을 일본인으로 개조하는 同化政策이 강력하게 추진되고, 경제적으로는 兵站基地化政策의 파도를 타고 중화학공업 등이 괄목하게 발전했으며, 문화적으로는 군국주의적 색채가 농후한 일본풍의 문화가 구석구석 침투했다. 그리하여 조선에서는 주로 대도시 지역에서 두드러지게 나타난 현상이기는 하지만, 식민지의 특성을 지닌 日本式의 근대문명이 급속히 확산되었다.[12]

　그런데 한국의 자국사 교과서는 중일전쟁과 아시아·태평양전쟁의 추이에 대해 거의 다루지 않았다. 전쟁의 발발에 대해서만 몇 마디 언급하고 있을 뿐이다. ≪고등학교 국사≫는 중일전쟁에 대해서 <국내외 항일민족운동>이라는 항목 아래, "1937년에 일제가 중·일 전쟁을 일으켰다"고만 기술했다 (① 121쪽). 또 <일제의 민족말살정책>이라는 항목에서 중일전쟁을 암시하는 표현으로써, "일제는 1930년대 후반 이후 대륙 침략을 본격화하면서"(① 323쪽) 라고 기술했다. 태평양전쟁에 대해서는 <전시총동원체제와 식민지경제의 파탄>이라는 항목 아래, "1941년에 일제는 미국 해군기지가 있던 하와이의 진주만을 기습하여 태평양전쟁을 일으키면서"(① 183쪽)라고 기술했다. 둘 다 전쟁의 원인이나 경과를 설명하는 것이 아니라, 항일민족운동이나 전시동원정책을 다루는 배경으로 한두 마디 언급했을 뿐이다.

　≪고등학교 한국근·현대사≫는 <조선을 침략 전쟁의 기지로 …> 라는 항목에서 중일전쟁과 태평양전쟁을 다음과 같이 한 문장으로 기

---

12) 脚注 3)의 논고를 참조할 것.

술했다.

> '일제는 중·일전쟁을 일으켜(1937) 중국 본토에 대한 침략을 본격화하였
> 다. 그리고 하와이 진주만의 미국 해군기지를 기습 공격함으로써 태평양전
> 쟁을 일으켰다(1941).'(② 160쪽).

간결하게 잘 정리한 문장이지만, 전쟁의 원인이나 경과에 대해서는
아무런 설명이 없다.

《중학교 국사》는 <민족 말살 정책>이라는 항목에서 "중·일 전쟁
을 일으켜 중국 대륙을 침략한 일제는 그 후 미국의 진주만을 기습 공
격함으로써 태평양 전쟁을 일으켰다(1941). 나아가 일본군은 필리핀을
비롯한 동남 아시아 일대까지 침략하였다. 이 전쟁을 수행하기 위해
일제는 전시 동원 체제를 발동하여 우리 민족을 전쟁터에 동원하였다"
고 기술했다 (⑦ 261쪽). 《고등학교 국사》와 유사한 기술이다.

《고등학교 세계사》는 일본은 "화북으로 진출하여 전면적인 침략
전쟁을 시작하였으며(1937), 이 과정에서 난징에서는 수십 만 명의 양
민을 학살하기도 하였다(난징 대학살)"(③ 275쪽)고 기술했다. 한국의
자국사 교과서가 난징 대학살에 대해 一言半句도 언급하지 않은 것에
비하면, 세계사 교과서는 조금 관심을 기울였다고 볼 수 있다.

한국의 자국사 교과서는 항일 '무장독립전쟁', 세계사 교과서는 '아
시아·아프리카의 반제국주의운동'을 다루는 곳에서 중일전쟁과 아시
아·태평양전쟁에 대해 한두 마디 기술했다. 한국의 민족운동은 두 전
쟁의 추이와 밀접하게 連動하면서 전개되었다. 그럼에도 불구하고 한
국의 역사교과서는 전쟁과 민족운동이 별로 상관없이 전개된 것처럼
기술했다. 그 까닭은 한국의 역사학이 두 전쟁에 대해 거의 연구하지
않았기 때문일지도 모른다.

중일전쟁과 아시아·태평양전쟁은 20세기 아시아의 거의 모든 나라

를 전쟁에 몰아넣은 사건인데다가, 그로 인해 이 지역의 국제질서가
완전히 뒤바뀌고, 연합국이 이 전쟁에서 승리함으로써 한국도 식민지
에서 해방되었다. 이 점을 감안하면, 한국의 역사학이 두 전쟁에 대해
좀 더 연구하고, 역사교과서가 두 전쟁에 대해 좀 더 많이 기술해야 할
것이라고 생각한다.

한편 일본의 東京書籍 ≪日本史 B≫는 중일전쟁과 태평양전쟁을 따
로 떼어서 아주 많은 내용을 기술했다. <일중전면전쟁>이라는 절(3쪽
의 분량)에서는 전쟁의 원인과 경과를 상세히 언급했다. 남경대학살에
대해서는 일본군이 남경을 점령했을 때 약 20만 명이라고도 하는 군인·
포로·비전투원을 살해함과 더불어, 약탈·방화·성폭력을 다수 일으켰다
고 표현했다 (④ 337~339). 반면에 식민지 조선에 관한 기술은 없다.

또 이 교과서는 <제2차 세계대전과 대일본제국의 붕괴>라는 장을
설정하여 아시아·태평양전쟁에 대해 14쪽 가량이나 기술했다. 日·獨·
伊 삼국동맹과 남진정책, 태평양전쟁의 개전, 식민지·점령지 통치의
실태와 戰局의 악화, 패전과 국민생활 등의 내용이 들어 있다. 이러한
기술은 아시아·태평양전쟁의 전개를 이해하는 데 도움을 준다. '식민
지 조선'의 사정에 대해서는 創氏改名, 노동자의 强制連行, 慰安婦 동
원 등을 기술했다 (④ 342~355쪽).[13]

동경서적의 중학교 역사교과서는 <日中全面戰爭>이라는 절의 아래
<일중전쟁의 발발>, <진흙탕이 되어버리는 전쟁>, <강화되는 통제
경제> 등의 항목을 설정하여 2쪽을 기술했다(⑦ 188~189쪽). 아시아·
태평양전쟁에 대해서는 <아시아·태평양에서의 싸움>이라는 절 아래

---

13) 현재 사용 중인 일본의 고등학교 일본사 교과서가 '15년 전쟁' 시기의 한국
    관련 사안을 어떻게 기술하고 있는가를 자세히 분석한 논문으로서는 다음과
    같은 것이 있다. 허동현, 2008 <"아시아·태평양 전쟁기(1931-1945)" 한국관
    련 서술의 분석 - 2007년도 검정 고교일본사를 중심으로 - > ≪韓日關係史研
    究≫ 30 (한일관계사학회)

<동아시아에서의 움직임>, <태평양전쟁의 시작>, <총력전과 전쟁
의 장기화>, <전쟁의 희생> 등의 항목을 설정하여 2쪽을 기술하고
(⑦ 192~193쪽), 따로 <전쟁의 종결>이라는 절 아래 <독일·이탈리
아의 항복>, <일본의 항복>이라는 항목을 설정하여 2쪽을 기술했다
(⑦ 194~195쪽). 기술의 내용은 전쟁의 처참함을 보여주는 것이 많다.

　扶桑社의 중학교 역사교과서는 중일전쟁에 대해 <日中戰爭>이라는
절에서 <2·26사건>, <西安事件>, <盧溝橋事件에서 일중전쟁으로>
라는 항목을 설정하여 2쪽을 기술했다(⑧ 198~199쪽). 아시아·태평양
전쟁에 대해서는 <大東亞戰爭>이라는 절 아래 <眞珠灣攻擊>, <暗
轉하는 戰局>, <大東亞會議와 아시아 諸國>이라는 절 아래 <아시아
에 퍼져가는 독립에의 희망>, <대동아회의>, <아시아 제국과 일
본>, <戰時下의 생활>이라는 절 아래 <국민의 동원>, <공습의 피
해>, <終戰外交와 일본의 패전>이라는 절 아래 <얄타에서 포츠담까
지>, <원폭 투하와 소련의 침공>, <聖斷 내리다> 등의 항목을 설정
하여 무려 8쪽이나 기술했다(⑧ 204~211). 기술의 논조도 아시아·태평
양전쟁이 마치 일본이 서양세력의 지배로부터 아시아 諸國을 해방하려
고 일으킨 것처럼 되어 있다. 전쟁의 호칭조차도 침략전쟁을 주도했던
'대일본제국'의 당국자가 羊頭狗肉으로 내세웠던 '大東亞戰爭'이라는
명칭을 일부러 채용하고 있다.

　일본의 山川出版社 ≪詳說世界史≫는 <제2차 세계대전>이라는 절
에서 유럽의 전쟁과 함께 태평양전쟁의 경과에 대해 8쪽 정도 기술했
다. 식민지 조선에 관해서는 창씨개명, 노동자의 강제연행, 징병제 실
시 등을 간단히 언급했다(⑤ 311~318쪽).

　한국과 일본의 역사교과서는 중일전쟁과 아시아·태평양전쟁에 대한
기술에서도 큰 차이를 보인다. 한국의 교과서는 전시의 국내 상황에
대해서만 기술하고 있는데 비하여, 일본의 교과서는 전쟁의 확대과정

과 점령지의 사정에 대해서도 기술했다. 교과서의 기술만을 본다면, 한국과 일본의 학생이 아시아·태평양전쟁의 추이에 대한 지식을 공유하기는 어렵다. 더욱이 일본의 일부 교과서가 공공연히 '大東亞戰爭史觀'을 표방한다면 한국과 일본의 역사화해는 영원히 불가능할 것이다. 그럼에도 불구하고 굳이 기대를 걸어본다면, 일본군이 식민지와 점령지에서 주민에게 큰 피해를 입혔다는 사실을 함께 확인할 수 있다는 점이다.

3. 일본의 패전과 샌프란시스코평화조약

중일전쟁과 아시아·태평양전쟁은 일본이 연합국에 무조건 항복함으로써 끝났다(1945.8~9). 그렇지만 패전국 일본이 연합군의 점령에서 벗어나 주권(sovereignty)을 획득한 것은 샌프란시스코평화조약(체결 1951. 9.8, 발효 1952.4.28) 이후의 일이었다. 한반도는 1945년 9월을 전후하여 미군과 蘇軍이 북위 38도선을 경계로 하여 분할 점령했다. 그리고 우여곡절 끝에 1948년 8월 15일 이남에 대한민국이, 같은 해 9월 9일 이북에 조선민주주의인민공화국이 수립되었다. 남북한은 샌프란시스코평화조약에 참가하지는 않았지만, 이 조약이 만든 戰後體制 속에서 활로를 모색해나갔다. 따라서 샌프란시스코평화조약은 한국과 일본 모두에게 아주 중요한 事案이라고 할 수 있다.

그럼에도 불구하고 한국의 ≪고등학교 국사≫는 중일전쟁과 아시아·태평양전쟁의 종결 이후의 샌프란시스코평화조약에 대해 한마디도 언급하지 않았다. ≪고등학교 한국근·현대사≫도 샌프란시스코평화조약에 대해서 아무것도 기술하지 않았다. 이 점은 ≪중학교 국사≫도 마찬가지이다.

한국의 ≪고등학교 세계사≫는 "제2차 세계대전의 전후 처리는 미·소의 대립으로 연합국과 패전국 사이의 전체적인 강화가 아닌 패전국과의 개별 강화로 이루어졌"고, 일본은 샌프란시스코회의의 결정으로 1951년에 주권을 회복하였다고 기술했다(③ 288쪽). 자국사 교과서보다는 진일보한 표현이다.

한편, 일본의 東京書籍 ≪日本史 B≫는 <샌프란시스코강화조약과 일미안보체제>라는 절을 설정하여 강화조약의 체결, 일미안보체제의 성립, 국제통화제도와 자유무역체제, 현대에 이어진 과제 등을 3쪽 정도 다루었다. 강화조약의 체결에서는 중화민국(대만)과 중화인민공화국이 강화회의에 초대받지 못하고, 조선은 이 조약에 따라 독립했다고 기술했다(④ 369~371쪽).

동경서적의 중학교 역사교과서는 <국제사회에 복귀하는 일본>이라는 절 아래 <평화조약과 國連加盟>이라는 항목을 설정하여 1쪽 가량 기술했다(⑦ 209쪽). 日美安全保障條約도 이 항목에서 등장한다. 扶桑社의 중학교 역사교과서는 <점령정책의 전환과 독립의 회복>이라는 절에 <독립의 회복>이라는 항목을 설정하여 샌프란시스코강화조약과 일미안전보장조약에 대해 반쪽 정도 설명했다(⑧ 217쪽). 동경서적의 교과서가 '국제사회로의 복귀'라는 식으로 기술한 반면 부상사사 '독립의 회복'이라는 식으로 기술하여 기묘한 대조를 이룬다. 후자가 연합국의 일본 점령에 대한 강한 불만과 함께 주권 회복에 대한 만족을 숨김없이 표현했다고 볼 수 있다. 역시 이 책은 우파 일각의 일본식 내셔널리즘을 대변하는 역사교과서라고 평가할 수 있다.

일본의 山川出版社 ≪詳說世界史≫는 <냉전구조와 일본·유럽의 부흥>이라는 절(6쪽의 분량) 아래 <조선전쟁과 냉전체제의 성립>이라는 항목에서 샌프란시스코강화회의에 대해 설명했다. 이 조약을 통해 일본은 독립을 회복하고, 조선·대만·南樺太·千島를 정식으로 放棄했다는 구절도 들어 있다(⑤ 326~331쪽).

역사적 사실로 보면, 일본정부가 포츠담선언을 수락하여 연합국에 무조건 항복하기로 결정하고 천황이 이것을 공표한 것은 1945년 8월 15일, 맥아더 장군이 북위 38도선을 경계로 美蘇 兩軍이 한반도의 남북을 분할 점령한다고 발표한 것은 같은 해 9월 2일, 조선총독이 주한 미군사령관과 항복문서에 조인한 것은 같은 해 9월 9일이었다. 그 후 미소의 군정을 거쳐 남북한에서는 1948년 8~9월에 각각 독립국가인 대한민국과 조선민주주의인민공화국이 세워졌다.

한국의 역사교과서는 일본의 패전과 동시에 한반도가 식민지지배로 부터 해방되고, 또 남북에 독립국가가 세워지는 과정을 사건의 전개에 따라 기술했다. 반면에 일본의 역사교과서는 남북한 정부가 수립되고도 3년이나 지난 뒤에 체결된 샌프란시스코평화조약에 따라 한반도가 일본에서 분리되어 독립했다고 기술한다. 이것은 역사적 사실과 부합하는 기술이 아니다.

일본의 역사교과서가 1945년 8월 15일 이후 한반도에서 일어난 엄연한 사실을 무시한 채 샌프란시스코조약의 문면에 사로잡혀 일본의 독립과 한국의 해방을 아전인수격으로 기술하면, 한국과 일본의 학생이 아시아·태평양전쟁의 종결과 전후처리, 그리고 한국과 일본의 독립국가 수립에 대해 아주 다른 인식을 갖게 될 것이다.

실제로 현재 한국은 1945년 8월 15일을 일본의 식민지 지배로부터 벗어나 주권을 회복한 광복절로 인식하는 반면, 일본은 연합국과의 전쟁이 끝난 終戰日로서 이해한다. 일본인들은 일본이 연합국에 패하여 무조건 항복했음에도 불구하고, 그것을 패전이 아니라 종전이라고 인식하는 것이다. 이와 같은 자의적 해석은 일본의 정부와 매스컴이 합작하여 만들어낸 자국위주의 집단기억이라고 할 수 있다.[14]

---

14) 동아시아의 각국이 1945년 8월 15일을 어떻게 기억하고 있는가에 대해서는

III. '식민지 조선'의 戰時狀況과 항일민족운동

1. 도시의 형성과 일상생활의 변화

일제의 식민통치 기간 한국사회는 큰 변화를 겪었다. 특히 1930년대 이후 변화의 속도는 매우 빨랐다. 한국의 ≪고등학교 국사≫는 그런 현상을 다음과 같은 요지로 기술했다.

한국의 인구는 1910년대 말에 1,700만 명에서 1942년에 2,600만 명 정도로 늘었다. 서울의 인구는 1920년에 24만 명 정도였는데, 1940년 에는 93만 명으로 팽창했다. 일제가 宮城 등의 전통 건물을 헐어버리 고, 관공서 등을 신축함으로써 서울은 식민지 도시 풍경으로 변해 갔 다. 그런데 일본인이 집단으로 거주하는 지역은 근대 도시의 모습을 갖추었지만, 한국인이 밀집한 지역은 낡고 누추했다. 도시의 이와 같은 이중적인 모습은 서울뿐만 아니라, 일본인이 많이 살던 부산, 인천, 군 산, 목포, 마산 등도 대부분 마찬가지였다. 도시에서는 주택난이 심각 하여 움막집을 짓고 사는 사람도 많았다(① 242~244쪽).

한편 한국의 ≪중학교 국사≫는 식민지 시기의 사회 변화에 대해 거의 언급하지 않았다. 일제의 경제적 수탈과 사회적 차별을 강조하는 기술이 主調를 이루었다.

한국의 ≪고등학교 한국근·현대사≫는 일제강점기에 사회가 많이 달라졌다는 것을 보여주는 예로서, 도시의 상가에 네온사인이 들어오 고, 교통수단으로서 자동차가 등장한 것을 소개했다. 또 여성들의 헤어

다음의 책을 참고할 것. 정근식·신주백 편, 2006 ≪8·15의 기억과 동아시아 적 지평≫ (도서출판 선인) ; 佐藤卓己·孫安石 編, 2007 ≪東アジアの終戰記念 日ー敗北と勝利のあいだ≫ (筑摩書房)

스타일이 단발머리로 바뀌고, 간호부 등의 새로운 직업이 출현했다는 것을 그림으로 보여주었다. 이런 새로운 생활문화는 신문과 방송 등을 통해 확산되었지만, 모든 지역에서 동시에 이루어진 것은 아니었다(② 224~225쪽).

종래 한국의 역사교과서는 식민지시기의 경제발전과 사회변화를 기술하는 데 인색했다. 그런데 최근 한국에서는 식민지시기에 경제와 사회가 다양하고 급격하게 변화했다는 것을 보여주는 연구가 성행하고 있다. 이런 연구 중에는 '식민지 근대화론'을 표방하는 것도 있고, '탈근대'를 지향하는 것도 있다.15) 한국 역사교과서의 기술은 식민지시기를 '근대문명의 수용'이라는 시각에서 새롭게 보려는 최신의 연구 성과를 부분적으로 수용한 것으로 보인다. 반면에 일본의 역사교과서는 중고등학교를 막론하고 식민지 조선의 경제와 사회에 대해 별로 언급하지 않았다.

2. 兵站基地化政策과 物資收奪

1930년대 이후 일본 자본이 식민지 조선에 대거 몰려들었다. ≪고등학교 국사≫는 그 양상을 이런 요지로 기술했다. 중일전쟁 이후 일제는 조선을 병참기지로 재편하는 정책을 추진했다. 공업화정책은 전력

---

15) 탈근대(포스트모더니즘)는 역사의 사안이 매우 복합적이고 다양하고 불투명하다는 것을 인정하고, 역사를 하나의 관점에서 파악하거나 통일된 체계와 의미속에서 연구하려 하지 않는다. 역사는 단선적으로 발전하는 하나의 역사가 아니라 서로 상충하기도 하는 복수의 역사들로 이루어진다. 탈근대의 시각에 선 연구자들은 자본주의, 국가, 민족, 계급 등과 같은 거시적 언설보다는 육체, 욕망, 문화, 지식, 권력 등과 미시적 용어를 구사하여 민족주의에 경도된 식민지 조선에 대한 연구를 비판한다.(역사문제연구소, 2002 <특집 탈/국가, 탈/민족 역사서술에 대해 듣는다> ≪역사비평≫ 58)

과 자원이 풍부한 한반도 북부지역에서 대륙침략을 위한 전쟁물자 생
산과 밀접한 관련을 가지면서 추진되었다. 이 과정에서 일본의 대자본
이 활발하게 침투하여 금속·화학 등 중화학 공업이 빠르게 성장하였
다. 그리하여 종 생산액에서 공업이 차지하는 비중도 크게 늘어났다.
그러나 회사자본의 대부분은 일본인이 소유하고, 경영진과 기술자도
일본인이 주를 이루었으며, 한국인은 최소한의 노동기본권도 보장받기
가 어려운 상황에서 임금과 승진에서 여러 가지 차별을 받았다. 전쟁
말기에는 군수물자 생산에 집중하기 위해 경제활동에 대한 통제를 크
게 강화했다. 세금을 늘리고 저축을 강요하여 마련된 자금은 군수기업
에 집중적으로 지원되었다. 광물자원을 확보하기 위해 학교의 철문이
나 집안의 숟가락까지 강제로 빼앗아 갔다. 이 과정에서 한국인이 경
영하던 기업 중에 문을 닫는 경우가 속출했다. 결국 식민지 조선의 공
업화 정책은 한국인의 노동력과 자원을 수탈하여 일본자본의 이익을
극대화해 나가는 과정에 지나지 않았다(① 182-183쪽).

≪중학교 국사≫는 <일제의 경제 수탈 정책은?>이라는 절 아래
<토지 약탈>, <산업 침탈>, <식량 수탈>, <우리 민족이 민족 말살
통치하에서 겪은 고난은?>이라는 절 아래 <민족 말살 정책>, <물적·
인적 자원의 수탈>의 항목을 두어 수탈의 실상을 자세히 기술했다(④
258~262쪽). 그 기조는 ≪고등학교 국사≫와 유사하다고 볼 수 있다.

≪고등학교 한국근·현대사≫는 일제가 <조선을 침략전쟁의 기지>
로 재편했다는 내용을 아래와 같은 요지로 기술했다. 내용의 기조는
≪고등학교 국사≫와 비슷하다. 식민지 공업화는 1938년 무렵에 공업
생산액이 농업생산액을 능가할 정도로 진척되었지만 소비재 생산은 크
게 줄었다. 또 공업발달의 지역적 편차는 물론이고, 농업과 공업, 경공
업과 중공업의 불균형이 깊어졌다. 일제는 각종 세금을 신설하여 생계
유지도 힘든 민중[16]을 더욱 곤란하게 만들었으며, 위문금품을 모집하

고 국방헌금을 거두었다. 일부 실업가들이 비행기를 헌납하는 등 이에 적극 호응하였다. 그러나 이것만으로 전쟁에 필요한 물자와 무기제조의 원료를 충당할 수 없자 고철과 구리 제품도 강제로 모으고 학교 철문과 쇠 난간을 뜯고 농기구와 가마솥을 훑어갔다. 심지어 놋그릇, 수저, 祭器와 불상까지 가져가 비행기와 총알을 만들기도 하였다. 생활기반을 상실한 농민들은 정든 고향을 등지고 도시로 나가거나 화전민이 되었다. 도시 변두리나 하천변 등에는 빈민들의 토막집이 생겨났다. 그러나 도시의 노동자 생활도 어렵기는 마찬가지였다. 견디다 못한 일부 사람들은 떠돌이가 되거나 만주, 연해주, 일본 등지로 떠나갔다.(② 160~161).

일본의 자국사 교과서는 식민지 조선의 경제와 사회에 대해 별로 기술하지 않았다. 다만 한국인은 차별과 억압 속에서 힘든 생활을 했다는 뉘앙스를 풍기는 기술은 더러 있다. 예를 들면, 山川出版社의 교과서는 '신흥재벌과 식민지'라는 항목을 설정하여, 野口의 일본질소비료회사가 조선의 흥남 등지에서 수력개발과 화학공장건설을 적극적으로 추진한 사실을 자세히 기술하고, 조선인 농민이 몰락하여 일본 등지로 離散했다는 점을 소개했다. 東京書籍의 교과서는 식민지 조선에 건너간 일본인 17세 소녀의 눈으로 조선의 경제상황을 관찰하고, 조선인이

---

16) 민중은 世間의 일반사람·보통사람을 가르키는데, 사회의 계급관계에서는 지배계급이 아닌 피지배계급이고, 계층관계에서는 물질적·정신적 생산에 종사하는 직접생산자이다. 사회를 基底에서 떠받치고 있는 민중은 습속·관습에 규정되어 보통은 기존의 질서 속에서 나날을 營爲하는 생활인이다. 민중의 일상의식은 保守的·守舊的이라고 할 수 있지만, 일상생활의 안정적인 재생산이 곤란해지는 조건에서는 사회의 여러 조건을 매개로 하여 축적된 전통적인 集合意識과 혁신사상에 유도되어 항거·파괴 또는 폭동·혁명의 주체가 되고 사회변혁의 담당자가 될 수 있다. 1980년대 이후 한국의 역사연구에서는 민중을 역사의 주체로 부각시키는 民衆史觀이 붐을 이루었다. 대표적인 저서로는, 망원한국사연구실, 1989 《한국근대민중운동사》 (돌베개)를 들 수 있다.

일본인에 비해 차별대우를 받았다는 사실을 회상하는 내용을 싣고 있
다.[17]

그런데 扶桑社의 중학교 역사교과서는 '식민지 조선'의 경제개발에
대해 <韓國倂合>이라는 항목에서 이렇게 기술했다.

> '한국병합 후에 설치된 조선총독부는 식민지정책의 일환으로서, 철도·
> 관개의 시설을 정비하는 등의 개발을 행하고, 토지조사를 개시했다.'(⑧
> 170쪽).

이것은 식민지근대화론을 지지하는 기술이라고 볼 수 있다. 한국 역
사교과서 기술은 대체로 일제의 수탈과 한국인의 열악한 생활을 강조
하는 종래의 역사연구 성과를 받아들인 것이다. 그렇지만 최근 한국과
일본 및 미국 등에서 '식민지 조선'의 경제성장과 생활향상을 보여주
는 연구가 속속 등장하고 있다. '식민지 근대화론'이나 '식민지 문명화
론'을 내건 연구가 그것이다. 이들은 치밀한 통계정리와 실증분석을
통해 종래의 '수탈론'을 뒤집는 연구 성과를 속속 발표하고 있다.[18]

그렇지만 '식민지 근대화론'의 연구 성과에 대한 민족주의 또는 진
보주의 진영의 반론도 거세기 때문에,[19] 그것이 역사학계의 주류가 되

---

17) 정재정, 2008 <일본사 교과서에 기술된 식민지지배와 민족운동 - 2007년도
    검정 합격본의 경우 - > ≪한일관계사연구≫ 30 (한일관계사학회)
18) 식민지 근대화론에 입각한 연구는 주로 경제사학계에서 나오고 있는데, 그것
    의 대표적인 연구서로서는 김낙년, 2003 ≪일제하 한국경제≫ (도서출판 해
    냄)을 들 수 있다.
19) 식민지 근대화론에 대한 민족주의 진영의 반격은 신용하, 2006 ≪일제 식민
    지 정책과 식민지근대화론 비판≫ (문학과지성사)를, 진보주의 진영의 비판은
    정태헌, 2007 ≪한국의 식민지적 근대 성찰 - 근대주의 비판과 평화공존의 역
    사학 모색 - ≫ (도서출판 선인)을 참조할 것. 그리고 식민지 조선의 경제개발
    을 인정하면서도 그것은 일본인을 위한 것이었을 뿐, 조선인을 위한 것은 아
    니었다는 점을 강조한 연구서로서는 허수열, 2005 ≪개발 없는 개발 - 일제하
    조선경제 개발의 현상과 본질≫ (도서출판 은행나무)를 참조할 것.

기는 어려울 것이다. 따라서 한국과 일본의 역사교과서가 갑자기 '식민지근대화론'의 연구 성과를 수용하지는 않을 것으로 보인다. 앞에서 살펴본 것처럼 한국의 ≪고등학교 국사≫나 ≪한국근·현대사≫는 '식민지 조선'에서 이루어진 일본의 수탈과 민중의 몰락을 무척 강조하면서도, 다른 한편으로 도시의 확대와 생활의 근대화를 소개함으로써 '식민지 근대'의 일면을 반영했다. 이것은 '식민지 근대화론'의 수용과는 차원이 다르지만, '식민지 조선'을 조금 다른 시각에서 기술한 사례로서 주목할 가치가 있다.

3. 戰時 인력 동원과 일본군 위안부 동원

'식민지 조선'에서의 징병·징용과 위안부 동원 등은 오늘날까지도 한국과 일본 사이에서 깔끔히 처리되지 않은 역사의 과제로 남아 있다.

한국의 ≪고등학교 국사≫는 본문에서 일본군 위안부에 대해, "젊은 여성을 정신대라는 이름으로 강제 동원하여 군수 공장 등에서 혹사시켰으며, 그 중 일부는 전선으로 끌고 가 일본군 위안부로 삼는 만행을 저질렀다"라고 기술했다. 그리고 <읽기 자료>에서는 조선, 중국 등지에서 10~20만 명의 여성을 속임수와 폭력을 써서 연행하여 동남아시아 등의 戰場에서 성적 행위를 강요했다고 소개했다(① 117쪽).

한편 ≪고등학교 한국근·현대사≫는 <전쟁 동원과 군 위안부 징용>이라는 절을 설정하여 전시노무동원과 일본군 위안부 동원 등에 대해 자세히 기술했다. 먼저 <침략전쟁을 위한 노동력 수탈>이라는 항목의 내용을 요약하면 다음과 같다.

　　　일제는 전투병력을 확보하기 위해 1938년에 지원병 형태로 조선청년들을 전쟁에 끌어들였다. 1943년에는 학도지원병제도를 강행하여 학생들마

저 전쟁터의 총알받이로 내몰고, 1944년에는 징병제를 실시하여 20만여 명
의 청년을 징집했다. 일제는 국가총동원법을 실시하여 노동력을 강제 징발
하였다. 징발된 사람들은 탄광과 금속 광산, 토목과 건축 공사장, 군수 공
장 같은 곳에서 노예처럼 혹사당하거나 목숨을 잃었다. 이들의 임금은 일
본인 노동자의 절반 수준밖에 되지 않았으며, 그나마 공제되는 것이 많아
실제로 받는 돈은 얼마 되지 않았다. 인력수탈은 주로 농민을 대상으로 이
루어졌기 때문에 농촌에서는 노동인력이 줄어들어 1939년 이후 농업생산
력은 급속히 낮아졌다(② 162쪽).

이 교과서는 위와 같은 내용의 본문에 이어, 한국인 징용 피해자가
일본의 회사를 상대로 제기한 손해배상 청구소송에서 승소한 기사를
제시함으로써 전쟁동원이 아직도 해결되지 않은 문제라는 것을 상기시
켰다(② 162쪽).

≪고등학교 한국근·현대사≫는 절의 제목에서 '군 위안부 징용'이
라는 과격한 표현을 썼다. 그리고 <군 위안부, 여성까지 전쟁 수단으
로>라는 항목에서는 다음과 같은 요지의 내용을 기술했다.

일제가 침략 전쟁을 수행하면서 행한 가장 반인륜적인 범죄 행위는 여
성들을 전쟁에 강제 동원한 일이었다. 처음에는 임의로 조선 여성들을 동
원하던 일제는 전쟁 막바지에 이르러 '여자 정신대 근무령'을 만들고 이를
법제화하였다(1944). 정신대라는 이름으로 동원된 여성들 가운데 일부는
조선과 일본의 군수 공장에 보내져 강제 노역을 당하였고, 또 다른 여성들
은 전쟁터로 보내져 군위안부로 이용되었다. 일제는 이미 1930년대 초 대
륙 침략과 함께 군 위안소를 시범적으로 운영하다가 전쟁 말기에는 이를
더욱 조직화하여 조선 여성들을 집단적으로 징발하였던 것이다. 일제 말기
침략전쟁에 강제 동원된 조선 여성들의 수는 수십만 명으로 추산될 뿐 정
확한 인원은 파악되고 있지 않다. 이들 여성 가운데 많은 사람들이 전쟁 중
에 군위안부로 희생되었다. 전쟁이 끝난 후 귀국한 사람도 있으나, 개인적
인 사정으로 귀국하지 못하고 외국에 잔류한 사람도 있다. 귀국한 사람들
은 대부분 전쟁 중 입은 정신적·육체적 피해를 오랫동안 극복하지 못한 채
불행한 삶을 영위하여 왔다. 그러나 일본은 아직도 이에 대한 국가적인 책
임을 명백히 하지 않고 있어 국제적인 해결책은 여전히 미완으로 남아있

다.(② 163쪽)

이 교과서는 위와 같은 내용의 본문에 이어, 한국인 위안부 피해자가 일본정부에 대해 사죄와 보상을 요구하는 시위 記事를 사진과 함께 제시함으로써 전쟁의 상처가 아직도 아물지 않고 있다는 점을 부각시켰다(② 163쪽).

한국의 ≪중학교 국사≫는 <물적·인적 자원의 수탈>이라는 항목에서 징용, 지원병, 학병, 징병, 근로 보국대, 여자 근로 정신대, 군대 위안부 등에 대해 1쪽 정도를 기술했다(④ 262쪽).

일본의 자국사 교과서인 東京書籍 ≪日本史 B≫는 <식민지·점령지 통치의 실태와 戰局의 악화>라는 절(4쪽) 아래 <대동아공영권의 실태>라는 항목을 설정하고 조선과 중국 및 대만의 사정을 다음과 같이 기술했다.

> 일본국내의 노동력 부족을 보충하기 위해 1940년 이후 조선인과 중국인 포로가 炭坑·광산노동자로서 일본에 대량 연행되었다(강제연행). 조선에서는 많은 여성이 挺身隊로서 일본의 공장에, 위안부로서 戰地에 보내졌다. 나아가 전력부족을 메우기 위해 조선과 대만에서는 지원병제에 이어 징병제가 도입되었다.(④ 348쪽).

동경서적의 중학교 역사교과서는 <강해지는 통제경제>라는 항목에서 "지원병 제도를 실시하고, 조선의 사람들도 戰場에 동원했습니다"라고 썼다(⑦ 189쪽). 扶桑社의 중학교 역사교과서는 <국민의 동원>이라는 항목에서, "전쟁 말기에는 징병과 징용이 조선과 대만에도 적용되고, 현지의 사람들에게 여러 가지 희생과 고통을 강요하게 되었다. 또 다수의 조선인과 중국인이 일본의 광산 등에 끌려오고, 험한 조건 아래 사역 당했다"라고 썼다(⑧ 208쪽).

일본의 山川出版社 ≪詳說世界史≫는 <獨蘇戰과 태평양전쟁>이라는 항목에서 식민지 조선의 사정에 대해 다음과 같이 기술했다.

> 이미 1930년대 말부터 創氏改名 등의 동화정책이 강요되고 있던 조선에
> 서는 開戰 후 일본의 지배가 너욱 가혹해시고, 노동력 부족을 채우기 위해
> 조선으로부터 노동자가 강제적으로 연행되고, 전쟁 말기에는 징병제도 적
> 용되었다.(⑤ 315쪽).

한국의 역사교과서와 일본의 역사교과서는 중일전쟁과 아시아·태평
양전쟁에서 한국인이 강제로 동원되어 가혹한 피해를 당했다는 점에
대해서, 기술의 분량과 내용에서는 엄청난 차이를 보이지만, 논조에서
만큼은 비슷한 경향을 보이고 있다. 당연히 한국 역사교과서의 내용이
자세하고 생생한 데 비해, 일본 교과서의 그것은 간결하고 건조하다.
한국 교과서는 정신대로서 끌고 간 여성의 일부를 위안부로 삼았다는
식으로 기술하여 정신대와 위안부의 구분이 약간 애매한데 비해, 일본
교과서는 정신대는 공장에서, 위안부는 戰地에서 사역 당했다는 점을
구분하여 기술했다.

한국과 일본의 역사 교과서는 일본군 위안부 문제를 주로 민족과 인
권의 시각에서 기술했다. 따라서 젠더의 관점은 좀 약하다고 할 수 있
다. 한국과 일본의 여성운동가들은 역사 교과서의 이런 약점을 보완하
기 위해 젠더의 관점에서 공동으로 역사교재를 개발하여 양국에서 동
시 출간했다.[20]

대체적으로 보건대, 한국의 역사교과서는 '식민지 조선'에서 전시
수탈이 가혹했고, 그로 인해 한국인에게 박힌 상처는 아직도 아물지
않고 있다는 점을 강조한다. 일본의 역사교과서도 强度의 차이는 있지
만 대체로 같은 기조에 서 있다. 따라서 한국과 일본의 학생은 중일전

---

[20] 한일여성공동역사교재 편찬위원회, 2005 ≪여성의 눈으로 본 한일 근현대사≫
(한울아카데미)

쟁과 아시아·태평양전쟁에서 한국인이 치른 無故한 희생에 대해서 감정을 공유할 수 있는 여지는 마련되었다고 할 수 있다.

그런데 최근 미국 등의 한국사학계에서 '식민지 조선'에 대해 總力戰과 工業化 및 社會變化를 有機的으로 연결시켜 파악하는 연구가 나타나고 있다. 그 중에는 戰時動員을 통해 한국인이 사회경험을 확대하고 업무능력을 향상시켰다고 주장하는 연구도 있다.[21] 앞으로 한국과 일본의 역사교과서가 이러한 연구 성과를 수용할 것인가 배척할 것인가, 자못 불안하고 흥미로운 일이다.

4. 皇國臣民化政策과 對日協力

한국의 자국사 교과서는 戰時에 일본이 '식민지 조선'에서 추진한 황국신민화정책을 '민족 말살 정책'이라는 용어로서 표현한다.

≪고등학교 국사≫는 <일제의 민족 말살 정책>이라는 항목에서 다음과 같은 요지의 내용을 기술했다.

일제는 1930년대 만주침략 이후 한국인을 침략전쟁의 협조자로 만들려는 교육을 더욱 강화했다. 내선일체와 일선동조론을 강조하여 조선어 교육을 폐지하고, 한국사의 왜곡을 심화시켰다. 일제는 1930년대 후반 이후 대륙침략을 본격화하면서 신사참배를 강요하였으며, 이에 저항하는 종교교단과 지도자들을 박해하였다(① 322쪽).

≪고등학교 한국근·현대사≫는 <전시 체제하의 민족 말살 정책>

---

21) Carter J. Eckert, "Total War, Industrialization, and social change in late colonial Korea", (eds.) Peter Duus·Ramon H. Myers·Ma가 R. Peattie, The Japanese Wartime Empire, 1931-1945(Princeton Univ. Press, 1996). 이 논문은 <식민지 말기 조선의 총력전·공업화·사회변화>라는 제목으로 번역되어, 앞에서 소개한 ≪해방 전후사의 재인식≫ 1에 게재되어 있다.

이라는 항목에서 다음과 같은 요지의 내용을 1쪽 가량 기술했다.

> 1930년대 들어와 대륙침략전쟁을 본격화하면서 일제는 조선에 대한 식민지지배를 한층 강화하였디. 그리한 방책의 하나로 조선인의 사회주의사상을 철저히 통제하였다. 1930~1935년 사이에 '사상사건'으로 체포된 인원은 약 2만 명에 이르렀다. 일제는 조선민족을 황국신민으로 만들려는 이른바 '황국신민화' 정책을 실시함으로써 조선의 민족성을 아예 말살하고자 하였다. 그리하여 일제는 1937년부터 '황국신민서사'라는 충성 盟誓文을 만들어 외우도록 강요하였다. 이와 함께 전국의 모든 읍·면에 神社를 만들어 조선인을 강제로 참배시켰다. 학교교육과 관공서에서 조선어 사용이 금지되고 대신 일본어를 사용하게 하였다(1938). 조선인의 민족성을 빼앗는 가장 좋은 방법은 조선인의 정신이 담긴 조선어를 사용하지 못하게 하는 것이라고 여겼기 때문이다. 1941년에 이르러 학교에서 조선어학습은 완전히 폐지되었다. 이에 앞서 1940년에는 이미 친일언론으로 변질된 동아일보, 조선일보마저 강제 폐간하는 등 한글을 사용하는 모든 신문과 잡지를 없애버렸다. 이 밖에 1940년부터 우리의 성과 이름을 일본식으로 바꾸도록 강요하였다. 1941년에는 소학교를 '황국신민학교'라는 뜻을 가진 국민학교로 이름을 바꾸고 교과편성과 내용을 바꿨다. 이러한 여러 정책들은 조선민족을 말살하고 조선민중에게 천황숭배사상을 심어 완전한 일본인으로 만든 뒤, 침략전쟁에 이용하려는 데 그 목적이 있다(② 154쪽).

《중학교 국사》도 <민족 말살 정책>이라는 항목에서 대체로 《고등학교 국사》와 비슷한 내용을 1쪽 정도 기술했다.

'말살'이라는 용어는 원래 '사실이나 존재 자체를 부인하고 완전히 지워버린다'는 뜻이다. 조선총독부는 조선인의 정신을 개조시켜 일본인으로 다시 태어나게 만들려는 정책을 구사했다. 그렇지만 조선인은 이것을 민족성의 말살이라고 인식했다. 한국의 역사 교과서도 일본이 조선인의 아이덴티티, 곧 '민족성'을 완전히 없애고 일본인으로 개조하려는 정책을 구사했다는 뜻에서 민족말살이라는 용어를 썼다. 역사교과서의 이러한 기술은 주류 역사학계의 연구 성과를 충실히 반영한 것이다.

그런데 최근의 역사연구에서는 말살 대신에 '同化'라는 용어를 사용
하는 경우가 많다.[22] 그럼에도 불구하고, 두 역사교과서가 '말살'이라
는 용어를 고수한 것은 일본이 조선인을 황국신민으로 만들기 위해 구
사한 수단과 방법이 너무나 가혹했다는 점을 부각시키려는 의도라고
볼 수 있다.

그런데 일본의 '민족말살정책' 추진의 對極에는 조선인의 '자발적
협력'이라는 복선이 깔려 있다. 물론 전시체제라는 특수상황에서 '자발
적 협력'이라는 것도 궁극적으로는 '강요된 협력'에 지나지 않지만, 같
은 상황에서도 목숨을 내걸고 항일민족운동을 전개한 '애국자'가 많이
있었던 점을 감안하면 이들은 '변절자' 또는 '민족반역자'임에 틀림없
다. 그리하여 최근 한국의 자국사 교과서는 이러한 對日 협력자들을
'친일파'라는 용어로써 표현하고 규탄한다.

≪고등학교 한국근·현대사≫는 <어두운 시대의 변절자, 친일의
길>이라는 항목에서 다음과 같은 요지의 내용을 기술했다.

> 일제는 3·1운동 이후, 관리등용의 기회를 확대하여 조선인들을 회유하
> 는 한편, 사회적 영향력을 지닌 인물들을 친일세력으로 육성하는 데 역점
> 을 두었다. 그리하여 수많은 친일파가 사법, 군대, 경찰 등 조선총독부 기
> 구나 언론, 교육, 문화 등 사회 각 분야에 걸쳐 그물망처럼 뻗어 있었다.
> 이들 가운데는 일제의 위협을 견디다 못하여 마지못해 이름만 내건 사람도
> 있었지만, 자발적으로 앞장서서 참여한 사람도 많았다. 그러나 그 어느 경
> 우이든 이 같은 친일파의 준동은 우리 민족사의 오욕이자 민족정신에 씻기
> 어려운 해악을 끼쳤다.(② 164쪽).

위와 같은 본문의 기술 이외에도 ≪고등학교 한국근·현대사≫는 친
일파의 활동을 2쪽에 걸쳐 칼럼과 사진을 통해 다음과 같은 요지로 제

---

22) 이승엽, <조선인 내선일체론자의 전향과 동화의 논리> 앞 책 ≪근대를 다시
    읽는다≫ 1 所收.

시하고 있다.

> 문인들은 뛰어난 문학적 재능을 가지고 동포들에게 징용, 징병, 挺身隊
> 에 나갈 것을 촉구했다. 경찰들은 민족운동가들을 탄압하고 해빙 이후에도
> 친일파 처단을 방해했다. 음악가들은 아시아·태평양전쟁을 찬양하는 노래
> 를 짓고, 미술가들은 전쟁에 협력하는 주제의 작품을 제작하였다. 대자본가
> 들은 군수공업을 경영하고, 일본군에 기금이나 무기를 헌납했다. 교육자들
> 은 강연과 방송 등을 통해 침략정책을 미화하고, 징병, 징용, 학병에 참가
> 할 것을 촉구했다(② 164~165쪽).

이 칼럼의 끝에서 이 교과서는 일제에게 굴복하기보다는 죽음을 무
릅쓰고 투쟁한 애국자와, 강자의 압박에 못 이겨 굴복한 친일파를 비
교하고, 광복 이후 친일파가 척결되었는지 어떤지 알아보자는 질문을
학생들에게 던짐으로써, 친일파의 처단이 아직도 현안으로 남아 있음
을 강하게 암시하고 있다(② 164~165쪽).

≪고등학교 국사≫와 ≪중학교 국사≫는 친일파에 대해 거의 기술
하지 않아서 ≪고등학교 한국근·현대사≫와 묘한 대조를 이룬다.

최근 한국과 일본의 '식민지 조선'의 연구에서는 친일파 문제를 새
로운 각도에서 究明하려는 움직임이 나타나고 있다. 곧 일본 통치하의
조선인의 행위를 민족운동과 대일협력의 범주로 기계적으로 구분하지
않고, 양쪽에 걸치는 中間地帶=灰色地帶가 광범하게 존재했다는 것을
증명하는 연구가 등장하고 있는 것이다.[23] 이러한 연구 성과가 축적되
면 친일파에 대한 역사교과서의 二分法的 기술도 새로운 방향을 찾게
될지도 모른다.

그런데 일본의 東京書籍 ≪日本史 B≫는 <대동아공영권의 실태>
라는 항목에서 조선과 대만의 사정에 대해 다음과 같이 기술했다.

---

23) 윤해동, 2003 ≪식민지의 회색지대≫ (역사비평사)

　　대만과 조선에서는 황민화정책이 일중전쟁이 시작되자 더욱 강화되고, 일본어교육이 철저해짐과 더불어, 신사참배, 궁성요배와 히노마루 게양이 강제되었다. 1940년에는 조선에서는 창씨개명, 대만에서는 改姓名이라고 하는 일본적인 家制度의 도입과, 더욱 황민화되었다는 것을 주민 자신에게 보이는 수단으로서 일본식 氏名에의 改名이 실시되었다.(④ 348쪽).

　東京書籍의 중학교 역사교과서는 "조선에서는 「황민화」의 이름 아래, 일본어의 사용과 성명의 표현 방식을 일본식으로 바꾸게 하는 創氏改名을 추진했습니다."라고 기술했다(⑦ 189쪽). 부상사의 중학교 역사교과서는 "조선반도에서는 일중전쟁 개시 후, 일본식의 성명을 쓰게 하는 창씨개명 등이 행해지고, 조선인을 일본인화하는 정책이 강화되고 있었다"라고 기술했다(⑧ 208쪽). 중학교 역사교과서의 내용은 소략하지만 그 기조는 고등학교 역사교과서와 비슷하다고 볼 수 있다.

　한국의 역사교과서는 황국신민화 정책의 강압적 추진에 대해 감정을 섞어서 아주 자세히 기술했다. 반면에 일본의 역사교과서는 황국신민화정책에 관련된 사실을 담담하게 열거했다. 한국과 일본의 교과서는 기술의 논조에서도 큰 차이를 보인다. 한국의 교과서는 황국신민화정책을 민족말살정책으로 인식한다. 그렇기 때문에 이 정책에 협력한 동포를 친일파라고 경멸한다. 이것은 단순히 일본과 친하다는 뜻이 아니라 민족반역자라는 뜻이다. 일본의 역사교과서에는 한국인의 이런 고뇌를 소개하는 기술이 전혀 없다.

　한편 일본의 역사교과서 중에는 일본인 중에 극소수이기는 하지만 한국인의 비참한 처지를 이해하고 동정한 사람도 있었다는 사례를 소개하는 경우도 있다. 예를 들면, 東京書籍의 역사교과서는 柳宗悅이 쓴 <조선인을 생각한다>라는 칼럼을 게재했다. 柳宗悅은 일본의 조선지배정책을 비판하고, 조선의 공예와 도예에 관심을 가졌으며, 광화문의 철거에 반대하여 移築 보존하도록 했다. 최근에는 한국의 역사 교과서도 이와 같이 韓日連帶의 사례를 기술하는 경우가 나타났다. 역사 교과서의 이러한 기술은 한국과 일본의 학생들에게 상호 이해와 협력의 역사의식을 길러주고자 하는 작업의 일환으로서 높게 평가할 수 있다.

그렇다면, 일본의 역사교과서는 식민시기의 조선인이 일본에 대해 이해하고 협력하는 것은 곧 매국 또는 민족반역이라고 규탄 받을 수밖에 없었다는 절박한 사정도 함께 기술해야 한다. 그래야만 지배자와 피지배자 사이의 상호 이해와 연대가 얼마나 복잡하고 어려운 일인가에 대해 균형 잡힌 역사인식을 가질 수 있기 때문이다.[24)]

5. 한국문화의 연구와 전수

한국의 ≪고등학교 국사≫는 한국의 지식인들이 일제의 억압에도 불구하고 자신의 문화를 연구하고 전수하기 위해 각 방면에서 분투한 모습을 기술했다. 예를 들면, 한국인의 표현수단인 한글의 연구와 보급, 한국민족의 내력과 아이덴티티를 강조한 역사학의 대두, 한국인의 정서와 의지를 표현한 문학·음악·영화 등의 제작과 유행 등을 4쪽에 걸쳐 소개했다(① 322~324쪽, 327쪽).

한국의 ≪고등학교 한국근·현대사≫도 일제의 식민지문화정책과 한국인의 민족문화 수호운동에 대해 자세히 기술했다. 서술의 기조는 ≪고등학교 국사≫와 유사하지만, 내용은 훨씬 다양하고 읽을거리가 풍부하다. 한국인이 벌인 과학의 대중화운동을 소개한 것은 특이하다. 또 <식민사관과 역사왜곡>이라는 코너를 2쪽이나 설정하여, 일본인이 왜곡한 한국사연구를 철저하게 비판했다(② 229~230쪽, 236쪽, 242~

---

24) 정재정, <일본사 교과서에 기술된 식민지지배와 민족운동 – 2007년도 검정 합격본의 경우 – > ≪앞 책≫

243쪽).

《중학교 국사》는 <우리 민족이 민족 문화의 수호를 위해 벌인 노력은?>이라는 절에서 <국어 연구>, <국사 연구>, <종교 활동>, <문화 활동> 등의 항목을 설정하여 3쪽을 기술했다. 기조는 《고등학교 국사》와 비슷하다.

한국은 오랜 역사와 높은 문화를 유지해왔다. 한국인들은 보통 전근대에는 한국이 선진문화를 일본에 전수했음에도 불구하고, 근대 이후 일본의 침략을 받아 나라를 빼앗기고 식민지 지배를 받았다는 사실에 대해 참을 수 없는 굴욕감을 느낀다. 그리하여 한국인은 일본에 대해서 항상 은혜를 원수로 갚았다는 배신감과 함께 분노를 금치 못한다. 자국의 역사와 문화에 대한 한국인의 이와 같은 긍지와 집착이 결국 민족해방운동과 民族文化保全運動의 원천이 되었다.[25]

그럼에도 불구하고 일본의 역사교과서는 한국인의 문화의식과 문화운동에 대해 아무것도 기술하지 않았다. 일제의 황국신민화정책이 기승을 부렸음에도 불구하고, 한국인이 끈질기게 항일독립운동을 벌인 것은 위와 같이 자기 문화에 대한 아이덴티티가 강했기 때문이었다. 일본의 역사교과서가 한국인의 역사의식을 좀 더 이해하는 방향으로 나아가려 한다면, 일제하에 한국인이 벌인 민족문화수호운동에 대해서도 조금이라도 기술해야 할 것이다.

6. 항일독립전쟁과 대한민국임시정부

《고등학교 국사》는 <민족의 수난과 항일민족운동>이라는 장을 설정하여, 일제의 식민지정책과 항일민족운동에 대해 4쪽 가량 기술했

---

25) 정재정, 1988 <한국의 역사 교과서에 서술된 일본사의 실태 ─ 고등학교 《국사》를 중심으로> 《한국의 논리 ─ 전환기의 역사교육과 일본인식》 (현음사)

다. 그 중에서 만주사변 이후의 내용이 약 2쪽이다. 항일민족운동에 대한 주요 내용은 다음과 같다.

> 만주에서 활동하던 다수의 독립군은 일제가 만주를 침략한 이후 중국군과 연합하여 많은 전투에서 승리하였다. 또 義烈團과 韓人愛國團에 속한 義士들은 식민통치기관을 파괴하거나 일본인 高官과 親日 人士들을 처단하였다. 일제가 중일전쟁을 일으켜 중국 본토를 위협하자, 대한민국임시정부는 만주지역의 독립군과 각처의 무장투쟁세력을 모아 重慶에서 한국광복군을 창설하였다(1940). 임시정부가 일본에 宣戰布告를 한(1941.12) 후 韓國光復軍은 연합군과 공동으로 인도와 미얀마 전선에 참전하였다. 또 미국과 협조하여 국내 진공 작전을 준비하였으나, 일제의 패망으로 실현하지 못하였다. 그 밖에, 만주지역에서는 1930년대에 들어 중국공산당군과 연합한 항일유격대인 東北抗日聯軍의 활동도 계속되었다. 의열단 계통의 인사들은 중국국민당 정부의 협조를 얻어 朝鮮義勇隊를 조직하여 활동하였다. 조선의용대에서 분화된 인사들은 華北地方의 朝鮮獨立同盟에 합류하여 朝鮮義勇軍을 결성하고 중국공산당군과 연합하여 항일투쟁을 전개하였다(① 121~122쪽).

《고등학교 한국근·현대사》는 항일민족운동에 관해 무려 36쪽이나 기술했다. 그 중에서 1930년대 이후의 것만도 8쪽이다. 그리고 章의 제목을 <무장 독립 전쟁의 전개>라고 설정함으로써 한국의 각 독립운동세력이 국내외 각처에서 일본과 '전쟁'을 벌였다는 점을 강조하고 있다.

일본의 식민지지배를 받던 시기의 역사를 일본제국주의사의 일부로서가 아니라 한국사의 일부로써 자리매김하기 위해서는 이민족의 통치하에서도 불굴의 투지로 삶을 개척해갔던 한국인의 행위가 주체가 되어야 한다. 그렇게 하기 위해서는 식민지지배를 타파하려고 한 항일민족운동 특히 무력투쟁이 식민지 시기 역사서술의 주류가 되는 것은 당연한 일이다.[26] 한국의 자국사 교과서는 역사교육의 이러한 요구에 부응할 수 있도록 항일민족운동에 대한 기술의 분량과 내용을 배려했다고 볼 수 있다.

《고등학교 한국근·현대사》는 10여 개의 주요 항일민족운동단체를 열거하고, 각각 1쪽 분량을 할당하여 그들의 활동상황을 아주 자세히 기술했다. 또 만주와 중국에 산재한 한국독립운동 戰迹地의 지도와 사진을 2쪽에 걸쳐 제시하고 설명을 붙임으로써 한국인이 移住한 모든 곳에서 항일운동이 일어났다는 사실을 상기시키고 있다. 이 교과서의 항일민족운동에 대한 기술의 기조는 《고등학교 국사》의 그것과 유사하지만, 화북과 만주에서 활약한 사회주의 계열의 무장투쟁을 크게 부각시킨 점이 특징이라고 볼 수 있다. 종래 한국의 역사교과서가 거명하기를 꺼렸던 김일성의 항일유격대 활동까지도 국내 민중에게 크게 위안이 되었다는 식으로 기술했다(② 186~188, 195~201).

한국의 《중학교 국사》는 <독립 전쟁의 전개>라는 章을 설정하여 국외에서의 독립운동을 7쪽에 걸쳐 기술했다. 그리고 <국내의 민족운동>이라는 별도의 章을 설정하여 9쪽이나 기술했다. 기술의 기조는 《고등학교 국사》와 거의 유사하다.

최근 한국의 역사학계에서 중일전쟁과 아시아·태평양전쟁 시기의 항일민족운동에 관한 연구는 괄목할만한 진전을 보였다. 여기에는 무력투쟁 뿐만 아니라 노동운동 및 농민운동과 같은 민중운동까지도 포함된다. 1970년대까지만 하더라도 항일민족운동은 대한민국임시정부를 비롯한 우파계열의 운동을 究明하는 데 중점을 두었으나, 1980년대 이후에는 사회주의 계열의 항일민족운동에 대한 연구도 활발해져서, 지금은 항일민족운동의 전모를 꽤 소상히 파악할 수 있게 되었다. 그리하여 좌우합작의 민족통일전선에 입각한 항일민족운동을 전면에 내세우는 개설서나 대중서도 간행되었다.[27]

---

26) 교육부, 2001 《고등학교 교육과정 해설》
27) 강만길 외, 200.9 《통일지향 우리 민족해방운동사》 (역사비평사)

한국의 역사교과서가 우파 민족운동 일변도의 기술에서 벗어나 좌파 민족운동까지 망라하여 기술한 것은 위와 같은 연구 성과를 수용한 것이라고 볼 수 있다. 다만 ≪고등학교 한국근·현대사≫가 좌파 항일민족운동을 부각시킨 것에 대해 보수주의 진영의 반격도 만만치 않기 때문에 이 교과서가 앞으로도 지금과 같은 기조를 견지할 수 있을지는 확신할 수 없다.

그런데 일본의 역사교과서는 중일전쟁과 아시아·태평양전쟁에 대해서는 상세하게 기술한 반면, 그 시기에 전개된 한국의 항일민족운동에 대해서는 아무것도 기술하지 않았다.28) 일본의 조선에 대한 식민지지배가 일본의 일방적인 의지만으로 집행된 것이 아니라, 한국인의 항일민족운동에 대한 대응을 바탕으로 하여 수정·보완되어간 측면이 있음을 감안하면,29) 일본의 역사교과서는 한국인이 전개한 다양한 항일민족운동에 대해서 기술해야 할 것이다. 이것은 학생들이 일본제국주의의 속성을 좀 더 잘 이해할 수 있도록 돕는다는 차원에서라도 고려해야 할 사항이다. 그 대신 한국의 역사교과서는 한국인이 전개한 항일독립운동에 대해서만 아주 자세히 기술하지 말고, 중일전쟁과 아시아·태평양전쟁에 대해서도 좀 더 많이 기술하여 학생들이 그 시대를 종합적으로 파악할 수 있도록 해야 한다.

일본과 한국의 학생들이 위와 같이 자국사 위주로 기술된 역사교과서만을 배우게 되면, 두 나라 국민은 중일전쟁과 아시아·태평양전쟁

---

28) 현재 사용 중인 일본의 고등학교 일본사 교과서는 한국의 항일독립운동으로서 '3·1운동'만을 취급하는 것이 일반적 경향이다. 현재 사용 중인 일본의 고등학교 일본사 교과서가 '15년 전쟁' 이전의 항일독립운동에 대해 어떻게 기술하고 있는가를 자세히 분석한 논문으로는 다음과 같은 것이 있다. 정재정, <일본사 교과서에 기술된 식민지지배와 민족운동 – 2007년도 검정 합격본의 경우> ≪앞 책≫

29) 學習院大學東洋文化研究所所藏友邦協會·中央日韓協會文庫, 2003.3 ≪未公開資料 朝鮮總督府關係者 錄音記錄(1) 五年戰爭下の朝鮮≫ (東洋文化研究所)

그리고 戰後의 한일관계사에 대해 전혀 다른 역사인식을 갖게 될 것이다. 한국 학생은 한국인이 국제사회의 공인을 받으며 일본에 맞서 독립전쟁을 전개하고 그 덕택으로 해방을 쟁취했다고 생각하기 쉽다. 반면에 일본 학생은 한국인은 일본의 의도대로 전쟁에 동원되었을 뿐이고 민족해방을 위해 아무것도 하지 않은 것으로 오해할 수 있다. 둘 다 실상을 정확히 반영한 것은 아니다. 한국의 교과서는 항일독립운동이 치열했지만 민족의 해방은 궁극적으로 연합군의 승리 덕택이라는 점을 언급하고, 일본의 교과서는 한국인의 항일민족운동이 일본의 식민지지배정책의 궤도를 수정시킬 만큼 강인했다는 것을 소개하는 아량을 가져야 할 것이다.

Ⅳ. 맺음말-역사인식의 간극을 메우기 위하여

한국과 일본의 역사교과서는 '15년 전쟁'과 그 시기의 '식민지 조선'에 대해 꽤 많은 내용을 기술했다. 그렇지만 기술의 시각과 방향은 아주 다르다. 한국의 역사교과서는 전쟁의 추이에 대해서는 거의 언급하지 않고, 그 시기에 일제가 추진한 황국신민화정책과 인적·물적 수탈에 대해 자세하고 생생하게 기술했다. 그리고 한국인이 일제의 통제와 탄압에도 불구하고 무장투쟁과 민족운동을 전개하여 마침내 독립을 爭取했다고 기술했다. 반면에 일본의 역사교과서는 전쟁의 추이 등에 대해서는 국제정세의 흐름에 맞춰 상세히 기술했지만, '식민지 조선'의 사정이나 한국인의 민족해방운동에 대해서는 별로 언급하지 않았다. 대신에 일본세력의 대외 팽창과 그로 인한 열강과의 대립이나 점령지에서 야기된 문제 등을 설명하는 데 중점을 두었다.

한국과 일본의 역사교과서가 '15년 전쟁'과 그 시기의 '식민지 조선'

에 대해 이렇게 다르게 기술한 것은 전쟁에 관여한 두 나라의 처지가 다르기 때문에 나타난 현상이라고 볼 수 있다. 일본은 제국주의 국가로서 전쟁을 주체적으로 기획하고 수행했다. 반면에 한국은 일본의 식민지로서 타율적으로 전쟁에 끌려들어가 무고한 희생을 치렀을 뿐이었다. 그렇기 때문에 일본의 역사교과서는 일본세력의 대외팽창과 국제질서의 대결이라는 데 초점을 맞추어 기술하고, 한국의 역사교과서는 한국인이 민족말살의 위기를 극복하고 자주독립국가를 재건하는 데 중점을 두어 기술했다. 이런 점에서 보면, 한국과 일본의 역사교과서가 自己中心의 자세에서 '15년 전쟁'과 그 시기의 '식민지 조선'을 기술한 점에서는 서로 일치하고 있다고 할 수 있다.

좁은 바다를 통해 국경을 맞대고 있는 한국과 일본은 지난 2천여 년 동안 정치·외교·경제·문화 면 등에서 떼려 해도 뗄 수 없는 깊은 관계를 맺어왔다. 앞으로 두 나라가 이사가지 않는 한 이런 밀접한 관계는 계속될 것이다. 그렇다면 한국과 일본은 억지로라도 평화롭게 共榮하는 길을 모색하는 것이 좋지 않을까? 이렇게 하기 위해서는 두 나라 국민이 경험을 공유한 사안에 대해서는 역사인식의 차이를 좁히기 위해 노력할 필요가 있다. 역사인식을 둘러싼 갈등이 항상 두 나라 사이를 멀게 만드는 요인으로 작용하기 때문이다.

역사인식의 접근을 모색하기 위해서 두 나라의 역사교과서는 '15년 전쟁'과 그 시기의 '식민지 조선'을 어떻게 기술하면 좋겠는가?

첫째, 한국과 일본의 역사 교과서는 지나치게 자국중심의 관점에서 벗어나 폭 넓은 시야에서 '15년 전쟁'과 '식민지 조선'을 상대화하여 기술할 필요가 있다. 먼저 세계질서의 재편과정이라는 큰 틀 속에서 이 전쟁을 바라봐야 한다. 그리고 한국의 역사교과서는 국내의 상황에만 집착하지 말고, 국제정세와 전쟁의 추이에 대해서도 많이 기술할 필요가 있다. 반면에 일본의 역사교과서는 전쟁과 국제정세의 추이뿐만 아니라 '식민지 조선'의 사회상황과 민족운동 등에 대해서도 많이 기술해야 한다. 실제로 '15년 전쟁' 시기에 일본과 한국에서 일어난 각각의 사안은 서로 떨어져서 존재하는 별개의 부품이 아니었다. 오히려 서로 맞물려 돌아가며 일본제국주의라는 거대한 매커니즘을 형성하고 작동해간 因子였던 셈이다. 따라서 양국의 교과서는 자국중심의 편협한 역사인식에서 벗어나 양국의 상호관계 속에서 '15년 전쟁'과 '식민지 조선'을 기술하는 것이 좋다고 생각한다. 그렇게 되면 한국인과 일본인 사이에 미약하나마 이 시기를 공동의 경험으로 이해할 수 있는 접점이 생길 것이다.

둘째, 한국과 일본의 역사교과서는 인권과 주권, 평화와 상생, 교류와 협력 등의 소중함을 중시하는 관점에서 '15년 전쟁'을 기술하는 자세가 필요하다. 이 전쟁은 무모성, 폭력성, 잔학성 등의 면에서 종래 인류의 상상을 뛰어 넘은 재앙이었다. 우리는 이 전쟁에 대한 학습을 통해 이런 비극을 되풀이하지 않겠다는 교훈과 지혜를 얻어야 한다. 그렇지만 양국의 역사교과서는 지나치게 국가중심의 역사관에 사로잡혀 있는 것으로 보인다. 일본제국주의가 군국주의적 색채를 강하게 띠고 있었기 때문에 국가주의가 역사 기술의 주체가 될 수밖에 없는 측면도 있지만, 결국 역사를 만들어가는 궁극적 실체는 개개인의 인간이다. 따라서 양국의 역사교과서는 각각의 국민이 '15년 전쟁'에서 어떻게 동원되고, 희생당하고, 살아 남았는가 라는 관점을 중시할 필요가 있다. 이렇게 되면 한국인과 일본인 사이에 역사적 체험을 공유할 수 있는 여지가 생겨난다. 한국과 일본의 역사 교과서가 상생을 조장하는 방향으로 나아가기 위해서는 양국 국민 개개인의 일상과 행동 및 사상에 좀 더 초점을 맞춰 기술해야 할 것이다.

셋째, 한국과 일본의 역사교과서는 자국사와 동아시아사 및 세계사의 전개를 서로 관련시켜 기술해야 한다. 특히 한국의 역사교과서는 자국의 영역 안에서 일어난 일들에만 지나치게 집착하고 있다. '15년 전쟁'은 한국인만 겪은 경험이 아니었다. 세계의 거의 대부분의 나라가 연동된 세계적 대전쟁이었다. 따라서 '15년 전쟁' 시기의 한국의 역사를 특수한 것으로만 인식해서는 곤란하다. 역사교과서는 세계사적인 보편성 속에서 한국이 어떤 경험을 했는가를 비교 검토할 수 있도록 기술하면 좋을 것이다. 자국사와 세계사의 연계가 점점 더 심해지고 있는 오늘날에는 이렇게 개방적인 역사관이 더욱 필요하다.

넷째, 한국과 일본의 역사교과서는 '15년 전쟁'과 그 시기의 양국 상황을 複眼의 시각에서 기술해야 할 것이다. 두 나라는 지금 역사인식을 둘러싸고 연구자·교육자·정치가 사이에 갈등을 빚고 있다. 오죽하면 '歷史內戰'이라고 부르겠는가.[30] 역사갈등은 국내문제로만 국한되지 않는다. 한국·일본·중국 사이에서도 역사인식의 상호 대립이 외교현안으로 부상한지 오래다. 각국의 정치권과 매스컴은 자국의 내셔널리즘을 부추기며 이런 攻防을 부추기는 경향마저 보인다. 역사교과서의 '15년 전쟁'과 '식민지 조선'에 관한 기술은 이러한 대립을 극복할 수 있는 소중한 테마이다. 한국과 일본이 앞으로 相生의 역사인식을 지향한다면, 역사교과서가 편협한 내셔널리즘의 시각에서 벗어나 '15년 전쟁'과 '식민지 조선'의 다양한 측면을 기술해야 할 것이다.

다섯째, 역사교과서를 둘러싼 학제간·국제간의 대화를 활성화해야 한다. 역사인식을 둘러싼 갈등은 국내에 국한하지 않고 이미 국경을 넘어 국제문제화 하고 있다. 따라서 그 해결의 방안도 국제적 시야에서 모색해야 한다. 한국·일본·중국은 이미 민간인 레벨에서 서로 다양한 역사대화를 시도하고 있고, 국제간의 공동작업을 통해 몇 종류의 역사공통교재를 발간한 바 있다.[31] 특히 한국과 일본, 일본과 중국은

---

30) 정재정, <일본의 '역사 內戰'> ≪조선일보≫ 2007년 10월 3일 ; ≪중앙일보≫ 2007년 4월 2일, 사설 <우익세력이 길들인 일본 교과서>

정부가 지원하는 역사공동연구위원회가 설치되어 활동하고 있다.[32) 따라서 역사갈등의 극복을 논의할 때는 국내문제와 국제문제를 서로 연계시켜 검토하는 열린 자세가 필요하다. 그리고 각국이 역사교과서를 기술할 때 이와 같은 국제간 역사대화의 성과를 적극적으로 수용하는 것이 좋을 것이다.

---

31) 역사교과서연구회(한국)·역사교육연구회(일본), 2007 ≪한일역사공통교재 한일교류의 역사 – 선사부터 현대까지≫ (혜안). 동아시아의 역사대화에 대해서는 아시아 평화와 역사연구소 편, 2008 ≪동아시아에서 역사인식의 국경 넘기≫ (도서출판 선인)을 참조할 것.

32) 한일역사공동연구위원회의 활동과 성과에 대해서는 정재정, <韓日의 歷史葛藤과 歷史對話 – 和解와 相生의 歷史認識을 향하여> ≪앞 책≫ ; 木村幹·鄭奈美, 2008·2007 <「歷史認識」問題と第1次日韓歷史共同研究を巡る一考察(一), (二)> ≪國際協力論集≫ 16-1호 및 2호 (神戶大學大學院 國際協力研究科) ; 이신철, 2009 <한일 역사갈등 극복을 위한 국가간 역사대화의 성과와 한계 – 한일역사공동연구위원회 활동을 중심으로> ≪東北亞歷史論叢≫ 25를 참조할 것

Modern Portraits Drawn in History Textbooks of Korea & Japan
—the '15 Year War' and 'Colonial Chosŏn'

Chung, Jae-Jeong

The Korean Japanese history textbooks widely describe the '15 Year War' (The Manchurian Incident, Manchukuo, the Sino-Japanese War, the Pacific War) and the 'colonial Chosŏn' during the same period. However, their viewpoints and the characteristics of their description are very different. The Korean history textbooks do not discuss the development of the war but vividly describe in detail the imperial subjects policy and the exploitation of the Korean people and their material wealth by Japan during at period. It also explains that the Korean people finally obtained independence through armed struggles and national movements despite Japan's harsh control and suppression. The Japanese history textbooks, however, specifically describe the developments of the war in compliance with the international situation but do not give much of an explanation about the situation of 'colonized Chosŏn' and the national independence movements by the Korean people. Instead, it focuses on Japan's expansionism - external expansion of Japanese forces, consequent conflicts with the other Powers, the problems generated from their occupied territories, and so on.

Th reason that the history textbooks of Korea and Japan describe the '15 Year War' and 'colonial Chosŏn' differently is ascribed to the different positions of the two countries involved in the war. Japan took the initiative in planning and implementing the war as an imperial country. However, Korea as a colony of Japan, was forced to become involved in the war against its will. As a result, the Japanese history textbooks mainly focued on Japan's expansionism and its confrontation with the international order while the Korean textbooks focus on the processes of overcoming the crisis of the attempt to eradicate the Korean people's national identity and their effort at re-constructing an autonomous independent nation. Therefore, both the Japanese and Korean history textbooks describe the '15 Year War' and 'colonial Chosŏn' from a self-centered point of view.

In order for Korea and Japan to explore ways to achieve peace and prosperity, the peoples of the two countries need to narrow their differences in their historical perception on matters in which they both shared the same experiences. This is because conflicts over how history is perceived can damage their relationship. The following proposals could help to bridge the gap in how the '15 Years War' and 'colonial Chosŏn' are perceived as follows: to move away from excessively self-centered views; to think highly of human rights, sovereignty, peace and mutual co-existence, exchange and cooperation; to consider one's own national history in connection with world history; and to apply the findings and proposals derived from international debates concerning the history textbook controversy.

Key words: History textbooks, the 15 Year War(Manchurian Incident, Manchukuo, the Sino-Japanese War, the Pacific War), colonial Chosŏn, Korea's modernization during the Japanese colonial period, self-centered viewpoints, historic conflicts, reconciliation

韓国と日本の歴史教科書に描かれた近代の肖像
－「15年戦争」と「植民地朝鮮」－

鄭在貞

　韓国と日本の歴史教科書には「15年戦争」(満州事変、満州国、中日戦争、アジア・太平洋戦争)と同時期の「植民地朝鮮」に関してかなり多くの内容が記述されている。ところが、記述の意図と視点は非常に異なる。韓国の歴史教科書は戦争の推移については殆ど触れないで、同時期に日帝が推進めた皇国臣民化政策と人的・物的収奪に関して詳しく、また生々しく記述している。そして韓国人が日帝の統制と弾圧にも関わらず、武装闘争や民族運動を展開し、やがて独立を争取したと記述されている。反面、日本の歴史教科書には戦争の推移などについては国際情勢の流れに合わせ詳細に記述されているが、「植民地朝鮮」の事情や韓国人の民族解放運動については別段言及されていない。代わりに、日本勢力の対外膨張とそれに伴う列強との対立や占領地において惹起された問題などを説明するのに重点が置かれている。

　韓国と日本の歴史教科書が「15年戦争」と同時期の「植民地朝鮮」に関し、このように異なる記述をしていることは、戦争に関与した両国の立場が違うためだと判断される。日本は帝国主義国家として戦争を主体的に企画し遂行した。反面、韓国は日本の植民地として他律的に戦争に引き込まれ無辜な犠牲を受けた。そのため、日本の歴史教科書は日本勢力の対外膨張と国際秩序の対決ということに焦点を合わせ、韓国の歴史教科書は韓国人が民族抹殺の危機を克服し自主独立国家を再建したことに重点を置いている。こうした点からみると、韓国と日本の歴史教科書はともに、自己中心的な観点から「15年戦争」と同時期の「植民地朝鮮」について記

述していると言える。

　韓国と日本が平和と共栄の道を模索するためには、両国の国民が共通
して経験したことに対する歴史的認識の違いを狭める必要がある。歴史
的認識の相違を巡る葛藤が両国関係を悪化させる可能性があるからであ
る。歴史的認識を接近させるために、両国の歴史教科書は「15年戦争」と
「植民地朝鮮」に対し、次のような観点から記述することが望ましいと
いえる。強すぎる自国中心の観点から抜け出すこと。人権と主権、平和
と相生、交流と協力の事実と目標を重視すること。自国史と世界史の連鎖
を十分視野に入れること。歴史教科書を巡る国際対話の成果と提言を受け
入れること、などである。

主題語：歴史教科書、15年戦争(満州事変、満州国、中日戦争、アジア・
　　　　太平洋戦争)、植民地朝鮮、植民地近代、自国中心の観点、歴史
　　　　葛藤、歴史和解

한일 역사교육의 갈등과 내셔널리즘과의 거리

-중등 역사교과서의 식민지 한국 社會經濟像을 중심으로-

정 연 태*

Ⅰ. 머리말

최근 식민지기 한국의 사회경제적 변화의 특성에 대한 역사 인식과 교육을 둘러싸고 양국 사이는 물론 한국사회 내부에서도 심각한 갈등이 전개되고 있다. 그 갈등은 학문적 논쟁에다가 정치적·이념적 대립까지 겹쳐 해소의 실마리를 찾기가 쉽지 않다.

학문적 논쟁은 식민지 근대화 논쟁으로 촉발되기 시작했다. 식민지

* 가톨릭대학교 인문학부 교수

근대화논쟁은 1960년대 이래 정설로 자리 잡은 한국학계의 반일 민족주의적 역사인식을 재검토하게 만들고 한국 근대사 연구를 활성화하는 계기가 됐다. 이 논쟁에 촉발되어 탈근대론·탈민족론 등 새로운 담론에 입각한 연구도 나오기 시작했다. 이를 통해 식민지 한국사회는 물론이고 한국근대를 새롭게 보려는 각종 시도가 활발히 이루어지고 있다. 이런 논쟁과 시도는 세계 역사상 보기 드물 만큼 역동적으로 전개되어 온 한국근대의 실상을 보여주는 데 기여할 것으로 기대된다.[1]

문제는 학문적 논쟁과 시도가 현실의 중압으로부터 자유롭게 전개되기 어렵다는 점이다. 현재의 토대인 근대사 관련 논쟁과 시도는 현실의 정치적 이념적 갈등과 연계될 소지가 크기 때문이다. 이 점을 두 측면으로 구분해 보면 다음과 같다. 먼저, 한일관계의 측면이다. 양국 사이에는 일제의 한국 침략 및 지배에 대한 역사적 평가를 둘러싸고 갈등이 지속되어 왔으며 최근에는 오히려 고조되고 있다. '새로운 역사교과서를 만드는 모임'의 파란은 그 상징이다. 이런 갈등은 동아시아에서 정치 군사적 패권을 재구축하려는 일본의 보수 우익에 의해 추동됨으로써 일본에 대한 불신과 불안감을 가중시키고 있다.

둘째, 한국사회 내부의 정치적 이념적 갈등 측면이다. 주지하듯 사회주의권은 붕괴했고 북한은 총체적 경제위기에서 벗어나지 못하고 있다. 남한에서는 산업화 이후 경제 불안정성을 타개하기 위하여 신자유주의적 노선이 강화됨에 따라 사회 양극화와 사회적 갈등은 고조되고 있다. 이로 인해 한국사회의 현실 진단과 진로 설정을 둘러싸고 정치적 이념적 대립이 첨예하게 벌어지고, 그 여파로 한국 근·현대사 인식

---

1) 식민지 근대화논쟁에 대해서는 정연태, 1999 <'식민지 근대화론' 논쟁의 비판과 신근대사론의 모색> 《창작과 비평》 (창작과비평사, 서울) 봄호를 참조하고, 한국근대를 보는 새로운 시도에 대해서는 정재정, 2008 <한국근대와 식민지 근대성론> 한국사연구회 편, 《새로운 한국사 길잡이》 하 (지식산업사, 서울) 참조.

과 교육을 둘러싼 갈등이 증폭되고 있다.

그래도 학문적 영역의 논쟁은 노력 여하에 따라 현실의 중압으로부터 벗어날 여지가 없지 않다. 연구를 통해 조금씩 드러낼 사실의 편린이 연구자들로 하여금 민족적·정파적 이해로부터 벗어날 근거를 제공하기 때문이다. 그러나 역사교과서의 영역에서는 그럴 가능성이 훨씬 줄어든다. 그 이유는 두 가지이다. 먼저 교과서 집필은 국정이든 검인정이든 국가의 검열이나 통제를 받기 때문이다. 둘째, 교과서 집필자들이 교과서에 반영할 통설을 선택하는 과정에서 국민 정서나 학계의 풍토, 정치·이념적 갈등으로부터 영향 받지 않을 수 없기 때문이다. 이처럼 역사교과서 집필은 이중의 통제나 영향을 받기 때문에 학문적 성과를 제대로 반영하기 쉽지 않다.

본고는 이상과 같은 점을 염두에 두고 식민지기 한국의 사회경제적 변화의 특성에 대한 역사교육의 갈등이 양국의 중등학교 교과서를 통해 어떻게 전개되고 있는지 살펴보고자 한다. 특히 식민지근대화논쟁의 전개나 일본의 ≪새로운 역사교과서≫(2001)의 등장 전후에 양국 교과서의 서술 기조에 나타나기 시작한 변화를 중점 분석할 것이다. 그리고 이런 변화가 정치적 현실이나 학문적 경향과 어떤 관련을 맺으면서 전개됐는지도 유념할 것이다.

Ⅱ. 한일 역사교과서의 기조와 인식 갈등

1. 한국 교과서의 식민지 수탈사 위주 서술과 한국사학계의 비판

1974년 이후 최근까지 국정교과서는 거의 대부분 식민지기 社會經

濟像을 서술할 때 대체로 식민지 수탈론의 기조를 견지했다. 국사교과
서 서술은 시기마다 차이는 있으나 일제가 한국사회에서 자행한 '토지
약탈' '산업 침탈' 등에 초점을 맞추어 일제의 收奪性과 한국인, 특히
농민의 몰락상을 드러내는 데 집중한 것이다.[2] 2007년판 중학교용 국
사교과서를 통해 그 내용을 정리하면 다음과 같다.

일제의 수탈성을 보여주는 핵심은 '토지약탈'이었다. '토지약탈'은
거의 모든 교과서에서 가장 많은 분량으로 빠짐없이 기술되어 왔으며,
사회경제 서술의 첫머리를 장식했다.[3] 교과서에 따르면 일제는 토지조
사사업(이하 '사업'으로 줄임)을 통해 막대한 토지를 약탈했다. '사업'
은 토지소유관계를 근대적으로 정리한다는 명분을 내세웠으나, 실제로
는 토지약탈이 주목적이었다.[4] '사업'의 수탈성을 증명하는 주요 논거
로는 관습상의 경작권·개간권·입회권 등 농민 권리 부정, 복잡하고 까
다로운 신고주의 원칙 적용 등이 꼽혔다. 이런 논거는 식민지기 이래
박문규, 이재무, 김용섭, 신용하 등의 연구를 통해 축적됐다.[5] '산업 침
탈'에 대해서는 화폐·금융지배, 한국인 기업 활동 억제, 전매제도 실

2) 韓鍾河, 1982 ≪한·일 역사교과서 내용분석 - 상호 관련내용을 중심으로≫
(한국교육개발원, 서울), 144~150 ; 정재정, 1990 <일제 통치기 사회경제연
구의 동향과 '국사' 교과서의 서술> ≪역사교육≫ 47, 180~183

3) 2007년에 발행된 중학교 국사 교과서의 <일제의 경제 수탈 정책은?>이란 단
원은 다음과 같이 시작한다.
"식민 지배하에서 한민족은 일제의 경제적인 수탈에 큰 고통을 받았다. 이 가
운데에서 가장 큰 피해는 토지를 약탈당한 것이었다."[국사편찬위원회·국정
도서 편찬위원회, 2007 ≪중학교 국사≫ (교학사, 서울) 258]

4) 국사편찬위원회·국정도서편찬위원회, 2007 ≪중학교 국사 교사용지도서≫(교
학사, 서울) 412

5) 朴文圭, 1933 <農村社會分化の起點としての土地調査事業に就いて> ≪朝鮮社
會經濟史研究≫ (京城帝大法文學會) ; 李在茂, 1955 <朝鮮に於ける'土地調査
事業'の實體> ≪社會科學研究≫ 7-5 (東京大, 東京) ; 김용섭, 1969 <수탈을
위한 측량-토지조사> ≪암흑의 시대(한국현대사4)≫ (신구문화사, 서울) ;
신용하, 1979 ≪조선토지조사사업사연구≫ (한국연구원, 서울)

시, 산림·광산·어업자원 지배, 대륙침략을 위한 사회 인프라 시설 등 다방면에 걸쳐 서술됐다. 그중 회사령이 핵심적 조치로 지목됐다. 이에 의하면 일제는 회사령을 통해 한국인의 기업 활동을 억제하고 민족자본의 성장을 억압했다. 마지막으로, '식량 수탈'은 산미증식계획(이하 '계획'으로 줄임)을 통해 이루어졌다고 한다. 여기서는 쌀의 증산량보다 일본으로 가져간 수탈량이 훨씬 많다는 점이 주목됐다. 이와 같은 일제의 '약탈·침탈·수탈'로 인해 한국인은 경제적으로 몰락했다. 이에 한국인은 물산장려운동·소작쟁의·노동쟁의 등을 통해 일제의 착취에 대항한 경제적 민족운동을 전개했다고 한다. 이런 서술기조는 기본적으로 '수탈과 저항'의 대비에 입각한 식민지 수탈론이다.

식민지 수탈사 위주 서술의 문제점은 1980년대말부터 한국사학계를 내부에서 제기되기 시작했다. 일찍이 남지대는 국사교과서 서술에서 '사업'의 수탈성이 매우 과장됐다고 비판한 바 있다.6) 정재정도 1960~70년대 검인정 교과서와 1970~80년대 국정교과서의 분석을 통해 국사 교과서들이 "일본제국주의의 약탈성과 한민족의 고난을 선명하게 부각시키는 데 치중하다보니, 역사운영의 주체가 일본·총독부·일본인 등이 되고, 한민족은 어디까지나 지배당하고 빼앗기기만 하는 객체로 묘사되어 있다"고 지적했다. 이런 관점에서 정재정은 두 가지 개선방향을 제시했다. 첫째는 침략과 수탈을 당한 주체적 요인에 대한 반성의 기회를 가질 수 있도록 교과서를 서술하자는 것이다. 둘째는 식민

---

6) 남지대는 고교 국사교과서의 근현대편을 분석한 1988년 논문에서 조선총독부가 '사업'을 통해 "불법적으로 탈취한 토지는 전국 농토의 40%나 되었다"고 하거나 임야조사사업을 통해 "전 산림의 50% 이상이 조선총독부와 일본인에게 점탈되었다"고 한 교과서 서술은 매우 과장됐다고 비판한 바 있다. 일제가 정치권력과 교육·언론 등 이데올로기적 통제기구의 장악으로 '합법적 착취'가 가능한 상태에서 굳이 농지나 산림을 빼앗을 필요는 없었다는 것이다(남지대, 1988 <고교 국사교과서 근대현대편의 서술과 문제점> ≪역사비평≫ 창간호, 312).

지기를 주체적으로 살아갔던 한국인의 복잡 다양한 경제 현실과 사회 관계를 전면적으로 부각하는 것이다.[7] 최근의 비판은 서중석에서 나왔다. 그는 "고교 <2. 민족의 시련>에서 (2)의 제목이 경제약탈로 되어 있고 하부 소제목이 '토지의 약탈' '산업의 침탈' '식량의 수탈'로 다 되어 있고 내용도 그렇게 되어 있는 것은 지나치게 단순화시켜 역사를 이해하게 하는 것이 아닌가 하는 지적을 받을 수 있다"고 비판했다. 그러면서 일제 침략과 관련하여 '수탈' '약탈' 등의 표현이 많이 나오는 것은 약화시키고, 식민지기 역사를 동태적으로 이해할 수 있도록 그 시기에 진행된 변화의 측면에 유의하여 서술할 것을 제안했다.[8]

국사교과서 서술기조의 문제점은 각론 차원에서 많이 지적됐다. 그 중 이목을 집중한 것은 수탈정책의 상징으로 지목된 '사업'의 내용과 성격이었다. 1980년대 후반 이래 새로운 연구들은 신고주의의 약탈적 성격, 일제의 반농민적 소유권 판정 등 '사업'의 수탈성을 주장했던 통설의 근거가 불충분하거나 과장됐다고 주장했다. 이들 연구에 따르면 조선후기의 토지소유권이 이미 근대적 소유권에 근접하게 발전했기 때문에 지주의 자의적 신고를 가능케 할 여지는 별로 없었다. 그로 인해 신고주의에 의한 사정은 기존의 소유권을 법적으로 확인하는 절차에 불과했다. 또한 '사업' 과정에서 발생한 분쟁지는 200필 당 1필 꼴일 정도로 미미한 데다가 분쟁지 처리 또한 조선총독부에게 유리하게 진행되지도 않았다. 이런 까닭에 '사업' 결과 창출된 국유지는 전체 대상면적 490만여 정보의 2.6%에 불과했다.[9] 이런 주장은 학계에서 대체

---

7) 정재정, 1990 <앞 논문> 181~184. 본문의 인용은 검인정 교과서를 비판한 문구이나 국정교과서의 서술도 "검인정교과서와 별로 다를 바 없다"고(<같은 논문> 182) 한 데서 보듯 그 비판은 국정교과서에도 그대로 적용된다.

8) 서중석, 2002 <한국교과서의 문제와 전망> ≪한국사연구≫ 116, 137

9) 조석곤, 1986 <조선토지조사사업에 있어서 소유권조사과정에 관한 한 연구> ≪경제사학≫ 10 ; 배영순, 1988 <한말·일제 초기의 토지조사와 지세개정에 관한 연구(서울대 국사학과 박사학위 논문)> [2002 ≪한말 일제 초기의 토지

로 수용되고 있다. 토지신고제가 널리 알려지지 않았다든지, 신고기간
이 짧고 절차가 복잡하여 신고기회를 놓친 사람이 많았다든지, '사업'
을 통해 경작지로부터 추방된 농민들이 많았다는 서술은 실제와 차이
가 있는 것으로 평가됐다.[10] 다른 한편 관습상의 경작권 등 농민적 권
리가 부정되어 농민몰락의 계기가 됐다는 서술도 그 근거가 충분치 못
한 것으로 비판됐다. 부분적으로 관습적이고 장기적인 소작관계가 존
재하고 있었지만, 그것은 전근대 농촌사회의 공동체적, 온정주의적 인
간관계의 반영에 불과한 것으로 '사업'에 의해 승인되거나 부정될 차
원의 경작권은 존재하지 않았다는 것이다.[11] 관습상의 경작권에 대한
이 같은 문제제기는 학계에서 충분히 논의되지 않고 있지만, 검토할
가치가 있다. 물권 수준의 관습상의 경작권이 확립됐는지를 제대로 입
증한 연구가 산출되지 않은 상태에서 일제가 '사업'을 통해 관습상의
경작권을 부정했다고 서술하는 것은 적절치 않다고 보기 때문이다.[12]

　　한편 '계획'으로 식량을 수탈해갔다거나 '계획'의 결과 농민은 더욱
고통을 겪게 되고 몰락해갔다는 식의 서술도 문제시되고 있다. 식민지
근대화론자의 주장에 따르면 전시 식량공출 이전까지는 아무런 대가
없이 식량을 강제로 빼앗아가거나 가격을 통제하여 헐값으로 '수탈'해

　　　조사와 지세개정≫ (영남대 출판부)] ; 宮嶋博史, 1991 ≪朝鮮土地調査事業史
　　　の研究≫ (동경대학 동양문화연구소, 동경) ; 조석곤, 2003 ≪한국근대 토지
　　　제도의 형성≫ (해남, 서울)
10) 박찬승, 2005 <일본 중학교 역사교과서 근현대사(1910년 이후) 서술과 역사
　　　관 분석> ≪한국사연구≫129, 298 ; 왕현종, 2006 <'수정판' 고등학교 국사
　　　교과서의 개편내용과 근대사 서술 비판> ≪역사교육≫ 99, 45
11) 이영훈, 1993 <토지조사사업의 수탈성 재검토> ≪역사비평≫ 가을호, 328~
　　　332
12) 경작권은 조선농지령(1934)에 의해 物權의 효력이 인정됐다. 조선농지령은 대
　　　공황 이후 농가경제의 악화와 농민운동의 고양으로 농촌의 위기가 격화되자
　　　농민운동을 개량화하고 농민층을 회유하는 방안의 일환으로 시행됐다(정연태,
　　　1990 <1930년대 '조선농지령'과 일제의 농촌통제> ≪역사와 현실≫ 4).

간 것이 아니라 일본인과 한국인 지주들이 일본으로 '수출'한 것이다. 그런 점에서 '수탈'이란 용어는 물론 '반출'이나 '가져갔다'는 식의 애매한 표현도 시장경제 원리에 따라 행해진 수출이라는 사실을 호도할 수 있다. 그리고 미곡 수출이 증대한 결과 농민들의 식량사정은 악화됐지만, 한국에서는 지주층의 농업잉여가 증가하였다. 이것이 공산품 시장을 확대하고 농업잉여의 자본전화를 가져오는 데 기여했는데, 교과서에서는 이런 점이 무시됐다고 한다.[13] 국사 교과서는 이런 비판으로부터 자유롭지 못한 측면이 없지 않다. 교과서의 서술은 분명 한국 농민이 아무런 대가도 받지 못한 채 쌀을 강탈당했다는 식의 오해를 줄 수 있기 때문이다.[14] 또한 '계획'과 쌀 수출은 소작농민층과 지주층 사이에 계급적으로 서로 다른 영향과 결과를 미치고 초래했다는 점에서 계급적 특성도 지녔다. 그런데 교과서에서는 일제의 식량수탈이란 특성만이 부각되어 있다.

한국인의 기업 활동을 억제하고 민족자본의 성장을 억압했다는 식의 회사령 관련 서술도 일면적이거나 그 영향력을 과장했다. 회사령의 허가주의가 상대적으로 한국인 기업의 설립을 억제한 것은 분명하지만, 그 목적은 한국인 기업뿐만 아니라 한국내 일본인 자본 또는 한국에 진출하고자 하는 일본인 자본까지 일률적으로 규제하여 식민지 한국의 경제 전반을 통제하려는 것이었다. 그러나 전후 호황에 접어든 1916년 이후부터 회사령은 매우 느슨하게 적용되는 것으로 바뀌었으며, 1918년의 개정으로 사실상 유명무실해지고, 1920년에는 그조차 폐지됐다. 그에 따라 1916년 이후부터 한국인 회사는 그 수가 증가하고 자본금이 급증하고 업종도 다양화하는 등 기업발흥의 모습을 보였

13) 金洛年, 1992 <日本の植民地投資と朝鮮經濟の展開> (동경대 박사학위 논문) ; 김낙년, 2003 <산미증식계획과 농업잉여> ≪일제하 한국경제≫ (해남, 서울)
14) 최병택, 2008 <일제 경제수탈 관련 교과서 내용에 대한 비판론의 대두와 교과서 서술상의 그 반영 방안> ≪역사교육≫ 107, 26

다.[15] 이런 점에서 회사령의 영향력은 일시적이었다. 그럼에도 국사교과서는 회사령의 변천을 언급하지 않아 그 영향력이 식민지기 내내 지속한 듯한 인상을 주고 있다.

이처럼 농업에서는 '사업'과 '계획'을, 상공업에서는 회사령을 근거로 한, 수탈사 위주 서술 기조는 재검토될 필요가 있다. 일제의 수탈성을 과도하게 부각시키는 것은 역으로 조선후기 내재적 발전이나 식민지 한국사회 대응의 취약성을 드러낼 수 있다는 점에서 내재적 발전이나 주체적 대응을 주목하려는 교과서의 전반적 서술 기조와 충돌될 수도 있기 때문이다. 더 큰 문제는 일제의 수탈과 한국인의 몰락 및 경제적 민족운동을 평면적으로 대비한 나머지, 한국인 지주·자본가·상인·수공업자·농민 등이 식민지적 근대화 과정에서 보여준 대항·적응·전환·예속, 연대·갈등·대립, 성장·정체·몰락 등 다채로운 모습, 그 과정에서 부딪치는 차별·억압·수탈·불평등의 식민지적 기제와 그 작동 방식, 식민지기 한국경제의 복잡한 구조와 변화 등을 제대로 보여주지 못한다는 점이다.

2. 일본 교과서의 植民地 收奪像과 조선사회 정체성론의 영향

일본 역사교과서에서 식민지기 한국의 사회경제상은 적게는 한 두 문장, 길어도 한 개 문단으로 매우 소략하게 서술되어 있다. 그리고 한국과 달리 검인정제이기 때문에 출판사마다 교과서의 서술과 구성에 차이를 보이고 있어 서술 기조를 일반화하기란 쉽지 않다. 이런 점을

---

15) 小林英夫 編, 1994 ≪植民地への企業進出 - 朝鮮會社令の分析≫ (柏書房, 東京) ; 허수열, 1994 <식민지 경제구조의 변화와 민족자본의 동향> ≪한국사≫ 14 (한길사)

감안하여 ≪새로운 역사교과서≫(2001)가 등장하기 이전까지 일본 역사교과서의 대체적인 경향을 짚어 보면 다음과 같다.

일제의 동아시아 침략과 지배, 그리고 동아시아 민족 저항의 역사는 제2차 세계대전 패전 이후 일본 교과서에서 거의 서술되지 않았다. 이런 상황은 1970년대 이후 조금씩 변화됐다. 1972년 중·일 수교, 이에나가 사부로(家永三郎) 교수 주도의 제2차 교과서 소송, 일본 역사학계의 한국사 및 한일관계사 연구의 진전, 그리고 1982년 역사교과서 왜곡 파동과 새로운 검정기준인 '근린제국' 조항의 제정 등이 역사교과서 집필과 검정 환경에 영향을 미쳤기 때문이다. 그리하여 일제의 한국 병합과 지배(억압·동화·강제연행), 한국인의 몰락과 저항에 관한 역사는 1980년대 이래의 역사 교과서에서부터 제한적이나마 소개되기 시작했고, 무라야마(村山富市) 총리 담화(1995) 이후 발간된 교과서(1996년도판)에서는 비교적 상세하고 적극적으로 서술됐다.[16]

1980년대 이래의 일본 교과서는 소략하게나마 일제의 한국 침략과 지배 사실을 다소 비판적 관점에서 소개하였다. 식민지기 한국 사회경제상에 대한 서술도 식민지 수탈사 위주로 구성됐다는 점에서 한국교과서의 그것과 유사한 것처럼 보인다. 구체적으로 보면, 한국경제상은 주로 '사업'을 중심으로 서술되고 있다. '사업'은 일제 식민정책의 상징이자 전부라 할 만큼 중요하게 취급되었다. 따라서 '사업' 관련 서술이야말로 일본 교과서의 서술기조를 측정하는 바로미터라 해도 지나치

---

16) 1945년 이후 일본 역사교과서 식민지 지배 관련 서술의 개략적인 경향에 대해서는 신주백, 2006 <한·일 중학교 역사교과서에서 식민지 지배에 관한 서술의 변화(1945~2005)>, 한국학중앙연구원 한국문화교류센터 엮음, ≪민족주의와 역사교과서 - 역사갈등을 보는 다양한 시각≫ (에디터, 서울) 참조. 일제의 한국 침략 및 수탈사가 1996년도판 일본 중학 역사교과서에서 가장 적극적으로 반영됐는데, 그 상징은 한국여성을 일본군 위안부로 강제 동원한 사실이 역사교과서에 처음 소개된 것이다[이찬희·임상선, 2002a ≪일본 중학교 역사교과서에 나타난 한국관련 내용 : 1983~2001≫ (한국교육개발원)].

지 않다. 일본 교과서는 '사업'의 농민 수탈적 성격을 지적하고 있다. 대다수 교과서는 '사업'의 시행으로 한국 농민들이 토지를 상실하고 소작농으로 전락하거나 일본 만주 등 해외로 이주했다는 사실을 언급하고 있다(<사례 1>). 그리고 일부 교과서는 '사업'으로 농민이 경작권을 상실한 점, 농민이 복잡한 신고 수속을 일본어로 해야 한 점, '사업'으로 빼앗긴 토지가 일본인 회사나 지주에게 불하된 점 등을 서술하여 '사업'의 반농민적 성격뿐만 아니라 식민지적 성격을 설명했다.[17]

> <사례 1>
> 토지제도의 근대화를 명목으로 삼아 이루어진 토지조사사업에서는 많은 농민의 소유권이 명확하지 않다고 하여 토지를 빼앗겼다. 토지를 잃은 농민은 소작인이 된다든지 일본이나 만주로 이주하는 일을 할 수밖에 없었던 데다, 이러저러한 사회적 경제적 차별을 받았다.[18]

　　그러나 많은 농민이 토지를 상실하게 된 데에는 '사업'의 농민 수탈적 성격 때문만은 아닌 것으로 설명됐다. 이와 관련하여 주목할 것은 "조선의 많은 농민이 소유권이 명확하지 않다고 하여",[19] "많은 농민이 경작하는 권리를 갖고 있던 토지를 소유권이 분명하지 않다는 등으로",[20] "소유권이 불명확한 토지 등은 국유지로 되어 많은 농민은 소작인으로 전락"[21]했다는 식의 서술이다. 이에 따르면, 농민의 토지 소유권이 미숙했기 때문에 많은 농민들은 자신의 소유권을 증명하지 못

---

17) 1996 ≪社會科 中學生の歷史≫ (帝國書院) ; ≪中學生の社會科 歷史≫ (日本文敎出版)[이찬희·임상선, ≪위 책≫ 104·109·114·183)] ; 이찬희·임상선, 2002b ≪일본 고등학교 역사 교과서에 나타난 한국관련 내용≫ (한국교육개발원)
18) 1996 ≪新しい社會 歷史≫ (東京書籍) (이찬희·임상선, 2002a ≪위 책≫ 20)
19) 위와 같음
20) 1996 ≪社會科 中學生の歷史≫ (帝國書院) (이찬희·임상선, ≪위 책≫ 114)
21) 1992 ≪中學生の社會科 歷史≫ (日本文敎出版) (이찬희·임상선, ≪위 책≫ 177)

했고, 그 결과 토지를 상실한 것으로 이해된다. 조선사회 정체성론을 연상케 하는 대목이다. 반면 일제는 한국농민의 토지를 일방적으로 '수탈'한 것이 아니라 소유권이 불명확한 농민의 토지를 총독부 소유지, 즉 국유지로 삼은 데 불과한 것으로 해석된다. 이런 문맥에서 많은 일본 교과서가 '토지 수용', '손에 넣다' '관유로 만들다' '접수하다' '편입하다' 등과 같이 '수탈'이란 뉘앙스가 풍기지 않는 용어를 사용한것으로 판단된다.[22] 결국 일본 교과서는 '사업'의 수탈상을 기술하면서도 조선사회 정체성론을 내세워 식민지 수탈성을 희석하고자 했다.

한편 한국 교과서에서 식민지 수탈성의 또 다른 상징으로 주목하는 '계획'과 회사령에 대해 언급하는 경우는 극히 일부에 불과하다. '계획'을 통해 한국 쌀이 약탈됐다는 점은 고등학교 ≪일본사≫ 교과서에서 극히 예외적으로 보일 뿐이다. 그조차 '계획'의 추진 주체가 일제 총독부가 아니라 동양척식회사의 일개 부처(토지개량부)에 불과한 것처럼 서술했다(<사례 2>). 회사령을 통한 한국인 기업 설립이나 민족자본 억압에 대한 서술도 극히 소략하고, 그조차 예외적인 기술에 속한다(<사례 3>).

<사례 2>
1920년대에 일본의 식량문제 해결을 위한 대량의 조선쌀 수입을 실현시킬 목적으로 조선에서 '산미증식계획'이 강행되었는데, 조선인이 먹는 쌀까지 약탈했다고 하며, 이 계획을 추진한 사업 대행기관은 동척 내부에 설치한 토지개량부였다.[23]

---

22) 국제교과서연구소 편, 1994 ≪한·일 역사교과서 수정의 제문제≫ (국제교과서연구소, 서울) 63, 219 ; 이찬희·임상선. ≪위 책≫ ; 이찬희·임상선, 2002b. ≪앞 책≫
23) ≪新日本史(改訂版)≫ (清水書院) 1994[이찬희·송용택·정용순, 1994 ≪일본·중국 중등학교 역사교과서의 한국관련 내용분석≫ (한국교육개발원) 76]

<사례 3>
　회사의 설립도 허가제로 하여 조선인의 회사는 가능한 만들지 못하도록
했다.[24]
　총독부의 허가를 받지 않으면 회사를 설립할 수 없도록 했기 때문에 민
족자본이 성장할 수 없었다.[25]

　이처럼 일본 교과서는 대부분 '사업'을 중심으로 식민지기 한국의
사회경제상을 서술한 반면 '계획'과 회사령을 통한 식민지 수탈은 예
외적으로 언급하고 있고 그 내용이나 분량도 극히 소략하다. '사업' 관
련 서술에서는 한국사회 정체성을 부각시킴으로써 일제의 수탈성을 희
석하는 효과를 거두었다. 이 점은 일제의 수탈성을 일면적으로 강조하
는 한국교과서의 서술 기조와는 차이가 있다. 그러나 식민지 수탈사의
항목 설정이나 구성 방식에서는 한국 교과서와 유사하다. 일본교과서
가 '사업', '계획', 회사령의 시행과 관련하여 토지·식량·산업 문제를
설명하거나 '사업'을 계기로 한 농민의 토지상실과 몰락을 서술한 점
이 그것이다. 이 점은 일본 교과서의 식민지기 한국 관련 서술에서 한
국 교과서의 관련 내용이나 구성 방식을 의식하고 있는 것처럼 보이는
대목으로 주목된다.

Ⅲ. 식민지근대화론의 영향과 일본
역사교과서의 기조 변화

　일본 역사교과서의 기조는 1990년대 후반 '새로운 역사교과서를 만
드는 모임'의 활동이 활발하게 전개되고 한국에서 식민지근대화논쟁이

---

24) 1996 ≪中學社會 歷史≫ (敎育出版) (이찬희·임상선, 2002a ≪앞 책≫ 85)
25) 1994 ≪新日本史(改訂版)≫ (淸水書院) (이찬희·송용택·정용순, 1994 ≪앞 책≫
76)

본격화한 이후 변화하기 시작했다. 그 획기는 2001년 후소샤판(扶桑社版) ≪새로운 역사교과서≫의 출간이다. 후소샤판 교과서는 식민지 수탈자가 아니라 식민지 개발자였다는 이미지를 전면에 부각시켰다. 다른 한편 일본의 다른 역사교과서도 이에 영향을 받아 이미 희석된 식민지 수탈상조차 약화시키고 있다.

1. 후소샤판 교과서의 식민지 지배 미화론

후소샤판 중학 역사교과서는 한국 침략 정당화 및 지배 미화론의 관점에 기초하고 있다. 이런 관점의 서술은 개항기 한일 관계를 설명하는 데서 이미 잘 드러났다. "일본은 조선 개국 후 조선의 근대화에 이바지할 군제개혁을 원조했다. 조선이 외국의 지배에 복종하지 않고 자위력을 지닌 근대국가로 되는 것은 일본의 안전상 중요했다"고[26] 하여 일본은 한국이 근대화하여 자립적인 근대국가로 성장하도록 지원한 것처럼 서술한 것이다. 같은 맥락에서 일제의 식민지 개발을 부각시켰다. 철도·관개 시설 정비 등을 적시한 것이다(<사례 4>). 철도 등 사회 인프라 구축에 대해서는 종전의 다른 교과서에서도 언급된 바 있다. 예컨대 "일본의 다수 회사가 조선에 진출하여 조선반도를 종단하는 철도나 항만을 건설"했다는 식의 서술이 그것이다.[27] 그러나 이 교과서는 연이은 서술에서 그로 인한 일제의 수탈과 차별, 한국인의 몰락과 해외이주를 명기한 점에서 식민지 개발만을 일면적으로 부각한 후소샤판 교과서와는 차이가 크다. 일제의 식민지 지배를 미화했다는 비난과 반발을 약화시키려는 듯 후소샤의 2006년판 교과서에서는 철도·관개 시

26) 2001 ≪新しい歴史教科書≫ (扶桑社) 217
27) 1996 ≪中學社會 歷史的分野≫ (本書籍) (이찬희·임상선, 2002a ≪앞 책≫ 150)

설 정비가 '식민지정책의 일환으로' 시행됐다는 점을 첨언했다(<사례
5>). 이 표현을 집어넣음으로써 일제의 식민지 지배를 미화했다는 비
판을 교묘하게 피해가려고 하면서도,[28] 일제의 식민지정책은 곧 한국
을 '개발'한 것이고 그 연장에서 '토지조사'를 수행한 것이라는 인식을
심어주고 있다. 다른 한편 후소샤판 교과서는 <대만개발과 핫타 요이
치(八田與一)>란 인물 칼럼을 통해 식민지 지배를 미화하려는 고도의
수법을 동원하고 있다. 대만총독부 토목기술 관리 핫타(八田)가 대만
嘉南평야 관개시설 공사 중 석유가스 폭발사고로 낙담하고 있을 때
"대만 사람들은 '사고는 당신 때문이 아니다. 당신은 우리들을 위해,
대만을 위해 결사코 일하고 있다'고 하면서 역으로 핫타를 격려했다"
는 점을 소개함으로써[29] 일제의 식민지 개발이 식민지 주민과 사회
의 이익을 증대하는 데 이바지했고, 식민지 주민들도 그 점을 감사하
게 생각하고 있었음을 보여주려 했다. 즉, '선의의 지배'였다는 식의
서술이다.

> <사례 4>
> 한국병합 이후 일본은 식민지로 삼은 조선에서 철도, 관개 시설을 정비
> 하는 등 개발을 행하고, 토지조사를 개시했다. 그러나 이 토지조사사업에
> 의해 그때까지의 경작지로부터 추방된 농민도 적지 않았고, 또한 일본어교

---

28) 이런 의도는 2001년 후소샤판 역사교과서에 대한 한국정부의 수정요구에 대
해 일본 정부가 보내온 검토결과에 그대로 반영되어 있다. 즉 한국정부에서
'수탈과 지배'라는 목적을 언급하지 않은 채 식민지 근대화론, 식민지 수혜론
의 관점에서 <개발>이 마치 조선 주민을 위한 것처럼 왜곡"했다고 하면서
수정을 요구한 데 대해, 일본정부의 검토결과는 "<식민지화 한 조선에서>와
<개발>이 일본에 의한 식민지 정책의 일환인 점이 기술되어" 있다는 점 등
을 근거로 명백한 오류로 볼 수 없다는 것이다[이원순·정재정 편저, 2002 ≪일
본 역사교과서 무엇이 문제인가≫ (동방미디어, 서울) 351, 405의 <일본 중
학교 역사교과서 한국관련 내용 수정요구자료> <중학교 역사교과서 관련
한국정부의 수정요구에 대해>].
29) 2006 ≪新しい歴史教科書≫ (扶桑社) 171

육 등 동화정책이 추진됐기 때문에 일본에 대한 조선사람들의 반감은 강해졌다(2001년판).[30]

　　<사례 5>
　한국병합 이후 설치된 조선총독부는 식민지 정책이 일환으로, 철도·관개 시설을 정비하는 등 개발을 행하고, 토지조사를 개시했다. 그러나 이 토지조사사업에 의해 그때까지의 경작지로부터 추방된 농민도 적지 않았고, 또한 일본어교육 등 동화정책이 추진됐기 때문에 일본에 대한 조선사람들의 반감은 강해졌다(2006년판).[31]

　'사업'에 대한 서술에서는 경작지로부터 추방된 농민이 적지 않다고만 했다. 농민이 경작지로부터 추방됐다는 것은 토지 상실을 의미하는 것인지 불명치 않지만, 언뜻 보기에 그 의미는 이전 시기 다른 교과서의 서술과 별 차이가 없는 것처럼 보인다. 그러나 교과서의 내면을 보여주는 후소샤판 ≪교사용 지도서≫를 보면 기존 교과서의 서술 기조와 현저히 다르다는 점을 알 수 있다(<사례 6>).

　　<사례 6>
　일본에 의한 토지조사(1911~18년)는 이 봉건적 토지제도를 근대적인 것으로 만든 획기적인 사업이었다. … 이 토지조사에서 사유지로 증명되지 않은 토지는 약 2만 7천 ha로, 이것이 일본인에 의한 수탈의 이미지를 만들었다. 그러나 "신고제를 악용하여 그때까지 토지소유관계를 무시하고 토지약탈을 하는 것은 거의 불가능하고 사업의 결과 생겨난 국유지는 전체(490만 정보)의 2.6%에 지나지 않았다"(조석곤, 1996 <수탈론과 근대화론을 넘어서－식민지시대 재인식> ≪창작과비평≫ 여름호로부터). 또한 총독부가 관리한 농민의 소작권은 100% 보장되었고(하략)[32]

　교사용 지도서를 감안해 보면, '사업'에 대한 후소샤판 교과서의 서

30) 2001 ≪新しい歷史敎科書≫ (扶桑社) 240
31) 2006 ≪新しい歷史敎科書≫ (扶桑社) 170
32) 新しい歷史敎科書 敎師用指導書 編纂委員會, 2006 ≪中學社會 改訂版 新しい 歷史敎科書－敎師用指導書≫ 266~267

술 기조는 다음과 같다. 첫째, '사업'의 식민지 및 농민 수탈성을 부정
하고 있다. '사업'을 통해 국유지로 된 것은 전체 토지 가운데 극히 일
부에 불과하고, '사업' 이후 국유지에서 농민의 소작권은 보장됐다는
것이다. 둘째, '사업'의 근대성을 전면적으로 강조하고 있다. '사업'은
토지제도 근대화를 가져온 획기적 조치로 평가했다. 이 같은 평가는
'사업'에 대한 새로운 연구 성과를 부분적으로 반영한 것이다.

　그러나 한국역사학계의 새로운 연구나 평가에 따르면 '사업'의 근대
성은 지나치게 과장됐다. 토지소유관계에 관한 한 '사업'은 현실의 소유
를 근대법에 의해 확인한 데 불과하다. '사업'의 근대성은 오히려 지세
제도 근대화에서 찾을 수 있는데, 그로 인한 지주경영과 지세수입의 안
정성이 자주적 근대화의 축적기반과 재원으로 활용되지 못하고 식민지
통치의 재원과 잉여이전의 메카니즘으로 전화해 버렸다는 점에서 '사
업'의 식민지성을 발견할 수 있다.33) 나아가 토지제도와 지세제도 근대
화의 선구는 대한제국의 광무양전지계사업이었다고 한다. 이에 따르면
광무양전지계사업은 근대법적 토지소유권제와 지세제도의 확립을 목표
로 그 실질을 장부상에 담아갔다는 점에서 '사업'과 별 차이를 보이지
않았다.34) 일보 후퇴하여 '사업'이 근대적 토지소유제도와 지세제도의
변화를 가져왔다고 인정하는 경우에도, '사업'이 일본인·한국인 지주의
토지집적과 한국농민의 토지상실을 촉진하는 계기가 됐고, 식민통치를
위한 재정수입을 증대, 안정화했다는 점에서 식민지적, 지주적 성격을
동시에 주목하고 있다.35) 이런 점을 감안하면 한국 교과서가 '사업'의

33) 배영순, 1988 <앞 논문>
34) 이영학, 1995 <총설: 대한제국기 토지조사사업의 의의> 한국역사연구회 근
　　대사분과 토지대장반, ≪대한제국의 토지조사사업≫ (민음사, 서울)
35) 이헌창, 1999 <식민지로의 전락과 토지조사사업(1904~19년> ≪한국경제통
　　사≫ (법문사, 서울) 279~289 ; 이송순·정병욱, 2000 <식민지 자본주의의 형성
　　과 발전> 강만길 엮음, ≪한국자본주의의 역사≫ (역사비평사, 서울) 94~98

수탈성을 일면적으로 내세우는 편향을 보였다면, 후소샤판 교과서는 '사업'의 근대성만을 부각함으로써 수탈성의 흔적을 지우고 식민지 지배를 미화하려는 의도를 드러낸 것이라 할 수 있다.

2. 여타 교과서의 식민지 수탈상 약화와 식민지근대화론 수용

후소샤판 중학 역사교과서는 한·중 양국으로부터 비판이 고조되고 일본내에서는 교과서 채택 저지운동이 활발하게 전개된 결과 채택율은 미미했다. 그러나 1990년대 후반부터 본격화한 '새로운 역사교과서를 만드는 모임'의 활동과 식민지 근대화 논쟁의 전개는 다른 출판사의 일본 역사교과서 서술 기조에 적지 않은 변화를 초래했다. 그 사례를 들면 다음과 같다.

〈사례 7〉 敎育出版의 중학 역사교과서

1996	회사의 설립도 허가제로 하여 조선인의 회사는 가능한 한 만들지 못하도록 했다. 또한 토지조사를 실시하고, 그 속에서 많은 조선인으로부터 토지를 빼앗았다. 이 때문에 생활에 곤란한 많은 조선인이 일본이나 중국 동북부로 이주했지만, 조선인은 임금이나 사회생활에 있어서 여러 가지 차별을 받았다. 그 가운데 일본인 사이에 조선인을 경멸하는 잘못된 생각이 강해졌다.
2001	또한 토지조사를 실시하였고, 그러한 가운데 많은 조선인들로부터 토지를 빼앗았다. 이 때문에 생활이 곤란해진 많은 조선인이 중국 동북부라든가 일본으로 이주하였으나, 조선인은 임금이나 사회생활에서 여러 가지 차별을 받았다. 이러한 가운데 조선인을 경멸하고 차별하는 잘못된 생각이 일본인 속에 점점 퍼졌다. 식민지 지배 속에서 일본은 36년간에 걸쳐 조선 민족에게 이루 말할 수 없는 고통을 주었다.

*이찬희·임상선, 2002 ≪일본 중학교 역사교과서에 나타난 한국관련 내용: 1983~2001≫ (한국교육개발원) 85·93

〈사례 8〉 帝國書院의 중학 역사교과서

1996	일본에 병합된 조선에서는, 토지조사가 행해져, 많은 농민이 경작하는 권리를 갖고 있던 토지를 소유권이 분명하지 않다는 등으로 빼앗겼다. 토지를 빼앗긴 농민은 소작인이 되거나 일을 찾아 일본이나 만주(중국 동북부)로 이주하거나 했다. 그리고 이주해서는 여러 가지 차별을 받고 괴로운 생활이 부득이 했다. … 이러한 가운데 일본인의 마음 속에는 조선인을 차별하는 잘못된 의식이 강해지고 있었다.
2001	많은 농민이 토지를 빼앗기고 소작인이 되는 등 냉엄한 생활을 강요받았다.

*≪위 책≫ 114·121

〈사례 9〉 日本文敎出版의 중학 역사교과서

1996	일본은 통감부를 조선총독부라고 하며 토지조사를 강행했다.* 그로 인해 많은 농민이 토지를 잃고 소작인으로의 전락과 만주나 일본으로의 이주를 하지 않을 수 없었다. *－한국사람들은 일본어로 복잡한 신고 수속을 하지 않으면 안 되었다. 그리고 소유가 불명확한 토지는 거둬들여 일본의 토지회사 등에 불하했다.
2001	조선 사람들은 조국을 잃고 동화를 강제당하며, 만주나 일본으로의 이주를 하지 않을 수 없었다.

*≪위 책≫ 183·189

〈사례 10〉 淸水書院의 중학 역사교과서

1996	우선 토지제도를 바꾸었는데, 그 무렵에는 국가와 극히 소수의 지주에게밖에는 소유권을 인정하지 않았다. 이 때문에 많은 농민은 농사를 지을 토지를 잃고 생활에 곤란한 사람들은 만주나 일본으로 이주했다.
2001	일본은 조선총독부를 두고 대만과 비슷한 통치를 행하였으나, 오랜 역사를 자랑하는 조선사람들은 저항을 계속하여 … * 대만 관련 서술 : 주민의 저항을 무력으로 억누른 뒤 토지조사를 행하여 근대적인 소유권에 기초하여 토지제도를 제정하고 일본어에 의한 초등교육도 실시했다.

*≪위 책≫ 214·219

위 사례에서 보듯이 2001년판 중학 역사교과서의 서술기조는 1996년판과 비교할 때 상당한 변화가 나타났다. 일부 교과서에서는 '사업' 관련 기술을 아예 삭제하면서, 원인에 대한 설명도 없이 많은 농민이 토지를 빼앗겼다고 하거나(<사례 8>) 토지 상실의 사실조차 기술하지 않고 한국인들이 해외로 이주했다고 서술했다(<사례 9>). 다른 교과서에서는 '사업' 관련 기술을 완전 삭제하는 대신 대만과 비슷한 통치를 한국에서 행했다고 멍기한 후 대만에서 행해진 토지조사사업이 토지제도의 근대화를 가져왔다고 서술함으로써(<사례 10>), 간접적으로 '사업'의 근대적 성격을 드러내고자 했다.

한편 어떤 교과서에서는 회사령에 대한 소개도 삭제됐다(<사례 7>). 이 교과서는 회사령과 관련하여 '일본인의 회사는 늘었지만, 민족산업은 억제되었다'(1983판) - > '민족산업의 발전은 억압되었다'(1989년판) - > '조선인 회사는 생기지 못하게 하고'(1992판) - > '조선인 회사는 가능한 한 만들지 못하도록 했다'(1996)로 서술 기조를 조금씩 변경하다가 2001년판에서는 관련 내용을 전면 없애버린 것이다.[36] 식민지기 한국인의 상공업 발전을 통제, 억압한 식민정책으로 주목되던 회사령이 교과서 서술에서 아예 사라진 것이다.

이처럼 일본의 중학 교과서들은 2001년 ≪새로운 역사교과서≫ 출간을 계기로 기왕에 희석된 식민지 수탈상조차 더욱 약화하거나 지워버리고, 그 대신 식민지 근대화론을 반영한 서술을 보이기 시작했다.[37]

---

36) 1983 ≪改訂 中學社會 歷史的分野≫ ; 1989 ≪改訂 中學社會 歷史≫ ; 1992 ≪新版 中學社會 歷史≫ ; 1996, 2001 ≪中學社會 歷史≫ ; 敎育出版(이찬희·임상선, 2002a ≪앞 책≫ 66·72·78·85·93)

37) 2001년 역사교과서파동이 났을 때 한국정부에서는 후소샤의 역사교과서를 비롯하여 검정에 합격한 일본 중학 역사교과서의 한국 관련 사실 왜곡에 대해 수정을 요구했다. 이때 후소샤 교과서 이외 다른 출판사 역사교과서의 식민지 한국 사회경제 관련 기술에 대해서는 수정을 요구한 바 없다. 이점은 후소샤 이외 출판사의 중학 역사교과서가 식민지 근대화론이나 식민지 지배 미화론을 노골적으로 드러내지 않은 결과로 본다(이원순·정재정, 2002 ≪앞 책≫ 355~369의 <일본 중학교 역사교과서 한국관련 내용 수정요구 자료>). 한편 2002년판 고등학교 일본사 교과서는 1994년판과 비교할 때 종전의 서술기조를 유지하고 있다[이찬희·송용택·정영순, 1994 ≪앞 책≫ 75~77 ; 이찬희·

1982년 역사교과서 파동 이후 일제 침략과 지배의 역사에 대해 조금씩 반성하고 나서던 서술 기류가 퇴행=보수화 조짐을 드러낸 것이다.

이는 물론 일본 보수 우익세력이 일본 교과서의 반성적 역사 서술 기조의 확대에 불만을 가지다가 1993년 '위안부' 문제에 대한 일본정부의 사과와 반성을 계기로 조직적으로 반발하고 나선 데 기인한 바 크다. 국익을 우선하고 군사대국화를 지향하는 일본 보수우익이 보기에 일본 역사교과서의 반성적 서술 기조는 일본의 국가적 자긍심을 해치는 것이었다. 또한 그런 서술기조는 일본 고유의 전통과 미덕을 부각시켜 세계화의 가속화와 신자유주의적 개혁에 따른 사회적 균열과 해체 위기를 타개해 나가려는 배타적 국가주의 기획에도 장애가 되는 것이었다. 이런 인식에 기초하여 1996년 '새로운 역사교과서를 만드는 모임'이 결성되어, ≪교과서가 가르치지 않은 역사≫(1996), ≪국민의 역사≫(1999) 등이 연이어 출판되고, 마침내 ≪새로운 역사교과서≫(2001)가 중학역사 교과서로 검인정 받기에 이르렀음은 주지의 사실이다.[38]

한편 일본 역사교과서의 보수화 조짐에는 한국학계와 역사교육의

임상선, 2002b ≪앞 책≫ 3-79]. 검정에 통과한 2007년도용 고등학교 일본사 교과서들 또한 마찬가지였다[이찬희·임상선·신주백, 2006 ≪2007년도용 일본 고등학교 역사 교과서의 한국 관련 내용분석 연구≫ (한국학중앙연구원, 성남) 176·197·220·236 ; 정재정, 2008 <일본사 교과서에 기술된 식민지 지배와 민족운동-2007년도 검정 합격본의 경우> ≪한일관계사연구≫ 30]. 이들 교과서 가운데 식민지 지배 미화론이나 식민지 근대화론적인 내용을 서술했다는 인상을 주는 것은 없다. 고등학교 교과서가 1990년대의 서술 기조를 유지하고 있는 것은 중학교 교과서의 변화와 비교할 때 대조적이지만, 그 이유는 분명치 않다.

38) 이계황 외 지음, 2003 ≪기억의 전쟁 : 현대 일본의 역사인식과 한일관계≫ (이화여자대학교출판부, 서울) ; 강상중 지음, 임성모 옮김, 2004 ≪내셔널리즘≫ (이산, 서울) ; 하종문, 2001 <일본의 역사교과서 문제와 네오내셔널리즘의 동향 : 반자학사관과 가학적 내셔널리즘>, 한국사 연구회 ≪올바른 한일관계 정립을 위한 한국의 역사학 관련 학회 공동심포지움 발표문≫ ; 정재정, 2002 <일본 역사교과서 문제와 그 전망> ≪한국사연구≫ 116

사정도 영향을 미쳤다. 먼저 한국 역사학계의 연구경향과 역사교과서의 서술 기조가 일본 역사교육의 퇴행=보수화 흐름을 저지하는 데 실증적, 이론적 측면에서 무력했던 것 같다. 한국 역사학계와 역사 교과서는 일제 수탈과 민족 저항을 '자명한 전제'로 삼은 나머지 수탈의 실상이나 구조를 제대로 제시하는 소홀했다. 그리하여 그동안 식민지 수탈정책의 상징으로 구목됐던 '사업'이나 '계획'조차 논란의 와중에 처하게 된 것이다. 둘째, 식민지 근대화론적 연구의 확산은 그런 흐름을 조장하는 듯했다. 식민지기를 '발전과 성장의 시대'로 보는 식민지 근대화론은 일제의 ≪새로운 역사교과서≫ 이상으로 일제의 역할을 긍정적으로 평가한 것이다. 마지막으로 탈민족·국가론적 연구경향은 이런 흐름을 경시하거나 무시하는 모습을 보였다. 이 연구경향은 식민지 근대성을 해부한다고 하면서도 식민지의 근대성만을 일면적으로 내세웠으며 민족문제의 특권화를 경계하는 데 치중한 나머지 민족문제의 역사성마저 무시하거나 경시하는 우를 범했던 것이다.[39]

Ⅳ. 한국 역사교과서의 식민지 수탈상 재구성과 변화 모색

1. 검인정 ≪한국근·현대사≫의 식민지 수탈상 재구성[40]

2003년 이후 도입된 검인정 고등학교 ≪한국근·현대사≫교과서도

---

39) 정연태, 2007 <20세기 전반기 사회경제적 변화의 의미> ≪한국사 시민강좌≫ 40 참조.
40) 본고에서는 2009년 현재 가장 많은 학교에서 채택되어 사용되고 있는 2003 ≪고등학교 한국근·현대사≫ (금성출판사)를 분석 대상으로 삼았다.

종래 국정교과서의 식민지 수탈론적 서술 기조를 계승하고 있다. '조선 땅을 빼앗는 토지조사사업' '쌀 수탈을 목적으로 한 산미증식계획' '일본 자본의 조선 지배'라는 항목 제목처럼 기존 국정교과서의 틀이나 용어를 거의 그대로 유지하고 있다. 그러나 '검인정 교과서'는 다음과 같은 점에서 종래 국정 교과서의 수탈사 위주 서술과 비교할 때 많은 차이를 보이고 있다.

첫째, 일제정책의 식민지적 특성만이 아니라 계급적 특성을 함께 보여주고, 민족적 모순뿐만 아니라 계급적 모순을 설명하려 했다. 그 사례는 '사업'이나 소작쟁의에 대한 서술에서 잘 드러난다. '사업'의 목적이 한편으로 지세를 안정적으로 확보하여 식민통치의 재원을 마련하고, 다른 한편으로 토지매매와 저당을 자유롭게 하여 일본인이 토지투자를 쉽게 할 수 있도록 한 점에 있다고 기술함으로써 '사업'의 식민지성을 분명히 했다. 동시에 '사업'을 통하여 한국인 지주들은 이익을 보기도 했다고 하여 '사업'의 계급적 성격도 명시했다. 그리하여 식민지 한국사회에서는 민족적 갈등뿐만 아니라 계급적 갈등도 심화됐음을 서술하고자 했다. 한국인 지주와 소작농민 사이에 발생한 암태도 소작쟁의의 사례에 대한 소개는 그런 의도를 단적으로 보여준다. 이런 서술을 통해 민족독립을 추구하는 민족운동뿐만 아니라 계급적 갈등을 내포한 각종 사회운동이 활발하게 전개된 사회경제적 배경을 이해할 수 있도록 했다.

둘째, 한국인들이 일제 지배에 적극 대응하여 성장을 도모했던 측면을 보여주는 동시에 그런 대응의 식민지적 제약이나 한계를 서술하고자 했다. 예컨대, 한국인의 성장 사례로 경성방직주식회사나 화신백화점의 경우를 비교적 상세하게 서술했다. 이전의 일부 국정교과서에서 한국인의 성장 사례가 극히 소략하게 제시됐던 점과 대비되는 대목이다. 또한 ≪한국근·현대사≫에서는 회사령의 철폐로 한국인들 사이에 각종 회사 설립의 열풍이 일어났고, 그 결과 대부분 중소 규모 자본에 지나지 않았지만 자본가라고 부를 수 있는 계층이 형성됐다고 기술함으로써 한국인의 경제적 성장이 하나의 추세였음도 밝혔다.[41] 그러면서도 한국 전체 자본 가운데 한국인 자본은 10%에도 미치지 못했다고 서술하여 한국인 성장의 식민지적 제약과 한계를 분명히 했다.

셋째, 식민지기의 한국경제 변화상을 제시하려 했다. 이점은 기존 교과서 내용과 비교할 때 가장 큰 차이점이다. 일제에 의해 식민지 공업화가 추진됐다는 점을 설명하고, 그 과정에서 공업발전의 지역적 편차, 산업간 불균형이 깊어졌음을 서술했다. '변화하는 서울'를 통해 도시의 근대적 변모를 예시하고, '교통의 변화'를 통해 철도, 택시, 자동차의 등장으로 생활의 외형적 변화를 보여주고자 했다.[42] 물론 이런 변화의 이면에는 식민지 '백성'의 고통스런 생활과 상처가 있었음을 부기하고 있지만, 종래 국정교과서의 수탈사 위주의 서술 기조와는 달리 식민지기 한국의 사회와 경제에서 일어난 많은 변화를 제시하고자 한 점에서 획기적이다.

이처럼 ≪한국근·현대사≫는 일제의 수탈 속에서 진행된 변화, 그 변화 속에서도 작동하는 식민지적 특질을 동태적으로 제시하고자 했다.[43] 그리하여 식민지 수탈론의 기조를 계승하면서도 일제의 수탈성을 일면적, 부조적으로 부각시키는 단조로운 역사상을 어느 정도 극복했다. 이런 점에서 ≪한국근·현대사≫는 그동안의 교과서 가운데 내재적 발전론과 결합한 식민지 수탈론의 연구 성과를 가장 체계적으로 반영한 서술로 평가할 수 있다.

---

41) ≪위 책≫ 159·203
42) ≪위 책≫ 160·224~225
43) 정연태, 1996 <일제의 식민농정과 농업의 변화>, 한국역사연구회 편 ≪한국 역사입문≫ ③ (풀빛, 서울) 342

2. 국정 ≪고등학교 국사≫(2006)의 변화 모색

검인정 ≪한국근·현대사≫의 등장은 국정 교과서의 서술기조에도 적지 않은 영향을 미쳤다. ≪한국근·현대사≫에서 평가했던 세 가지 특성은 2006년에 발행된 ≪고등학교 국사≫에서도 거의 그대로 나타났다. 그중 일제강점기 식민정책과 경제적 변화의 계급적 특성은 더욱 강하게 서술됐다. 이점은 '계획'과 쌀 '수탈' 관련 서술에서 두드러지게 나타난다.

> <사례 11>
> 대부분의 지주는 다소 이익을 보기도 했지만, 소작농은 수리조합비나 비료 대금을 비롯한 각종 비용부담이 늘어나면서 많은 고통을 겪었다. 결국 지주는 빠르게 토지소유를 확대해 나갈 수 있었으나, 자작농이나 자·소작농은 토지를 잃고 소작농이나 화전민으로 전락하게 되었다.[44]
>
> <사례 12>
> 러·일전쟁 후, 일본인은 본격적으로 한국에 건너와 헐값으로 토지를 사들이는 한편 … 한국인 지주도 일본에 쌀을 수출하여 얻은 부를 다시 토지에 투자하여 대지주로 성장하는 경우가 많았다. 이 과정에서 많은 농민은 토지를 잃고 소작농으로 전락했다. 소작농민은 수확량의 절반이 넘는 소작료와 지주가 물어야 할 지세부담까지 떠맡았고, 마름의 횡포에 시달렸다. 더욱이 소작인은 1년을 기한으로 하는 소작계약을 강요당하여 생존권마저 위협받았다.[45]

<사례 11, 12>는 모두 '계획'과 한국쌀 수출이 식량과 원료 수탈을 위한 식민정책 일환으로 수행됐지만, 계급적으로는 한국인 지주와 농민 사이에 상이한 효과를 가져왔음을 서술한 것이다. 이에 따르면 일

---

44) 국사편찬위원회·국정도서편찬위원회, 2008(3쇄) ≪고등학교 국사≫(교학사, 서울) 181
45) ≪위 책≫ 239

제의 식민정책이 지주에게는 성장의 계기로 작용한 반면, 농민에게는 몰락을 촉진했다.

여기서 주목할 점은 <근현대 사회> 단원의 "한국인 지주도 일본에 쌀을 수출하여"(<사례 12>)라는 서술에서 보듯 '수출'이란 용어가 사용됐다는 점이다. 같은 교과서의 다른 단원(<근·현대의 경제>)에서는 "식량과 원료를 수탈할 수 있도록" "더 많은 쌀을 일본으로 가져가기 위해" "더 많은 쌀이 일본으로 실려 나갔다." "총독부는 쌀의 반출을 위해"46)라고 서술하여 주로 '수탈'이나 '반출' 등과 같은 용어를 혼용하고 있으나, <쌀 생산량과 수출량 및 소비량>이란47) 도표 제목에서 보듯 '수출량'이란 용어를 병용하고 있다. 이는 ≪한국근·현대사≫에 이르기까지 모든 국정교과서가 '가져갔다' '수탈' '약탈' '수탈량' '반출' 등과 같은 용어를 사용하여 한국쌀을 대가없이 빼앗아 간 듯한 뉘앙스를 준 것과는 대조적이다.48) '수출'이란 표현의 사용은 단순한 용어 하나를 교체한 것 이상으로 매우 중요한 의미를 지닌다. 즉 일제의 경제적 수탈이 정치 권력에 의존한 원시적 수탈이 아니라 경제적 메카니즘을 이용한 구조적 수탈을 취하고 있다는 점, 식민지 한국의 식량 사정은 악화됐던 반면, 쌀의 수출을 통해 한국인 지주들은 이익을 도모하고 성장할 수 있었던 점을 보여주고자 한 것으로 서술기조의 주목할 만한 변화라 하겠다.

---

46) ≪위 책≫ 180~182
47) ≪위 책≫ 181
48) 이영훈 교수에 따르면 1974년 이전 검인정 교과서에서는 일본으로의 쌀 유출에 대해 약탈이나 수탈이란 용어가 아니라 수출이란 표현을 사용됐으나 1974년 국정교과서 등장 이후 사라졌다고 졌다. 그후 1970년대에는 '반출', 1980년대에는 '가져갔다'는 류의 애매모호한 용어가 사용되다가, 1990년대에는 '착취' '수탈' '약탈'와 같은 '거친' 표현이 주로 쓰였으며, 2002년부터는 다시 '가져갔다'는 류의 1980년대 용어가 재등장하고 있다고 한다(이영훈, 2005 <앞 논문>).

이 점과 함께 이 교과서의 가장 큰 특징은 식민지기 한국의 사회경제 변화상을 체계적이고 본격적으로 서술한 점이다. 특히 일상생활사, 문화사, 도시사에 대한, 새로운 연구 성과를 대폭 수용하여 식민지적 근대화의 양상과 특성을 이해할 수 있도록 했다. 예컨대, <인구의 증가와 도시의 변화> <의식주 생활의 변화>라는 독립된 항목을 본문에 설정하여 사회와 일상생활의 변화를 소개한 것은 국사 교과서는 물론 일반 한국사 개설서에서도 보기 어려운 새로운 시도이다. 이런 서술은 ≪한국근·현대사≫에서 본문 밖의 참고 자료란(<역사찾기>)에서 서울·교통·여성·대중문화의 변화상을 소개한 것과는 차원을 달리하는 것으로 ≪고등학교 국사≫의 일제강점기 서술에서 보여준 최대 특징이라고도 할 수 있다. 다만 생활상의 근대적 변화를 다방면에 걸쳐 소개하는 데 치중하여, 그런 변화가 한국주민, 특히 민중의 의식과 생활에 어떤 영향을 미쳤는지, 그런 변화의 표면과 이면에 작동하는 식민지성은 어떤 것이었는지를 제대로 보여주지는 못했다는 점에서 아쉬움을 남긴다.[49]

≪고등학교 국사≫의 이런 변화는 그 보다 일 년 뒤에 발간된 국정 ≪중학교 국사≫와 비교할 때 더욱 두드러지게 나타난다. 2007년판 ≪중학교 국사≫를 보면 1980년대 이래 국사 교과서의 수탈사 위주 서술기조에서 한 걸음도 나아가지 못했음을 알 수 있다. 여기에는 집필자의 역사인식이나 교과서의 구성상의 차이가 영향을 미쳤을 수도 있다.[50]

---

49) 왕현종, 2006 <앞 논문> 46 ; 趙景達, 2008 <植民地近代性論批判> ≪歷史學硏究≫ 843

50) ≪고등학교 국사≫의 해당 분야 집필자는 박찬승 교수로, ≪중학교 국사≫의 해당 단원 집필자는 김홍수 교수로 추정된다. 전자는 정치사상사 뿐만 아니라 도시사, 사회사, 지방사 등 최근의 새로운 연구경향에도 관심을 가지고 국정 교과서 집필에 처음 참가한 중견학자인 반면, 후자는 1980년대 초부터 국사편찬위원회와 관계를 맺고 국사교과서 편찬에 오랫동안 관여한 원로학자로, 1992, 2000, 2002, 2007년 등의 ≪중학교 국사≫ 집필자, 1993, 2000, 2001,

그러나 두 국정교과서의 서술 기조상의 차이는 일제강점기 사회경제상을 바라보는 시각차, 식민지 근대화론의 문제제기와 비판에 대한 인식의 차이, 일상생활사 등 새로운 연구경향과 식민지근대성론의 대두에 대한 반응의 차이 등이 복합적으로 작용한 결과로 판단된다.

Ⅴ. 맺음말 : 요약과 제언

본고는 식민지 근대화 논쟁의 전개나 일본의 ≪새로운 역사교과서≫(2001)의 등장을 전후한 시점에서 한일 양국 역사교과서의 서술기조에 일어난 변화를 분석했다. 그 결과를 요약하고 한국 교과서의 개선 방안에 대한, 필자의 바람을 간략히 붙이면 다음과 같다.

한국의 국정교과서는 2006년판 ≪고등학교 국사≫를 제외하면 한결같이 토지약탈·식량수탈·산업침탈을 삼대 축으로 삼아 식민지 수탈사 위주의 서술기조를 견지했다. 이런 기조에 대해 한국사학계 내부에서 문제가 있다는 지적이 있어왔다. 일제의 수탈성만 부각하는 데 치중한 나머지 한국인의 다채로운 대응과 한국사회의 동태적 변화를 제대로 보여주지 못할 뿐더러 식민지 지배의 구조적 기제와 특징조차 제대로 드러내지 못했다는 것이다.

한국 교과서의 수탈사 위주 서술기조는 2003년 도입된 검인정 ≪한

2002년 등의 ≪고등학교 국사≫ 편찬 연구자로 활동했다. 흥미로운 것은 후자에 의해 집필된 국사 교과서는 한결같이 수탈사 위주의 서술 기조로 일관했다는 점이다. 필자의 추정이 맞는다면, 2007년판 ≪중학교 국사≫가 2006년판 ≪고등학교 국사≫의 변화를 수용하지 못했던 것은 필진의 세대차이에 기인한 바도 적지 않다고 생각한다. 또한 2006년판 ≪고등학교 국사≫는 <경제구조와 경제생활> <사회구조와 사회생활>이란 단원을 마련하여 일상생활 등을 소개하는 독립 공간을 마련한 점도 두 교과서의 서술기조 차이에 영향을 미쳤을 것으로 여겨진다.

국근·현대사≫와 2006년판 국정 ≪고등학교 국사≫에서 바꾸기 시작
했다. 이들 교과서는 일제정책의 식민지적 특성만 아니라 계급적 특성
을 밝히고, 일제 지배에 대응한 한국인의 성장 모색과 그 한계를 서술
하고, 식민지기의 한국경제 변화상을 제시하려고 시도했다. 이로써 일
제의 수탈 속에서 진행된 변화의 측면, 그 변화 속에서도 작동하는 식
민지적 특질을 동태적으로 보여주고자 했다. 그리하여 수탈사 위주의
단조로운 역사상을 어느 정도 극복했다. 한편 두 교과서 사이에는 중
요한 차이도 발견된다. 전자는 내재적 발전론과 결합한 식민지 수탈론
의 연구 성과를 역사교과서에 가장 체계적으로 반영했다고 할 수 있
다. 반면 후자는 식민지 근대화론의 합리적 비판이나 일상생활사·도시
사 등 최근의 연구 성과를 적극 반영하고자 시도했다. 일제의 수탈이
일방적, 원시적 수탈이 아니라 경제적 메카니즘을 이용한 구조적 수탈
이었음을 보여주려고 했다거나 사회경제적 변화상을 드러내고자 한 점
은 대표적인 예이다. 후자의 변모는 수탈사 위주의 서술기조에서 한
걸음도 나아가지 못한 2007년판 국정 ≪중학교 국사≫와 비교하면 더
욱 명료하게 드러난다. 두 국정교과서의 기조 차이는 식민지 근대화론
의 도전, 일상생활사 등 새로운 연구경향과 식민지 근대성론의 대두
등에 대한, 역사학계의 시각과 반응의 차이를 반영한 것으로 보인다.
　여기서 주목할 점은 1974년 이래 국정 교과서의 수탈사 위주 서술
기조를 넘어서서 식민지 근대적 변화와 그 특성을 밝히려는 역사학계
의 노력이 한국 교과서에 반영되기 시작했고, ≪한국근·현대사≫와 ≪고
등학교 국사≫는 그 출발이 될 것이라는 점이다. 이는 한국 역사학계
와 역사교육이 일제에 의한 피해 체험의 중압으로부터 벗어나 내셔널
리즘(반일 민족주의와 국가주의)적 기억을 객관화시키고 역사교육의
균형을 잡아가기 시작했음을 보여주는 것으로 주목된다.
　한편 1980년대 이래 일본 역사교과서는 일제의 한국병합과 식민정

책, 한국인의 몰락과 저항에 관한 역사를 서술하기 시작했으며, 1990
년대에는 일본군 위안부 강제동원 사실도 소개하고 나섰다. 이런 점에
서 일본 교과서의 서술 기조도 정도의 차이는 있으나 식민지 수탈론을
반영하고 있다고 해도 무리가 아니다. 수탈의 상징으로 주목된 것은
'사업'이었다. 그러나 일본 교과서는 '사업' 관련 서술에서 한국사회
정체성을 부각시킴으로써 일제의 식민지 및 농민 수탈성을 희석하고자
했다 그리고 '계획'과 회사령을 통한 식민지 수탈은 예외적으로 언급
하고 있고 그 내용이나 분량도 극히 소략하게 편성했다. 이런 점에서
한국 교과서의 수탈사 위주 서술 기조와는 차이가 있다. 다만, 일본교
과서가 '사업', '계획', 회사령의 시행과 관련하여 토지·식량·산업 문
제를 설명하거나 '사업'을 계기로 한 농민의 토지상실과 몰락을 서술
한 점은 한국 교과서의 서술 방식이나 구성과 유사하다는 점에서 주목
된다. 이 점은 일본 교과서가 한국 교과서의 서술 내용이나 구조를 의
식한 것처럼 보이는 대목이다.

　그러나 일본 역사교과서의 서술 기조는 1990년대 후반 식민지근대
화 논쟁의 확산과 ≪새로운 역사교과서≫(2001)의 출간과 함께 변화하
기 시작했다. 후소샤판 역사교과서는 '사업'의 근대성만을 부각함으로
써 식민지 지배를 미화하려는 의도를 드러냈다. 이런 모습은 다른 출
판사의 중학 역사교과서에도 영향을 미쳤다. 그것은 이미 희석된 식민
지 수탈상을 더욱 약화하거나 식민지근대화론을 수용하기 시작한 것으
로 나타났다. 결국 일본 역사교과서는 1980년대 이래 식민지 침략과
지배를 반성하고 사죄하는 방향으로 나가는 듯하다가 국체 내셔널리즘
의 속박에서 벗어나지 못하여 일제의 자기 합리화 구도로 퇴행하는 모
습을 보이고 있다.

　여기에는 물론 일본 교과서의 반성적 역사 서술 기조의 확대에 불만
을 가진 일본 보수 우익 세력의 조직적 반발이 크게 작용했다. 그러나

한국학계와 역사교육의 사정도 영향을 미쳤다. 일제 수탈과 민족 저항을 '자명한 전제'로 삼은 나머지 수탈의 실상이나 구조를 제대로 제시하는 데 소홀했던 한국 역사학계의 연구경향과 한국교과서의 서술기조가 일본 역사교과서의 보수화 흐름을 저지하는 데 무력했다. 반면 식민지기를 '발전과 성장의 시대'로 보고 《새로운 역사교과서》 이상으로 일제의 역할을 긍정적으로 평가한 식민지 근대화론의 연구경향은 이런 흐름을 조장하는 듯했다. 그리고 근대성에 대한 근본주의적 비판에 치중하여 식민지 민족문제의 역사성을 무시한 탈민족·국가론적 연구경향은 이런 흐름을 경시한 것 같다.

이상의 분석을 토대로 식민지기 사회경제적 변화에 대한, 한국 역사교과서의 서술을 어떻게 개선하면 좋을 것인지에 대해 필자의 바람을 간략히 덧붙이는 것으로 본고를 마무리하고자 한다.

앞서 살펴봤거니와 일본 역사교과서의 서술 내용이나 구성이 한국교과서를 의식하거나 그 영향을 받고 있다. 최근 뉴라이트계열 '교과서'(《대안 교과서 한국근·현대사》)가 출간되자 일본 극우 역사학자들은 '한국에서도 그런 책이 나오는데 왜 일본 교과서를 왜곡이라고 하느냐는 반론까지 나오는 실정'에서 보듯 식민지근대화론에 매몰됐다거나 후소샤판 교과서와 동일한 서술을 하고 있다고 평가받는 뉴라이트계열 '교과서'의 등장으로 일본 역사 교과서의 퇴행=보수화에 대한 대응은 더욱 어려워질 것으로 예상된다.[51] 이런 시점에서 일본 교과서의 퇴행에 대한 다양한 대응방안을 모색해야겠지만, 그중 유용한 방식

---

51) 뉴라이트 교과서에 대한 비판은 역사교육연대회의 지음, 2009 《뉴라이트 위험한 교과서, 바로 읽기》(서해문집, 파주)를 보되, 그중 주진오, <뉴라이트 교과서, 무엇이 문제인가> ; 박찬승, <식민지 근대화론에 매몰된 식민지시기 서술> 논문 참조. 그리고, 식민지근대화론에 대한 최근의 비판은 정태헌 외, 2008 《일본의 식민지 지배와 식민지적 근대》(동북아역사재단, 서울)을 보되, 그중 정태헌, <경제성장론 역사상의 연원과 모순된 근현대사 인식> 논문 참조.

의 하나는 한국 교과서를 올바로 쓰는 것이라고 생각한다.

먼저, 한국 역사교과서는 일제의 수탈성을 밝히는 노력은 배가해야
한다. 이를 위해 일제 식민권력에 의한 직접적 약탈인 원시적 수탈에
대해서는 심층적이고 구체직인 근거를 제시하여 일제의 범죄적 죄악상
을 의심의 여지없이 보여줘야 한다. 예컨대, 이점은 현행 교과서에서도
일제말 전시 강제동원 과정에서 자행한 인적·물적 수탈처럼 비교적 상
세히 서술하고 있으나 충분치 못하다. 일제 식민권력은 인적·물적 수
탈 과정에 어떻게 은밀하고 조직적으로 개입했는지, 그런 수탈의 결과
가 해방 전후 한국사회에 어떤 부정적 유산을 남겼는지 등이 명료하고
체계적으로 서술된 것 같지는 않다.

다른 한편 원시적 수탈론만으로는 일제 수탈성을 제대로 이해할 수
없다는 점도 염두에 둬야 한다. 일제 수탈성을 총체적으로 드러내기
위해서는 구조적 수탈이란 측면에서 접근할 필요가 있다. 구조적 수탈
이란 일본·일본인 중심적이고 민족 차별·억압적인 각종 정책 수단과
경제적 메카니즘을 활용하여 일본제국과 일본인의 이해를 총체적으로
실현해 가는 것이다.[52] 이 과정에서 식민지기 한국시장은 일본에 전면
개방됐고, 한국 시장경제체제는 일본과 통일됐고, 한국 산업화도 일본
의 필요에 맞추어 추진됨으로써 한국경제는 일본 제국경제에 통합, 예
속됐다. 일본자본 또한 이를 통해 유리한 위치에서 식민지 시장과 산
업에 침투하고 이를 장악하여 식민지 초과이윤을 축적해 갔다. 앞서
지적한 '사업'이나 '계획'도 이런 측면에서 서술될 필요가 있다. 같은
맥락에서 일제의 戰時 收奪도 구조적 수탈이란 측면에서 보완될 필요
가 있다. 일제는 식민지기 전쟁비용을 충당하기 위한 통화를 남발한
점, 이로 인한 물가상승을 억제하는 동시에 전쟁비용을 조달하기 위한

---

52) 이하 주요 내용은 정연태, 2008 <식민지 자본주의화와 민족·계층 간 양극
화> (한국사연구회 편) ≪새로운 한국사 길잡이(下)≫(지식산업사, 서울) 참조.

강제저축의 실시로 식민지 민중을 수탈한 점, 통화남발과 강제저축이 해방 후 극심한 인플레이션 후유증을 남겼던 점을 체계적으로 서술함으로써 일제의 구조적 수탈성을 드러낼 필요가 있다.[53]

그러나 일제의 수탈성에 대한 체계적 구조적 해부가 편협한 반일 민족주의적 서술로 전락해서는 곤란하다. 그것은 20세기를 활보하면서 정의와 인도, 민족 자결과 자치의 이상을 유린하고 파괴한 제국주의, 제국주의를 낳고 지탱한 자본주의 근대성에 대한 발본적 비판과 결합되지 되지 않으면 안 된다. 이런 점을 유의한다면, 비판의 과녁은 일본이 아니라 일제와 일제 협력 한국인 개인·단체, 그리고 전쟁과 살육의 광란을 야기한 제국주의체제와 자본주의 근대성이 되어야 한다. 반면 일제를 비판하거나 반대하면서 한국 민족에게 우호적이었거나 동정적인 일본인 개인·단체, 동아시아의 반패권·반제 민족운동은 한국 역사와 연관지워 적극 소개할 필요가 있다. 이 같은 서술을 통해 한일 양 민족의 적대적 관계가 아니라 일본 제국주의와 한국·동아시아 민중의 대립이란 관점에서 식민지기를 이해하는 동시에 반제, 반패권, 반전 평화와 연대 지향의 동아시아 전통을 미약하나마 확인함으로써 일본 우익의 편협한 국체 내셔널리즘과 역사 수정주의(왜곡)의 확산을 저지하고 한일간 선린우호의 미래 지향적 발전 가능성을 열어갈 수 있을 것이다.

마지막으로 교과서 서술에서 바라는 것은 일제의 수탈성을 분명히 비판하면서도 일제의 수탈성을 드러내는 데 몰두하는 식의 서술에서 탈피하는 것이다. 교과서는 일제가 한국사회와 한국인을 어떻게 수탈했는가보다는 한국인, 한국사회, 한국경제가 식민지기에 어떤 경험을 했고 어떻게 변화했는가를 긴 안목에서 구체적으로 이해할 수 있도록

---

53) 일제 전시수탈의 구조적 특성을 간명하게 정리한 글로는 문영주·송규진, 2000 <식민지 자본주의의 위기와 파국>, 강만길 엮음 ≪앞 책≫ 180~191 참조.

하는 데 그 중심을 둬야 한다. 부언하면 조선후기부터 현재에 이르기까지 한국 역사를 관류하는 사회경제적 변화의 장기 추세를 찾아내고 그것이 식민지기에 발현한 특수성을 파악하는 것이다. 또한 그런 장기 추세 속에서 나타나는 다양한 한국인 경제주체의 저항·적응·예속, 연대·갈등·대립, 성장·정체·몰락 등의 다채로운 대응과 그 결과를 보여주는 것이다. 필자는 이와 관련하여 개방화, 시장경제 발전, 산업화라는 장기 추세 속에서 식민지 자본주의화가 진행됐고, 그 과정에서 한국경제의 일본 제국경제로의 통합과 민족 간, 계급 간 양극화가 어떻게 이루어졌는지를 보려고 시도한 바 있거니와,[54] 한국인, 한국사회, 한국경제가 서술의 주체가 되는 역동적인 역사상을 구성해야 한다.

이상의 바람이 반영되어 일제 지배의 쓰라린 역사를 직시하면서도 더 이상 그 역사의 중압감에 억눌리지 않고, 그 기억과 유산을 동아시아 공통의 역사적 자산으로 승화시켜 한일 양국 사이는 물론이고 동아시아의 평화와 연대에 이바지하는 역사교과서, 부언하면, 민족적 정체성의 형성과 유지를 목표로 한 국민·민족교육 역사교과서 차원에 머물지 않고 인류 보편적 가치도 충실히 담아낸 시민교육 역사교과서가 탄생하기를 기대한다.

---

54) 정연태, 2008 《앞 논문》

Conflicts on History Education of Korea & Japan and Distance from Nationalism
– Centering on socio-economic features of colonized Korea in the history textbooks for middle and high schools–

Chung, Youn-Tae

This paper will analyze changes in the descriptions of Korean and Japanese history textbooks for middle and high schools regarding disputes over Korea's modernization during the Japanese colonial period in the 1990s and before and after the appearance of the Japanese ≪New History Textbook≫ in 2001.

The majority of the Korean history textbooks, which started to be compiled under the state copyrights system (國定制) since 1974, maintained a description structure mainly concentrating on the three seizures by Japan during the colonial period - land, grain, and industry. Buoyed by the criticism from the progressive academic circle, two textbooks that dealt extensively with the Japanese colonial period, a 2007 government textbook ≪High School National History≫ and ≪High School National History≫, which received official approval in 2003t, sought to overcome the seizure centered description system. This change in description is noteworthy in that it signified that the Korean history field was attempting to overcome an extreme nationalistic stance, that is, anti-Japanese nationalism and ultra-nationalism, and so provide a balanced history education.

However, the Japanese history textbooks, which seemed to be moving towards repenting and apologizing for colonial invasion and harsh rule since 1980, took a step backwards with the publication of ≪New History Textbook≫ by Fushosa. The Fushosa edition sought to gloss over Japanese colonial rule and inspired other history textbooks for middle schools to follow suit, playing down Japanese atrocities and emphasizing Japan's contribution to Korea's modernization. This is worrisome because it means that Japan seems to be moving backward towards ultra-nationalism and self-justification.

In this regard, Korean history education needs to explore various counter measures against Japanese backwardness in their history textbooks. One of the useful measures is to write Korean history textbooks correctly. The desirable historical perceptions to appear in the Korean history textbooks are as follows: First of all, our painful past caused by the Japanese colonialism must never be forgotten but the past must not be oppressively over-emphasized. The memory and legacy of colonization should become common assets and valuable content in history textbooks in order to contribute to peace and coexistence in East Asia, especially between Korea and Japan. Accordingly the textbooks should be aimed at a civil education with universal values for all of mankind rather than a textbook only for a single nation and people focused on forming and maintaining national identity. It is believed that this kind of textbooks can prevent the spread of ultra-nationalism and the revisionism of the Japanese right-wing textbooks and will promote future-oriented development in goodwill friendship between Korea and Japan.

Key words: History textbooks, history education, colonial modernization theory, colonial plundering, nationalism

韓日両国の歴史教育の葛藤とナショナリズムとの距離
－中学歴史教科書の植民地韓国の社会経済像を中心に－

鄭然泰

　本稿は、1990年代後半における植民地近代化論争の展開や2001年の日本の「新しい歴史教科書」の登場前後の韓日両国の中学歴史教科書の記述基調に起きた変化を分析したものである。その結果は次の通りである。

　1974年以来国定制によって発行された韓国の歴史教科書は、その大半が土地略奪、食料収奪、産業侵奪を三大軸とする植民地収奪史中心の記述基調を堅持している。これに対し、進歩的歴史学界の批判に力を借りて、2007年に発行された国定「高等学校国史」では、2003年の検認定高等学校用「韓国近・現代史」と共に、収奪史中心の記述基調を脱し植民地の近代的変化とその特性を明かす努力を始めた。こうした変貌は、韓国の歴史学界と歴史教育が日帝支配の被害意識の重圧から抜け出し、ナショナリズム的記憶(反日民族主義と国家主義)を客観化して、歴史教育の均衡を整えはじめたことを示すものだと注目される。

　反面、1980年代以来、植民地侵略と支配を反省し謝罪する方向へ向かうようだった日本の歴史教科書は、扶桑社版「新しい歴史教科書」の出版と共に逆走し始めた。扶桑社版教科書は植民地支配を美化しようとする意図をむき出しにしており、他の出版社の中学歴史教科書までもこれに影響を受け、従来の薄っぺらな植民地収奪像さえも一層貧弱化され、植民地近代化論を受け入れ始めた。これは直ちに国体ナショナリズムの束縛から解放されない、日帝の自己合理化の構図へと退行するものと心配されるところである。

　著者はこのような視点から、韓国の歴史教育が日本の歴史教科書の退行

に対する多様な対応方法を模索しなければならないと考えた。その中で
有用な方式の一つは、韓国の歴史教科書を正しく書くことである。著者
が期待する韓国教科書の歴史像は次の通りである。まず、日帝支配の悲し
い歴史を忘れない　方、またそれ以上にその歴史の重圧感に圧迫されな
いよう努めることである。そして植民地体験の記憶と遺産を東アジア共
通の歴史的資産として昇華させ、韓国と日本を含む東アジアの平和と連帯
に役立つよう教科書の内容を構成することである。そうして民族的正体
性の形成と維持を目標とした国民、民族教育の歴史教科書の次元に止まら
ず、人類普遍的価値も充実に盛り込んだ、市民教育的歴史教科書を作るこ
とである。著者の判断では、このような教科書の誕生こそ、韓国社会が
日本右翼の偏狭な国体ナショナリズムと歴史修正主義(歪曲)の拡散を沮止
し、韓日間の善隣友好の未来志向的発展を主導していくのに貢献するもの
と思われる。

主題語：歴史教科書、歴史教育、植民地近代化論、植民地収奪、
　　　　ナショナリズム

식민지 조선에서 근대 '문명'의 수용과 식민지 문화

이 기 훈*

Ⅰ. 머리말

오늘날 '식민지 근대'를 어떻게 서술해야 할 것인가는 한국근대사 연구자들만의 과제가 아니라 우리사회의 역사인식 자체에 대한 근본적인 문제제기이다. 그런데 그만큼 지금 식민지 사회의 역사상 자체가 근저로부터 혼란을 겪고 있기도 하다. 진보와 보수, 근대주의와 근대화 비판, 민족주의와 탈민족주의, 국가주의는 자기 관점에 따라 식민지 사회를 형상화하면서 논쟁을 벌이고 있다.[1]

---

* 목포대학교 역사학과 교수

오늘날의 상황은 그만큼 새로운 진전을 위한 가능성의 시기이기도 하다. 다양한 견해가 제기되고 근대의 다양한 측면들에 대한 접근을 시도하면서 한단계 진전된 역사인식의 가능성을 기대해도 좋을 것이다.

식민지 근대에 대한 연구동향은 크게 3가지로 나눌 수 있을 것이다. 우선 내재적 발전의 입장이다. 한국사학계가 대부분 여기에 해당할 것인데, 이들은 개항 이후 민족의 내부에서 진행되어 오던 '근대'로의 발전이 식민지화에 의해 부정되고 '왜곡'된 형태로 진행되었다고 본다. 어떤 면에서는 식민지에서는 근대문명이 제대로 수용될 수 없었다는 관점이다. 식민성이 근대 한국사회의 비정상적 성격을 규정하는 가장 큰 원인이며 근대성취에 가로 놓인 최대의 장애물이었다는 것이다.

이에 반해 식민지 근대화론은 식민지의 역사를 문명사의 관점에서 파악해야 한다고 주장한다. 여기에서 문명이란 중심과 주변, 제국주의와 식민지가 구분되지 않는 세계사적 보편성이 자기를 구현하는 과정이다. 이들은 조선사회가 내재적인 힘을 통해 근대로 발전하고 있었다는 주장은 과장이며 적어도 경제적인 면에서 식민지 시기는 한국이 근대문명의 체제 속에 포섭되어 동질화되는 문명화 과정이었다고 판단한다.

이와는 반대로 식민주의, 근대주의를 비판하면서 식민지 근대성의 여러 측면에 주목하는 연구도 진행되고 있다. 이 입장을 '식민지 근대성론'이라고도 분류하는데, 이들은 앞의 두 입장이 근본적으로 '근대' 지상주의라는 점에서는 동일하다고 비판한다. 특히 서구 근대를 이념형으로 삼는 견해를 반박하면서 식민지 근대야말로 근대가 가지는 억압성을 가장 잘 보여주는 것으로 파악해야 한다고 주장한다.

---

1) 최근 식민지 근대사회의 발전에 관하여 각각의 입장에서 기존의 연구사를 정리한 대표적인 논문으로는
조형근, 2006 <한국의 식민지 근대성 연구의 흐름> ≪식민지의 일상 – 지배와 균열≫ (문화과학사) ; 김낙년, 2007 <식민지근대화재론> ≪경제사학≫ 43 ; 이승렬, 2008 <식민지 근대론과 민족주의> ≪역사비평≫ 90 등이 있다.

'근대문명'의 수용이라는 문제는 이 세 입장들 사이에서 더욱 미묘하고도 핵심적인 쟁점을 만들고 있다. 식민지 근대화론자들은 민족사에서 문명사로 전환을 주장한다. 이 입장에서 식민지시기는 자본주의 근대문명과 접촉하고 이를 수용하는 문명화의 과정이 된다. 최근 발간된 뉴라이트 진영의 대안교과서가 바로 이런 관점을 반영한 것이다. 반면 또 다른 쪽에서는 근대비판, 식민주의 비판의 관점에서 식민지 근대성에 대한 연구가 진행되면서 식민지에서 근대문명의 도입과 일상화 과정을 구체적이고 미시적으로 추적해가는 연구들도 축적되고 있다.

지금까지 연구들은 근대문명의 다양한 특성 가운데 한 부분만을 집중해서 강조하거나 지나치게 미시적인 측면에만 주목하였다. 따라서 총체적인 역사상을 구현하지 못하면서 교과서의 서술에서도 혼란이 가중되고 있다. 특히 일부 식민지 근대화론의 논지에 따르면 근대문명이란 자본주의와 국민국가 체제, 그리고 합리주의 사상과 문화 등 서구 근대 그 자체에 다름 아니다.[2] 그 중에서도 핵심은 경제적인 측면에서 자본주의화이며, 때문에 근대문명 수용의 역사란 자본주의 발전사와 일치하게 된다. 그러나 이런 방식의 문명 규정 자체가 근대화 지상주의를 낳게 된 가장 큰 원인이다. 문명을 현존 체제의 역사적 성취와 등치시킬 때 문명론은 또다시 사회진화적 경쟁논리로 환원되지 않을 수 없다.

따라서 근대문명의 수용양상에 대해 기존의 연구를 종합적이고 실증적으로 재검토하여야만 식민지근대의 문화적 특성을 설명할 수 있을 것이다. 이것은 근현대사 교과서에서 식민지 조선의 사회문화적 성격을 형상화하기 위해 반드시 필요한 작업이기도 하다.

이 글에서는 특히 '수용'의 측면에 주목하고자 한다.[3] 근대문명의

---

2) 이영훈, 2006 <왜 다시 해방전후사인가> ≪해방전후사의 재인식 1≫ (책세상) ; 교과서포럼, 2007 ≪대안교과서 한국근현대사≫ (기파랑)

3) 일상사 연구의 주요한 성과로는 연세대학교 국학연구원 편, 2004 ≪일제의 식민지배와 일상생활≫ (혜안) ; 공제욱·정근식 편, 2006 ≪식민지의 일상지

'수용'이란 사람들이 생활 속에서 근대적인 생산과 소비의 제도와 시설, 그리고 거기에서 생산된 상품을 자연스럽게 사용하며 살아가게 되는 과정이다. 즉 근대문명의 수용을 일상의 근대화 과정이라고 보아도 될 것이다. 따라서 이 글에서는 사상이나 정치, 경제 등 전통적 역사학의 영역보다는 최근 부각되고 있는 일상사, 문화사 연구의 성과들을 통해 일상의 근대화과정을 고찰하고 그것이 한일 교과서에 어떻게 반영되어 있는지 살펴볼 것이다.

Ⅱ. '문명'에 대한 조선인의 인식과 '문명화'의 진전

1. 일상생활에서 '문명' 담론의 수용

일반적으로 동아시아에서 문명은 근대 그 자체, 또 생존 그 자체로 받아들여졌다. 후쿠자와 유키치(福澤諭吉)가 ≪문명론의 개략≫에서 강조했듯, "인간의 목적은 오직 문명에 이른다는 단 한가지 일에 있을 따름"이라는 것이었다. 특히 눈 앞에 제시되는 서구 근대의 거대한 생산물들의 위용이 사람들을 압도했다. 힘의 세계, 사회진화론이 지배하는 세계에서 可視性이야말로 근대 초기 인간들을 매혹시키는 절대적 효과를 가졌던 것이다.

示現(appearance)은 자본주의적 대량생산과 규모의 경제가 창출하는

배와 균열≫ (문화과학사) ; 윤해동·천정환·허수·황병주·이용기·윤대석 엮음, 2006 ≪근대를 다시 읽는다 1, 2≫ (역사비평사) 등이 있다. 이 외에도 일상사 연구의 흐름을 정리한 논문으로 김백영, 2004 <대중의 눈을 통한 근대의 재발견> ≪창작과 비평≫ 125이 있다.

가장 극적인 문명의 자기 표현이었고, 비서구 사회에 처음 서구근대가
자기 모습을 드러낸 이양선 또한 국제정치에서의 대표적인 시현의 수
단이었다. 시현의 효과가 가장 극대화되는 것이 철도, 공장의 연기, 전
선들이었고, 모두가 석탄과 철의 힘에 의한 것이었다. 선교사들도 자신
이 거주하는 근대식 건물이나 과학기구, 근대적 생활용품을 한국인들
에게 과시함으로써 개신교와 문명진보를 등치시키려고 노력했다.[4]

   연기와 전선, 철도 등의 연기, 소음과 거대한 모습 등에서 산업생산
과 대규모 이동수단의 힘을 느끼고 그것을 文明進化라고 생각하는 사
회진화론적 관점은 1910년 이후에도 크게 변화하지 않았다.[5] 1920년
≪개벽≫ 제2호에는 <文明的 農事는 電氣로 한다>라는 기사가 실려
미국의 농촌에서 전기를 이용해 농사를 짓는데 증기력보다 훨씬 효율
적이라고 알리고 있다.[6] 이 기사에서 전기를 증기력과 비교하고 있는
점에 주목하자. 자본주의적 효율성, 대량생산, 저비용과 고효율, 편리
성 등이 '문명'의 특성으로 제시되고 있는 것이다. 개조의 문화운동이
한참 진행되는 상황에서도 현실주의, 물질주의적 근대 문명의 관점은
여전히 유효했고, 자원소비적인 정복의 욕망을 추구하는 근대화 담론
이 지배적이었다.

1) 가시적 '근대'의 침투

   개인들의 근대 문명 경험에서 가장 두드러진 특징이 시각에 의존하

---

4) 장석만, 1999 <근대문명이라는 이름의 개신교> ≪역사비평≫ 46
5) "吾人이 頭를 擡ᄒ야 半空을 瞻望ᄒ니 烟氣가 騰騰ᄒ고 烟筩이 轟轟ᄒᄂ 中
   에서 文明新氣를 吐ᄒ며 眼을 轉ᄒ야 海面과 陸地을 視察ᄒ니 電線이 絡繹
   ᄒ고 軌道가 縱橫ᄒᄂ 中에서 를 傳ᄒᄂ딕 此 煙과 此 筩과 此 線과 此 軌가
   從何而生고 ᄒ면 石炭과 鐵의 力이로다."
   1909 <現世界文明은 石炭과 鐵의 力> ≪서북학회월보≫ 9
6) 1920 ≪文明的 農事는 電氣로 한다> ≪개벽≫ 2

는 바가 크게 늘어난다는 것이다. 자본주의적 대량생산과 소비는 전례 없는 대규모의 장치와 시설을 만들어 내었고 같은 시간과 공간에서 많은 사람들이 한꺼번에 같은 경험을 하도록 했다. '스펙터클'의 시대가 열린 것이다. 거대한 구조물과 시설을 이전과 비교할 수 없이 빠른 속도로 건설되었다. 매스미디어의 발달은 대도시의 인간들이 체험한 이런 스펙터클한 경험들을 더 빨리, 더 넓게 확산시켰다.

가시적 근대는 식민지 도시에서 자신의 모습을 드러낸다. 1920년대 식민지 수도 경성은 이미 "대학으로부터 보통학교까지 건물이 현대식이오 교사가 상당하고 학생이 다수이며 대규모의 총독부 신청사를 위시하여 기백만 기천만원의 관공서와 회사 은행 등이 웅대하여 화려한 건물은 도시의 미감을 더"할 지경이었다.[7] 근대성은 스펙터클로 제시되었고 엄청난 규모의 장관과 볼거리로 이루어진 박람회들은 과학을 발전을 위한 지식과 기술로 보여주었다.[8]

2) 변화와 대체

가장 먼저 근대 문명으로 일상에 침투했던 것은 교통수단이었다. 철도와 자동차 등 근대적 교통수단은 시간과 공간의 관념을 근본적으로 뒤흔들어 놓았다. 특히 19세기 전반이후 150년간 철도는 공간의 벽을 허물어 뜨리면서 사람들의 몸에 근대적 시간과 공간 개념을 각인시킨 주역이었다. 기차 안의 달라진 풍경 또한 새로운 문명의 생활습관과 규율을 익히지 않을 수 없게 했다. "늙은이와 젊은이 섞어 앉았고/ 우

---

7) 《동아일보》 1925년 10월 15일, <화려한 경성과 天眞人의 혈루-酸鼻한 참극>
8) 주윤정, 2006 <일상생활 연구와 식민주의> 《식민지의 일상지배와 균열》 (문화과학사) 95

리 내외 외국인 같이 탔으나/ 내외친소 다 같이 익혀 지내니/ 조그마한
딴 세상을 절로 이뤘네"라는 최남선의 <경부철도가>는 기차라는 공
간의 근대적 이런 변화를 단적으로 보여주고 있다.[9]

전기와 수도 또한 근대 문명의 표상으로 도시적 근대경관의 핵심이
었다. 1910년대 초반 전기요금이 인하되면서 경성 등 도시에서는 전등
을 신청하는 사람도 늘어났고 전기기구 사용이 증가했다. 수도의 경우
1910년대 이전에는 물장수들이 수상조합을 결성하여 도시의 시민들에
게 물을 대어 주었는데, 1914년부터 배달급수는 폐지되고 동네 공용수
도전을 이용하게 되었다. 수도는 근대 문명의 상징이었다. 유달영은 자
신의 어린 시절이었던 1907년 수도를 처음 보았을 때를 "그 때(1907)
에 비로소 우물물 먹는 시민에게 水通물을 먹인다 하야 야단들이엇다.
필자도 그 때 거리에 나가서 水道桶을 지하에 뭇는 것을 보고 또 그
水桶으로 조차 물이 漢江물이 京城안으로 들어온다는 말을 듯고 일기
에 實五百年來初見之事也"[10]라고 썼다 한다.

전화도 신기한 문명의 물품 중 하나였지만 어느새 도시인들에게는
익숙한 풍경이 되었다. 1914년부터 경성과 평양 등지의 길거리 중요한
곳에 자동전화(오늘날의 공중전화)가 설치되었을 때 이 낯선 물건을 제
대로 사용하는 사람들은 많지 않았다. 장난전화도 잦았고 동전 대신
다른 것을 집어 넣는 일도 많았다. 조선연초회사의 한 노동자는 전화
기라는 것에 사람이 혼자 떠들어대는 것이 하도 신기하여 마음을 다부
지게 먹고 전화기를 들어 보았는데, 전화기에서 들려온 전화교환수의

---

9) 최남선은 신분과 연령, 성별에 관계 없이 공간을 평등하게 점유하는 기차를
   문명화의 상징으로 형상화하고 있지만 이것은 문명화의 폭력적 측면을 간과
   한 일면적인 인식이다. 다음 장에서 상세히 다룰 것이다. 정재정, 2000 <20
   세기 초 한국문학인의 철도 인식과 근대문명의 수용태도> ≪인문과학≫ (서
   울시립대 인문과학연구소) 169~173 참조
10) 柳光烈, 1935 <漢陽·서울·京城, 20年間의 變遷을 돌아보며> ≪별건곤≫ 7
    권3호, 125

음성에 놀라 그저 말 좀 하게 해달라고 "전화님"에게 두 손으로 빌다
가 경찰서에 끌려 오기도 했다.[11]

3) 새로운 영역의 창출 : 자본주의적 소비와 여가의 문화

스펙터클이 지배하는 사회에서는 사람들의 눈에 보이는 모든 것이
상품이 된다. 미디어와 공간 조직의 새로운 기술에 의해 자연의 풍경
조차 상품으로 가공되어 볼거리가 되었다.[12] 먼저 일본인들에 의해 새
로운 소비의 공간이 창출되었으니, "진열한 물품에 눈이 현황하여 다
른 생각 없이 분주히 가던 사람도 저절로 이 상점 저 상점으로 발끝이
향하여 마음도 아니 먹었던 물건에 돈주머니 털어대는 것은 누구이 보
는 바[13]"였다.

조선인 상인들도 여기에 대응했다. 1914년부터 시작한 종로의 야시
장에는 무려 5만여명의 관중이 들끓었다. 기생들의 연주행진에는 사람
들이 몰려들어 전차가 다니지 못할 지경이었고 사람이 워낙 많아 야시
의 가게들을 열지도 못할 정도여서, 사람들이 어느 정도 흩어진 다음
에야 개점할 수 있었다. 백곳이 넘는 임시 가게들이 과일, 서적, 비누
와 부채, 목기, 심지어 대피리와 단소 가게도 두 곳이 개점하여 영업했
다.[14]

그러나 조선인 사이에서도 백화점 문화가 금방 확산되었다. 1904~
1906년경 진출했던 조지야백화점, 미나카이백화점, 미쓰코시백화점들
은 원래 일본인들을 상대로 영업을 했다. 그러나 대규모 설비와 매장

---

11) 《매일신보》 1915년 3월 20일, <전화님께서 돈을 달라고>
12) 권용선, <미디어와 스펙터클> 《문화정치학의 영토들》 (그린비) 101
13) 《매일신보》 1916년 12월 13일, <羨흡다, 泥峴의 세모>
14) 《매일신보》 1916년 7월 23일, <관중 5만>

을 갖추기 시작한 백화점들은 조선인 시장으로 본격적으로 진출하기 시작했다. 조지야는 아예 '조선인 본위의 백화점 건설'을 광고에서 내세우기도 했다. 백화점으로 손님이 몰려들자 종로의 조선인 가게도 동아부인상회, 화신상회 등과 같이 준백화점식 경영을 시작했다. 1932년 1월 동아부인상회는 종로에 4층 건물을 짓고 '동아백화점'으로 개명하여 백화점 영업을 시작했다. 이 무렵 경영난에 빠져 있던 화신상회를 인수한 박흥식도 3층 건물을 신축하여 1932년 5월 화신백화점을 개업했다. 박흥식은 1933년에는 동아백화점을 합병하여 화신백화점이 조선인 백화점의 대표가 되었다.[15]

백화점은 식료품, 일용품에서 일체의 의류와 포목, 귀금속, 서적, 운동구, 완구류, 전기, 가구류 등 모든 물품을 취급했다. 또 화랑, 미용실, 옥상정원 카페까지 소비와 근대적 휴식의 완결된 구조를 갖추어 놓고, 쇼윈도우와 진열대, 유리벽을 세우고 숍걸(shop girl)들을 배치했다. 이렇게 고객들이 상품을 마음대로 선택하고 휴게, 음식, 구매 등을 바로 그 자리에서 모두 취할 수 있다는 것은 큰 장점이었다.[16] 백화점에 들어가는 일 자체가 새로운 문물의 혜택을 상징했으며, 백화점은 단순히 물건을 구매하는 장소가 아니라 행복, 풍요로움, 새로움 따위를 소비하는 곳이었다.[17]

식민지 권력 또한 여가생활과 근대적 쾌락을 강조했다. 근면과 검약을 통해 얻는 소시민적인 쾌락[18]이 식민지 민들에게 제시된 '문명적 삶'이었다. 신문사가 주관하는 꽃구경, 명승지 탐방은 갈수록 많은 사람들을 끌어들였다. 매일신보사는 봉은사 탐승회를 조직해 총원 10만

15) 오진석, 2004 <일제하 백화점 업계의 동향과 관계인들의 생활양식> 《일제의 식민지배와 일상생활》 (혜안) 133~134
16) 서춘, 1932. 8 <피폐한 중소상공 원인과 그 대책> 《신동아》
17) 송권섭 외, 2007 《근현대 속의 한국》 (한국방송통신대 출판부) 236
18) 권보드래, 2008 《1910년대, 풍문의 시대를 읽다》 (동국대학교 출판부) 226

명이 참가하는 성황을 이루었고[19], 《동아일보》나 《조선일보》의
지국, 각지의 청년회 등이 명승고적을 찾아가는 탐승회를 조직했다.
1933년 꽃구경이 절정에 달했던 4월말~5월초 8일간 26만명이 찾았
나.[20] 봄의 벚꽃놀이만큼이나 여름에는 연화대회 또는 관화대회가 인
기였다. 한강인도교가 건설되면서 한강에 띄운 불들을 바라보는 연화
대회는 더욱 인기를 끌었고 인도교는 경성의 조선인 이십오륙만명의
피서지가 될 지경이었다.[21] 벚꽃놀이, 관광여행, 경기 관람, 공진회와
박람회 등은 새로운 방식의 근대적 여가활동이었다. 야시장, 박람회,
백화점, 극장 등은 순차적으로 또는 동시에 도시공간을 장악하면서 근
대적 욕망과 소비의 연쇄고리를 형성하고 있었다.

Ⅲ. 일상의 근대화
-폭력과 규율적 지배, 분열된 자의식

1. 일상의 근대화와 제국주의 권력

도시 공간에서 욕망과 소비 공간의 확대는 일상에서 문명화, 근대화
과정의 부분적인 결과일 뿐이었다. 실제 근대가 자기 질서를 확립하고
상품으로서 만물을 재구성하는 과정은 근대 규율권력이 인간의 행동과
의식을 통제하는 메카니즘을 확립하는 과정이기도 했다.

---

19) 《매일신보》 1917년 5월 15일, <총원 10여만>
20) 《동아일보》 1933년 5월 3일, <창경원 꽃구경군 八日 간 二十六萬名>
21) <식민지 근대도시의 일상과 만문만화> 《일제의 식민지배와 일상생활》
    (혜안) 291

1) 직접적 폭력과 피해

제국주의에 의해 강제로 이식된 '문명화'는 민중의 기존 일상체제를 폭력적으로 재편했다. 자본주의 문명의 근대화·산업화 과정에 내재한 폭력성은 식민지 근대화의 과정에서 가장 잘 드러난다. 그리고 이 폭력을 합리화하는 것이 문명화의 담론이었다. 가장 대표적인 사례가 철도 부설이나 도로 정비 과정에서 행사되는 폭력이다.

식민지 철도는 당초 선로용지와 정거장 부지 등을 무상 또는 어처구니 없는 가격으로 점유하고 수많은 노동자들을 강제로 동원하여 건설되었다. 1906년 5월 15일자 ≪대한매일신보≫가 "철도가 통과하는 지역은 온전한 땅이 없고 기력이 남아 있는 사람이 없으며 열 집에 아홉 집은 텅 비었고 천리 길에 닭과 대지가 멸종하였다"고 개탄할 지경이었다. 노골적인 폭력과 처벌을 통해 철도에 대한 민중의 적대행위는 금지되었고 '문명'의 규칙이 강요되었다. 철도를 공격하는 사람들은 공개처형 당했고 의병들의 공격에 대비해 철도 주변 사람들에게 연대책임을 지워 매일 철도 주변을 순찰하도록 했다.[22]

문명의 규칙은 가혹했다. 철도 파괴와 같은 심각한 사태만이 아니라 제국이 설치한 모든 교통 통신망에 대해서는 근대적 규율에 익숙한 자만이 접근할 수 있었다. 앞서 예를 들었던 호기심을 참지 못하고 자동전화기를 들었다 기겁하고 빌기만 했던 가련한 연초회사 직공은 태형 10대에 처해졌다. 경찰범 처벌규칙과 조선태형령에 따른 '야만'에 대한 가혹한 처벌을 전형적으로 보여주는 사례다.

직접적인 처벌이나 강탈 외에도 근대 문명은 참혹한 위험의 가능성

---

22) 한국 근대철도 및 대중교통의 근대적 발달과 그 성격에 대해서는 정재정, 1999 ≪일제침략과 한국철도≫ (서울대학교 출판부) ; 2001 <대중교통의 발달과 시민생활의 변천> ≪서울 20세기 생활·문화변천사≫ 참조

을 극적으로 높인다. 교통수단의 근대화에 따라 대형사고의 위험도 높아졌다. 근대적 안락은 근대적 위험을 댓가로 했다.[23] 1916년 경기도 관내의 자동차 총수가 22대인데 절벽 추락시고 1건, 자전거 충돌 1건, 사람과 충돌한 것이 10건이니 모두 12건이다. 숫자 상으로는 1년 동안 절반 이상의 자동차가 교통사고를 일으킨 셈이다. 1923년 1월~11월간 자동차 사고는 모두 567건이며 그 중 시가지에서 발생한 사고가 183건이며 사망자가 17명, 부상자가 322명이었다.[24] 1932년 전국에서 4,670건의 교통사고가 발생하여 385명이 사망하고 1,904명이 부상을 입었다. 특히 도시화가 진행된 경기도와 경상남도의 사고가 많았다. 부산과 마산을 포함한 경남에서 1,103건, 경성과 인천을 포함한 경기도에서 980건의 교통사고가 발생했다.[25]

교통사고 중에서도 전차사고는 대형사고로 큰 인명피해를 냈다. 또 시내 한 복판에서 일어난 사고라 1910년대에는 시민들의 공분을 사 폭동이 일어나는 계기가 되기도 했다. 1916년 9월 13일 부산~동래 간을 운행하던 전차가 조선인 세 명을 치어 한 사람이 즉사하고 두 사람은 중상을 입는 사고가 발생했다. 이날이 추석 다음날이라 거리에 나와 있던 조선인 500여명이 격분하여 전차에 몰려들어 차를 전복시키고 운전수를 중상시키기에 이르렀다. 사건은 경관대와 군대가 출동하여 30여명을 폭동 혐의로 체포한 뒤에야 진정되었다.[26] 경성에서는 1918년 청파 돌모루에서 전차 사고가 발생하여 격분한 군중이 전차를 추격하자 운전수가 경적을 울리며 도주하다 도리어 3명을 더 치어 사망케 한 사고도 발생했다.[27] 대표적인 대형 전차사고가 1929년 4월 22일 진명

---

23) 권보드래, <앞 책> 116
24) 《동아일보》 1923년 12월 28일, <전조선자동차사고 사상자가 삼백여명>
25) 정재정, 2001 <일제하 경성부의 교통사고와 일제당국의 대책> 《전농사학》 7, 553
26) 《매일신보》 1916년 9월 15일, <轢人한 전차를 군중이 습격>

여고보 학생들이 당한 사고였다. 이날 학생들이 개교 기념 행사를 위해 탑승한 전세전차가 과속으로 급회전하다 뒤집혀져 120여명이 크고 작은 부상을 당하는 참사가 일어났다. 이날 한명의 학생은 끝내 숨졌고 사고 4개월 후까지도 중태의 환자가 20여명이고 학교에 나오지 못하는 학생이 68명에 달했고 완전히 수습되기까지 1년 6개월이 걸렸다.[28]

교통사고가 급격히 늘어나면서 총독부 당국은 도로나 철도, 전차 운행 방안의 개선을 모색하기도 했으나 그보다 앞서 운수노동자나 사고 피해자에게 책임을 전가했다. 교통질서를 위반한 시민들의 부주의가 문제라는 것이었다. 횡단보도, 신호등, 차선 등이 전혀 갖추어지지 않은 상태에서 시민들에게 "도로를 통행할 때에는 반드시 인도가 있는 때에는 인도로 통행할 것이오 인도가 없는 곳에서는 항상 양측으로 바짝 붙어서 통행"하고 "전차길을 건너가고자 할 때는 좌우를 돌아보아서 전차가 10여 간통 내에서 진행 중일 때는 다 지나가기를 기다려서 지나간 뒤"에 건너갈 것을 강요했다.[29] 권력이 제시하는 걷기의 규율을 몸속에 각인하지 않으면 근대 도시의 삶을 영위할 없었다. 일상의 근대화는 근대규율의 습득을 생존의 전제로 만들었던 것이다.

2) 문명화된 규율의 지배

식민지민들은 원하든 원하지 않든 살아남기 위해서 근대적 규율을 습득하지 않을 수 없었다. 근대적인 걷기와 타기의 규율은 도시 공간에서만 적용되는 것이 아니었다. 농촌 지역에서도 기차는 생존의 전제

---

27) ≪매일신보≫ 1918년 4월 13일, <차장아! 운전수야!>
28) 정재정, 2001 <앞 논문> 528~529
29) ≪조선일보≫ 1921년 9월 10일 (정재정, 2001 <앞의 글> 504쪽 재인용)

였다. 철도의 규율에 익숙하지 못하면 자칫 목숨을 잃는 사태가 벌어
졌다. 철로가 놓여진 한참 후까지도 건널목을 건너거나, 철길을 따라
걷거나 철로를 베고 누워 자다가 참사를 당하는 일이 일어나곤 했다.

교통질서 만이 아니었다. 철도, 전차 등 교통수단을 이용하려면 근
대적 시간의 관념과 규율을 체득하지 않으면 안 되었다. 제 시간에 기
차를 타려면 새로운 시간을 익히지 않을 수 없었다. 시간 규율은 일상
생활전반으로 확산되어 학교와 공장, 심지어는 향촌공동체의 모임이나
회의까지 확산되었다.

시간 규율만이 아니라 문명화의 공간에서는 새로운 침묵과 靜肅의
규율이 강요되었다. '공공'장소라는 새로운 공간을 지배하는 규율이었
다. 이태준의 소설 ≪사상의 월야≫에서 일본 유학생 송빈은 도쿄로
가는 기차 안에서 경상도 사투리로 크게 떠드는 할머니에게 은근히 정
이 들면서도 미워한다. 특히 "세상에 눈치 코치 다 보고 살라캐서야 여
개 오는 기 불찰이지! 가진 체 잘난 체 우리가 무슨 소용고"라 단언하
는 할머니에 대해 "이마가 섬뜩"한 느낌을 받는다. "남의 눈치나 보고
살 것은 아니지만 남이야 욕을 하든 침을 뱉든 내 실속이 제일이다 하
는 것은 사람의 최후의 동물적 욕망이 아니고 무엇인가"라는 것이다.
30) 생존을 위한 민중의 당연한 반응이 지식인들에게는 '야만'으로 받
아들여졌다. 규율은 학습한다기보다는 몸에 새겨지는 '감각'에 가까운
것이었지만, 식민지 지식인들은 어느새 규율감각의 결여를 인간성의
결여로 받아들이게 되었던 것이다.

한편 위생과 청결의 관념 또한 사람들을 지배하기 시작했다. 수도의
경우가 대표적이다. 근대 이전 물의 순환이 자연스럽게 이루어질 때
사람들이 쓸 물을 공급하기 위해 따로 상수도를 만들 필요는 없었다.
특히 깨끗한 물을 비교적 쉽게 구할 수 있던 한국에서는 수도를 만들

---

30) 이태준, ≪사상의 월야≫ (깊은샘) 194

이유가 없었다. 그러나 근대화에 따라 물의 자연스러운 순환이 깨어지면서 하수는 쉽게 상수가 될 수 없었고 상수도를 건설해야만 하게 되었다.[31] 일본인들과 조선인 상류층을 위한 상수도가 급속히 확장되면서 서민들의 식수원인 자연수는 훼손되었고, 특히 우물물들이 오염되었다. 언론은 우물이 전염병의 온상이며 수돗물은 안전하다는 인식을 확산시켰다. 조선인 서민들도 식민 당국을 대상으로 수돗물을 쟁취하기 위한 투쟁을 벌이게까지 되었다. 그러나 전통적인 식수원이 오염된 주된 원인은 하수관리가 제대로 이루어지지 않았기 때문이었다. 조선인들이 상수도에 집착했지만 실제 경성부의 수도요금은 세계최고 수준이었고 수도의 확장은 경성부의 수도사업 관련 흑자를 계속 확대시켰다.[32] 근대적 위생 관념이 실질적으로 도시민의 통제에 어떤 역할을 할 수 있는지 단적으로 보여주는 사례다. 이 경우 규율의 기준이 되는 것은 근대적 위생과 청결의 감각이었고. 이는 조선인들의 분열된 자기 정체성과 모멸감의 근원이기도 했다.

3) 생활 속에서 건널 뛸 수 없는 차이의 확대

식민지에서 일상의 근대화는 일상의 계급화, 근대적 차별의 극대화 과정이기도 했다. 우선 식민지민들이 당연히 접해야 했던 민족적 차별은 일상 속에서 더욱 심해졌다. 1926년 ≪동아일보≫는 한 사설에서 다음과 같이 주장했다.

---

31) 홍성태, <식민지 근대화와 물생활의 변화> ≪식민지의 일상지배와 균열≫
    304~309
32) 김영미, 2007 <일제시기 도시의 상수도 문제와 공공성> ≪사회와 역사≫
    73

조선의 철도와 전신전화와 도로와 기타의 문명의 이기는 현재 조선인의
생산력에 비하여는 과도의 발달을 하였다. 이것은 조선인 생활의 필요상
자연적으로 생장적으로 발달한 것이 아니요 일본인 생활의 필요상 조선인
에게 부담시킨 것이라고 볼 이유가 있다.[33]

《동아일보》와 같은 근대화 우선론자들이 식민지의 문명화 자체를
문제 삼지 않았을 것이라는 점은 명백하다. 식민지적 근대화 과정에서
불일치와 왜곡, 빈곤의 확대는 심각한 문제였다. 《동아일보》는 민족
적 차이를 주로 강조하고 있지만, 민족적 차이 외에도 계급과 지역 사
이에 '문명'의 혜택을 누리는 수준차는 극적으로 확대되어 가고 있었다.

일상에서 민족적 차별과 권력의 감시를 여실히 느낄 수 있는 곳은
공공장소였다. 스펙터클의 구경거리를 제공하는 박람회와 극장에서도
조선인들은 항상 일본인 경관, 심지어는 매표원들의 감시와 폭행에 일
상적으로 대면해야 했다. 1921년 평양박람회에서 경관들이 무기를 휴
대하고 출입하는 사람들을 통제했으며, 조선인 관람객을 유치장의 수
인을 감시하는 태도로 대했다고 한다.[34] 극장에서도 마찬가지였다. 극
장의 경찰관은 임의로 영화상영을 중지시킬 수 있었고, 기사에 따르면
우미관의 상등석인 2층을 담당하는 사무원들이 조선인 관람객에게 거
만하게 대할 뿐 아니라 욕을 하기도 했다. 대체로 일본인 극장의 사무
원들은 관람객을 이유없이 때리기도 하고 만원이 되었는데도 사람을
계속 들이기도 했다.[35]

최남선의 노래에서 일면 개방되고 평등한 문명의 상징으로 묘사된
기차에서도 실은 민족적, 계급적 차별이 확대 재생산되고 있었다. 개인
이 지불하는 요금에 따라 1등, 2등, 3등이 구분되었음은 물론이거니와

---

33) 《동아일보》 1926년 11월 22일, <朝鮮의 小作問題>
34) 《매일신보》 1921년 10월 5일, <전람회 잡관>
35) 《매일신보》 1913년 5월 3일 유선영, <초기 영화의 문화적 수용과 관객성>
　　《근대를 다시 읽는다》 (역사비평사) 166 재인용

같은 요금을 내고도 조선인들은 마치 짐짝 같은 취급을 받았다. 물론 조선인 중에서도 문명화된 복장과 언어를 구사할 수 있는 이들은 일본인들이 타는 차에 탈 수 있었겠지만, 조선인들의 몸과 마음 속에 각인되는 차별은 쉽게 극복될 수 없는 것이었다.[36]

한편 일상의 근대화는 전통적으로 공동체와 가족이 제공하던 '보호'의 체제가 붕괴되었으며, 근대적 일상의 혜택을 누릴 수 있느냐 없느냐 하는 문제는 결국 계급에 의해 결정된다는 사실을 보여주었다. 식민지에서 공식적인 교육의 기회는 소수의 아이들에게 국한되었다. 특히 근대적 교육의 경험이야말로 사회적인 인정과 성공의 출발점으로 인식되면서 교육기회로부터 소외된 아이들은 "어찌 하면 공부를 하게 되겠읍니까?[37]"라는 간절한 열망을 가지게 되었다. "흰 테 한 줄에다 높을 고(高)자를 붙인 모자를 쓰고 산뜻한 양복에다 큼직한 가방에 책을 묵직하게 넣어[38]" 어깨에 메고 다니는 동년배들에게 무한한 부러움을 느끼지만, 이들은 논밭이나 공장에서 노동하지 않을 수 없었다.[39]

이전처럼 아이들이 공동체 속에서의 성인으로 성장하는 것은 불가능했다. 학교를 다니지 않는 도시의 아이들은 돈벌이에 나섰고 새로운 근대적 유흥장들은 이들의 취직 장소가 되었다. 소년들은 당구장에서 '게임돌이'를 하고 있었고 소녀들은 권번에 나가서 기생이 되거나 카페 여급이 되었다.[40] 학교에 다니는 아이들 조차 마냥 '행복'하지는 못했다. 이들에게 강요된 근대적 경쟁 속에서 일찍부터 입시지옥이 시작되었다. 이미 1930년대 입시에서 실패한 학생들이 자살하는 사태가 속

---

36) 정재정, 2000 <앞 논문> 171~173
37) 광주 황복호, 1925 <나의 소원> 《어린이》 3권 7호
38) 朴淵, 1928 <高普 入學한 友人에게> 《신소년》 6권 5호, 76
39) 일제하의 교육에 대한 소년들의 의식에 대해서는 이기훈, 2007 <식민지학교 공간의 형성과 변화 – 보통학교를 중심으로> 《역사문제연구》 17 참조
40) 박태원, 1936 《천변풍경》 (깊은샘, 2005) 259~264

속 벌어지고 있었다.[41]

3. 생활의 분열, 의식의 분열-식민지의 문화적 특징

식민지의 일상 생활문화에서의 특징은 공간의 동질화와 위계화가
동시에 진행된다는 점을 들 수 있겠다. 급속히 근대화가 진행되면서
각각의 공간이 가지던 직접적이고 경험적이던 장소는 자기 정체성을
잃고 모두 동일해져 간다. 특히 도시들은 더욱 쉽게 자기 특성을 잃
는 '장소상실'의 현상을 겪게 된다.[42] 이렇게 고유한 문화적 특성을
잃게 된 공간들은 식민지적 동질화의 과정을 겪지만, 또 한편 도시와
농촌, 도시 내에서 중심과 주변들 사이에는 공간의 위계화가 급속히
진행한다.

1) 식민지 도시문화의 퇴폐화와 분열된 자의식

일본인이 거주하는 남촌 중심으로 가로구조가 개발됨으로써 민족별
로 차별화된 공간 분화가 극명하게 이루어졌다. 진고개에는 이미 1901
년 전등이 설치되었고, 방울꽃 모양의 가로등이 설치되어 휘황한 야경
을 만들었다. 반면에 종로에는 1930년대 중반이나 되어야 가로등 설치
가 본격화되었다. 남촌지역의 토지가격이 급등한 것은 당연한 일이었
다.[43] "거주민의 민족구성에 의해 이원화된 도시공간은 지배민족과 피

---

41) ≪동아일보≫ 1933년 3월 19일, 梁山公普·李昌錫君, <不合格悲觀? 普校生自
殺 달아나는 기차에 뛰어들어 入學難地獄의 어린 犧牲>
42) 에드워드 렐프 지음, 김덕현·김현주·심승희 옮김 ≪장소와 장소상실≫ (논형)
43) 김영근, 2004 <도시계획과 도시공간의 변화> ≪일제의 식민지배와 일상생
활≫ 63~65

지배민족이 나뉘어 거주하는 공간이자 일제에 의해 각각 문명과 미개
로 규정된 별개의 세계[44]"가 되었고, 또 도시 내부에서는 도심과 변두
리 지역 사이에 위계화가 급속히 진행되었다.

이원화되었다고는 하지만 조선인의 공간들이 자율적인 문화를 향유
한 것은 아니었다. 오히려 남촌지역에 팽배한 일본식 '근대'의 일상은
점점 북촌지역의 문화로도 전파되었다. 남촌의 문화였던 카페는 어느
새 북촌으로, 청계천으로까지 확산되었다. 카페의 여급도 손님도 모두
조선인이었고 그 사실을 모두 다 알고 있었지만 우습지도 않은 일본어
로 대화를 주고 받았다. 1930년대에 접어들면서 말폐적 근대문화는 도
시 속에 깊게 정착했다. "다수의 조선의 현대청년은 너무도 무기력 무
성의함을 면치 못했다. 會集하는 곳이 데카단적 향락적 요정과 카페가
아니면 淫逸頹廢의 마작구락부다. 그들은 야간을 享樂場에서 허비하고
주간은 午睡 혹은 그런 종류의 향락에 耽逸한다[45]"는 우려가 근거 없
지는 않았다.

전차나 기차 등 문명의 교통수단을 사용하는 많은 지식인들은 교통
수단의 신속함과 편리함에 찬탄하면서도 이 교통수단을 제대로 이용하
지 못하는 조선인에 대한 열등감과 모멸적 자의식을 그대로 드러내었
다. 이광수나 최남선의 소회가 전형적인 경우였다.[46] 굳이 이광수와 같
은 근대 지상주의자들이 아니라도 마찬가지였다. 일본으로 유학가는
송빈은 시모노세키의 부두에서 배를 타고 오면서 석탄 연기에 그을리
고 구겨진 흰 조선옷을 보면서 "우선 기차와 기선생활을 못할 옷이다!
현대인의 옷일 수 없다!"고 여긴다.[47]

44) 허영란, 1999 <근대적 소비생활과 식민지적 소외> ≪전통과 서구의 충돌 -
     '한국적 근대성은 어떻게 형성되었는가≫ (역사비평사) 78
45) ≪동아일보≫ 1931년 11월 5일, <靑年諸君에 與함 - 모로미 大志에 살라 - >
46) 정재정, 2000 <앞 논문> 171
47) 이태준, ≪사상의 월야≫ (깊은샘) 192

2) 단절된 농촌 - 근대문명의 침투와 변방화

농촌이라고 해서 일성의 근대화로부터 완전히 차단된 것은 아니었
다. 근대화된 일상공간으로서 도시들은 식민지 사회에서 섬들처럼 표
랑하고 있었고 근대적인 교통수단들은 이 표랑하는 도시들을 농촌지역
과 연결시키고 있었다. 농촌의 사람들도 근대 교통수단을 통해 도시와
접촉했고 훨씬 느리지만 일상의 근대화도 진척되고 있었다. 이전에 열
흘씩 걸리던 상경이 하루의 일이 되었다. 1917년 문상을 위해 상경했
던 구례의 시골 지식인 류형업은 이리에서 경성 남대문까지 기차요금
으로 3원 18전을 지불하고 표를 사서 기차를 탔다. 그는 "사람들이 시
장과 같이 다투어 올라타 간신히 앉아서 차안을 돌아 보았다. 차안은
깨끗하여 마치 塵仙臺에 앉은 것 같았고 눕고 싶은 마음이 생겼다"고
까지 했다. 새로운 속도의 경험 속에서 그는 "보고 들은 것은 단지 이
리에서 남대문까지 기차가 가는 길에 굴을 9번 지났다는 것 뿐"이라고
묘사했다.[48]

그러나 식민지 사회에서 일상의 근대화는 공간에 따라 크게 차이가
났고 그 차이는 점점 커져갔다. 급속히 근대화된 경성을 중심으로 하는
도시 지역의 일상과 여기에서 완전히 소외된 농촌지역의 삶은 일상의
리듬에서부터, 향유하는 문하의 수준까지 단절된 세계를 형성했다. 이
단절된 공간들은 다시 근대화된 교통수단에 의해 연결되었으니, 많은
사람들이 일상적으로 이 이질적 공간을 넘나들며 살아가게 된다. 그만
큼 대중들 사이에 도시에 대한 왜곡된 욕망과 분열적인 자기의식이 팽
배하고 여기에 따른 사회적 갈등도 전례없이 강해지기 마련이었다.

'영화'라는 근대적 문화를 소비하는 형태를 통해 살펴보자. 1910년

---

48) 류형업, ≪구례 류씨가의 생활일기≫ 1917년 10월 10일, <紀語>

대 중반이 되면 경성에서 영화는 시민들에게 극히 흥미로운 볼거리로
완전히 정착해 <名金>같은 영화들이 공전의 인기를 누렸다. 그러나
막상 시골에서 올라온 영화를 처음 본 청년은 변사가 설명을 해도 줄
거리를 따라가지 못할 뿐 아니라, 등장하는 배우들조차 구별하지 못했
다.[49] 1917년 구례에서 상경한 류형업이 활동사진을 본 소감이다.

> 1냥 5전을 주고 표를 사서 밤에 활동사진을 보았다. 이 사진은 동작의
> 유무가 생물의 참모습과 비슷하여 활동사진이라는 것이다. 활동사진의 활
> 동은 곧 교묘하고 괴이하여 순식간이니 이 물건의 공교함을 이루 다 말할
> 수가 없다. 전기가 분명 이 이치를 정한 것이다.[50]

류형업이 전기를 활동사진의 이치라고 한 것 또한 당대인들이 근대
문명에 대해 가지고 있던 관념들의 한 편린을 보여준다. 류형업은 자
신에게 '속도'와 '스펙터클'이라는 새로운 근대적 경험을 제공한 근원
적인 힘이 증기와 전기라고 파악했다. 문명의 힘은 과학과 산업이라고
생각했지만 기실 그 조차도 전기가 그 이치를 정했을 것이라 추측할
뿐, 근대 그 자체는 손에 닿지 않는 곳에 있었다.

도시와 시골 사이의 문화적 단절과 근대적 일상생활에서의 격차는
1930년대에 이르러서도 여전히 해소되지 않았다. 시골의 아이들에게는
읍내만 해도 전혀 새로운 근대의 세계였지만 그곳에서 활동사진이래
봐야 소학교 운동장에서 상영되는 위생사상 보급용의 선전 무성영화에
불과했다.[51] 이미 경성에서 무성영화 시대가 끝나고 유성영화가 상영
되던 1930년대 중반까지도 시골에서는 신파극, 곡마단, 영화가 구분되
지 않았다. 1924년 전남 고흥 생인 천경자의 회고에 의하면 1930년대

---

49) 이태준, <앞 책> 108
50) 위의 <紀語> 1917년 10월 13일
51) 박태원, 1936 <앞 책> 130

초까지 이 모두를 다 굿으로 칭했고 변사도 굿쟁이라고 불렀다 한다.

이 두 공간을 넘나드는 식민지의 대중에게 그 격차는 문명과 야만의 거리로 다가 오게 된다. 식민지 조선에서 고등교육을 받은 사람들이 얻을 수 있는 가장 좋은 직장이 금융조합의 이사였다. 그러나 전문학교 등을 갓 졸업한 젊은 이사들에게 시골 금융조합으로 부임하는 것은 일체의 '문화'적 생활과 단절을 의미했다. 그만큼 교통이 편리한 곳은 선호되었고, 젊은 이사들은 교통사정이 편리한 경부선 연변의 조합에 부임하여 전기가 들어와 있는 것에 기쁨을 느꼈다. 이들은 오후에 사무를 마치고 별일이 없으면 서울에 가서 영화를 보고 밤차로 돌아오는 것을 낙으로 삼았다.52)

우리는 많은 문학 작품들 속에서 시골과 도시/야만과 문명이라는 이 항대립적 감각들이 넘쳐나는 것을 확인하게 된다. 그런데 도시와 문명을 대변하는 식민지 지식인 자신 또한 도쿄와 같은 제국의 거대 도시, 또 실제로 본 적도 없는 서양의 거대한 메트로 폴리스와 그 속에 사는 사람들에 비하면 야만일 수밖에 없는 딜레마에 빠지게 된다.53) 앞서 보았던 유형업이 전기의 이치라 짐작할 따름이었던 것처럼 이들도 일본의 근대와 또 다른 서구의 근대를 짐작하는 비서구 식민지인에 불과했다.54)

---

52) 문영주, 2007 <금융조합 조선인 이사의 사회적 위상과 존재양태> ≪역사와 현실≫ 63, 154
53) 이성욱, ≪한국 근대문학과 도시문화≫,
54) 이 문제에 대해서는 채오병, 2007 <식민지 조선의 비서구 식민구조와 정체성> ≪사회와 역사≫ 76 참조. 이경훈은 이들이 진정한 근대의 원리를 이해하지 못하고 근대문명에 대한 흉내내기에 그치고 말았다고 비판한다. 이경훈, 2004 <식민지 근대의 '트라데 말크'-잡종과 브랜드> ≪오빠의 탄생 ; 한국 근대문학의 풍속사≫ (문학과 지성사) 51

IV. 한일 교과서에 나타난 '근대문명'의 수용과 식민지 경험

1. 한국의 교과서

'근대성'과 '일상'은 둘 다 비교적 최근 역사학의 관심분야로 떠오르는 문제들이며, 기존의 역사상에 대한 도전적인 문제의식을 포함하고 있다. 그만큼 이 영역의 연구성과를 중고등학교의 교과서에 반영하기란 쉽지 않고, 사회사나 문화사적인 이해가 필요하므로 중학교 수준에서 가르치기 쉽지 않은 주제이다.

한국에서는 고등학교 한국근현대사 교과서에서 일상의 근대적 변화와 서구문명의 수용에 관련된 내용을 일부 다루고 있으나 비중이 크지는 않다. 가장 널리 사용되는 금성교과서 간행의 ≪고등학교 한국근·현대사≫를 중심으로 살펴보자.

근대문명의 수용과 대응을 역사적으로 개관하려 한다면 당연히 개항 이후부터 일제하의 전반을 함께 검토하여야 할 것이다. 근대의 시작부터 1910년 이전까지를 다룬 두번째 단원 '2. 근대사회의 전개'와 1910년부터 1945년까지를 다룬 세번째 단원 '3. 민족독립운동의 전개'에서 관련 내용을 찾아보자.

'2. 근대사회의 전개'에서는 '제4장 개항 이후 경제와 사회'와 '제 5장 근대문물의 수용과 근대문화의 형성'이 여기에 해당하는 단원이다. 금성 교과서의 경우 제4장 개항 이후 경제와 사회에서는 1. 열강의 경제 침탈 중 따로 '문명과 수탈의 두 얼굴 철도(106쪽)'을 마련하여 철도가 가져온 변화를 언급하고, 주로 4절 생활모습의 변화에서 주제 1 근대문물의 수용, 주제 2 언론기관의 발달, 주제 3 근대 교육과 국학연구, 주제 4 문예와 종교의 새경향의 단원들을 설정한다. 이 단원들에서 근대적 과학기술과 이동수단, 도시화, 의료 시설을 '문물'의 수용으로 설명하고 언론, 교육, 학문, 문예 종교의 근대화 과정을 다루고 있다.

그런데 1910년 이후를 다룬 '3. 민족독립운동의 전개'에서는 민족의 반식민지 운동을 중심으로 서술하다 보니, 이런 사회적 변화를 설명할 마땅한 영역이 없다. 따라서 '근대 문명의 수용'에 해당하는 부분은 4장 사회경제적 민족운동 말미에 보론격으로 '일제 강점기 우리 사회의 달라진 것들'이라는 내용을 첨가해서 다루고 있으며, 나머지 교육과 언론, 문예 종교의 변화는 '5장 민족문화 수호 운동'에서 다루고 있다. '일제 강점기, 우리 사회의 달라진 것들'에서는 도시('변해가는 서울'), 교통('교통의 변화'), 여성과 가정('여성의 생활변화'), 대중문화('대중문화의 형성') 등 일상생활의 근대적 변화를 2쪽에 걸쳐 간략히 소개하고 있다.[55]

한국 고등학교 근현대사 교과서의 관련 서술에 대해서는 크게 두 가지의 문제를 지적할 수 있다. 우선 역사의 주체로서 '민족(국가)'의 의식이 지나치게 강렬하게 관철되어 있다는 점이다. 물론 식민지의 역사에서 '민족'은 두 말할 나위 없이 중요한 문제다. 그러나 지금의 서술은 과제로서 '민족국가'를 건설하는 민족주체의 형상화에 지나치게 매몰되어 있다. 이는 1910년을 경계로 그 전후의 역사상이 뚜렷이 구분되는 것에서 드러난다. 1910년대 이전까지는 대체로 '자율적인 근대화의 노력과 그 좌절'이라는 방식으로 접근한다. 따라서 근대문명의 수용도 근대국민국가의 수립을 위한 노력의 측면에서 설명하고 있다. 그러나 1910년 이후에는 역사는 민족국가의 수립을 위한 일체의 투쟁으로 환원되므로 이 문제를 서술할 만한 영역이 마땅치 않다. 따라서 금

---

55) 김한종·홍순권·김태웅·이인석·남궁원·남정란, 2002 ≪고등학교 한국근·현대사≫ (금성출판사) 224~225

성교과서의 경우 보론 형식의 '역사찾기'에서만 다루고 있다. 최근의 도시사와 일상사, 문화사의 성과들을 반영하려 했으나 "변화의 이면에는 식민지 백성의 슬픔과 억압, 그리고 분노가 스며 있다"고 단언할 뿐, 실제 일상의 근대화 과정에서 폭력과 자기분열성을 드러내는 데는 그다지 성공적이지 못하다.

현재 교과서의 서술 체계는 두가지 문제를 안고 있다. 첫번째 실제 역사의 흐름이 1910년을 기준으로 단호하게 구분되지 않는다는 점이다. 1910년 이전의 근대문명을 받아들이기 위한 노력도 상당 부분 식민주의적 인식의 틀에 의해 이루어지고 있었다. 식민주의의 제도와 사상은 주권의 탈취보다 더 깊은 수준과 차원에서 진행되었다. 국권의 존재 유무를 기준으로 서술의 체계가 바뀌는 현재의 교과서는 일관성의 측면에서 적합하지 않다.

두번째 지금 교과서의 서술 체제에서 일제하에서 식민주의는 일제의 지배정책이라는 차원에서만 설명가능하다. 그러나 식민지 근대성이라는 최근의 문제의식에 주목하면 제국주의 지배의 다양한 측면과 그 역사적 유산에 대해 새로운 교훈을 찾을 수 있다. 근대화는, 특히 일상의 근대화는 앞 장에서 살펴보았듯이 오늘날 다시 생각해야할 다양한 문제들을 제기한다. 근대 권력의 폭력성과 개인, 전통적 공동체의 해체 속에서 새롭게 구성해야할 개인의 가치와 윤리, '대중'의 등장과 소비 중심사회의 문제점 등이 그것이다. 오늘날의 우리 사회가 앞으로 함께 해결해야할 역사적 과제인 이런 문제들을 함께 논의할 수 있도록 식민지 근대의 형성과 그 유산이라는 측면에 더욱 주목할 필요가 있다.

2. 일본의 역사 교과서

일본의 일본사 교과서나 세계사 교과서의 현재의 체제에서는 제국주의 일본의 식민지 조선의 문제를 다루는 부분 자체가 매우 작다. 채택률이 가장 높은 야마카와(山川) 출판사의 일본사와 세계사 교과서를 살펴보자. 야마카와 출판사의 ≪고교 일본사 B≫에서는 일본의 일상에서 근대화는 <도시화와 대중문화>라는 소단원 안에서 다루고 있지만, 그 식민지인 조선이나 대만의 경우는 세계사와 일본사 어느 쪽에서도 언급하고 있지 않다. ≪고교 일본사≫의 경우에 조선에 대한 서술은 3.1운동(239쪽), 황민화정책(264쪽), 강제연행과 징병제(267~268쪽)에 그치고 있다. ≪현대의 일본사 A≫는 <한국병합과 만주진출>에서 1910년대 강제 합병과 무단통치, <파리강화회와 일본>에서 3.1운동, <관동대진재와 그 영향>에서 조선인들에 대한 학살을 다루고 있으며, <일본의 식민지 통치 – 대만과 조선>에서 식민지배사 전체를 한 쪽 정도로 간략히 개괄하고 있다. 어느 경우에나 식민지의 근대 문명 수용에 대한 언급은 찾을 수 없으며 ≪세계사≫ 교과서는 더욱 적어 3.1운동 정도만이 다루어질 뿐이다.

현재의 일본 교과서의 서술 체제에서 식민지의 근대문명 수용에 관한 연구만을 따로 수용한다는 것은 별다른 의미가 없을 것이다. 오히려 중요한 것은 일본의 교과서가 전반적으로 제국주의 국가로서의 일본의 역사에 대한 인식이 결여되어 있다는 점이다. 식민지의 문제는 근대 일본사의 아주 작은 부분에 지나지 않는다. 이 점에서 가장 심각한 불균형이 발생한다. 식민지 없이 근대 일본이 존재할 수 있을 것인가? 제국주의 역사에 대한 반성은 인식의 균형 위에서 비로소 가능한 것이 아닐까?

V. 맺음말

근본적으로 근대문명은 이중적 속성을 가지고 있다. 근대성이 일면 해방의 가능성과 함께 차이, 배제, 주변화를 가져온다는 사실을 부정하기는 어렵다. 앞서 살펴 보았듯이 최근의 많은 연구들이 근대의 다양한 측면과 식민주의의 일상적 양상에 대해 주목하고 있다. 즉 근대의 성찰적 측면에 대한 숙고가 필요한 시점이며 이것이 역사 교육에 반영되어야 함은 말할 나위도 없다.

그러나 이 점에서 함부로 결론 내리기 어려운 측면이 존재한다. 근대성의 논의에서 식민지와 제국주의를 빼놓고 설명할 수 없기 때문이다. 식민지는 근대의 절대적 타자가 아니라 근대적 정체성을 확인시키는 존재이며, 식민지성과 근대성은 별개의 원리나 힘이 아니라 근대성 자체가 식민지 근대성으로만 존재해 왔다는 문제제기에 귀기울일 필요가 있다. 진정한 의미에서 식민지의 문명화 과정을 서술하기 위해서는 어떤 면에서든지 그 폭력성과 분열성을 함께 논하지 않을 수 없다. 그러기 위해서는 일본의 교과서는 스스로 제국으로서의 역사를 인정해야 할 것이다. 제국의 형성이 식민주의로부터 비롯되었음을 인정하지 않는다면 불구의 역사인식만을 초래할 뿐이다. 이런 점에서 식민지에서 근대문명의 수용은 한일 양국 간의 더 많은 연구와 시론적 접근들이 필요한 문제다.

참고문헌

공제욱·정근식 편, 2006 ≪식민지의 일상지배와 균열≫ (문화과학사)

권보드래, 2008 ≪1910년대, 풍문의 시대를 읽다≫ (동국대학교 출판부)

김낙년, 2007 <식민지근대화재론>, ≪경제사학≫ 43

김백영, 2004 <대중의 눈을 통한 '근대'의 재발견> ≪창작과 비평≫ 125

문영주, 2007 <금융조합 조선인 이사의 사회적 위상과 존재양태> ≪역사와 현실≫
    63

박천홍, 2002 ≪매혹의 질주, 근대의 횡단≫ (산처럼)

에드워드 렐프 지음, 김덕현·김현주·심승희 옮김, 2005 ≪장소와 장소상실≫ (논형)

역사문제연구소, 1999 ≪전통과 서구의 충돌 - '한국적 근대성은 어떻게 형성되었는
    가≫ (역사비평사)

연세대학교 국학연구원 편 2004 ≪일제의 식민지배와 일상생활≫ (혜안)

윤해동·천정환·허수·황병주·이용기·윤대석 엮음, 2006 ≪근대를 다시 읽는다 1, 2≫
    (역사비평사)

이경훈, 2004 ≪오빠의 탄생 ; 한국근대문학의 풍속사≫ (문학과 지성사)

이기훈, 2007 <식민지학교 공간의 형성과 변화 - 보통학교를 중심으로> ≪역사문제연
    구≫ 17

이승렬, 2008 <식민지 근대론과 민족주의> ≪역사비평≫ 90

이영훈, 2006 <왜 다시 해방전후사인가> ≪해방전후사의 재인식 1≫ (책세상)

이진경 편, 2006 ≪문화정치학의 영토들≫ (그린비)

장석만, 1999 <근대문명이라는 이름의 개신교> ≪역사비평≫ 46

정재정, 1999 ≪일제침략과 한국철도≫ (서울대학교 출판부) ; 2001 <대중교통의 발달과
    시민생활의 변천> ≪서울 20세기 생활·문화변천사≫ ; 2000 <20세기 초 한국
    문학인의 철도 인식과 근대문명의 수용 태도 : 崔南善·李光洙·廉想涉·李箕永의
    경우> ≪인문과학≫ 7 (서울시립대)

조형근, 2006 <한국의 식민지 근대성 연구의 흐름> ≪식민지의 일상 - 지배와 균열≫
    (문화과학사)

Accommodation of Modern 'Civilization' and Colonial Culture in Colonized Chosŏn

Lee, Ki-Hoon

Today the interpretation and assessment of colonial experience in Korea is a very sensitive and controversial matter. Because it is not an issue of the past, but also an issue of values and prospects contemporary Korea should pursue. Above all, the key question is what impact did the accommodation of modern civilization, that is, the capitalist modernization process in daily life have on the lives of the people?

Capitalist mass-production and consumption and the mass media stimulated greater desires and consumption in everyday life than in any other period of history. This phenomenon was no exception in colonized Chosŏn. Capitalist desires and the expansion of consumption, however, were just a partial consequence of civilization and modernization in people's everyday lives. The routinization of modern civilization was also a process to establish a mechanism in which power controlled human behaviors and consciousness.

"Civilization" forcibly transplanted by imperialism transformed the existing daily lives of the general public dramatically. Violence innate in the modernization and industrialization of capitalist civilization can be seen most clearly in the modernization process of colonies. What rationalized this violence was the discourse on civilization. A case in point is the violence in people's daily lives, building and maintaining modern transportation and communication networks such as railways, roads, and telegraphy. In order to construct these facilities, the general public were deprived of their labor and property, while attacks on the facilities were considered a serious felony. In order to adapt to modern civilization, people had to learn traffic regulations and rules enforced by the authorities. It was purely a matter of survival.

Meanwhile, modernization maximized the differences and divisions among peoples, classes, and also between the urban and rural areas in colonies. As the social safety net of the traditional community collapsed, such trends became more serious. A sense of disintegration, confusion and disdain over self-identity experienced by minorities, including the Chosŏn people, workers, farmers, people in rural areas, and women, who were isolated from modern civilization, were also further deepened.

Key words: Modern civilization, Colonial Authority, Rules Authority, Colonial Culture, Routinization of Modern Civilization, Textbooks.

植民地朝鮮における近代「文明」の受け入れと植民地文化

李基勲

　今日の韓国において、植民地経験の解釈と評価は非常に敏感で激烈な論争の対象である。それは単なる過去の問題ではなく、現代韓国が目指すべき価値と展望に関する問題であるからである。その中でも核心的な疑問は、近代文明の受け入れ、即ち日常の資本主義的近代化過程は人々の生活に如何なる影響を与えたのだろうかという点である。

　資本主義的大量生産と消費、そしてマスメディアは以前の如何なる時代より一層多くの欲望と消費を日常化させた。植民地朝鮮においてもこのような現状は同様であった。しかし、資本主義的欲望と消費空間の拡大は、日常における文明化と近代化のプロセスの一部の結果であるのみであった。近代文明の日常化は権力が人間の行動と意識を統制するメカニズムを確立する過程でもある。

　帝国主義により強制的に移植された「文明化」は、民衆のそれまでの日常体制を暴力的に再編した。資本主義文明の近代化と産業化の過程に内在した暴力性は、植民地近代化の過程において最もよく認められる。そしてその暴力を合理化することが文明化の談論であった。最も代表的な例が、鉄道、道路、電信などの近代交通通信網を作り維持しながら日常化される暴力である。こうした施設を設けるために、民衆は労働と財産を奪われ、施設に対する攻撃は重犯罪となった。近代文明を日常的に利用するためには権力が提示した交通規則と規律を習得しなければならない。それは生存の問題であった。

　一方、近代化は植民地内部において民族間、階級間、都市と農村の間に

違いと分裂を激化させた。伝統的な共同体の社会的安全網が崩壊し、こうした様相は一層著しくなった。近代文明において疎外された朝鮮人、労働者、農民、農村地域、女性などの少数者達が味わう分裂と自己正体性の混乱、侮蔑感も一層払大されるばかりであった。

主題語：近代資本主義、植民地権力、植民地近代化、文明化、
　　　　近代文明の日常化

식민지 조선의 근대성론

-연구사의 동향과 진전을 위한 검토-

조 형 근*

Ⅰ. 서론 : 근대성-좌절, 성취, 극복의 삼각구도

한 논자의 지적처럼 "식민지 시대에 대한 논쟁은 그 자체로 하나의 역사적 기록이다." 해방 이후 1960년대까지는 한국사학계가 중심이 된 수탈론과 보수정객들이 중심이 된 식민사관 사이의 논쟁이 있었고, 1970년대의 자본주의 맹아론·내재적 발전론을 지나 1980년대 이후에는 민중사관적 관점에서 일제 식민지기를 재파악하려는 시도가 등장했다.[1] 각각의 연구흐름들, 논쟁들은 수많은 쟁점들을 내포하고 있으며, 그것들을 온전히 아우르는 거대개념은 존재하지 않는다. 그러므로 과

──────────────

* 서울대학교 규장각 한국학연구원 HK연구교수
1) 김동택, 2000 <식민지와 근대> ≪政治批評≫ 7, 10~11

거의 모든 논쟁들을 '근대' 혹은 '근대성'이라는 잣대로 재단하는 것은 1980년대 말, 식민지근대화론의 출현 이후 현재까지에 이르는 논쟁의 구도를 실제의 역사에 강요하는 폭력이 될 수도 있다.

하지만 지난 1세기 이상 한국사회의 중요한 화두 중 하나가 좌절된, 혹은 지연된 근대의 과제를 성취하자는 것이었음도 부인할 수 없는 사실이다. 한국사회만이 아니라 지구적 차원에서 근대성은 새 것은 낡은 것보다 낫고, 현재는 과거보다 나으며, 잠재적으로 더 밝고, 깨끗하고, 건강하고, 자유롭고, 풍요롭다는 느낌을 수반하는 표상이자 제도적 실체로 간주되어 왔다. 전통왕조의 몰락과 식민지로의 전락, 분단과 전쟁, 뒤처진 경제, 완성되지 못한 민주주의, 세계화되지 못한 폐쇄성 등과 같은 많은 문제적 경험들로 인해 한국인들은 서구와 같은 수준의 근대를 달성해야 한다는 집합적 강박관념을 공유해왔다.

한국의 식민지 경험, 그로 인한 식민지적 유산이나 잔재야말로 근대 달성에 가로놓여 있는 최대의 장애물이라는 보편적 감수성 또한 주지의 사실이다. 전통왕조가 자주적 근대화에 성공하지 못했던 결정적인 이유는 물론, 분단과 전쟁, 독재로 이어진 현대사의 어두운 국면들은 청산되지 못한 식민잔재의 효과로 설명되어왔다. 이러한 상식적 관념에는 근대성과 식민지 경험이 결코 공존할 수 없으며, 항상적인 길항관계에 놓여 있다는 가정이 전제되어 있다. '식민지 조선의 근대성론'은 이런 점에서 기성의 한국인들에게는 매우 도발적인 문제설정이며, 지난 1세기 이상을 지탱해온 한국사의 정당성 자체에 대한 의문으로 받아들여질 소지도 있다.

식민지성과 근대성의 상관관계에 대한 학문적 관심을 촉발시킨 경제사학계 일각의 논의는 이런 문제적 성격을 충분히 보여주고 있다. 일제 식민지시기 동안 당대 세계적으로 유례없는 경제성장이 이루어졌으며, 이 경제성장이 1960년대 이후 한국경제의 도약에 밑거름이 되었

다는 주장은 한국사의 역사적 정당성에 대한 근본적인 문제제기였다고
할 수 있다.

이른바 식민지근대화론의 문제제기에 대한 비판은 크게 볼 때 두 가
지 방향에서 이루어졌다. 기존의 한국사학계에서는 자본주의 맹아론 -
내재적 발전론 - 수탈론의 연장선상에서 이들의 논의가 지극히 편협할
뿐만 아니라, 식민지 내부에 존재하던 민족간 차별구조를 간과한 양적
접근에 불과하다고 비판하였다.

또 한 방향의 비판은 식민지근대화론은 물론 민족주의적 한국사학
계도 비판의 대상으로 삼는 일련의 흐름, 이른바 식민지근대성 접근이
었다. 서구의 탈근대론과 옛 식민지 출신 지식인들의 탈식민주의 연구
에 영향을 받은 사회사, 문화사 연구자들을 중심으로 식민지성과 근대
성이 대립하는 것이 아니라 식민지근대성으로 통합되어 있고, 나아가
근대성 자체를 비판과 극복의 대상으로 보아야 한다는 시각이 출현했
다. 결과적으로 일제 식민지시기의 식민지근대성 또한 비판과 극복의
대상으로 바라보아야 한다는 경향이 등장한 것이다.

식민지근대성론의 인식은 자본주의 맹아론 - 내재적 발전론 - 수탈론
계열의 민족주의적 접근이나, 식민지근대화론 모두가 근대적 발전을
역사적 善으로, 성취해야 할 과제로 인식하고 있다는 점에서는 일치하
고 있다는 비판적 문제의식에서 비롯되었다.[2] 두 입장은 서로 다른 근
대화의 가능성을 언급하고 있지만, 근대를 선으로, 역사의 진보로 간주
한다는 점에서 일치한다. 이런 단선론적 역사인식은 역사발전의 방향
성을 설정하고 있다는 점에서 목적론적(teleological)이다.[3]

식민지근대화론이 식민지에서의 (외면적) 근대화 양상에 착목하는

---

2) 김진균·정근식 編, 1997 ≪근대주체와 식민지규율권력≫ (문화과학사, 서울)
3) 김동노, 2004 <식민지시기 일상생활의 근대성과 식민지성> ; 연세대학교 국
　학연구원 編, ≪일제의 식민지배와 일상생활≫ (혜안, 서울) 18

데 반해서, 식민지근대성론은 식민주의와 근대성을 표리일체의 것, 또는 근대세계체계에서의 위치의 문제로 파악하고, 그러한 비대칭적 관계성 속에서 현상들을 파악하고자 한다.[4]

식민지근대성론의 등장 이래 연구와 논쟁의 지평은 일제 식민지시기의 경제적 실상과 사회적 차별구조의 양상과 본질을 따지던 것에서, 당대의 관습과 규율을 포함한 주체형성의 문제로, 의식구조와 취향을 포함한 문화와 일상성에 대한 탐구로, 나아가 식민지사회의 '공공성'에 대한 논의로까지 확장되고 있다.

이런 쟁점들이 학문적 토론을 거쳐 한 단계 진전되기 위해서는 구체적인 역사적 사실에 대한 실증적 탐구의 심화가 필요함과 동시에, 한 사회의 식민지적 한계, 즉 식민지성이 근대성의 확산 내지 제약과 어떤 관계를 갖는지를 체계적 수준에서 해명할 필요가 있다. 단적으로 말해서 식민지성과 근대성의 내포와 외연을 좀 더 명확히 하고, 나아가 양자가 맺는 관계를 이론적으로 고찰할 필요가 있는 것이다. 물론 이런 이론적 접근은 어디까지나 구체적인 실증연구와의 밀접한 상호작용 속에서만 풍부한 내실을 확보할 수 있을 것이다.

이 연구는 식민지성과 근대성의 상관관계에 대한 기존연구들을 검토하여, 양자가 지닌 특성과 그 상호대립 지점, 연관성들을 가능한 한 일목요연하게 정리하는 것을 목표로 한다. 이를 통해 향후 수행될 식민지성과 근대성의 관계에 대한 풍부한 실증연구 및 이론적 탐색들에 일종의 안내도를 제공하는 데 이 연구의 목적이 있다.

---

4) 板垣龍太, 2004 <『植民地近代』をめぐって－朝鮮史研究における現想と課題> ≪歷史評論≫ 2004년 10월호, 36

Ⅱ. 본론 : 불화와 통합 속의 연구경향

1. 식민지근대화론

한국의 식민지 경험이 한국사회의 근대화, 특히 1960년대 이래 경제성장의 토대가 되었다는 주장은 구미의 한국학계와 한국의 경제사학계를 중심으로 1980년대 중후반부터 본격적으로 제기되었다. 특히 식민지근대화론과 관련해서는 나카무라 사토루(中村哲)와 안병직 등을 필두로 1987년에 결성된 한국근대경제사연구회에 참여한 한일 양국의 경제사학자들이 중요한 역할을 수행했다.

이들의 중요한 주장을 요약하면, 첫째, 식민지배 초기 조선총독부가 실시한 토지조사사업이 농민의 토지를 수탈하기 위한 사업이었다는 기존의 주장5)에 대해, 사업 진행 중 불법적인 소유권 이전이 부재했고 광대한 국유지 창출도 없었다고 주장한다. 오히려 일물일주 원리에 근거한 근대적 토지제도를 창출함으로써 전근대적 수취관계를 대신하는 새로운 수취관계를 확립했으며, 토지의 상품화 및 농업경영에서 축적된 자본이 산업자본으로 전환될 수 있도록 유도함으로써 자본주의 발전에 기여했다는 것이다.6)

둘째, 근대적 제도의 정비에 이어 식민지 자본주의가 본격적으로 발전하기 시작했다는 점을 강조한다. 1930년을 전후로 한 공황기를 제외

---

5) 김용섭, 1969 <수탈을 위한 측량 - 토지조사> ≪한국현대사 4≫ (신구문화사, 서울) ; 신용하, 1982 ≪조선토지조사사업연구≫ (지식산업사, 서울)
6) 배영순, 1988 ≪한말 일제초기의 토지조사와 지세개정에 관한 연구≫ (서울대학교 박사학위논문) ; 宮嶋博史, 1991 ≪朝鮮土地調査事業史硏究≫ (東京大學 東洋文化硏究所, 東京) ; Gragert, E. H., 1994 Landownership under Colonial Rule, (Honolulu: University of Hawaii Press)

하면 1911년부터 1938년까지 연평균 경제성장률이 3.7%에 달했고, 이는 당시 세계적으로 높은 장기지속적인 경제성장이었다고 주장하고 있다.[7]

셋째, 이런 사회경제적 근대화에 기초하여 식민지시기 동안 한국인에 의한 경제발전의 기초가 형성되었으며, 이를 동력으로 1960년대 이후의 고도성장이 가능해졌다고 본다. 예컨대 식민지시기에 설립되고 성장한 경성방직과 같은 산업자본은 식민지적 조건이었기 때문에 오히려 용이한 측면이 있었던 선진 기술의 습득, 해외시장의 확보 등을 통해 자본축적에 성공하였으며, 이런 경험의 축적이 1960년대 이래의 산업화에 토대를 제공했다는 것이다.[8]

이들의 주장은 초기에는 '식민지공업화'라는 현상 자체에 대한 실증적 연구에 치중하였으며, 식민지사회의 계급적 대립과 제국주의에 의한 자본주의적 착취구조에 대해 상대적으로 무심하면서도 이를 부정하는 데까지는 나아가지 않았다. 하지만 이들의 문제의식이 1960년대 이래 한국 자본주의가 보여준 고도성장의 기원을 찾는 것으로 집중된 이후에는 '성장사학'적 접근으로 급속히 무게중심이 이동한 것으로 판단된다. 즉 경제발전의 계급적 성격, 민족적 분절 및 차별 등에 대한 관심은 거의 사라지고, 전체 식민지조선의 지역총생산 증가와 일부 한국인들의 ― 친일협력에 기반한 ― 성공에 관심을 집중하고 있는 것이다.[9]

---

7) 안병직·김낙년, 1995 <한국경제성장의 장기추세(1910~현재) ― 경제성장의 역사적 배경을 중심으로> 한국학술진흥재단, ≪광복50주년 기념논문집 3: 경제≫ 5~30

8) Eckert, Carter, 1997 Offspring of Empire: the Koch'ang Kims and the colonial origins of Korean capitalism (Seattle, University of Washington Press) ; 주익종, 2008 ≪일제하의 경성방직과 김성수·김연수≫ (푸른역사, 서울)

9) 식민지근대화론의 최근 경향을 보면 경제사의 지평을 넘어서 사회사와 문화사 영역으로의 확장을 시도하고 있는 것으로 판단된다. 예컨대 식민지근대화론 진영의 총괄적 문제제기라고 볼 수 있는 ≪해방 전후사의 재인식≫에는

2. 식민지근대화론 비판

식민지근대화론적 주장들이 제기되면서 한국사학계 및 사회사학계를 중심으로 한 반론이 강력하게 제기되었다.[10] 정재정의 경우를 예로 하여 그 비판의 핵심을 요약하면 다음과 같다.

첫째, 식민지근대화론은 공업화 및 사회경제적 변화만을 일방적으로 과장하고 있다. 공산액이 40%에 이르던 시점에 농업종사자 비중이 80%를 초과하고 있다. 식민지 조선은 아직 농업사회에서 벗어나지 못하고 있었다. 둘째, 식민지시기의 물질적 유산은 1960년대 이후 경제발전의 토대가 되지 못한다. 식민지시기 공업화의 주무대는 북한이었던

경제사보다는 사회사, 문화사로 분류해야 할 논문들이 양적으로 훨씬 많다. 그럼에도 불구하고 이 글에서는 이를 독립적으로 다루지 않는다. 이미 개별적으로 발표된 논문들의 재수록이라는 방식으로 ≪재인식≫에 게재된 논문들 중 적지 않은 수는 식민지근대화론의 기획으로 포섭하기에는 너무 이질적이기 때문이다. 어떤 면에서는 식민지근대성 접근과 상통하는 측면이 더 많은 논문들도 발견된다. 이런 점을 고려하여 식민지근대화론은 일단 경제사 연구에 대한 고찰로만 국한한다.

10) 박명규, 1991 <낡은 논리의 새로운 형태: 宮嶋博史의 ≪朝鮮土地調査事業の研究≫ 비판> ≪한국사연구≫ 75 ; 윤수종, 1991 <토지조사사업 연구와 '신판 근대화론'> ≪역사비평≫ 15 ; 주종환, 1994 <중진자본주의의 근대 개념과 신식민지사관> ≪역사비평≫27 ; 이홍락, 1995 <일제하 '식민지 공업화'에 대한 재고> ≪동향과 전망≫28 ; 정태헌, 1996 <한국의 식민지적 근대화: 모순과 그 실제> 역사문제연구소 編, ≪한국의 '근대'와 '근대성' 비판≫ (역사비평사, 서울) ; 정태헌, 2007 ≪한국의 식민지적 근대 성찰: 근대주의 비판과 평화공존의 역사학 모색≫ (선인, 서울) ; 김동노, 1998 <식민지시대 근대적 수탈과 수탈을 통한 근대화> ≪창작과 비평≫ 99 ; 정병욱, 1998 <역사의 주체를 묻는다: 식민지근대화 논쟁을 둘러싸고> ≪역사비평≫ 43 ; 임대식, 2000 <종속적 근대화와 민족문제> ≪역사문제연구≫ 4. 鄭在貞, 2002 <日本統治下 朝鮮の社會と經濟をどうみるか—'開發論'と'收奪論'を越えて> ≪世界の日本研究 2002— 日本統治下の朝鮮; 研究の現狀と課題≫(國際日本文化研究センター, 京都)

반면, 남한에는 상대적으로 공업화의 기초가 빈약했고, 그마저도 한국 전쟁으로 상당수 파괴되었다. 셋째, 식민지근대화론은 식민지시기 동안의 인적자원과 노하우(knowhow)의 축적을 주장하지만, 이 기간에 양성된 엘리트들은 1950년대에 미국 유학 등을 통해 재교육을 받지 않으면 안 되었다. 넷째, 상대적으로 제도, 법률, 관습 등은 오랜 영향을 미쳤지만, 이 또한 1960년대 이후 미국의 강력한 영향을 고려해야 한다.[11]

식민지근대화론 형성 초기에 중요한 역할을 수행했던 허수열의 비판 또한 주목할 만하다. 그는 식민지근대화론이 일본이라는 식민 본국 경제에 통합되어 있던 식민지 조선의 경제변동을 분석하면서도 조선을 독립된 경제단위로 의제하고 있다고 비판한다. 즉 국민소득, 무역, 산업구조, 금융, 경제성장 등 주로 조선 전체에 대한 거시적인 국민계정을 설정하고 이를 역사적으로 추계하여 그 성장을 긍정적으로 평가하고 있다는 것이다.[12] 국민계정상의 지표들을 조선인과 일본인이라는 민족별로 분석해 보면 조선인 차별의 현실이 매우 명징하게 드러난다고 강조한다.[13]

배성준은 식민지근대화론이 객관적·심지어 '친일적'인 외관에도 불구하고 오히려 민족주의적 지반을 수탈론과 공유하고 있다고 지적한

---

11) 鄭在貞, 2002 <위 논문>

12) 허수열, 2005 ≪개발 없는 개발: 일제하 조선경제 개발의 현상과 본질≫ (은 행나무, 서울) 23~4.

13) 허수열의 비판에 대해서는 김낙년, 주익종, 차명수 등 식민지근대화론 측 연구자들의 반비판을 포함하여 몇 차례의 상호 논쟁이 수행된 바 있다. 이와 관련해서는 김낙년, 2007 <'식민지 근대화' 재론> ≪경제사학≫ 43, 163~5 참조. 주목할 점은 실증과 관련된 논쟁의 구체적 지점들보다는 오히려 활발한 논쟁이 가능했던 지형이라고 생각한다. 즉 실증경제학의 분석도구와 자료에 근거함으로써 구체적 논쟁이 가능할 수 있었다는 것이다. 이는 경제사적 접근과 한국사, 사회사, 문화사 등 상이한 접근들 사이에 생산적 논쟁이 왜 어려운지를 보여줌과 동시에, 향후 성과 있는 논쟁, 소통을 위해서는 대화 가능한 방법론적 모색이 필요하다는 사실을 보여준다.

다. 이는 식민지근대화론이 식민지기 공업화를 추동한 일본자본의 역할을 강조하는 듯 보이지만, 그 관심의 출발은 해방 이후 국민국가라는 틀 속에서 이루어진 근대화 성공의 기원을 찾는 데 있고, 일본자본의 역할이 한국인의 성장에 기여한 측면에 초점을 두고 있기 때문이라는 것이다.[14]

배성준의 지적은 날카로운 통찰을 보여주지만, 식민지근대화론이 근거하고 있는 지반을 민족주의로 본다는 점에서는 재고의 여지가 있다. 식민지근대화론의 강조점이 해방 이후, 특히 1960년대 이후 국민(민족)국가의 경제적 성공의 기원을 찾는 데 있다 하더라도, 이들의 강조점은 민족보다는 국가에 있는 것처럼 보이기 때문이다. 식민지근대화론자들에게서 '국가'라는 개념은 – 경제의 실질로서 자본과 마찬가지로 – 민족적·계급적 차별과는 별도로 작동하는 중성적이고 기능적인 실체로 인식되고 있는 것처럼 보인다. 그러한 한 이들에게서 국민(민족)국가의 국민 혹은 민족은 일종의 수사에 지나지 않을까?

윤해동은 민족주의적·민중주의적 역사학 진영의 ≪해방 전후사의 인식≫과 식민지근대화론의 ≪해방 전후사의 재인식≫ 간 대립이 허구적이라고 평가하면서, ≪재인식≫이 ≪인식≫을 민족주의적이라고 비판하지만 이들이 제시하는 것은 민족주의의 극복이 아니라 국가주의(애국주의)로의 회귀라고 비판한다. 즉 ≪재인식≫의 논리적 기저에는 "'(근대)국가는 문명의 상징'이고, '민족은 전근대적 야만의 상징'이라는 이분법이 깔려" 있으며, 따라서 "≪재인식≫의 논리는 민족주의를 지양·극복하기는커녕 새로운 우익적 '대한민국 국가주의'를 강화할 뿐"이라는 것이다.[15]

---

14) 배성준, 2000 <'식민지근대화' 논쟁의 한계 지점에 서서> ≪당대비평≫ 13
15) 윤해동, 2006 <머리말 – 한국 근대 인식의 새로운 패러다임을 위하여> 윤해동·천정환·허수·황병주·이용기·윤병주 엮음, ≪근대를 다시 읽는다: 한국 근대 인식의 새로운 패러다임을 위하여≫ (역사비평사, 서울) 14

식민지근대화론의 최근 문제작인 ≪재인식≫은 머리말에서 "≪재인식≫이 추구하는 것은 궁극적으로 균형 잡힌 역사관으로 역사에 대한 편협하지 않고 조급하지 않은 태도"라고 주장하고 있다.16) 그런데 막상 총론 격인 이영훈의 글이 보여주는 태도는 이런 균형 잡힌 역사관과는 작지 않은 부조화를 보여준다.

> 남한의 민주주의와 시장경제는 온갖 잡동사니 문명소들이 뒤엉켜 출발이 심히 불안정했지만, 인간 본성인 자유와 이기심이 한껏 고양되는 가운데, 한반도에서 문명사가 시작된 이래 최대의 물질적, 정신적 성과를 축적했다. 이 대조적인 현대사를 역사의 신 클리오는 처음부터 알고 있었다. 왜냐하면 그녀의 손에 들린 역사의 잣대는 자유와 이기심을 눈금으로 하고 있기 때문이다.17)

역사의 잣대는 자유와 이기심을 눈금으로 하고 있다는 형이상학적 신념, 따라서 현대사의 결과를 역사의 신 클리오는 처음부터 알고 있었다는 주장은 너무나 솔직하게 목적론적 역사관을 드러내고 있어서 당혹스럽다. 이런 태도는 객관성, 실증성을 강조하던 초기 식민지근대화론의 태도와는 사뭇 다른 것이다.

이런 점에서 식민지근대화론을 둘러싼 논쟁에는 구체적 실증의 축적과, 소통 가능한 방법론의 확보라는 두 가지 중요한 과제가 제기되고 있다고 보인다. 실증과 관련해서는 조석곤이 지적하듯이 경제사학계에서 장기 시계열 자료의 분석이 진행되고 있는 것이 눈에 띠지만, 여전히 한국사학계 측의 적극적인 대응이 부족하다는 점을 꼽을 수 있다.18)

---

16) 박지향, 2006 <머리말> ≪해방 전후사의 재인식 1≫ (책세상, 서울) 15
17) 이영훈, 2006 <왜 다시 해방 전후사인가> ≪해방 전후사의 재인식 1≫ (책세상, 서울) 63
18) 조석곤, 2006 <식민지 근대화론 연구성과의 비판적 수용을 위한 제언> ≪역사비평≫ 75, 69~70

그러나 실증 자체가 이미 특정한 방법론을 전제로 한 것인 이상 논쟁의 생산성은 궁극적으로 방법론상의 소통에 기반해서만 향상될 수 있을 것이다. 정재정은 식민지근대화론과 그에 대한 비판이 생산적 결과를 낳기 위한 과제로 다음 세 가지를 제시하고 있다. 첫째, 개발과 수탈이라는 이분법과 관련하여 양자를 통일적으로 파악할 수 있는 방법론을 찾아야 한다. 둘째, 일제 식민지시기에 조선인의 자기개발과 성장이 일부 나타났지만, 그것이 동시에 동화=친일의 길이기도 했던 이상 이를 통일적으로 이해할 수 있어야 한다. 셋째, 일제 식민지시기와 해방 후 사이의 연속 및 단절이라는 문제와 관련하여 특정 요소에 대한 부조적 파악을 넘어서 이를 종합적으로 파악할 수 있어야 한다.[19]

3. 식민지성과 근대성의 상관관계에 대한 체계적 접근의 시도

식민지근대화론의 문제제기와 이에 대한 기존 학계의 반론이 진행되면서 식민지성과 근대성 사이의 상관관계에 대한 좀더 체계적인 이해의 필요성이 대두하였다. 식민지근대화론이 지니고 있는 성장사학적 접근의 맹점, 즉 경제성장 지상주의적인 접근법의 맹점을 넘어서면서도, 식민지기에 현상한 외형적 경제성장, 사회관계의 변동, 근대문화의 수용 및 확산 등을 식민지 상황 속에서 설명할 수 있는 접근틀이 요구되었다.

새로운 접근의 가장 큰 특징은 근대성 자체에 대한 급진적 비판의 입장을 견지하고 있다는 점이다. 통칭 '식민지근대(성)' 접근으로 불리

---

19) 정재정, 2006 <식민지공업화와 한국의 경제발전> 중앙일보 통일문화연구소 현대사연구팀 편, ≪일본의 본질을 다시 묻는다≫ (한길사, 서울) 112~5

는 이 일련의 경향에서는 서구적 근대성 자체가 추구하거나 완성되어
야 할 이념적 목적(telos)으로 상정되지 않을 뿐만 아니라, 오히려 근본
적으로 더 한층 정교화된 차별적 지배원리로 간주된다. 근대성이 전근
대성에 대한 역사적 진보 혹은 발전이라는 통념에 도전하면서, 식민지
근대성이야말로 새로운 종류의 지배 및 억압체제라는 인식이 이런 접
근의 중요한 특징을 이룬다.[20] 이런 점에서 "식민지근대화론과 식민지
근대성론은 전혀 다른 계보의 사상적 흐름을 지닌다고 할 수 있"으며,
"두 흐름은 근대주의적 탈민족주의와 반근대 혹은 탈근대적 탈민족주
의로 구분할 수 있을 것"이다.[21]

　식민지근대성 접근은 '근대성=서구적인 것=역사적인 것'으로 동일
시하는 통념에 도전한다는 점에서 서구중심주의적 세계관에 도전하면

20) 김진균·정근식 編, 1997 ≪앞 책≫ ; 유재건, 1997 <식민지·근대와 세계사적
　　시야의 모색> ≪창작과 비평≫ 98 ; 김동노, 1998 <앞 논문> Shin and
　　Robinson, 1999 ≪앞 책≫; 並木眞人, 1999 <植民地期朝鮮政治·社會史研究
　　に關する試論> 東京大學 大學院 人文社會係 研究科·文學部 朝鮮文化研究室
　　≪朝鮮文化研究≫ 6 ; 並木眞人, 2004 <植民地朝鮮における'公共性'の檢討>
　　三谷博 編 ≪東アジアの公論形成≫ (東京大學出版會, 東京). 박명규, 2000
　　<복합적 정치공동체와 변혁의 논리> ≪창작과 비평≫ 107 ; 배성준, 2000
　　<앞 논문> ; 임지현, 2000 <'전지구적 근대성'과 민족주의> ≪역사문제연
　　구≫ 4 ; 강내희, 2002 <한국의 식민지근대성과 충격의 번역> ≪문화과학≫
　　31 ; 고석규, 2002 <다시 생각하는 한국의 식민지 근대성과 민족주의> ≪문
　　화과학≫ 31 ; 윤해동, 2003 ≪식민지의 회색지대: 한국의 근대성과 식민주의
　　비판≫ (역사비평사, 서울) ; 윤해동, 2007 ≪식민지근대의 패러독스≫ (휴머
　　니스트, 서울) ; 松本武祝, 2005 ≪朝鮮農村の『植民地近代』經驗≫ (社會評
　　論社, 東京). 윤해동 외 엮음, 2006 ≪앞 책≫ (서울, 역사비평사). ; 이상록·이
　　유재 엮음, 2005 ≪일상사로 보는 한국근현대사≫(책과함께, 서울) ; 조형근,
　　2006 <한국의 식민지근대성 연구의 흐름> 정근식·공제욱 編, ≪식민지의
　　일상: 지배와 균열≫ (문화과학사, 서울) ; 조형근, 2007 <근대성의 내재하는
　　외부로서 식민지성/식민지적 차이와 변이의 문제> ≪사회와 역사≫ 73. 그
　　러나 근대(성)에 대한 비판의 강도가
21) 이승렬, 2007 <'식민지근대'론과 민족주의> ≪역사비평≫ (역사비평사, 서
　　울) 100 가을호

서 식민지성과 근대성이 별개의 원리나 힘이 아니라 식민지근대성이라는 사태 혹은 근대 식민지 세계체계라는 하나의 세계의 양측면으로만 존재한다고 가정하는 경향이 있다.22) 하지만 동시에 식민지성 및 근대성의 내포와 외연에 대한 의견들, 양자간의 관계에 대한 관점 등에서는 여전히 차이가 있는 것으로 보인다. 예컨대 식민지성을 서구적 근대성과의 관계에서 '차이', '결여', '변형' 혹은 '왜곡'이라는 견지에서 볼 것인가, 아니면 양자가 동시적으로 성립하고 상호의존하는 구성적 관계로 볼 것인가? 또 근대성을 정치적·경제적·사회적·문화적 측면에서 성립하는 특정할 수 있는 제도적 실체로 간주할 것인가, 특정한 제도적 형태를 정당화하고 당연시하게 만드는 인식론적 배치로 간주할 것인가 등등.

식민지근대성 접근의 관점에서 보면 식민지근대화론과 그에 대한 기존 한국사학계의 민족주의적 비판은 근대성을 성취해야 할 필연적 단계 혹은 역사적 善이나 목적으로 파악하고 있다는 점에서 동일한 지평을 공유하고 있다.23) 양자의 대립은 다만 근대성 성취의 시기와 주체에 대립에 대한 논쟁이라는 측면에 있다고 본다. 민족주의 진영이 식민지에서 근대는 불가능하다는 입장에서 식민지성과 근대성은 양립 불가능하며, 따라서 식민지하에서 근대적 발전은 불가능하다는 입장을

---

22) Mignolo, 2000 *Local History/Global Design: Coloniality, Subaltern Knowledge and Border Thinking* (Princeton, Princeton University Press) 49~50

23) 식민지근대화론의 또 다른 중요한 논자인 김낙년의 경우는 식민지근대화론이 근대를 긍정하는 가치판단을 전제하고 있다는 비판을 부정하면서, "근대에 대해 긍정이든 부정이든 가치판단을 선험적으로 전제하고 있다는 것이 더 큰 문제"라고 반박한다. 특히 김진균·정근식 등의 초기 규율권력 연구가 근대의 부정적 측면에 초점을 두면서도 '근대의 이중성'을 의식한 반면, 조형근의 연구사 정리에 이르게 되면 '근대성'은 발본적 비판을 통해 변혁되어야 할 부정적인 것으로 인식된다고 비판한다. 조형근, 2006 <앞 논문> 특정한 가치 판단을 전제함으로써 근대에 대한 인식의 폭을 스스로 좁힐 필요는 없다는 것이 그의 판단이다. 김낙년, 2007 <앞 논문> 157~8.

취한다면, 식민지근대화론에서는 식민지성은 근대성이 성취되어나가
는 하나의 경로에 불과하며, 나아가 식민지조선의 경우에는 유용한 경
로로 작용했다고 파악한다는 점에서 식민지성은 형해화되고 근대성만
부각된나. 양 신영 모두에서 근대성과 식민지성은 양립 불가능한 것으
로 이해된나고 볼 수 있다.

식민지근대성 접근의 경우는 식민지성과 근대성이 근본적으로 양립
불가능하다고 보지 않을 뿐만 아니라 근본적으로 식민지근대성으로 통
일되어 있다는 입장을 전제한다.[24] 식민지성과 근대성은 적대적 길항
관계가 아니라 매우 중층적이고 복합적인 관계를 맺고 있으며, 이를
개념화하고, 나아가 이론적으로 일반화함으로써 상충하는 것처럼 보이
는 식민지시기의 풍부한 사회적 현실을 좀 더 종합적으로 이해할 필요
성을 제기하고 있는 것이다.

이 글에서는 식민지근대성 접근을 규율권력론, 문화사·일상사적 접
근, 식민지공공성 접근으로 단순화하여 다루고자 한다. 물론 이것이 유
일한 분류방법은 아니며, 나아가 이런 연구경향 전체를 포괄하는 것도
아니다.[25] 연구경향을 분류하는 기준은 매우 다양할 수 있다. 예를 들

---

24) 윤해동, 2007 <앞 논문> ; 조형근, 2007 <앞 논문>
25) 다루지 못한 접근의 대표적 사례로는 동아시아 지역체제적 접근 - 일본측의
   용어로는 제국사적 접근 - 을 들 수 있다. 한국에서 동아시아 지역체제적 관
   점에서 식민지근대성을 이해하려는 시도는 상당 기간 문제의식의 차원에 머
   물러 있었다. 이런 점에서 최근 출간된 창작과 비평사의 '기획강좌 - 근대의
   갈림길 동아시아' 시리즈(전 4권)는 의미가 크다. 한국과 일본, 중국 사이의
   상호작용이라는 관점에서 근대 이행기의 특질을 규명하려는 시도는, 종래 근
   대 이행의 성공(일본), 반실패(중국), 실패(한국)의 원인을 규명한다는 정태적
   비교방법을 뛰어넘는 시도로 평가해도 좋을 것이다. 하지만 동아시아 지역체
   제에 대한 본격적 관심은 아직은 주로 '동양사학'이라는 분과학문의 틀을 벗
   어나지 못하고 있는 것으로 보인다. 한국사, 사회사, 경제사 등 다른 분과학문
   과 폭넓은 교류와 소통은 앞으로 기대해야 할 과제다. 한편 일본측의 '아시아
   교역권'론, '일본제국'론의 성장과 추이에 대해서는 다음을 참조할 것. 다나카
   류이치(田中隆一), 2004 <일본 역사학의 방법론적 전환과 '東아시아'의 '근

어 연구방법론 혹은 연구대상의 특질에 따른 분류방법을 보여주는 이타가키 류타의 경우는 규율권력론, 민족주의 비판, 도시문화론, 여성사와 미시사, 교육사의 다섯 가지 분류방법을 사용하고 있다.[26] 또는 식민지근대성의 양상을 주체의 삶과 경험이라는 관점에서 식민지적 주체 형성 연구, 근대성의 양상 연구, 다성적 민중의 재현이라는 세 가지 접근법으로 나누어 고찰하는 것도 가능하다.[27] 주체와 경험에 더해 구조와의 삼각구도를 통해 식민지 근대성론을 접근하는 것도 가능하다.[28] 한편 식민지근대화론까지 포함하여 식민지경제, 지배체제와 정치, 식민지 사회문화라는 세 가지 범주를 설정하는 경우도 충분히 가능하다.[29]

　규율권력론, 문화사·일상사적 접근, 식민지공공성론이라는 범주 구분은 다음과 같은 근거에 기반하고 있다. 첫째, 식민지근대성론이 전개되어온 시간적 경과, 흐름을 반영하고자 한다. 당연한 말이지만 연구사를 시간의 경과 속에서 검토함으로써 문제의식간의 분기와 수렴, 변화와 발전 과정을 추적할 수 있을 것이다. 둘째, 연구대상의 차별성보다는 연구방법론상의 특징에 주목하고자 했다. 새로운 연구대상의 부상은 그 자체로 주목해야 할 현상이지만, 또한 새로운 문제의식, 새로운 접근방법론에 대한 시야 확장과 맞물린 현상이기도 하기 때문이다.

대'> ≪역사문제연구≫ 12 (역사비평사, 서울)

26) 板垣龍太, 2004 <앞 논문> 시기적으로 조금 앞서는 마쓰모토 다케노리의 연구사 정리에서는 도시문화의 성립, 규율권력을 매개로 한 '근대주체'의 형성, 아이덴티티와 민족주의라는 분류법이 사용되고 있다. 松本武祝, 2002 <朝鮮における'植民地近代'に關する近年の硏究動向－論点の整理と再構成の試圖> ≪アジア經濟≫ 9月號 (アジア經濟硏究所, 千葉)

27) 허영란, 2008 <일제시기 생활사를 보는 관점과 민중> ≪역사문제연구≫ 20 (역사비평사, 서울)

28) 조형근, 2009 <비판과 굴절, 전화 속의 한국 식민지근대성론 : 구조, 주체 경험의 삼각구도를 중심으로> ≪歷史學報≫ 203 (歷史學會, 서울)

29) 김낙년, 2007 <앞 논문>

1) 근대 규율권력 비판의 접근

식민지근대성 접근의 초기에 강력한 문제제기로 등장한 경향이 미셸 푸코의 규율권력 비판론을 원용하여 식민권력과 주체의 관계를 재파악한 규율권력론적 접근이다.[30] 이 연구에 따르면 일제 식민권력은 학교, 공장, 병원, 수용소, 병영 등 근대적인 제도적 배치 속에서 식민지 조선인들을 규율화함으로써 식민통치의 안정과 효율성을 꾀한 것으로 파악된다. 규율권력이 작동의 목표로 삼는 대상, 즉 규율화의 대상은 식민지인의 신체였으며, 신체의 규율화를 통해 식민권력은 조선인의 삶을 단지 파괴하고 억압하기만 한 것이 아니라 식민지체제의 안정적 재생산을 위한 효율성을 제고하고자 했다. 이런 규율화의 시도는 나아가 총력전 체제 수행을 위한 노동력, 전투력의 확보로까지 심화되었다.

이러한 시도는 그 자체로는 비정치적이고 효율적인 근대적 규율의 확립을 매개로, 궁극적으로는 복종을 신체에 체득하고 내면화한 식민지적 주체를 생산하려 한 식민지지배체제의 특징으로 간주된다. 근대적 규율권력에 대한 비판의 시도는 이후 학교에서의 훈육과 규율의 강제,[31] 수형자 통제와 식민지 규율체제의 관계,[32] 시간통제,[33] 의복통제,[34] 체육교육과 건강의 강제에 대한 관심[35] 등으로 이어지면서 연구

---

30) 김진균·정근식 編, 1997 ≪앞 책≫
31) 김경미, 2004 <보통학교의 확립과 학교 훈육의 형성> 연세대학교 국학연구원 編, ≪앞 책≫ ; 오성철, 2006 <조회의 내력> ; 윤해동 외 엮음, 2006 ≪앞 책≫
32) 이종민, 2004 <식민지 권력과 근대적 규율 체계> 연세대학교 국학연구원 編, ≪위 책≫
33) 정근식, 2006 <시간체제의 근대화와 식민화> 정근식·공제욱 編, ≪앞 책≫
34) 공제욱, 2006 <의복통제와 '국민' 만들기> 정근식·공제욱 編, ≪위 책≫
35) 신주백, 2006 <체육교육의 군사화와 강제된 건강> 정근식·공제욱 編, ≪위 책≫

의 영역을 확장하고 있다.

규율권력 비판론은 적어도 다음 두 가지 점에서 이후 논의의 진전에 영향을 미친 것으로 판단된다. 첫째, 식민지성과 근대성을 대립관계로 파악해오던 한국학계의 상식에 도전하고, 근대성 비판의 견지에서 식민지근대성에 대한 논쟁의 지평을 이끌었다는 점,[36] 둘째, 서구에서 축적되어온 역사학 방법론(특히 니체-푸코로 이어지는 근대성 비판의 방법론으로서 계보학적 방법론)의 성과에 상대적으로 무관심했던 한국의 역사학계 풍토에서, 그 성과를 적극적으로 받아들이고 한국의 역사적 분석에 활용하는 새로운 경향을 이끌었다는 점.

규율권력 비판론은 이런 적극적 의미에도 불구하고, 혹은 바로 그 때문에 기존의 민족주의 역사학 진영으로부터는 상대적으로 관심을 덜 받았으며, 서구 이론을 기계적으로 한국사회의 역사분석에 적용했다는 비판 또한 불러 일으켰다. 하지만 규율권력 비판론의 문제의식은 또 다른 측면에서 논쟁점을 지니고 있었다. 이는 푸코의 방법론이 근본적으로 의거하고 있는 (포스트)구조주의적 측면에 대한 반발로서, 이들이 식민지 조선인의 내면적 체험의 영역을 전혀 다루지 않고 있다는 반론이었다.[37] 요컨대 규율권력론이 식민권력에 의한 규율화의 효과를 전제함으로써 과잉사회화된 주체의 상을 설정했다는 문제제기라고 할 수

---

36) 식민지근대성이라는 관점에서의 연구를 자극하고 추진한 것은 김진균·정근식 編, 1997 ≪앞 책≫과 미국에서 출간된 Gi-Wook Shin, Micheal Robbinson, 1999. *Colonial Modernity in Korea* (Cambridge, Harvard University Press) 등 두 권의 편저였다. 板垣龍太, 2004 <앞 논문> 36. 후자의 경우 서문에서 김진 균·정근식 등의 연구를 중요하게 평가하고 있는데, 사실 양자간에는 동일시 하기 어려운 복잡하고 미묘한 차이가 존재하는 것으로 보인다. 이에 대해서는 다음을 참조.
조형근, 2006 <앞 논문> ; 조형근, 2009 <앞 논문>

37) 정병욱, 2007 <식민지 경험의 재구성과 삶의 단위-≪근대를 다시 읽는다≫ 를 읽고> ≪역사비평≫ 80, 451~3

있다.[38) 식민지근대를 사는 조선인들은 식민권력이 구축해 놓은 규율
권력의 장치들 속에서 단순히 식민지근대적 주체로 주조되었던 것일
까? 어쩌면 "식민지근대라는 것은 내면화의 기제가 작동하지 않거나
작동하지 못하는 근대"가 아닌가라는 문제제기도 가능한 것이다.[39)

2) 문화사/일상사적 접근

식민지기에 새롭게 형성된 삶의 구체적 양상과 주체의 체험에 주목
하는 문화사적/일상사적 연구들의 부상에는 명시적이든 묵시적이든 규
율권력론에 대한 이런 비판적 문제의식이 작동하고 있는 것으로 보인
다.[40) 식민지근대성에 대한 올바른 이해는 규율권력 작동의 외적 메커
니즘에 대한 분석만이 아니라, 식민지근대의 상황에서 당대인들이 느
꼈던 내적 충격, 갈등 혹은 동화의 내면에 대한 탐색과 결합됨으로써
만 가능해질 것이라는 문제의식이라고 할 수 있다. '단단한 근대', 즉
근대의 구조와 제도, 정책적 측면에 시야를 고정시켜온 기존 학계의

---

38) 정근식, 2006 <식민지 일상생활 연구의 의의와 과제> 정근식·공제욱 編, ≪앞
    책≫ 13
39) 전우용, 1998 <서평: 한국근대사 연구의 새 틀, 그 새로움의 한계> ≪역사비
    평≫ 43, 419
40) 이론적인 차원에서 볼 때 이런 문제의식은 주체를 구조의 효과로 간주하는
    (포스트)구조주의와 주체의 내적 체험을 강조하는 현상학적 접근간의 대립처
    럼 보인다. 하지만 실제 문화사적/일상사적 접근이 보여주는 경향 중 상당수
    는 현상학적이기보다는 (포스트)구조주의적이다. 예컨대 담론에 주목하는 연
    구들의 경우는 푸코적 사유의 영향에서 자유롭지 않다. 따라서 규율권력론적
    접근과 문화사/일상사적 접근 사이의 차이 혹은 긴장은, 구조주의 대 현상학
    간의 대립전선과 구조주의 사유의 내부에 존재하는 두 가지 흐름 사이의 내
    적 긴장이 중첩되어 있다고 볼 수 있다. 즉 구조를 기호, 이미지, 언어, 담론
    등 표상의 차원에서 접근하는 흐름과 신체, 공간, 사건 등 신체적 배치의 차
    원에서 접근하는 흐름 사이의 긴장이 포함된 것이라고 볼 수 있겠다.

풍토와는 달리 근대의 소프트웨어적 측면에 주목하는 이 일련의 연구
들은 사회경제적 측면에 주목해온 기존의 연구들이 지나치기 쉬운 주
체의 경험이라는 영역을 포착하고 있다는 점에서 주목할 만하다.

그런데 이 연구흐름 또한 주의 깊게 살펴보면 미묘한 차이를 보이는
두 가지 경향으로 다시 구별할 수 있는 것으로 보인다. 즉 주체의 내면
적 변화, 갈등, 동조 등의 측면에 상대적으로 더 주목하는 흐름과 그러
한 내면적 변화를 야기하는 외적 현실에 더 주목하는 흐름으로 대별할
수 있다는 것이다.[41] 전자가 주체의 경험을 반영하는 문화적인 '표상'
혹은 '담론'의 차원에 집중한다면, 후자는 그 표상과 담론을 재생산하
고 유통시키는 일상의 반복적 틀에 주목하는 것이라고도 볼 수 있을
듯하다. 어느 정도 편의적인 명명이기는 하지만, 본 연구에서는 전자를
문화사적 접근, 후자를 일상사적 접근으로 구분하고, 두 흐름이 지닌
특징과 차이, 현실적 함축 등을 검토하고자 한다.

(1) 문화사적 접근

문화사적 접근은 식민지조선에서 근대성이 형성되고 체험되던 구체
적 양상에 대한 미시적·내면적 접근의 시도로서, 한국 근대성의 고향

---

41) 이러한 분류는 문화와 일상이라는 - 매우 모호한 기준이기는 하지만 - 연구대
상의 영역 혹은 수준상의 차이에 의거하고 있다는 점에서 앞의 각주에서 제
시한 현상학적 경향과 (포스트)구조주의적 경향 사이의 방법론적 차이에 따른
분류와는 궤를 달리한다. 연구사 검토의 일관성이라는 면에서 이런 혼란은 적
절하지 않은 것처럼 보인다. 하지만 두 가지 이유에서 문화사와 일상사라는
하위분류를 사용한다. 첫째, 이 경향의 많은 연구들에서 이러한 방법론적 차
이가 선명히 부각되지 않거나 혼용되고 있다는 점, 둘째 - 매우 편의적이기는
하지만 문화사와 일상사로 분류했을 때 제도적인 학문간 경계(예컨대 국문학
과 사회(과)학)가 상대적으로 잘 드러난다는 점이다. 후자는 그 자체로 한국학
계에 내장된 방법론 채택의 관습을 반영한다는 점에서 흥미로운 분석거리라
고 할 수 있다.

으로 간주되는 식민지기에 대한 일종 '고고학적 탐색'의 시도로서 대
두한 것으로 보인다. 이 연구의 시초로 간주되는 김진송의 연구는 역
사적 체계와 구조가 아니라 삶의 의식 변화로 현대성의 체험에 주목할
것을 제안한다. 그는 현대성이 형성된 시기로 1930년대를 제시하면서,
이 시기에 '서양=산업화=도시화=발전=훌륭한 것' 대 '동양=비산업
적=농촌=저개발=나쁜 것'이라는 표상체계와 '민족적=전통적=주체
적=소중한=좋은 것' 대 '서양적=현대적=비주체적=천박한 것=나쁜
것'이라는 모순된 표상체계가 자리잡게 되었다고 주장한다.[42]

김진송의 연구 이래 문화사적 접근이 주목하는 새로운 삶의 체험들
은 지식인, 룸펜들의 데카당한 삶과 의식의 파편들, 유행, 취향과 대중
문화의 형성, 신여성, 모던 걸, 모던 보이 등으로 주목받거나 희화화되
는 현대적 인간상의 출현과 같은 도시적 삶의 새로운 양상들이며, 나
아가 섹슈얼리티나 미각, 시각 등의 영역에서 출현한 새로운 감각적
체험의 양상들이다.[43]

---

42) 김진송, 1999 ≪현대성의 형성: 서울에 딴스홀을 許하라≫ (현실문화연구, 서
울)

43) 권보드래, 2000 ≪한국 근대소설의 기원≫ (소명출판. 서울) ; 권보드래, 2003
≪연애의 시대≫ (현실문화연구, 서울) ; 이성욱, 2002 <한국 근대문학과 도
시성 문제> (연세대학교 국문학과 박사학위논문) ; 이경훈, 2003 ≪오빠의
탄생: 한국 근대문학의 풍속사≫ (문학과지성사, 서울) ; 이경훈, 2004 <요
보·모보·구보: 식민지의 삶, 식민지의 패션> ; 연세대학교 국학연구원 編,
2004 ≪앞 책≫ ; 이경훈, 2007 ≪대합실의 추억≫ (문학동네, 서울) ; 천정
환, 2003 ≪근대의 책읽기≫ (푸른역사, 서울) ; 천정환, 2005 ≪끝나지 않는
신드롬≫ (푸른역사, 서울) ; 천정환, 2009 <관음증과 재현의 윤리: 식민지조
선에서의 '근대적 시각'의 형성에 관한 일고찰> ≪사회와 역사≫ 81 ; 권희
영, 2004 <호기심 어린 타자: 구한말~일제 시기의 매춘부 검진> ≪사회와
역사≫ 65 ; 서지영, 2004 <식민지 근대 유흥 풍속과 여성 섹슈얼리티: 기
생·카페 여급을 중심으로> ≪사회와 역사≫ 65 ; 신명직, 2004 <식민지 근
대도시의 일상과 만문만화: 연세대학교 국학연구원 編, ≪앞 책≫ ; 정근식,
2004 <맛의 제국, 광고, 식민지적 유산> ≪사회와 역사≫ 66 ; 태혜숙, 2004

　문화사적 접근에서는 적어도 두 가지 특징이 뚜렷이 관찰된다. 첫째, 이 시기에 대한 연구에서 지성사와 정전연구라는 기존 문학사적 접근의 틀을 깨고 서구에서 발전한 문화연구(cultural studies)의 방법론을 적극적으로 수용한 신진 국문학 연구자들의 부상이다. 둘째, 연구성과의 소구대상이 기존 학계 내부가 아니라 교양독서대중을 지향하고 있다는 점이다. 이에 대해 문화사적 접근의 연구자 중 한 명인 천정환은 이렇게 설명하고 있다.

　　이 새로운 개척의 힘은 '문학의 문화연구로의 전환'과 역사학의 '언어로의 전환'이라는 두 가지 새로운 흐름이 조우하는 지점에서 생겨난 것이다. 소위 '국학'의 두 줄기(국문학과 국사학 - 인용자)가 식민지 시기의 '문화사'를 소재로 조우한 것은 우연이자 필연이었다. 역사학의 '언어로의 전환'은 역사란 서술된 것일 뿐이라는 기본적인 관점 이동을 바탕으로, 의사소통과 표상체계, 서사와 담론 자체에 관심을 두는 역사학의 '포스트모던'을 반영하는 것이다. '국사학'의 경직성이 이를 불러왔다. 한편 '국문학'은 1990년대 이후 대중문화·풍속·일상·문화제도·젠더 등에 대한 논의를 지렛대로 삼아 한국문학의 근대성을 다시 구명하고자 했다…이는 원래의 출발점을 초월하여 근대성과 식민지 시대에 대한 다른 각도에서의 조망을 가능하게 했으며, 출판계에 새로운 조류를 만들기도 했다.44)

　<한국의 식민지근대 체험과 여성공간: 여성주의 문화론적 접근을 위하여> ≪한국여성학≫ 20~1 ; 이타가키 류타, 2004 <식민지의 '우울' - 한 농촌청년의 일기를 통해 본 식민지 근대> ; 임지현·이성시 엮음, ≪국사의 신화를 넘어서≫ (휴머니스트, 서울) ; 신형기, 2004 <이효석과 식민지 근대 - 분열의 기억을 위하여> ; 임지현·이성시 엮음, ≪위 책≫ 板垣龍太, 2008. ≪朝鮮近代の歷史民俗誌 - 慶北尙州の植民地經驗≫ (明石書店, 東京) ; 전봉관, 2005 ≪황금광 시대: 식민지시대 한반도를 뒤흔든 투기와 욕망의 인간사≫ (살림, 서울) ; 권명아, 2005 <식민지 경험과 여성의 정체성: 파시즘체제하의 문학, 여성, 국가> ≪한국근대문학연구≫ 6-1 ; 박지영, 2006 <식민지 시대 교지 ≪이화≫ 연구: 지식인 여성의 자기 자기 표상과 지식체계의 수용 양상> ≪여성문학연구≫ 16 ; 이성은, 2007 <식민지근대 카페 여급의 정치경제학적 위치성과 정체성에 관한 연구> ≪한국여성연구≫ 23-2.
44) 천정환, 2007 <'문화론적 연구'의 현실 인식과 전망> ≪상허학보≫ 19, 38~ 39

식민지근대성에 대한 문화사적 접근은 이른바 '단단한 근대', 즉 구조와 제도, 정책의 수준에 시야를 고정시켜온 기존 학계의 풍토와는 달리 근대의 소프트웨어적 측면에 주목하면서, 기존의 연구들이 지나치기 쉬운 주체의 경험이라는 영역을 포착하고 있다는 점에서 주목할 만하다. 이를 통해 우리는 식민지근대의 주체들이 경험한 이질적 '근대들', 그 차이들, 차이들이 낳은 사회적·심리적 거리와 긴장들을 포착할 수 있게 되었다. 비동시성의 동시성이 배태하는 갈등으로 넘쳐나는 그 긴장의 국면들이야말로 한국사회의 식민지근대성을 특징짓는 중요한 부면을 이루고 있는 것으로 파악된다.

(2) 일상사적 접근

한편 일상사적 접근은 주로 정치사와 경제사에 대비한 사회사적 접근에서 주목되고 있다.[45] 정치사와 경제사 위주의 기존 연구 풍토에 대해 "한 시기의 가장 진정한 모습은 그 시기를 살았던 일반인들의 일상적인 삶의 영역에서 찾아져야 한다"는 문제의식이 이 접근의 출발점에 있는 것으로 보인다.[46] 외부로부터 이식된 근대를 경험한 경우에는

---

45) 김영근, 1999 <일제하 일상생활의 변화와 그 성격에 관한 연구: 경성의 도시공간을 중심으로> (연세대학교 사회학과 박사학위논문) ; 김영근, 2004 <도시계획과 도시공간의 변화> (연세대학교 국학연구원 編, ≪앞 책≫) ; 공제욱, 2006 <앞 논문> ; 김백영, 2006 <1920년대 '대경성(大京城)계획'을 둘러싼 식민권력의 균열과 갈등> (정근식·공제욱 編, ≪앞 책≫) ; 김수진, 2006 (정근식·공제욱 編, ≪위 책≫) ; 신주백, 2006 (정근식·공제욱 編, ≪위 책≫) ; 오진석, 2004 (연세대학교 국학연구원 編, ≪앞 책≫) ; 유선영, 2006 (정근식·공제욱 編, ≪위 책≫) ; 이상록·이유재 외, 2006 ≪일상사로 보는 한국근현대사: 한국과 독일 일상사의 새로운 만남≫ (책과함께, 서울) ; 조형근, 2006 (정근식·공제욱 編, ≪위 책≫) ; 水野直樹 編, 2007 ≪生活の中の植民地主義≫ ; 정병욱, 2009 <자소작농 김영배, '미친생각'이 뱃속에서 나온다> ≪역사비평≫ 87 ; 정선태 역, ≪생활 속의 식민지주의≫ (산처럼, 서울)
46) 김동노, 2004 <앞 논문> 14

정치, 경제, 사회, 문화 각 영역에서 근대성이 동시에 수립되기 어렵고 불균등하게 발전하며, 이러한 제도적 환경 속에 살아가는 개인들의 정체성 또한 매우 다양하게 나타난다는 전제 아래, 선험적 틀에 의해 어느 하나의 이미지로 식민지시기의 성격을 고착시키는 위험을 회피하기 위한 방법으로 일상사를 채택한다는 것이다.[47)]

따라서 일상사적 접근에서는 식민지의 근대적 일상성을 이루는 다양한 부면들, 이를테면 도시화라는 공간의 변화가 갖는 의미와 도시민들의 일상생활, 주택의 변화, 소비양식의 변화, 농민생활의 변화 등의 주제에 주목한다. 예를 들어 경성은 근대적 도시의 공간구조로 바뀌어 갔고 그에 따라 도시민의 생활도 변화했지만, 식민지적 차별성과 공간구조의 분절은 더욱 심화되면서 식민지성과 근대성은 서로 교차하고 있다.[48)] 나아가 이 연구들 중 일부는 1930~45년 기간을 식민지파시즘기로 규정하고, 통제정책과 전시동원체제의 구조와 일상생활, 지식인의 대응, 식민지파시즘의 유산 등에 대한 탐구로까지 연구를 확장하고 있다.[49)]

일상사적 접근의 방법론적 난점까지 포함한 좀 더 체계적인 논의으로는 정근식의 연구를 들 수 있다. 그에 따르면 일상생활에 대한 역사적 연구는 식민권력의 지배정책과 민중생활을 분리하지 않으면서, 지배의 균열과 민중들의 자기재생산에서의 혼종성을 포착하려는 시도로 자리매김된다.[50)]

---

47) 김동노, 2004 <위 논문> 23~5
48) 김영근, 2004 <위 논문>
49) 방기중 編, 2004 ≪일제 파시즘 지배정책과 민중생활≫ (혜안, 서울) ; 방기중 編, 2005 ≪일제하 지식인의 파시즘체제 인식과 대응≫ (혜안, 서울) ; 방기중 編, 2006 ≪식민지 파시즘의 유산과 극복의 과제≫ (혜안, 서울)
50) 정근식, 2006 <앞 논문> 14

> 일상은 구조, 제도의 상대적 개념이기도 하고, 지배나 정책의 대개념이
> 기도 한데, 이는 한편으로는 기존의 구조제도사나 지배정책사에서 배제된
> 연구주제를 선택한다는 것을 의미하기도 하고, 구조주의나 제도주의의 설
> 명이 갖는 한계를 넘어서는 대안적 연구방법을 의미하기도 한다. 즉 일상
> 은 대상으로서의 일상과 방법으로서의 일상으로 구별된다".51)

일상은 매일매일 반복되고, 무의식적으로 개인이나 집단의 몸에 각
인되는 것으로서 구체적인 영역으로는 생활의 재생산의 기초인 의식주
외에 생활의 장을 규정하는 시간과 공간, 언어, 의식, 의례, 대중문화
등으로 구성된다. 이 때 일상은 연구의 대상이나 소재로서 등장한다.
하지만 "더 중요한 것은 방법으로서의 일상연구"다. 이 때 일상연구라
는 방법은 구조나 제도와 확실히 구별되는 별도의 영역이라기보다는
"반복되고 무의식적으로 체화된 것을 잘라낸 단면 속에서 구조나 제
도, 또는 지배정책을 재발견하는" 방법이다. 일상의 이론적 위상에 대
한 혼란에도 불구하고 일상생활에 대한 연구가 사회사적 의미를 획득
하려면 일상의 단편들에 대한 미시적 연구가 전체의 구조나 제도의 맥
락 속에 항상 위치지워져야 하며, 그 때에만 소재주의로 흐르지 않을
수 있다고 본다(같은 글, 18~9).
이런 점에서 일상사적 접근은 규율권력론적 접근과 대립하기보다는
상대적 친화성을 보여준다.52) 일상사적 접근의 대표적 저작인 《일제
의 식민지배와 일상생활》과 《식민지의 일상: 지배와 균열》에는 각
각 감옥규율, 학교규율, 경찰에 의한 규율화(이상 전자), 시간, 의복, 체
육 등에서의 규율(후자)에 대한 연구가 포함되어 있다. 이는 일상사적

---

51) 정근식, 2006 <위 논문> 17
52) 이런 점에서 일상사적 접근의 일부 논자들에 대해서는 규율권력론이 문화사
　　접근의 비판을 접하면서 어느 정도 자기전화한 측면이 있다고도 볼 수 있다.
　　예컨대 규율권력론의 중요한 제안자인 정근식은 규율권력론적 접근이 식민권
　　력에 의한 규율화의 효과를 전제함으로써 과잉사회화된 주체의 상을 설정했
　　다고 자평한 바 있다. 정근식, 2006 <위 논문> 13

접근을 문화사적 접근과 구별하게 만드는 중요한 지표 중 하나로 볼 수 있다.

문화사/일상사적 접근은 식민지근대성 논의의 형성과 발전과정에서 매우 중요한 역할을 수행했고, 지금도 활발히 진행 중이다. 연구의 축적 속에서 식민권력은 일괴암적이고 고정적인 단일체로부터 균열을 내장하고 생산하는 동적 지배의 메커니즘으로 재파악되었으며, 식민지 민중은 단지 억압받는 수동적 주체가 아니라 경험하고 느끼며, 욕망하고 반항하는 (하위)주체로 재설정되었다. 초기에는 일제 식민지시기의 어두운 사회 현실을 외면하고 말랑말랑한 일상을 인위적으로 가공한다거나, 소재주의에 매몰되어 방법론상의 장점이 실종된다는 식의 비판도 존재했지만, 연구의 축적 속에서 소재주의적 경향은 상당 부분 극복되어가는 것처럼 보이며, 단단하고 고단한 현실을 직시하는 흐름들도 관찰된다.[53]

이런 긍정성에도 불구하고 문화사/일상사적 접근에는 아직 해결되어야 할 난제들이 남아 있는 것이 사실이다. 우선 문화사적/일상사적 접근이 지향하는 연성적 접근이 어떻게 식민지배의 하드웨어에 대한 경성적 접근과 결합할 수 있는가 하는 문제가 있다. 일부의 시도에도 불구하고 아직은 성공 여부를 평가하기는 이른 것으로 보인다. 특히 일상의 미시적 경험들을 당대의 식민지근대적 자본주의체제와의 관련성에서 해명하려는 시도는 더욱 부족해 보인다. 새롭게 형성되는 대중의

---

53) 예컨대 1930년대 이후 식민권력이 일상 속에 확신시킨 스파이담론이 대동아라는 정치적 신체의 구성에서 어떻게 여성성을 전유하고 좋은 일본인 되기를 위한 담론적 배치 속에 위치시켰는지를 추적하는 권명아의 연구를 들 수 있다. 권명아, 2005 <여자 스파이단의 신화와 '좋은 일본인' 되기: 황민화와 국민방첩 이데올로기의 상관성을 중심으로> 《東方學誌》 130. 여기서는 여성성－젠더라는 논제가 파시즘, 국가, 전쟁과 같은 거시적이면서도 정치적인 주제와 긴밀한 연관성 속에서 논의된다. 물론 그 성공에 대한 검토는 별도의 과제지만.

욕망과 좌절을 주체의 개인적 차원과 식민지배의 정치·경제체제 차원
에서 통합적으로 접근할 필요성이 제기된다.

다음으로 역사적 접근이 언제나 부딪히게 되는 자료해석의 문제를
어떻게 극복할 것인가라는 문제가 남아 있다. 특히 식민지시기 말기를
연구할 때 부딪히는 큰 어려움 중 하나는 대부분의 자료들이 식민권력
이나 협력층의 담론이라는 점이다. 따라서 이들 담론을 준거로 삼아
식민지시기, 특히나 전시동원기하의 식민지 민중·하위주체들의 복합적
인 '경험의 역사'를 재구성하는 데는 근본적인 한계가 존재한다.[54]

3) 식민지적 공공성 접근

이런 면에서 식민지공공성 접근은 새롭게 출현하는 대중의 욕망이
라는 미시적 차원을 식민지배체제라는 거시적 차원과 결합하여 설명하
려는 시도로서 주목할 수 있다.[55]

---

54) 최주한, 2005 <서평: 역사성이 소거된 '역사적 파시즘' – 권명아 ≪역사적 파
시즘 – 제국의 판타지와 젠더 정치≫> ≪여성문학연구≫ 14, 289. 문화사/일
상사적 접근 중 적어도 일부는 일상의 영역이 권력의 일방적인 억압과 피지
배자의 저항이 직접 부딪히는 공간이 아니라 일정한 동의의 계기를 내포하는
영역이라고 가정하는 경향이 있다. 이 헤게모니적 지배의 문제와 관련하여 일
상이 과연 동의의 영역인가라는 근본적인 질문도 여전히 남아 있다. 이 문제
에 대해서는 후술한다.

55) 윤해동, 2003 ≪앞 책≫ ; 2007 ≪앞 책≫ ; 松本武祝, 2005 ≪朝鮮農村の
『植民地近代』経験≫ (社會評論社, 東京) ; 김영미, 2007 <일제시기 도시의
상수도 문제와 공공성> ≪사회와 역사≫ 73 ; 염복규, 2007 <1920년대 후
반~30년대 전반 차지·차가인운동의 조직화양상과 전개과정> ≪사회와 역사≫
73 ; 황병주, 2007 <식민지 시기 "공" 개념의 확산과 재구성> ≪사회와 역
사≫ 73. 일본 측 연구자로서는 윤해동과 같은 시기에 나미키 마사히토가 거
의 동일한 문제의식을 제기한 바 있다 ; 並木眞人, 2003 <朝鮮における'植民
地近代性'·'植民地公共性'·對日協力> ≪國際交流研究≫ 5 (フェリス女學院大
學國際交流學部, 横浜)

'회색지대' 개념을 통해 이런 문제의식을 선구적으로 제시한 윤해동은 그람시의 헤게모니론과 하버마스에서 유래한 공적 영역의 문제의식을 결합하여 '식민지 공공성'이라는 문제틀을 제안한다. 한편으로 식민권력은 식민지배의 안정적 재생산을 위해서 폭력적 억압과 함께 일정한 한계 안에서이기는 하지만 헤게모니적 지배를 추구한다. 일상을 지속해야 하는 피지배민중은 바로 그 일상에서 '협력과 저항'의 양면성을 보이는 존재로 파악된다. 그에게서는 이러한 양면성이야말로 '식민지 인식의 회색지대가 발원하는 지점'으로 간주된다. 그리하여 수탈과 저항이라는 이분법이 아니라 헤게모니적 지배와 일상이 교차하는 지점에서 식민지적 '정치'의 가능성을 발견하며, 이 영역을 '식민지공공성'의 영역으로 포착하였다. 나아가 기업열, 교육열 등으로 상징되는 '합리성의 폭발'이 근대적 개인을 형성시켰고, 이를 바탕으로 대중이 급격히 창출되었다고 주장한다. 이들 대중은 일종의 하위주체(subaltern)로 파악되며, 순응과 저항, 때로는 지배의 자기전유를 수행하는 규정짓기 어려운 다층적, 구성적 존재로 파악된다.[56]

식민지시기 사회의 분화 혹은 구성과정을 공공영역의 형성이라는 맥락에서 경험적으로 검토하고 있는 황병주의 연구 또한 주목할 만하다. 그는 윤해동의 공공영역에 대한 이해가 '公'에 대한 국가적 규정력을 간과함으로써 지배계기로서 공에 대한 인식은 부족한 반면, '공공성'의 정치적 가능성이 과대평가되고 있다고 판단한다.[57]

식민지시기에 '공'은 공립, 공복, 공설, 공중, 공민, 공권, 공직자, 공

---

56) 윤해동, 2003 ≪앞 책≫ ; 2007 ≪앞 책≫
57) 황병주, 2007 <앞 논문> 9~10 윤해동이 이해하는 식민지 공공성이 식민권력으로 하위주체들의 탈출 가능성을 과장하고 있다고 볼 수 있는지는 좀 더 신중히 논할 필요가 있다고 생각된다. 식민지 공공성은 결국 "식민권력의 자장을 벗어나지 못하는 것"이며, "근대화의 진전과 맞물리면서 규율권력화"하는 것이라고 지적하고 있기 때문이다. 윤해동, 2003 ≪앞 책≫

안, 공창, 공연, 공원, 공익, 공리, 공덕, 공유, 公醫, 공과금, 공회당, 공
휴일 등의 용어들이나, 공립학교, 공설시장, 공익사업, 공공단체, 공중
위생, 공중도덕, 공중변소, 공민학교, 공공심, 공권력, 공익질옥 등의 복
합용어들의 등장과 확산에서 볼 수 있는 것처럼 급속히 일반화되었다.
이는 서구의 영향과 함께 총독부에 의한 근대 관료제의 확립에 의해
가능해진 것이었다. 즉 총독부의 지배는 단순한 수탈이 아니라 적극적
의미에서 공공영역을 창출하는 것이었으며, 동시에 국가로서 총독부의
폭압성이 유감없이 발휘되는 과정이기도 했다.[58]

그럼에도 불구하고 식민지시기 공공영역은 정치적 측면에서 중요한
역할을 수행한 것은 사실인데, 이는 식민자와 민족주의적 실천, 조선인
내부의 분화 등 여러 힘들간의 경합과 갈등, 충돌을 거치면서 공공영
역이 일정한 정치적 활성을 띠게 되었기 때문이다. 식민권력의 전반적
우세 속에서도 공공영역은 결코 독점될 수는 없었으며, 균열을 드러내
고 있었다.[59]

한편 일제 식민지시기 경성방송을 분석한 서재길의 연구는 문화사
적 접근과 식민지공공성론을 결합시키고 있다는 점에서 주목된다. "세
계에 그 유례를 찾아볼 수 없는 內鮮兩語에 의한 이중방송"의 실행은,
규모의 경제를 추구할 수 있는 청취자층을 필요로 한 조선방송협회,
프로파간다를 위해 더 많은 조선인 청취자를 확보해야 했던 조선총독
부, '연파'(엔예오락) 프로그램에 대한 조선인 청취자들의 빗발치는 요
구 사이에서 '타협'의 산물로, 하나의 '식민지 공공영역'으로 존립했다
고 본다(서재길, 2007: 25).[60]

주로 도시에서 형성된 공공영역의 가능성과 한계에 주목하는 윤해

---

58) 황병주, 2007 <앞 논문> 14
59) 황병주, 2007 <앞 논문> 35
60) 서재길, 2007 <한국 근대 방송문예 연구> (서울대학교 국어국문학과 박사학
   위논문)

동, 황병주, 서재길 등의 연구에 비해, 일본 연구자인 마쓰모토 다케노리는 농촌지역, 특히 농촌엘리트를 중심으로 한 공공영역의 가능성을 타진하고 있다는 점에서 눈길을 끈다. 그는 기존 식민지근대(성)론의 특징적 입장으로 첫째, '수탈론 대 식민지근대화론'을 극복하기 위한 새로운 분석틀을 제시하고, 둘째, 헤게모니, 규율권력, 젠더 등 새로운 분석틀을 의식적으로 채택하여 일상생활 수준에서 권력작용을 분석하며, 셋째, 민족주의 언설의 강력한 권력작용을 언급하면서 민족주의를 상대화하려는 시도라고 분석하였다.

그는 자신의 식민지근대성론에서 '동시대성과 단계성의 종합적 고찰'이라는 관점을 통해 식민지근대성 논의를 비판적으로 정리하고 있다. 규율권력, 대중문화, 근대적 미디어 연구 등을 대상으로 한 기존의 식민지근대성 연구들이 구미, 일본과의 '동시대성'에 초점을 두고 있다면, 자신의 입장은 '조선에서의 식민지 근대'에 주목하는 것이라고 주장한다. 그가 주목하는 공간은 촌락으로서, 촌락은 근대의 헤게모니와 전통적 규범이 각축하는 장이며, 농촌엘리트는 식민지권력의 의지를 전달하는 자이면서 민족의식의 보유가 가능한 양면성을 가지면서 수탈 – 저항의 이분법을 넘어서는 회색지대에 처해 있다고 본다.[61]

4) 민중사적 접근의 반론

식민지공공성 접근에 의해 기존의 식민지 인식에서 사각지대에 있던 또 다른 광범위한 경험이 연구자의 분석시야 속으로 들어오게 되었

---

61) 松本武祝, 2005 ≪앞 책≫. 일본 자치촌락 모델과 식민지조선 농촌의 중층성을 다루는 연구로는 다음을 참조. 마쓰모토 다케노리·정승진, 2008 <근대 한국촌락의 중층성과 일본모델; 사회적 동원화와 '전통의 창조' 개념을 중심으로> ≪아세아연구≫ 131

지만, 이들이 주목하는 하위주체는 여전히 그 성격이 불분명한 것처럼
보인다. 조경달은 식민지공공성 접근이 하위주체론을 제기하면서 '아
래로부터의 역사'를 새롭게 구성한다고 말하지만, 민중운동사를 결여
한 채로는 결코 온전히 아래로부터의 역사를 구성할 수 없다고 반박한
다. 하위주체론의 선구자인 스피박이 지적한 것처럼 하위주체는 말할
수 없는데, 그렇다면 그들의 말을 재현하기 위해서는 민란, 저항, 범죄
와 일탈, 민중종교운동 등 운동의 관점에서만 재현이 가능할 것이기
때문이라는 것이다. 마찬가지로 저항과 순응의 양면성을 갖고 있다는
식민지 대중 또한 상층과 저변사회로 균열되어 있으며, 식민지공공성
이 가정하는 자율성이 상층에는 결여되어 있는 반면, 참된 자율성은
농민을 비롯한 민중에게 있다고 주장한다.[62]

이런 비판은 愼蒼宇에게서도 공유되는데, 그는 의병 토벌을 그만두
고 일제권력과 투쟁한 헌병보조원의 사례를 식민지 민중, 하층민의 열
망을 체현한 '대리투쟁'으로 해석하면서, 민중, 하층민을 능동적인 존
재로 설정하고 있다. 조경달은 식민권력의 헤게모니, '식민지공공성'을
과대평가하는 것은 문제라고 지적하면서, 민중사적 지평에서 볼 때 민
중이 식민지권력에 동의를 부여하고, '식민지공공성'에 포섭되었을지
의문을 제기한다. 근대성도 황민성도 쉽게 내면화할 수 없었던 조선민
중의 정신세계에 착목하면서 식민지권력에 회수될 수 없는 사람들과
저변사회의 양상들에 대한 관심을 촉구한다.[63]

조경달의 주장을 민중 내부의 차이를 부정하면서 민중을 단일한 주
체로 상정하고, 나아가 민중의 삶이 지닌 일상성을 간과하는 것으로
이해할 수는 없을 듯하다. 오히려 그는 "민중운동사라는 것은 단순히
변혁주체의 동적 움직임만을 주목하는 것이 아니라 오히려 운동과 투

---

62) 趙景達, 2008 <植民地近代性論批判序說> ≪歷史學硏究≫ 843
63) 趙景達, 2008 <위 논문> 18

쟁이라는 비일상적 세계를 통해 거꾸로 민중의 일상적 세계를 파악하고자 한다는 점에서 그 의의를 찾을 수 있"다고 주장한다.[64]

이와 관련해서는 정병욱의 지적 또한 상당히 유사한 문제의식을 드러낸다. 그는 식민지기에 "지배자에게 보이지 않는 세계"로서 농촌에 주목하면서, 전시체제기에도 발견되는 불온언동들을 지적한다. 실제로는 불가능했던 지식인들의 동의와 협력의 꿈을 마치 가능하기라도 했던 것처럼 부각시킬 것이 아니라, "전황이 일본에 불리하게 돌아가고 있음을 직관적으로 알아"채던 "한국인끼리의 모습이 뚜렷하고 실감나게" 확인되는 지역공동체로 내려가야 한다. 즉 "이 시기 주체적 민중상을 재구성하기 위해서는 삶의 단위로서 지역공동체를 복원해야" 한다는 것이다.[65]

한편 식민지공공성 접근과 민중사적 접근을 통합하고자 하는 제안도 등장하고 있다. 허수는 '서로 경합하는 공공영역'이라는 발상을 제시하면서, 마쓰모토 다케노리의 '동시대성과 단계성'보다 훨씬 직접적이고 역동적인 방식으로 식민지 경험에서 보이는 혼성적 경향과 다양한 차이 등에 접근할 수 있다고 주장한다. 그가 말하는 공공성은 하버마스의 공공영역 논의를 벗어나 "다원적이고 서로 겹치면서 경합하는 공공공간"을 의미하며, 여기서 공공공간은 이미 자율성을 확립한 시민이 패권이나 이데올로기로부터 자유로운 상태에서 수평적으로 토의하는 공간이 아니라, 패권이나 이데올로기의 한복판에서 그 정체성을 집합적으로 구축해가는 정치의 장으로 재설정된. 식민지에서 공공영역의 몇 가지 차원을 상정하면서 그들간의 긴장과 상호접합도 시야에 넣어야 한다고 주장한다. 예컨대 젠더나 '위안부' 등과 같이 차이를 중심으로 한 네트워크가 있다면, 경성전기 부영화운동과 같이 지역·장소를

---

64) 趙景達, 2002 ≪朝鮮民衆運動の展開≫ (岩波書店, 東京) 4
65) 정병욱, 2006 <조선식산은행원, 식민지를 살다> ≪역사비평≫ 454~6 봄호

중심으로 한 공공영역도 있다. 또한 민족주의 계열 운동이 가지는 단일화 효과도 상정될 수 있는 반면, 일제의 식민이데올로기가 만드는 동일화 과정도 상정 가능하다고 본다. 공공영역을 좋은 것, 규범을 대표하는 것으로 보지 않고, 다양한 가치와 방식을 가진 네트워크로 상정하여 그것들 사이의 역동적인 경합에 주목하는 포괄적이고 새로운 시야가 요청된다는 것이다.[66]

식민지공공성 접근을 둘러싼 논의들은 매우 까다로운 몇 가지 방법론적 난제들을 포함하고 있음을 지적하고 싶다. 첫째, 식민지공공성론의 이론적 배경을 제공하고 있는 하버마스의 공공영역 혹은 공론장(public sphere) 연구가 지닌 특징이 한국사회의 식민지 경험 연구에 얼마나 적용 가능한지에 대한 검토다. 주지하다시피 하버마스의 공론장 논의는 서유럽 부르주아 시민사회의 성립 초기를 역사적 배경으로 삼고 있다. 이보다 더 중요한 사실은 그럼에도 불구하고 그의 공론장 개념이 근본적으로 역사 실증적 실체를 규명하고자 하는 논의가 아니라 시민사회의 재활성화를 향한 규범적 지향으로서 제기되고 있다는 점이다. 부르주아 시민사회 성립 초기의 역사적 잠재력을 규범적 지향의 자원으로 활용하고자 하는 그의 문제설정이, 식민지 조선의 공공영역을 역사적으로 규명하는 것과 어떤 방식으로 연결될 수 있는지는 불분명하다.

둘째, 이와 관련하여 식민지 공공영역의 실체성 여부와 관련된 문제가 있다. 공공영역의 문제설정은 사적 영역에 속하지 않으면서 동시에 국가 혹은 정치사회의 영역으로도 직접 환원되지 않는 상재적으로 자율적인 영역의 실체성을 가정하는 경향이 있다. 이들 공공영역의 자율성의 정도는 차치하더라도, 근대성 비판의 견지에서는 이러한 자율적 영역의 출현이라는 현상 자체가 계보학적인 비판의 대상이 된다는 점

66) 허수, 2006 <새로운 식민지 연구의 현주소> ≪역사문제연구≫ 16, 28~30

에 대한 주의 환기가 필요하다. 요컨대 근대성은 '국가 – (시민)사회 – 개인' 혹은 '국가 – 공공영역 – 사적영역'이라는 삼각구도의 생성을 통해 작동하며, 자율적 개인, 자율적 사회, 자율적 공공영역이라는 외형을 창출함으로써 지배를 관철한다는 것이다.[67]

Ⅲ. 결론: 차이 위에 선 대화와 소통의 필요성

식민지 조선의 근대성에 대한 연구사는 바로 지금 활발히 현재 진행 중인 현상을 다룬다는 점에서 쉽지 않다. 초기의 대립구도가 '경제성장의 실증 대 민족적 차별구조의 온존'이라는 측면에서 진행되었다면, 현재의 구도는 이러한 단순구도로는 거의 환원하기 어려울 정도로 복잡해져 있다. 식민지근대화론 측의 경우도 경제사 중심의 연구를 뛰어넘어 사회제도, 문화적 변화, 개인의 일상생활 경험 등에 관한 새로운 연구들이 일부 진행되고 있는 한편, 식민지근대성론의 경우도 규율권력론, 문화사/일상사적 접근, 식민지공공성론 등 내부 분화와 중첩, 민족주의·민중사 측의 내부적 비판과 이를 통한 지속적인 진화가 이루어지고 있다. 즉 규율권력론이 일상사를 포함해나가고, 문화사적 접근이 경성적 접근을 포함해나가는 경향이 관찰되면서 분화와 통합이 활발히 진행되고 있는 것이다. 식민지 조선의 근대성론에 대한 연구는 대립구

---

67) 다시 말하면 국가 – 사회 – 개인, 국가 – 공공영역 – 사적영역과 같은 범주들은 분석의 도구로써 당연시 되기 이전에 그 자체 분석의 대상으로 역사화되어야 한다는 것이다. 이에 대해서는 다음을 참조. Timothym, Mitchell, 1999 "Society, Economy, and the State Effect" G. Steinmetz ed., State/*Culture: State – Formation after the Cultural Turn* (Cornell University Press, Ithaca) : 이와 관련하여 주요 논자인 윤해동은 공공영역을 실체가 아닌 '은유'로 이해하자고 제안한 바 있다. 이와 관련된 논의 소개 및 평가는 조형근, 2009 <앞 논문> 317~318

도, 쟁점, 연구주제 등 여러 측면에서 복잡해지면서 동시에 풍성해지고
있다.

이런 변화 가운데 주목되는 현상 하나는 기존 한국사학계의 일정한
변화 조짐인 듯하다. 과거 식민지근대화론과 식민지근대성 접근 모두
로부터 협애한 민족주의사관과 방법론적 실증주의에 사로잡혀 있다는
비판을 받기도 했던 한국사학계에도 작지 않은 변화가 관찰된다. 식민
지근대(성)라는 용어는 더 이상 금기어가 아니며, 규율권력론, 문화사/
일상사적 접근을 수용한 연구성과들이 적지 않게 발표되고 있다.[68] 또
민족주의에 대해 어느 정도 거리를 두려는 경향도 보인다. 이는 식민
지근대화론 및 식민지근대성 접근과의 대결 혹은 소통 속에서 한국사
학계가 수행한 자기성찰과 풍부화의 증거로 여길 수도 있을 듯하다.

예를 들어 조선식산은행원들의 직장생활과 일상, 꿈과 좌절의 체험
을 사보와 일기, 대담 기록 등을 통해 추적한 정병욱의 연구는 약간의
시론적 성격을 띠고 있지만 주목할 만하다. 식민지 일반인으로서 도달
할 수 있는 최고의 직장이었던 조선식산은행원들은 그럼에도 불구하고
피지배민족의 방어수단으로 불가피하게 '선 긋기'를 수행할 수밖에 없
었다. 하지만 동시에 아무리 선을 그어도 조선식산은행원으로서 동조
는 기본이었다. 심지어 동조를 넘어 동화의 초기단계인 동일시까지 이
르는 경우도 있었다. 그러나 의식과잉의 일부 지식인·예술인·자본가
등을 제외하면 그러한 동일시가 진정한 내면화로 진전되는 것은 불가
능했다는 것이 그의 분석이다.[69]

---

68) 한국사학계의 일상사적 접근은 과거 주류 사학계에 대한 비판적 성찰로써 '민
중'을 재발견했던 민중사학이 여전히 지식인의 변혁 개념에 긴박된 엘리트주
의에 머물렀다고 평가하면서, '아래로부터의 역사'를 다시 제창한다. 즉 일상
사 연구는 역사 속의 지배 – 피지배 관계를 더욱 다면화·구체화할 것이며, 여
러 형태의 지배들이 역사적 현장에서 어떻게 작동하고 유지 가능했는지를 밝
히고자 한다는 것이다. 이유재·이상록, <프롤로그> 이상록·이유재 엮음,
2006 ≪앞 책≫ 14~8

자본주의맹아론에 대한 정태헌의 평가 또한 주목할 만하다. 그는 자본주의맹아론이 서구의 일국사적 자본주의 발전론에 의존했다는 비판은 식민사학과의 대결에 처해 있던 당시 상황을 간과한 채 오늘의 시각에서 일반론으로 비판하는 것이라고 반박한다. 더욱이 주창자들이 근대 극복의 의도 아래 근대화의 "두 가지 길"론을 제시하거나, 근대사를 길게 보고 통일된 민족국가를 만들어가는 과정을 "하나의 역사적 시대"로 인식해야 한다고 강조했음도 지적한다.[70] 그럼에도 불구하고 이후의 후속 연구들이 한국사회에 이식된 근대적 제도의 구축이 갖는 본질, 식민지적 근대에 대한 문제의식의 천착으로 나아가지 못한 것은 한계였다고 파악한다. 게다가 본래의 근대 극복 의도와는 반대로 정권의 냉전적 근대주의에 의해 "과거(조선 후기)에 우리도 발전하고 있었다"는 역사인식으로 왜소화 되고 군사정권의 '조국근대화론'을 합리화하는 단선적·양적 근대 인식에 제한되는 모습을 노출하기도 했음을 비판한다.[71]

식민지와 근대의 상관관계에 대해 최초로 본격적인 문제제기를 시작했던 식민지근대화론은 부분적인 실증 수준을 넘어서서 조선후기부터 일제 식민지시기에 이르는 경제변동에 대한 장기 시계열적 분석에 나서고 있다. 이 과정에서 경제사학계 내부의 논의는 소통가능한 방법론과 축적된 실증자료를 바탕으로 나름의 성과를 얻어내고 있는 것으로 보인다. 논자들간의 입장 차이에도 불구하고 이런 논쟁은 생산적인

---

69) 정병욱, 2006 <조선식산은행원, 식민지를 살다> ≪역사비평≫ 351~3 봄호
70) 이런 점에서 기존 한국사학계의 한국 근현대사 서술을 민족주의라는 한 마디로 규정하는 것은 지나친 일반화의 오류가 될 수 있다. 1980년대에 성장한 민중사학은 기존의 실증주의적 민족주의 사학 전통과 대립 전선을 형성하고 있었다. 또한 내재적 발전론 내부에도 자본주의 근대문명에 대한 입장에 따라 다양한 편차가 존재했음도 주의해야 한다. 이승렬, 2007 <앞 논문>
71) 정태헌, 2007 ≪한국의 식민지적 근대 성찰: 근대주의 비판과 평화공존의 역사학 모색≫ (선인, 서울) 26

것이다.

한편 문화사적 접근과 일상사적 접근의 분기와 수렴, 규율권력론과 일상사적 접근의 상호소통 내지 상호전화, 민족주의 한국사학계에 의한 식민지근대성 접근의 일정한 수용 등이 보여주는 사태 또한 비판과 반비판이라는 학문적 상호작용이 낳고 있는 상호이해의 심화로 간주할 수 있을 듯하다.

하지만 경제사학계의 식민지근대화론과 한국사, 사회사, 문화사 측의 식민지근대성론 사이의 대화, 소통은 거의 관찰되지 않는다. 조금 냉소적으로 평가한다면 한국사, 사회사, 문화사 등의 서로 다른 연구경향들이 상호접근하고 있는 것은, 식민지근대화론의 부상 혹은 정치화라는 정세효과 앞에서 일종의 암묵적·잠재적 연합전선을 구축한 것이라고 해석할 수 있을지도 모르겠다. 혹은 이 두 해석이 배타적인 것이 아닐 수도 있다. 이에 대한 섣부른 결론은 경계해야 하겠지만, 역사연구와 정치적 현실 사이의 긴장은 그 자체로 현실적인 것으로 받아들일 필요가 있을 듯하다.

모든 역사연구가 궁극적으로 그렇지만, 식민지 조선의 근대성에 대한 논의는 이와 같이 역사연구가 현실에 개입하는 실제적인 통로가 되고 있다는 점에서도 문제적이다. 개별 연구자들의 지향과는 별도의 차원에서 식민지근대화론은 해방 후 '대한민국'의 역사를 우파적 관점에서 긍정하고 연속적인 발전의 과정으로 정당화하려는 다양한 현실의 시도와 맞물리고 있는 반면, 민족주의 사학의 입장은 식민지 유산인 분단의 극복과 완성된 통일 민족국가의 추구라는 지향과 결합되고 있다. 한편 식민지근대성론의 경우는 양자 모두에 대한 신좌파적 비판의 관점에서 국가나 민족과 같은 근대적 큰 주체(Subject)에 의해 억압되어온 소수자들의 목소리를 살려내면서 탈근대의 과제를 지향하고자 한다.

한일관계라는 측면에서도 식민지근대화론이 우파적 관점에서 양국

Regulatory power theory, which appeared in the late 1990s, considered colonial power as colonial modernized equipment, which tried to make colonial people obedient and efficient subjects, rather than simply being a system for political suppression. This approach had no small impact on this direction of research during the Japanese colonial period.

However, the assumption of post-structuralism that the operation of power is internalized in the subject, was criticized and later a generalized approach for cultural history and daily routines focusing on experiences of the subject arose. The approach of cultural history and daily routine paid attention to symbols and discussions which showed the inside world of subjects and explored the daily life of the public, which was re-produced and repeated every day, instead of the macro realities such as structure, system, or the ruling policy. In due course, the fractures of colonial power and multi-faced dynamism of colonial people received attention. However, this approach seemed not to be enough to explain micro experiences under the relationship with macro social reality and the colonially modern capitalistic system.

Colonial public access emerged to show how the micro desires of the public was expressed in colonial modern situation, conflicted, competed and conciliated with the macro dimension of colonial ruling system through a public area as a medium. Here, the colonial general public were seen as a multiple and constitutive being escaping from the dichotomy of obedience and resistance. However, this approach also fell under the criticism that the impossible dreams of some contemporary intellectuals were overestimated because of the lack of a national-movements perspective.

Research on modernity in colonial Joseon is still going on and the structure becomes more complicated as time passes. At the same time, among Korean national, social, and cultural history camps, a certain convergence is observed and in the case of economic history, productive debates are proceeding based on practical data analysis. However, it is difficult to see a full scale dialogue and communication between colonial modernity and colonial modernization. This leads to a task to prepare tools of communication which will improve understanding between different positions and methodologies.

Key words : colonial modernization, colonial modernity, regulatory power, cultural history, daily routines, colonial publicity

植民地朝鮮の近代性論
－研究史の動向と進展のための検討－

趙亨根

　本文は、日帝植民地期に形成された植民地朝鮮の近代性の性格に対する理解をめぐり、植民地近代化論、民族主義的韓国史学界、社会史、文化史などの領域において進められてきた議論と論争を検討し、その経過のなかで現在適用できる軸を発見することをその目的としている。

　植民期の近代性に対して研究の関心を触発したのは、経済史学界を中心とした植民地近代化論であった。この時期に類例のない経済成長が築かれ、その経験が韓国資本主義の高度成長に基盤を提供したというこれらの問題提起は、韓国史学界と社会史学界から激しい批判を受けた。外形的成長の裏面に根を下ろした民族的差別構造を看過していることが批判の主な論点であった。

　植民地近代化論を巡る論争が進行されつつ、植民地性と近代性を敵対的拮抗関係ではなく、重層的かつ複合的に絡まれている相関の現状として把握する、植民地近代性接近が浮かび上がった。この接近は植民地近代化論と民族主義的韓国史学界の両陣営に対して全て批判的距離を取り、近代性を歴史的進歩としてのみならず一層精巧化した差別及び支配の原理として理解した。

　1990年代後半に登場した規律権力論は、植民権力をただ政治的抑圧機構としてだけではなく、植民地人を順従的かつ効率的な主体に鋳造しようとした、植民地近代的装置として理解した。この接近は日帝植民地期研究の方向転換に少なくない影響を及んだ。

　しかし、権力の作動が主体にそのまま内面化されるというポスト構造

主義的仮定の限界を批判されたし、主体の経験に注目する文化史、日常史的接近が台頭した。文化史、日常史的接近は主体の内面を見せてくれる表彰、象徴、談論などに注目し、構造や制度、支配政策のような巨視的現実ではなく、毎日繰り返されて無意識的に再生産される、大衆の日常生活に穿鑿した。この過程において植民権力の亀裂性と植民地民衆の多面的力動性が注目されるようになった。しかし、この接近は当代の巨視的社会現実、植民地近代的資本主義体制との関連性の下で、微視的経験を解明するにはまだ未尽なものと現れる。

　植民地的公共性の接近は植民地近代的状況において新しく表出される大衆の微視的欲望が、植民地的公共領域という媒介を通じて植民支配体制という巨視的次元とどう葛藤、競合、妥協したのかを示す試みとして出現した。ここで植民地大衆は順応と抵抗という二分法を抜け出した多重的(multiple)、構成的(constitutive)　存在として把握される。しかし、この接近もまた、民衆運動史的視覚が欠如されている点から、当代一部知識人の不可能な夢を過多評価している批判を接している。

　植民地朝鮮の近代性に対する研究は未だに現在進行型であり、その構図は次第に複雑になっている。同時に韓国の史学界、社会史、文化史の陣営の間には、一定の収斂も観察され、経済史学界の場合、実証資料分析に根拠した生産的論争が進行されたりもした。しかし、植民地近代性論と植民地近代化論の間の本格的な対話、疎通は殆ど観察されない。これは相異な立場、方法論の間の理解増進を可能にする疎通の道具を備えなければならないという課題を提示する。

主題語：植民地近代化、植民地近代性、規律権力、文化史、日常史、植民地公共性

한일 근대사 서술의 젠더 편향성 비교연구*

Ⅰ. 머리말

역사서술에서 여성의 젠더 편향적인 경향은 세계 어느 나라를 막론하고 공통적으로 나타나는 현상이다. 최근 서양에서는 역사서술의 젠더 편향에 대한 반성이 이루어져 많은 부분이 추가되거나 새롭게 고쳐지고 있으며, 이것은 역사교과서에 그대로 반영되고 있다. 한국과 일본은 어떠한가. 여성사는 주류 역사 서술에서 배제된 채 '여성사'라는 별

---

* 이 논문은 ≪제2기 한일역사공동연구보고서 제6권≫(2010, 한일역사공동연구위원회)에서 재수록한 것임.
** 서울대학교 사회학과 교수

도의 범주로 취급되고 있는 것이 공통적으로 나타나고 있다. 더욱 중요한 점은 한국과 일본의 근대사 서술에서 젠더 편향은 지배계급과 지배민족 중심의 역사서술과 맞물려 있다는 것이다. 한일 양국의 중고교 교과서에서 젠더-민족-계급의 역학이 어떻게 나타나고 있는지 비교해 보는 것이 본 연구의 목적이다.

1960년대 후반 미국에서 본격적으로 시작된 여성사 쓰기는 기존 역사학의 젠더 편향성을 문제제기하면서 등장한 것이었다. 여성해방운동의 제2물결을 이끈 여성운동가들은 기존의 역사학이 여성을 비가시화하거나 남성중심적인 역사서술에 끼워 맞추기를 하고 있다고 비판하고 여성주의 관점으로 역사쓰기가 필요하다고 주장했다. 이들은 "역사에서 여성의 자리를 되찾기"를 모토로 가부장제의 피해자로서 여성에 대한 억압의 역사를 밝혀내고, 잊혀졌던 여성의 역사를 가시화하며 여성운동사에서 의미있는 여성들을 찾아내려고 노력하였다(千聖林, 2008:133-134).

역사 서술에서 젠더 편향성은 적어도 두 가지 측면에서 접근할 수 있다. 첫째는 여성의 비가시화이다. 전반적으로 역사서술에서 여성이 나타나지 않고 있으며, 이것은 이미 존재하는 자료나 역사발굴을 통해 비판되고 보완되어 가고 있다. 무엇을 서술하는가의 문제는 상당 부분 역사가의 시각에 따라 그 중요도가 판단되는 것이므로 이러한 작업이 간단치만은 않다. 그러나 더 어려운 두 번째의 문제는 역사작동 메카니즘에서의 차별적 분석이다. 역사의 인과분석에서 여성이 적절히 포착되고 있지 않으며, 성차별의 메카니즘이 숨겨져 있다는 점이다. 이 메카니즘이 다른 차별적 역사작동을 교묘하게 내포하고 있는 점은 이 문제를 더욱 어렵게 만들고 있다. 한일 근대사의 경우, 여성의 비가시화가 한일 양국에서 비교적 유사하게 나타나는데 비해, 성차별의 메카니즘은 두 나라에서 다르게 나타나는 경우가 많으며, 어떤 역사적 시점에서는 매우 본질적인 민족 차별의 기제를 은폐하는 방식으로도 작동한 것으로 보인다.

이 글은 한국과 일본 교과서의 근대사 서술 부분에 집중한다. 양국 모두에서 역사 전반을 극도로 함축하는 중학교 역사교과서에서 젠더편향을 잡아내는 것은 쉽지 않다. 그럼에도 불구하고 양국 모두의 교과서가 전체적으로 다음의 특징을 가지고 있다는 것은 어렵지 않게 발견할 수 있다. 첫째, 여성은 거의 보이지 않는다. 둘째, 사회구조의 변화를 이끄는 사람들의 의식의 변화 및 신분구조의 변화에 대체로 침묵하며, 근대사회에서 의식과 신분구조 변화의 핵심을 이루는 젠더구조 변화의 중요성을 무시한다.

이러한 양국 교과서의 젠더 편향성을 분석하기 위해, 이 글은 첫째 전반적인 여성의 비가시화의 문제를 다룬다. 여성의 상황을 결정짓는 가장 중요한 변수로서, 법·제도 부분과 교육 및 여성 역할에 대한 이념을 먼저 살펴보고, 그 결과로서 나타나지만, 앞의 두 조건에 중요한 영향을 미치기도 하는, 여성의 생활상태와 사회운동 상황을 검토할 것이다.

이 글의 두 번째 부분에서는, 한일 양국의 근대사에서 특수하게 형성된 전시하 여성동원의 문제를 보다 자세히 검토할 것이다. 근로동원과 성동원으로 집약되는 이 전시동원은 앞의 여러 여성 조건의 결과이면서, 넓게는 전반적인 민족·계급의 조건들과 맞물려 있으며, 정치·사회적 상황에 구속된다. 일본에서는 메이지 유신 이후 진전된 젠더관계의 변화, 한국에서는 한말 개화기와 일제시기를 통해 이루어진 두 나라의 상황이 명확히 구분되는 것도 이 부분이며, 이 시기에 이루어진 여러 사회변화가 투사되어 결과된 상황이라고 볼 수 있다. 그리고 한일 양국 교과서 서술에 전반적인 사회적 조건과 여성의 조건을 예민하게 반영하면서 변화된다. 따라서 이 글에서는 전시 여성동원을 별도의 장에서 깊이 있게 분석할 것이다.

1. 젠더 편향 교과서 서술의 메카니즘

이러한 젠더관계의 변화와 역사서술의 젠더 편향성을 결과한 어러 요인 (사회전반의 가부장적 사고, 교과서 출판 체계 및 집필진의 구성 등)이 있겠으나, 이 글에서는 곧바로 전반적인 여성의 비가시화와 젠더 편향 서술 구조의 논의로 들어갈 것이다.

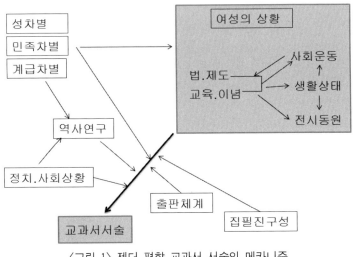

〈그림 1〉 젠더 편향 교과서 서술의 메카니즘

2. 분석 교과서 자료

이 글에서는 한일 양국에서 가장 많이 쓰이는 중학교 역사 교과서 (일본: 東京書籍1), 한국: 국정교과서)를 중점적으로 비교 분석하면서,

---

1) 東京書籍의 교과서는 채택률이 2007년에는 51.3%에 달했다. 그러나 그렇다 고 해서 교과서 기술에 있어서 가장 표준이 된다고 보기는 힘들다. 정한론과

고등학교 교과서도 일부 참고했다. 최근의 변화를 포착하기 위하여 적어도 세 시기 이상의 교과서를 분석했다.

	한 국	일 본
중학교	1990년 국사(하) (교육부) (A0) 1997년 국사(하) (교육부) (A1) 2002년 국사 (교육인적자원부) (A2)	1996년 검정 (東京書籍: 新編新らしい社會: 歷史) (B0) 2001년 검정 (東京書籍: 新編新らしい社會: 歷史) (B1) 2005년 검정 (東京書籍: 新編新らしい社會: 歷史) (B2)
고등학교 (*참고 자료)	1990년 국사 (교육부) 1996년 국사 (교육부) 2002년 국사 (교육인적자원부)	1998년 검정 (東京書籍) 2003년 검정 (東京書籍) 2007년 검정 (東京書籍) * 기타 다른 출판사 교과서

Ⅱ. 전반적인 여성의 비가시화

한국의 중학교 교과서 근대사 부분에 여성의 언급은 사진을 포함해도 매우 적다. 일본 교과서는 한국교과서에 비해 여성에 관한 논의가 조금 많다. 이 章에서는 한국과 일본의 교과서에서 여성이 언급된 곳을 전체적으로 검토하고,2) 이에 관해 한일 양국의 공통점과 차이점을 논의할 것이다.

강화도사건, 조일수호조규에 관하여 2007년 사용되고 있는 일본 중학교 역사 교과서 8종을 분석한 현명철(2007, 117·146)은 동경서적 교과서가 기술상 가장 문제가 많다고 지적했다.
2) 아래 표에서 여성 언급횟수는 사진, 각주의 내용까지 포함하는 것으로, 본문의 내용과의 중복문제 등으로 인한 다소의 오차가 존재할 수 있다는 점을 미리 밝혀둔다. 그러나 대체적인 경향을 파악하는 데는 영향이 없을 것으로 판단된다.

1. 한국 교과서

1990년과 1997년 교과서에 여성은 거의 없다는 사실은 매우 충격적이다. 일단 모습이 없으니, 서술에서 젠더관계에 대한 정당한 분석이란 기대할 수도 없다. 더욱 놀라운 것은 1990년보다도 1997년 교과서의 여성 서술이 더 후퇴되어 있다는 점이다. 그러나 2002년 교과서에 여성서술이 대폭 늘어나는데, 그것은 다음의 특징을 보인다. 첫째 갑오개혁과 동학 등에서 주장하는 법·제도 개혁의 성평등 부분을 포함시켰다는 것, 둘째, 여성의 사회운동 참여를 중요하게 보여준다는 점, 셋째는 일본군 위안부 문제를 명기했다는 점이다. 세 시기 교과서 모두에서 여성의 생활실태에 관한 서술은 없다.

교과서	여성언급횟수	법·제도	교육·이념	사회운동	생활실태	전시동원	기타
1990년	12	독립신문 창간사, 임시정부 헌장	제국 신문, 숙명/진명	제암리, 신여성, 사진 : 물산장려, 농촌계몽, 브나로드		전시동원	민씨 사진 : 명성황후
1997년	10	독립신문 창간사, 임시정부 헌장	제국 신문	제암리, 신여성, 사진:물산장려, 농촌계몽, 브나로드		전시동원	민씨
2002년	22	갑오개혁, 동학, 독립신문 창간사	이화/정신, 이화학당 사진, 제국신문	국채보상운동, 유관순, 근우회 사진 : 윤희순, 서당, 국채보상운동비, 국채보상운동여성운동비, 유관순, 유관순생가, 조선민립대학기성회창립총회, 물산장려, 브나로드, 농촌계몽		근로정신대/위안부, 위안소 사진	명성황후

2. 일본 교과서

한국 교과서가 2002년 여성서술을 대폭 늘린 데 반해서, 일본 교과서는 최근에 올수록 전체적으로 여성의 등장 횟수가 줄어들었다. 아래 정리표에서 볼 수 있는 대로, 그것은 구미, 중국, 조선 등을 포함한 세계의 역사에 대한 기술이 줄어들고 일본 중심의 역사서술로 방향이 바뀐 것, 생활실태에 대한 기술이 줄어든 것, 그리고 일본군 위안부를 비롯한 전시 강제동원에 대한 기술이 삭제된 것과 궤를 같이 한다.

교과서	여성언급횟수	법·제도	교육·이념	사회운동	생활실태	전시동원	기타
1996	35	1945년 보통 선거권	소학교, 근대여자교육, 대정기여자교육, 취학률 사잔 소학교, 유학생, 학교	岸田俊子, 與謝野晶子(2회), 부인운동, 靑鞜社 사진: 신부인협회,	여성직장, 전쟁의 희생, 사진: 富岡제사장의 여공, 대중잡지, 버스걸, 긴자여성, 쌀배급받는 여성	위안부, 여학생 동원, 疏開 사진: 여학생동원	미국여성해방운동, 구미의 여성 직장진출, 보통 선거권 소개, 안네의 일기 사진: 미국 흑인노예, 아메리카이민, 조선여학생수업, 黑田淸輝그림 '독서', 미국의 부인참정권운동, 유관순상, 3·1운동, 5·4운동
2001	31	1945년 보통 선거권	소학교, 근대여자교육, 대정기여자교육, 취학율 사잔 소학교, 유학생(津田), 대정기학교	與謝野晶子(2회), 부인운동, 청담사, 고아원여성 사진: 신부인협회,	여성의 양장 사진, 그림: 근대일본여성, 제사장의 여공, 大阪방적공장, 대중잡지, 버스걸, 아나운서, 여성점원모집	여성노동동원, 여성희생	구미의 여성직장진출, 보통선거권 소개, 안네의 일기 사진: 조선여학생, 黑田淸輝의 그림 '독서', 미국 부인참정권운동, 유관순상, 5·4운동
2005	26	1945년 보통 선거권	소학교, 근대여자교육, 대정기여자교육, 취학율 사잔 소학교, 유학생(津田)	岸田俊子, 與謝野晶子, 부인운동, 청담사 사진: 신부인협회,	사진: 富岡제사장의 여공, 大阪방적공장, 製絲여공, 대중잡지, 바스걸	여성의 노동력, 여성희생	구미의 여성직장 진출, 보통선거권 소개, 참정권,안네의 일기 사진: 조선학생수업, 黑田淸輝의 그림 '舞妓', 樋口一葉, 여성참정권 포스터

3. 비교분석

한국과 일본의 중학교 역사교과서는 대체로 유사하게 여성에 대한 서술이 매우 약하다. 그럼에도 불구하고 다음의 차이점을 발견할 수 있다.

1) 일본교과서의 여성 서술이 한국교과서에 비해 많다.

2) 그러나 한국의 교과서가 점차 젠더관점을 강화시키는 데 비해, 일본 교과서는 오히려 약화되고 있다. 외국사례에 소홀한 한국의 교과서 성격을 감안할 때 (다음 3항에서 언급), 각기 자국 내의 역사서술에서 국한해보면 더욱 일본의 여성관점 약화가 주목된다.

3) 일본의 교과서는 외국의 사례를 점차 줄여갔으며, 한편 한국의 교과서는 아직도 거의 전적으로 한국 중심이다.

4) 한국 교과서는 여성언급을 주로 사회운동에 집중하고 있으며, 여성의 생활에 대한 언급은 거의 전무하다. 이에 비해 일본교과서는 여성의 일, 직장, 생활패턴의 변화 등에 유의하여, 전체 여성의 삶을 서술하는 구조를 띤다.

5) 일본군 위안부 동원을 포함한 전시 여성동원 문제가 한국교과서에 2002년에 중요하게 기술되기 시작한 데 비해, 일본의 교과서에서는 2001년부터 사실상 삭제되는, 양국 간에 극적인 대조를 보인다.

Ⅲ. 젠더 편향 서술의 구조

한말 개화기에 사회변혁이 시도되는 가운데서 신분제도의 변화는 그 근간을 이루며, 가족제도 (호주제, 상속제 등 포함) 변화와 맞물리며 여성의 법적 지위를 결정지어 나갔다. 그것은 여성에 대한 교육과 여성像 또는 성 역할 이념의 형성이라는 소프트웨어로 받쳐졌다. 물론 이 여성상의 내용이 정부에 의해서만 주조된 것이라고 볼 수 없으며 근대화와 식민지화의 전반적인 사회구조의 대응물이기도 하다. 이러한 여성의 객관적 사회적 조건에 대하여 여성은 자신들의 의식변화와 함께 사회운동을 만들어가기도 했다. 양국 모두에서 사회운동에서 여성의 역할은 극도로 축소되어 있다. 사회운동의 저변에서 여성 전체가 처한 상황, 특히 여성 인권의 침해 상황은 이 시기 젠더 상황을 보여주는 중요한 지침이며, 여기서 한국과 일본의 차이도 드러난다. 이러한 객관적 사회조건과 여성의 현실은 1930년대 말 전시 동원의 사회적 배경이 되는 것이다.

이 장에서는 각 부분을 한일 양국 역사교과서를 기준으로 하여 논의할 것이다.

1. 신분 및 가족제도 변화

신분제도의 폐지는 봉건적인 구속에 갇혀있던 여성에게 일차적으로 중요했을 뿐만 아니라 여성은 신분제도 폐지 자체의 핵심이기도 했다. 그러나 이에 관한 한일 양국 교과서에서의 서술은 매우 소략하다.

일본의 1996년 검정 중학교 역사 교과서(東京書籍)는 구미의 사회변화를 설명하면서 신분제도의 폐지, 인권선언, 농노해방, 노예해방과 여성해방운동을 소개했으며, 중국의 태평천국군이 남녀 평등한 토지 분할을 주장했다는 것을 소개했다(B0:162-177). 2001, 2005년 검정판에서도 구미의 인권선언 등을 소개했지만, 전체적으로 양이 줄어들고, 신분제 폐지나 남녀평등과 같은 적극적인 제도개혁에 대한 서술도 약해졌다(B1:123; B2:124-129).

일본교과서에서 근대 일본의 신분 및 가족제도에 관한 기술은 다음
의 한 부분 뿐이다. "(메이지유신 후) 정부는 천황을 으뜸으로 해서 …
四民平等을 제창하여 에도시대 이래의 신분제도를 폐지했다. 평민은
이름(名字)을 갖고 華·士族과 결혼이 가능해졌으며 … 거주지와 직업
을 자유롭게 선택하게 된 것이다 …"(B0:193-4). 2001년 검정판은 미세
하게 다르다. "신정부는 천황을 으뜸으로 해서 … 황족 이외에는 모두
평등하게 하기 위해 … 신분제도를 폐지했다(이하 동일)."(B1:123). 2005
년판은 2001년판과 동일하다(B2:139).

그러나 여기서 평등이란 남성 내에서의 평등만을 일컫는 것이 아닌
가. 해방령과 같은 해(1871년)에 설립된 호적법에 대한 기술은 없다.
호적법은 1898년에 시행된 민법과 더불어 이에(家)제도를 확립하고 장
남을 호주로 하며 여성의 권리를 제한하는 기반을 만들었다.[3] 여성에
대한 법적 무능력자 취급은 1925년 11월에 개정되어 재산권이나 신체
구속, 결혼 등의 면에서 여성의 지위가 높아졌으나,[4] 같은 해 보통선거
권이 남성에게만 주어지고 여성은 여기서 제외되었다. 세 교과서 모두
1945년에 25세 이상의 남녀가 보통선거권을 갖도록 법이 개정된 것을
보여주고 있다(B0:239;B1:159;B2:177). 여성 관련 법제도에 관한 유일

---

3) 일본의 호주제는 가족 구성원에 대한 호주의 막강한 권한을 특징으로 한다.
   1871년 호적법의 공포로 인해 일본의 국민은 호주를 대표로 해서 하나의 이
   에(家) 단위로 등록되었다. 1898년에 시행된 민법은 호주와 장남의 권리를 강
   조하고 여성의 권리를 제한하는 특징을 가졌다. 호주제를 핵심으로 하는 근대
   일본의 이에 제도는 가부장인 호주에게 여타 가족 구성원을 지배하고 명령할
   수 있는 권력을 부여한 것이며, 이는 국가의 가부장인 천황의 권위를 절대화
   하여 천황제 국가체제를 법적으로 확립하기 위한 것이었다(한일여성공동역사
   교재 편찬위원회, 2005, 29~32).

4) 강영심, 2005 <일제강점기 조선여성의 법적 지위> 한일관계사연구논집 편찬
   위원회, ≪일제강점기 한국인의 삶과 민족운동(한일관계사연구논집9)≫
   191~192

한 서술이다.

근대화를 진척시킨 일본과 달리 한국의 개혁은 좌절했다. 한국 역사 교과서는 실패한 동학농민운동과 갑오개혁에 대해 비교적 자세히 기술하고 있다. 1990, 1997년 교과서는 이러한 설명 중 여성 시각이 전혀 포함되어 있지 않았는데, 2002년 교과서에서 대폭 삽입되었다. "갑오개혁은 … 갑신정변에서 개화파가 제시하였거나 동학농민운동에서 농민들이 주장하였던 신분제 폐지 등이 포함되어 있었다 …"고 서술하면서, 갑오개혁과 동학농민운동의 폐정개혁안을 소개하고 있다. 갑오개혁에는 사법권 독립, 조세의 금납화 등과 더불어 동학농민운동, 조혼금동, 과부의 재혼 허용이 포함되어 있음을 보여주고 있으며, 동학농민운동의 폐정개혁안에는 '노비문서를 불태워 없앤다'를 포함한 12개의 개혁안 중에 젊은 과부의 재혼을 허용한다는 내용을 보여주고 있다 (A2:211-214). 그러나 실제로 추진을 시도했던 1896년의 호적제도 정비에 대해서 언급하지 않는다(강영심, 2005:204-205). 한국은 이러한 개혁 추진에 실패하고 식민지의 길로 몰락했다. 그 과정에서 명성황후의 정책과 일본군에 의한 시해사건은 중요한 역사로서 교과서에도 서술되어 있다. 그 시기에도 사회개혁의 시도가 지속되어, 독립협회의 활동에도 남녀평등의 이념이 있었는데, 역사교과서는 ≪독립신문≫ 창간사 내용 중에 "… 이 신문은 인연하여 내외, 남여, 상하 귀천이 모두 조선 일을 서로 알 터이옴 …"을 보여주었다(A0:75; A1:96; A2:225).

일제에 의해 강점된 후 일본의 여러 법제도가 이식되었다. 일본 민법의 이식도 이루어졌다. 이것은 한국사회 전체와 특히 여성의 지위에 엄청난 영향을 미쳤으나, 한국의 교과서에는 서술이 전무하다. 토지조사사업과 소유권의 법적 확인에 관한 내용이 있을 뿐이다. 1909년 한국의 호적을 근본적으로 일본식으로 바꾼 민적법의 공포로 한말에 시행되었던 호구조사규칙은 폐지되었다. 1912년 조선민사령, 1922년 일본호적법을 반영한 조선호적령이 공포됨에 따라 일본식 호적제도가 이식되었다. 일본에서와 마찬가지로 여성이 가부장적 가족질서에서 무권리 상태에 놓이게 되었고, 혼인연령 제한(1922), 적장자 단독상속 등의 일본식 세노가 정착하게 되었다. 이 법은 몇 차례의 개정과정을 거쳤으며 1939년의 창씨개명으로 이어졌다(강영심, 2005:205).

법제도의 변화에서 매우 중요한 또 하나의 부분이 공창제의 수립이다. 일본에서는 1872년에 창기해방령을 선포했으나 다음해인 1873년에 도쿄부에서 <貸座敷渡世規則>, <娼妓規則>, <藝妓規則>을 공포하여 창기의 법적 유지를 선언했다. 이로써 남성이 사고 여성이 파는 성매매는 공인되고 창기는 호주가 대표하는 법적 구속과 전차금에 묶여 인신매매와 인신구속의 대상이 됐다. 이러한 공창제가 1876년 강제개항 이후 한반도 내 일본인 집주지역에서부터 도입되기 시작하여 1916년에는 전국적으로 일원화되기에 이르렀다. 이것은 일제시기를 통해 한국의 문화와 여성지위에 중요한 영향을 미치며, 전시동원과 해방 후 한국사회의 여러 측면에까지 연속되었는데, 이에 대한 언급이 한일 양국 교과서에 없다.

한국교과서에서 여성과 관련하여 한말의 개혁시도에 대해서만 서술하고 일본 제도의 이식에 대해 언급하지 않은 것은 식민성과 근대성이 결합된 사회변화의 흐름에 대한 인식의 단절과 여성이라는 큰 집단의 변화에 대한 무지를 의미한다.

2. 교육 및 현모양처 이념

법제도의 틀에 내용을 채운 것이 교육과 이념이었다. 한일 양국의 교과서는 교육에 대해서는 상당 부분 기술하고 있으나, 여성교육이라는 중요한 변화에 대해서는 소략하다. 또한 봉건적 여성상의 변화에 대해서도 거의 인식이 없다.

여성교육에 대해서 일본교과서가 할애하는 지면이 적다. "정부는 1872년에 학제를 발포해서 6세 이상 남녀 모두가 소학교 교육을 받도록 했다."는 서술과 함께 여학생 수업 사진이 나와 있다(B0:197;B1:124-5; B2:140). 메이지정부가 岩倉사절단을 구미에 파견하는데 동행한 5명의 여자유학생 실렸는데(B0:202), 2001년과 2005년 교과서에는 그 중 최연소가 津田梅子임을 밝혔다(B1:132; B2:148). 조선에 대한 일본의 식민지배를 서술하면서 여학생의 학교수업 장면 사진이 실려 있으며(B0:221; B1:145; B2:160), "(1900년대 초) … 여자교육도 중시되게 되었다"고 서술했다(B0:225; B1:148; B2:165).

"大正기에는 … 여자의 중등·고등교육도 충실하게 되었다"(B0:243), "남녀 모두에게 중등·고등교육이 충실하게 되었다"(B1:162), "여자교육의 충실을 도모했다"(B2:181)고 서술했으며, 1875~1910년간의 남녀 취학률 그래프가 소개되고 있다(B0:225; B1:148; B2:165).

한국의 교과서도 한말의 근대 교육 보급에 관한 논의에서 여성교육을 언급한다. 1990년 교과서에 "1905년 이후 애국계몽운동이 활발해지면서, 보성 … 숙명, 진명 등 수많은 학교가 세워져 …"(A0:94)의 여학교에 대한 기술은, 1997년에 단지 "1905년 이후 보성, 양정 등을 비롯한 …"(A1:101)으로 바뀌어 사라진다. 2002년에는 "외국의 개신교 선교사들도 정부의 협조를 얻어 배재학당, 이화학당, 정신 여학교 … 등을 세워 신학문과 서양문화 및 영어를 가르쳤다"(A2:245).

그러나 한말에 양반여성을 중심으로 이루어졌던 교육운동이나, 174개교에 이르는 사립여학교5)에 대한 서술이 없는 것은 놀랍다. 더욱이

---

5) 1886~1910년 사이에 설립된 여학교 수. 이 시기 전체 학교수는 2,250개 였다. (한일여성공동역사교재 편찬위원회, 2005, 104)

일제시기에 들어 이 한국인에 의한 학교들이 어떻게 총독부에 의해 장악되면서 새롭게 여성교육기관이 만들어졌는지, 교육의 내용은 어떠하며 남성 교육과 어떠한 차이가 있는지에 대한 서술도 없다.[6]

단지 1990년 교과서에 "제국신문은 주로 부녀자들을 대상으로 하여 민족정신의 고취와 국민계몽에 힘썼다"(A0:93)는 언급이 있으며, 이것은 1997년, 2002년 교과서에 조금 부연하여, "제국신문은 주로 부녀자들을 대상으로 하여 간행되었는데, 한글을 많이 사용하였으며, 국민계몽과 민족정신의 고취를 위한 논설과 기사가 실렸다"(A1:100; A2:247)고 서술했다.

여성교육의 구체적 내용에 대한 서술이 없는 것은 물론이다. 그러나 이것은 이 시기 사회변화에 매우 중요하다. 한국과 일본에서 모두 근대 여성교육의 목적은 국가발전이었다. 한말 개화기에 한국의 많은 지식인들은 조선에 개화하려면 여성의 교육이 절실하다고 생각했다. 일본에서도 학교는 '국민'을 만드는 교육기관이었다. 일제시기에 한국은 일본의 교육이념이 받아들여져 천황의 '臣民'을 만드는 교육을 실시했다.[7] 여성교육 이념의 성격은 여기서 더 나아간다. 메이지 정부는 초등교육 이상의 단계에서는 남녀분리교육을 실시했고 여성의 고등보통교육에서 수신, 가사, 봉재 등의 과목을 중시했다. 한말 한국에도 여학교가 분리 설립되었으며, 일제시기에 관공립여학교는 총 수업의 절반 이상을 재봉, 수예 등에 배당했고, '고등여학교규정'에는 여자교육 목표를 '양처현모로서의 자질을 얻게 함으로서 충량 지순한 황국여성을 기르는 것'이었다(한일여성공동역사교재편찬위원회, 2005:101-105).

---

6) 총독부는 1915년 사립학교를 규제하는 사립학교규칙을 발포했으며, 공립학교 증설정책을 추구했다.
7) 1911년 조선교육령, 1922년 개정. 황국신민서사

3. 사회운동, 여성의 활동

이러한 법제도 및 교육에 대하여 여성들은 어떻게 반응했으며, 또한 이러한 법제도 및 교육의 변화를 이끄는데 기여하기도 했을까. 사회운동의 여성참여, 여성운동의 양상에서 그 단면을 볼 수 있을 것이다.

한일 양국에서 근대화 과정에 사회운동은 중요한 역할을 했으며, 여성운동도 그 한 부분을 점한다. 일본 역사교과서에 여성운동 및 활동과 관련된 부분은 단 세 곳이다. 1996년 교과서에 만화로 처리된 岸田俊子는 "자유민권의 주장은 멋지지만 정치는 남자의 것이라고 말하는 사람들뿐이다. 남녀평등을 말할 수 있다면!" 이라고 외친다(B0:209). 2001년판에는 이 부분이 없어졌다가, 2005년 교과서에는 '민권운동가 岸田俊子'의 초상화가 설명 없이 실려 있다(B2:151). 후퇴라고 볼 수 있다.

러일전쟁 시, 출병한 동생을 그리며 쓴 與謝野晶子의 시 전문이 1996년과 2001년 교과서에 실렸는데(B0:218; B1:142), 2005년에는 시의 제목만 나와 있는 대신 사진과 설명이 실려 있다(B2:158). 이 여성은 1996년과 2001년에 문화 논의에서 短歌 작가로 다시 한번 소개되었으나(B0:226; B1149), 2005년판에는 없다. 1996년과 2001년 교과서에 黑田淸輝의 '독서'라는 제목의 한 여성 그림이 실려 있다가(B0:227; B1:149), 2005년 교과서에는 문학과 예술 항목 자체가 없어졌다. 1996년, 2005년 교과서는 모두 구미의 여성 직장 진출과 참정권 운동을 소개했으나(B0:235; B1:155; B2:173), 1996년 교과서만 유관순상과 여성들의 3·1운동 참가 사진과 여성이 참가한 중국의 5·4운동 사진을 싣고 있다(B0:236;B1:157). 2005년 교과서에는 이러한 운동을 소개했으나 여성 언급과 사진은 없다.

일찍이 메이지시대에 고아원을 세우고 지원자를 넓혀간 石井十次의 활동과 고아원에서 일하는 여성의 사진을 2001년 교과서만이 싣고 있다(B1:149). 1996, 2005년 교과서가 동일하게 1차 대전 후 사회운동의 확산을 논의하면서 "여성차별에서의 해방을 목표로 하는 '부인운동'도 성했다. '새로운 여성'을 목표로 해서 메이지 말에 세토샤(靑鞜社)를 결성해서 여성해방을 제창한 히라츠카라이쵸우(平塚雷鳥)는 신부인협회를 건설하고 여성의 정치활동의 자유, 여자고등학교의 확충, 남녀공학, 모성보호 등을 요구하는 운동을 펼쳤다. 또 사회주의의 입장에서의 부인운동을 시작했다"고 서술한다. 그리고 세토샤 선언의 일부와 신부인협회 제1회 회의 사진도 싣고 있다(B0:241; B1:161; B2:179).

한국근대사는 자주적 개혁의 시도가 외세의 침략에 패배한 역사이다. 그 과정은 또한 정부와 외세, 식민정부에 대항하여 개혁의 의지를 표현한 한국인들의 사회운동의 역사이기도 하다. 한국교과서는 동학혁명으로 시작하여 의병운동, 독립협회, 만민공동회, 을사조약반대투쟁, 애국계몽운동, 신민회, 국채보상운동, 이후 3·1운동을 비롯한 민족독립운동, 민족실력양성운동, 학생운동, 교육운동 등등, 사회운동에 관해 많은 논의를 전개했다. 지금까지 이루어진 연구업적들은 의병운동을 포함하여 이 사회운동들에 여성들이 중요하게 참여했다는 것을 보여주고 있다. 그리고 이러한 전반적인 사회개혁의 다른 한편 여성지위 개선을 위한 운동에 관한 연구도 축적되고 있다.

그러나 1990년과 1997년 한국 역사교과서의 수많은 지면에 걸친 사회운동 논의에서 여성은 본문에는 단 두군데 보인다. 2002년 교과서에 이르러, 1990년과 1997년의 교과서에 실린 서술에 더해, 여러 여성 관련 서술이 추가되었다. 여성의병 윤희순의 사진과 설명(A2:238), 유관순의 항일운동에 대한 서술과 사진들(A2:267-268), 그리고 신간회의 자매단체인 근우회(A2:287)가 논의되었으며, 국채보상운동에 관해서, "돈과 비녀 등을 성금으로 냈다"(A2:249)는 서술과 함께, 여성과 남성이 같이 서 있는 '국채보상운동기념비' 사진(A2:242)과 '국채보상운동 여성기념비' 사진(A2:249)을 실었다. 민립대학기성회 창립대회에 여성이 등장하는 사진(A2:283)도 주목할 만하다. 제암리 독립운동에서 어린 소녀와 부녀자들의 참가와 그에 대한 탄압에 대해 쓴 켄달이라는 외국인의 기사가 1990,1997년 교과서에 실렸다가 2002년에 없어진 것에도 주목할 필요가 있다(A0:123-4; A1:130-1). 여성들의 참가 사실에 더해, 여성들에게 가해진 치욕적 대우라는 명백한 성차별에 대해, 한국교과서의 인식이 희박하다는 점이다. 따라서 2002년 교과서가 이전의 교과서에 비해 여성 서술이 대폭 늘었으면서도, 그것이 젠더의식이 균형적으로 발전한 결과라고 보기는 힘들다는 점을 말하는 것이다.

그러나 여성지위 변화에 더해 사회전반의 개혁에 강력한 문제제기를 한 후에 여성운동에 중요한 씨앗이 된 신여성에 대해서는 1990, 1997년 교과서에 천도교에서 '신여성' 잡지를 발간했다는 언급 (A0:144; A1:154)이 설명 없이 있다가 2002년 교과서에서는 없어졌다.

한일 양국에서 사회운동 서술은 여성의 비가시화와 사회변화에서 젠더관계의 중요성이 무시된 대표적인 부분이나, 2002년 한국교과서에 다소 보충된 것은 고무적이다.

4. 생활상태

법제도 및 교육, 이념의 변화에 따라 여성들의 실제 상황은 크게 달라졌다. 여성운동과 여성동원이 이러한 상황으로부터 이루어진 것이다. 한일 양국 교과서 모두가 정치적인 사건 중심으로 서술되어 있으므로, 사람들의 생활 상태에 관한 서술은 적다. 그래도 일본교과서는 여성 전반의 삶의 변화에 주의를 기울인 반면, 정치적 풍랑 속에 있던 한국의 교과서는 여성의 생활상태에 관한 기술이 거의 전무하다.

일본의 교과서는 근대산업 발달을 논의하면서 '富岡製絲場의 여공'(B0:198; B1:127; B2:142)을 실었으며, 여성이 등장한 잡지 표지를 실었다(B0:243; B1:163; B2:181). 또한 1996, 2001년 교과서는 버스걸과 전화교환수 등 새로운 직장에 여성이 진출했고, 여학생의 제복에 양장이 채용된 것을 시작으로 여성들 사이에 양장이 퍼졌다고 서술하며, 버스걸의 사진을 실었다(B0:244; B1:163). 2001년 교과서는 제5장 '개국과 근대일본의 발자취'의 시작 표지에 양장의 남녀를 등장시켰으며 (B1:111), 새로운 여성 직업인 아나운서의 사진과(B1:163), 만주에서 점원모집에 참가한 여성들의 사진도(B1:167) 실었다.

1996년 교과서는 전시에 "생활이 곤란했으며 … 군수물자의 생산이 우선시되어 식료품이 부족하고 어려운 생활이 계속되었다"(B0:262-3)고 기술했으나, 2001년, 2005년 교과서에는 이러한 전시하 생활실태에 대한 서술이 전부 빠져있다. 안네의 일기가 교과서 모두에 실려 있다 (B0:257; B1:173; B2:191).

한국의 교과서는 한말부터 일제시기를 통하여 농민의 생활이 곤란해진 상황을 기술했으나, 여성의 상황에 별도의 관심을 두지 않았다. 문학과 예술의 발전을 논의하면서(A2:290). 나혜석, 윤심덕과 같은 여성의 이름은 전혀 거론하지 않았다.

인신매매가 공창제의 한반도 도입과 더불어 구조화 되어 경찰의 방관 하에 확산된 것은 호주제 하에서 교육과 직업의 기회에서도 소외되어 있던 식민지 여성에게 중요한 영향을 미쳤으며, 후에 전시 여성 강제동원을 용이하게 한 배경이기도 했는데, 이에 대한 서술도 없다.

Ⅳ. 전시 여성동원: 일본군 위안부 서술의 성·민족·계급 편향의 교착

앞서의 여성관련 서술에서 간간히 보였던 성과 민족, 계급 관계의 교착이 전시 일본군 위안부 동원 서술에서 명확히 드러났다.

1. 여성동원의 전체적 양상과 근로정신대 동원

전시동원기에 일본과 한국에서 모두 여학생의 동원이 이루어졌는데, 그 양상이 양국에서 다르게 나타났다. 일본에서 일반 여성의 동원은 근로동원에 그쳤으며, 근로동원에서도 모성보호가 세심하게 이루어진 데 비해, 한국에서는 성동원이 대규모로 이루어졌고 근로동원에서도 모성보호 정책은 발견하기 힘들다.[8]

일본교과서는 전반적으로 강제노동에 관해 비교적 상세히 서술했으며(B0:263-4), 여성들에 대해서도 근로동원이 이루어진 점에 대해서 별도 서술을 하고 있지는 않다. 다만 "여학생도 공장 등에 동원되었다"는 기술과 "교실도 군수공장으로"라는 제목으로 여학생들이 교실에서 일하는 사진을 실은 것이 전부이다(B0:268). 그러나 2005년 교과서에는 "여성과 어린이를 포함하여 일반인들도 많은 희생을 했다"(B2:193)는 소략한 기술로 대치했다.

---

8) 여순주, 1994 ; 정진성, 2004 참조.

2. 일본군 위안부에 관한
일본 중·고등학교 역사교과서 서술

1) 일본중학교 교과서의 위안부 기술

1980년 검정 일본 중학교 역사교과서 8종 중, 淸水書院과 帝國書院의 교과서가 조선인, 중국인의 강제연행에 관해 기술했으나, 일본군 위안부 문제에 관한 기술은 한 곳도 없었다. 1992년 검정 교과서는 일본 서적을 제외한 다른 7개의 교과서가 모두 조선인, 중국인에 대한 강제연행, 대만인에 대한 징병을 기술하게 되었으며, 처음으로 2종의 교과서에서 명백하게 군위안부 동원을 나타내는 기술이 등장했다. 中敎出版 교과서는 강제연행 전반을 기술하면서, "군을 수행해야 했던 여성도 있었다"(258쪽)고 기술했으며, 敎育出版은 "또 많은 조선인 등 여성도 정신대 등의 명목으로 싸움터로 보내졌다"(273쪽)라고 기술했다. 이 두 교과서의 기술은 군을 수행했다거나, 싸움터로 보내졌다는 것으로 보아, 위안부임에 틀림없다. 특히 교육출판의 '정신대 명목으로' 라는 기술은 매우 흥미롭다. 1997년 한국 중학교 교과서에 "여성까지도 '정신대라는 이름으로' 끌려가 일본군의 위안부로 희생되기도 하였다."(151쪽)는 기술과 상당히 유사하다. 1930년대 식민지 조선에서 이루어진 대대적인 위안부 동원 사실을 많은 한국인이 '정신대' 동원으로 기억하고 있으며, 해방 직후, 1970, 80년대에 걸쳐 '정신대라는 이름으로 위안소에 끌려간 여자들'에 대한 회고가 한국에서 산발적으로 발견되고 있다.[9] 1990년 이 문제를 공론화하면서 만들어져 지금까지 활동하

---

9) "이 땅의 딸들을 여자정신대 혹은 위안부대라는 미명으로 일본은 물론 멀리 중국 남양 등지에 강제로 혹은 기만하야 보낸 사실을 …"(≪서울신문≫ 1946. 5. 12). "일제는 여자정신대라는 이름으로 숱한 부녀자들을 동원. 군수

고 있는 단체 이름이 '한국정신대문제대책협의회'라는 점도 유의할 필요가 있다. 이렇게 볼 때, 이 문제가 사회적으로 크게 이슈화된 직후에 일본에서 쓰여진 중학교 역사교과서의 이 기술은 일본사회의 인식도 한국과 유사했던 것을 보여주는 것이라고 생각된다. 또한 大阪書籍의 "나이 어린 여성도 정신대로 강제 동원했습니다"(262쪽)의 정신대도 다소 희미하게 근로정신대와 위안부를 동시에 포괄하는 것이 아닐까 추측해볼 수 있다.

1996년에는 1992년까지의 學校圖書 교과서가 없어지고, 中教出版은 日本文教出版으로 판권을 양도했다(君島和彦, 1997:308). 모두 7종의 중학교 교과서가 검정에 통과되었는데, 모두 일본군 위안부 사실을 언급하였다. 동경서적의 중학교 역사교과서는 위안부에 대해서 다음과 같이 기술하고 있다. "(전시 하에) 국내의 노동력 부족을 보충하기 위해 다수의 조선인과 중국인이 강제적으로 일본에 끌려와 공장 등에서 가혹한 노동에 조사하게 되었다. 위안부로서 의사에 반하여 전지에 보내진 어린 여성도 다수였다"(B0:263). '의사에 반하여' 라고 명기하여 강제동원임을 명백히 밝힌 것은 특기할 만하다(다른 교과서 내용은 <첨부자료1> 참조).

그러나 2001년 검정본에는 日本書籍과 清水書院, 帝國書院 교과서에만 위안부 기술이 남았고, 나머지 모두에는 없어졌다. 채택률 1위인 東京書籍 교과서는 "또 많은 사람들이 전쟁에 휘말려들었습니다. 일본이

공장의 직공이나 전방부대의 위안부로 희생시켰다"(《서울신문》 1970. 8. 14). "나는 조선에서 정신대제도가 생겨서 동포여성들이 강제로 끌려오고 있는 것은 미처 몰랐지만, 위안소의 그 보지 못한 동포에 대해서 한없이 동정심이 일어났다"(박두석, 1977). "여자정신대라는 이름으로 끌려 나가 그중 상당수가 일본군대의 위안부로 만들어진 인원이었다"(김대상, 1978). "한국 처녀들이 정신대로서 본격적으로 징발되기 시작한 것은 1942년 1월 이후지만, 누구도 그녀들이 일본군대의 위안부가 되리란 것을 상상도 못했다"(임종국, 1981, 196).

침략한 동아시아와 동남아시아에는 전장에서 죽기도 하고, 노동에 끌려 나오기도 하여, 여성과 아이들을 포함하여 일반 사람들에게도 많은 희생자가 생겼습니다"(B1:175)라고 위안부와 강제연행 모두를 삭제했다. 채택률 2, 3위인 大阪書籍과 敎育出版에도 일본군 위안부 서술은 빠져 있다. 특히 敎育出版과 日本文敎出版(中敎出版) 교과서는 이미 1992년에 가장 먼저 군위안부 사실을 교과서에 실었던 교과서였는데, 2001년에 서술을 빼버린 것이다.

日本書籍은 가장 충실하게 위안부 사실을 기술했다. "조선 등 아시아의 각지에서 젊은 여성이 강제적으로 모아져 일본병사의 위안부로서 戰場에 보내졌다."(180) 이 교과서에는 피해자들이 일본에서 소송을 진행하고 있는 사실을 서술하고 일본군 위안부 피해자 김학순씨의 사진도 실었다.(205), 淸水書院과 帝國書院 교과서도 위안부 사실을 기술했다(각각 189, 221).[10] 2001년에는 扶桑社의 역사교과서도 검정 통과했는데, 0.04%의 낮은 채택률과 그 서술의 극단성 때문에 이 글에서는 분석에 포함시키지 않았다.[11]

2005년 검정 교과서의 위안부 서술은 더욱 축소되었다. 日本書籍新社와 帝國書院 2종에만 위안부 서술이 남았고, 淸水書院 교과서마저 서술을 없앴다. 내용도 약화되어 日本書籍新社의 서술에서 위안부라는 용어를 쓰지 않게 되었으며, 강제적이란 표현도 쓰지 않았다. ["또한 조선 등 아시아 각지에서 젊은 여성들이 강제적으로 모집되어 일본 병사의 위안부로서 전장에 보내졌습니다"(180쪽). →군의 요청에 의해, 일본군 병사를 위해 조선 등 아시아의 각지에서 젊은 여성이 모집되어 전장으로 보내졌다.(202쪽)]

---

10) 일본역사교과서 전문가 분석팀, 2001 <일본중학교 역사교과서의 한국 관련 내용 검토의견서(Ⅱ)-기존 7종 교과서> 참조.
11) 이것은 2005년에 0.39%로 올라갔다.

명백히 위안부 기술은 1996년 이후 축소 일로에 있다.

2) 일본고등학교 역사교과서의 위안부 서술 (2003/2007년 검정판)

고등학교 교과서의 '위안부' 관련 서술 또한 중학교 교과서와 별로 차이가 없다.

2006년도 검정에서 전체적으로 검정의견은 윤리교과서 한 개(實敎出版)의 전후보상 서술에 대한 미미한 의견이 전부였다.

2006년도 일본 문부과학성의 검정의견과 교과서 수정문

과목	검정수리번호/출판사	원문	검정의견	수정문
倫理	18-70 實敎出版	<전후 보상 > 과거에 일본이 행한 남경대학살, 강제연행, 종군위안부 등에 관련된 문제로, 현재 개인보상 소송이 제기되어 있으며, 해결해야 할 과제가 되었다. 정부는 전후배상문제는 해결되었다는 입장이지만, 많은 위안부였던 사람들은 국가에 의한 사죄와 보상을 요구해 왔다. 이에 대해 정부는 「아시아여성기금」(민간모금)을 발족시켰다.	전후보상에 대해 이해하기 어려운 표현이다.	<전후 보상 > 과거에 일본이 행한 남경대학살, 강제연행, 종군위안부 등에 관련된 문제로, 현재 개인보상 소송이 제기되어 있다. 정부는 전후 배상문제는 해결되었다는 입장이지만 많은 위안부였던 사람들은 국가에 의한 사죄와 보상을 요구해 왔다. 이에 대해 정부는 1995년에 「아시아여성기금」(민간모금)을 발족시켰다(2007년 해산).

*출처: 남상구, 2008, 331~332에서 재인용.

이때의 검정의견은 1건에 불과했지만, 여타 출판사의 기술에 영향을 미쳤다. 각 출판사들은 '자기 검열'을 통해 2007년 교과서의 검정을 받기 위하여 2003년 교과서의 '위안부' 내용을 수정한 검정본을 2006년에 제출했다.[12) 그 수정 내용에서 다음과 같은 경향을 발견할 수 있다.

---

12) 2008년에 동북아역사재단에서 조사한 자료. 279~284쪽. 이외에 2007년도 검정통과한 일본사, 세계사 고교 교과서 분석은 한일역사공동연구위원회, 2007

첫째, 위안부 강제동원 사실이 축소되었다. 위안부 동원 사실은 대부분의 교과서에 실려 있으나, '강제연행'에 의한 것이라는 사실은 2003년 검정판으로는 第一出版 ≪高等學校日本史A≫와 山川出版社 ≪新日本史≫ 두 게에만 기술되었는데, 2007년에는 山川 ≪新日本史≫민 그대로 남아있고, 第一出版 ≪日本史≫는 강제연행 기술을 빼버렸다.[13]

둘째는 2007년에는 위안부 동원과 함께 거의 모든 교과서에 '아시아여성기금'에 관한 서술이 대대적으로 이루어졌다. 2003년에 아시아여성기금에 관해 서술한 교과서는 三省堂 ≪日本史A≫와 實敎出版社 ≪高校日本史B≫ 두 책에 불과했으나, 2007년에는 위 두 책에 더해, 第一 ≪高等學校日本史A≫와 東書 ≪日本史A≫에 자세히 기술되었으며, 東京書籍, 淸水書院, 實敎出版, 第一學習社의 정치·경제 교과서에 모두 실렸다.

3) 일본교과서 위안부 서술 변화의 메카니즘

가. 젠더/계급/민족차별의 역학

앞서 언급한대로 역사서술의 젠더 편향은 계급과 민족 편향서술과 맞물려 그 메카니즘이 숨겨져 있기 쉽다. 일본군 위안부 문제의 서술은 어떠한가. 일본군 위안부문제는 기본적으로 성/민족/계급 차별 구조가 전쟁이라는 상황에서 국가에 의해서 주조된 제도이다. 여성에 대한 차별은 그 무엇보다 중요한 요소이다. 이 엄청난 문제가 60년이 지나

참조.

13) 第一出版은 2003년판 교과서에는 "또한 조선인 여성을 중심으로 각종 구실을 붙여서 권유하거나 강제연행해서 종군위안부로 삼았다"라고 기술하고 있었는데, 2006년 검정본에서 "강제연행해서"라는 표현을 삭제하고 "또한 조선인을 중심으로 많은 여성이 위안부로서 전지에 보내졌다"라고만 기술했던 것이다. (남상구, <앞 논문> 332)

사회적 이슈로 등장한 것도 성폭력에 대한 사회적 낙인을 비롯한 성차별적 사회의 요인이 크다. 지금까지 한일 양국에서 일본군 위안부 서술에 관한 논쟁은 주로 민족문제의 시각에서만 접근되어 왔으나, 앞서의 논의에서 우리는 이 문제가 전반적인 여성 서술 및 일반대중의 생활에 대한 시각과도 맞물려 있다는 것을 볼 수 있다.

①여성의 가시성 후퇴

이글의 2장에서 자세히 논의한대로 일본 중학교 역사교과서는 1996, 2001, 2005년을 통하여 여성 서술의 횟수가 줄어들었다.

②일본 자국 중심의 서술

위안부 서술 축소와 함께 2001년 검정판에서 보인 가장 큰 변화는 일본 자국 중심의 서술로 방향을 바꾼 것이다. 식민지에 대한 서술 뿐만 아니라, 세계사에 할애한 지면이 대폭 줄어들고 일본 중심의 역사로 좁혀진 것을 볼 수 있다. 우선 교과서의 章 구성 자체 변화에서 그것이 보인다. 1996년 검정 교과서의 목차는 문명의 발생과 일본의 성립, 고대국가의 발전과 동아시아세계, 중세사회의 전개와 동아시아 정세, 세계의 움직임과 천하통일, 근세사회의 발전, 근대유럽의 세계지배와 일본의 개국, 근대일본의 발전, 두 번의 세계대전과 일본, 현대의 일본과 세계의 9장으로 구성되어 있었던 것이, 2005년 검정판에서는 역사의 흐름, 고대까지의 일본, 중세의 일본, 근세의 일본, 개국과 근대일본의 발전, 두 번의 세계대전과 일본, 현대의 일본과 세계의 7장으로, 완연히 일본 중심으로 개편한 것을 볼 수 있다. 근대사 부분은 3장에서 2장으로 압축되어 세계사, 식민지 부분과 일반국민의 생활사가 대폭 축소되었다. 장의 제목에서 볼 수 있는 대로 세계에 대한 관심의 폭을 줄이고 일본 중심으로 서술이 좁혀진 것을 볼 수 있다.

③생활사 소홀의 역사서술

아예 새 교과서에는 '전시하의 생활'이라는 항목이 통째로 빠져서 이전 교과서에 실려 있던 강제연행 전반에 관한 서술뿐만 아니라, 일본의 일반 대중들의 생활에 대한 기술도 대폭 축소되었다. 1996년 검정판에서 "전투와 강제연행 등에 의해 많은 인적 피해가 났으며 …" "다수의 조선인과 중국인이 강제적으로 일본에 끌려와서 …"(B0:263)와 같은 서술과 한 페이지(B0:264) 전체에 걸친 '조선인 강제연행'이라는 제목 하의 자세한 서술은, 2001년 검정판에는14) "일본과 독일은 부족한 노동력을 보충하기 위해 외국인을 강제적으로 연행해서 본국의 광산과 공장에서 일하게 했다. 일본에서 일한 조선인, 중국인 등의 노동조건은 가혹하고 임금도 낮았으며 극히 힘든 생활을 했다"(B1:175). 2005년 검정판에서는 "일본에 끌려와서 의사에 반해 일한 조선인, 중국인도 있었고, 그 노동조건은 가혹하고 임금도 낮고 매우 혹독한 생활을 했다"(B2:193)는 단 3줄의 서술로 축소되었다. 양의 축소와 함께 '강제연행'이라는 말이 사라진 것에 주목할 필요가 있다.

④정부 중심의 서술

이와 함께 주목할 또 다른 점은 1996년 검정판에서 국민들이 "전쟁으로 인해 힘든 생활을 했다"(B0:262), "정부를 비판하는 것은 위험한 것으로 되어 비판한 사람들은 탄압 당했다"(B0:263)를 비롯한 국민들의 전시 하 생활에 대한 서술이 180도로 방향이 바뀌어, 2001년과 2005년 검정판에는 "많은 국민들은 이 전쟁은 '바른(正しい) 전쟁'이라고 믿어, 정부에 협력했다"(B1:174; B2:193)고 서술하고 있다는 것이다.15)

---

14) "일본과 독일은 …" "유럽에서는 독일에 의해 …"와 같이 독일을 끌어들인 것이 특이하다.

15) 永原慶二는 일본정부의 검정의 역사관을 자국역사의 미화, 전쟁책임의 은폐, 민중행동에 관한 기술 억제 및 교화형 역사교육으로 분석한 바 있다. (永原慶

나. 정부와 사회: 지도, 검정과 자기검열

일본에서 위안부 서술과 전쟁 중의 식민지 및 일본의 일반 대중의 삶에 대한 서술을 줄이고, 미화시키는 요인은 역사학 또는 역사교육 내부로부터의 요청에 의한 것이라기보다는(三宅明正, 1997/1998:31), 그 외부의 정부와 시민사회에서 보다 폭넓게 이루어졌다고 보여진다.

①학습지도요령

일본에서 교과서와 관련하여 정부의 직접적 관여는 학습지도요령을 만드는 것과 교과서를 검정하는 것이다. 주지하는 대로 일본에서 학습지도요령은 1947년에 처음 발표된 후, 중학교의 경우, 1951년 1차 개정으로부터, 1955, 1958, 1969, 1977, 1989, 1998년, 2008년 제8차 개정에 이르렀다. 이에 관해 일본과 한국에서 수많은 연구가 이루어졌는데, 여기서는 군위안부 서술과 관계되는 것으로 판단되는 '사회과의 목표' 변화에 관해서만 짚어보기로 한다.

다음 표에 정리한 바와 같이,[16] 1947년과 1951년 민주주의의 강조가 1955년 크게 방향이 바뀌어, 서구식 민주주의에 유의하고 도덕교육을 강조하게 된 점과 이후 차츰 세계사의 비중을 줄이고 자국 중심 역사교육으로 중심을 이동하는 점, 그리고 1998년부터는 국가에 대한 애정을 주요 목표로 삼게 된 점 등이 특기할 만하다.

이러한 학습지도요령의 변화는 교과 구성과 내용을 결정하며, 전반적으로 교과서의 변화를 이끌었다. 그러나 교과서 검정이나 구체적 내용변경에 직접적으로 영향을 미쳤다고 보기는 힘들다. 다만 학습지도요령은 교과서 기술의 기준과 방향을 제시하는 의미가 있기 때문에,

---

二, 2001, 19~29)

16) 1998년 제7차 개정까지는 김보림(2000), 박수철(2008), 권오현(2008)을 주로 참조. 2008년은 문부과학성 중학교학습지도요령해설을 참고했다.

학교지도요령에서 전쟁관이나 젠더관점을 제시하는 것은 교과서의 위안부 기술에 영향을 줄 수 있다.

사회과(역사분야)의 목표

1947	민주적·평화적인 국가, 사회의 형성자로서 … 자질의 기초를 함양
1951	민주적 사회인으로서의 … 민주주의를 이해하고 … 일본사회발전을 항상 세계사의 배경 아래 이해하며 아울러 일본의 특수성을 생각하여 현재 사회문제를 세계사적으로 파악할 능력을 기를 것.
1955 1956(고)	*미국식 민주주의 정신을 부정하는 목소리 높아짐 → 학습지도요령 개정요구 애국심 함양과 도덕교육의 내용을 중시하는 새로운 방향
1958 1960(고)	우리나라의 역사를 세계사적 시야에서 올바르게 이해시켜 그것을 통해 국가·민족의 전통과 일본문화의 특질 등을 생각하게 하여 우리들이 국제사회에 대해 수행해야 할 역할을 자각시키고 국민적 심정의 육성을 도모한다. *국기게양, 기미가요 제창 중시
1968(소) 1969 1970(고)	우리나라의 공민으로서의 기초적 교양을 기르면서 … 세계에서 우리나라의 역할을 이해시키고 국민으로서의 자각을 높임과 함께 … *신화교육 부활과 애국심 교육의 강조
1977 1978(고)	넓은 시야에 서서 우리나라의 국토와 역사를 깊이 이해하게 하고, 공민으로서의 기초적 교양을 길러 … *도덕강화와 기미가요의 국가 명기
1989	우리나라의 역사를 세계역사를 배경으로 이해시키고 이를 통해 우리나라의 문화와 전통의 특색을 넓은 시야에 서서 생각하도록 하고 동시에 국민으로서의 자각을 기른다. *도덕교육 충실, 일본인의 자질 육성 중시, 일본문화와 전통 강조, 국기·국가 존중지도
1998 1999(고)	우리나라의 국토와 역사에 대한 이해와 애정을 깊게 하고 … *애국심 함양 강조
2008	동일함

한편 학습지도요령을 해석한 학습지도요령해설서는 모든 교과서 회사가 교과서를 편집할 때 기준으로 사용하는 것이다. 2002년부터 사용한 해설서의 내용은 [일본이] "아시아 여러 나라의 사람들에게 막대한 손해를 끼친 사실을 … 이해시키고"라고 되어 있는데, 여기에서 일본군 '위안부' 문제를 포함한 역사교육의 실시방침을 추측해볼 수 있다. 그러나 해설서에 관련 사항을 명확하게 기술하지 않으면 교과서 출판

사에 따라 그 기술 내용은 편차가 생긴다. 2012년부터 사용하는 해설서에는 일본 국민이 입은 전쟁 피해로 오키나와전, 원폭을 구체적으로 제시하고 있으나, 일본군 '위안부' 문제를 교과서에 기술하도록 명확하게 제시하고 있지 않다(남상구, 2008:324~325).

②교과서 채택률과 자기검열

1955년 제출된 교과서의 전체 80% 이상이 불합격되도록 검정이 강화되었으나 (俵義文, 2001:66), 그 후 몇 차례의 진동을 겪으면서, 2005년도에 이르러 중학교 역사교과서에서 위안부 서술에 대한 검정 의견은 없어졌다. 고등학교 교과서에 대해서도, 앞서 언급한대로 2006년도 검정에서 전체적으로 검정의견은 윤리교과서 한 개(實敎出版)의 전후 보상 서술에 대한 미미한 의견이 전부였다. 정부의 검정의견 없이 각 출판사들은 자체적으로 2003년 교과서에서 2007년 검정을 위해 일본 역사교과서의 일본군 위안부 관련 서술 내용을 수정했던 것이다. 다시 말해서 2005년도 검정에 통과한 중학교 역사교과서에서 일본군 위안부 및 강제연행, 식민지에 대한 서술이 삭제되었거나 내용이 수정된 것은 검정에 의한 조치가 아니라, 출판사 자체의 '자기검열'(自主規制)에 의한 것이었다(林博史, 2007:10). 2001년 검정이 시작되기 전인, 1999년 8월, 東京書籍, 敎育出版, 帝國書院은 당시 현행 교과서의 '종군위안부' 기술에 대하여 '종군'과 '강제'의 어구를 삭제하는 自主訂正을 신청하고, 문부성은 동년 12월에 정정을 허가한바 있다(俵義文, 2110:59).

이러한 자기검열의 현실적 이유로 교과서 채택률이 거론된다. 예컨대 중학교 역사교과서의 채택률은 가장 우익 성향이 강한 扶桑社 교과서와 다른 한편 일본군 위안부문제를 가장 충실하게 기술한 日本書籍新社의 교과서가 모두 저조하다. 특히 일본서적 교과서의 채택률은

1997년 12.9%, 2001년 5.9%, 2006년 3.1%로 급감했다. 한편 기본적으로 그때까지의 서술 그대로를 유지한 大阪書籍, 敎育出版, 淸水書院, 日本文敎出版 교과서는 대체로 채택율이 다소 낮아지거나 비슷한 수준을 유지했다. 이러한 전반적인 감소세 중에 유독 채택율이 높아진 東京書籍과 帝國書院 교과서는 일본역사에 극히 비판적인 부분을 삭제하면서 중립적인 인상을 주는 교과서이다(藤岡信勝, 2005: 222-228). 특히 위안부 문제를 약한 톤으로 기술한 帝國書院의 교과서가 크게 채택률이 늘어난 것은 위안부 문제의 서술과 침묵 사이에서 중간을 택한 사람들의 선택 때문이라고 해석할 수 있다.

<일본 중학교 역사교과서 채택률> (%)

	1990년	1993년	1997년	2001년	2005년
東京書籍	35.0	32.2	●41.1	51.3	51.2
大阪書籍	16.3	18.0	●19.3	14.0	15.4
帝國書院	1.4	4.4	● 1.9	●10.9	◎ 14.2
敎育出版	16.0	●17.9	●17.8	13.0	11.8
日本書籍(新社)	16.5	14.2	●12.9	● 5.9	● 3.1
淸水書院	4.3	3.7	● 3.4	● 2.5	2.4
(中敎出版) 日本文敎出版	8.7	● 8.1	● 3.5	2.3	1.4
學校圖書	1.9	1.3			
扶桑社				0.046	0.4

자료: 1990년은 舊學習指導要領版, 1993·1997년은 新學習指導要領版 ; 君島和彦, 1997, 308에서 재인용. 2001, 2005년은 일본문부과학성 ; 한국학중앙연구원 http://www.ikorea.ac.kr/webzine/0511/japan3.asp에서 재인용.
　　● 군위안부 서술　◎ 약한 서술

③정치·사회적 상황의 직접·간접적 압력

그러나 가장 높은 채택률을 보이며 더욱 그 점유율을 높이고 있는 東京書籍 교과서가 2001년도에, 앞서 본대로, 내용을 줄이거나 서술의 방향을 바꾼 것, 더욱이 중학교, 고등학교 각 출판사 교과서가 동시에 비슷한 내용 변화를 시도해 온 것을 단지 채택률로 설명할 수 없다. 그 근본요인이 정치·사회적 상황의 보수화라는 것은 의문의 여지가 없다. 1990년대 위안부 사실이 교과서에 등장하기 시작한 것, 1996년 거의 모든 교과서가 이 사실을 기록한 것, 이후 점차 그 내용을 축소해 간 것은 다른 강제동원의 문제, 더욱이 앞서 본대로 여성 서술 전체의 축소, 자국 중심 서술과 궤를 같이하며 일본 사회 전체의 상황을 반영한다고 해석할 수 있다.[17)]

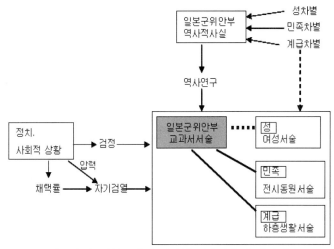

〈그림 2〉 일본교과서 위안부 서술변화의 메카니즘

　　그 사회적 변화의 결과이기도 하고, 그것을 추동하기도 하는 것이 정부의 다각적인 활동이다. 하야시 히로부미(林博史)는 검정이라는 직접적인 방법 대신 사용된, 간접적이고 불투명한 압력이 자주규제의 주

---

17) 전반적인 교과서 내용 개정 중에도 '종군위안부'문제는 그 중심에 서있다. 일본의 우파 지식인들은 이것이 외국의 적의와 악의, 영미를 절대정의로 여기는 사상에 따른 것이며, 정확한 역사적 사실에 기초하지 않은 것이라고 단정했다 (西尾幹二·藤岡信勝, 1996).

요인이라고 설명한다. "아시아에 대한 가해행위에 관한 기술에 검정의 견이 붙으면 국제문제화 되기 때문에 여러 가지 압력을 넣어 신청단계에서 기술을 줄이는 교묘한 방법이 지금 효과를 발휘하고 있다"고 말했다(林博史, 2007:10).

정부 외의 정치·사회 집단의 압력도 중요하다. 1955년 전후, 1980년대 초, 1990년대 중반에 이루어진 보수집단의 압력은 교과서 내용 변화에 중요한 영향을 미쳤다고 볼 수 있다.[18]

3. 일본군 위안부에 관한 한국교과서 서술

앞서 언급한대로 일본군 위안부문제는 1990년대 초부터 한국과 일본에서 공론화되기 시작했다. 한국의 역사교과서에서 '위안부'라는 용어가 등장한 것은 1997년 국정교과서부터이다. 그런데 놀랍게도 1979, 1982, 1990년 국정교과서에서도 위안부 관련 서술이 눈에 띈다. '위안부'라는 말을 쓰지는 않았지만, 명백히 위안부를 의미하는 기술이 이루어진 것이다. 그 후 1997년도에 중학교 교과서에 처음으로 정신대와 위안부라는 용어를 사용하기 시작했다. 2002년 국사 교과서에는 그 내용이 대폭 보강되어 보다 자세히 그 상황을 설명하고 있다.

①1979-1997년 교과서
우선 1979, 1982, 1990, 1997년 중학교, 고등학교 국사 교과서의 위안부 관련 기술 내용을 보자.

---

18) 이에 관해서는 俵義文(타와라 요시후미), 일본교과서바로잡기 운동본부 번역, 2001, 《위험한 교과서》 (역사비평사, 서울) 65~71 참조.

위안부 관련 기술	
1979	중학교: 심지어는 젊은 여자들까지도 산업시설과 전선으로 강제로 끌어갔다.(239쪽)
1982	중학교: 뿐만 아니라 우리나라의 여자들까지 침략전쟁의 희생물로 만들었다.(122~123쪽) 고등학교: 여자들까지 침략전쟁의 희생물로 삼기도 했다.(150~151쪽)
1990	중학교: 뿐만 아니라, 여자들까지도 침략전쟁의 희생물이 되었다.(142쪽) 고등학교: 서술 삭제
1997(중) 1996(고등)	중학교: 이때 여성까지도 정신대라는 이름으로 끌려가 일본군의 위안부로 희생되기도 하였다.(151쪽) 고등학교: 우리의 청년들은 지원병이라는 명목으로, 또 징병제와 징용령에 의해 일본, 중국, 사할린, 동남아 등지로 강제 동원되어 목숨을 잃었으며, 여자들까지 정신대라는 이름으로 끌려가 일본군의 위안부로 희생되기도 하였다.(136쪽)

1990년대 초에 위안부문제가 한국에서 크게 사회문제화 되면서, 이 것을 명확하게 중고등학생들에게 가르쳐야 하는가에 대한 사회적 논쟁도 뜨거웠다. 그러나 1990년대를 통하여 속속 밝혀지는 위안부 실상에 관한 역사적 사실들과, 유엔을 비롯한 국제사회의 주목, 피해자들의 증언 등에 따라 한국사회 전체의 인식이 바뀌면서, 한국사 교육의 중요한 내용으로 자리잡았다.

②2002년 교과서

2002년의 중학교 국사 교과서는 "일제는 여성들도 근로보국대, 여자 근로정신대 등의 이름으로 끌고 가 노동력을 착취했다. 더욱이 많은 수의 여성을 강제로 동원하여 일본군이 주둔하고 있는 아시아 각 지역으로 보내 군대위안부로 만들어 비인간적인 생활을 하게 하였다"(A2:262)고 기술하고 있다.

고등학교 교과서의 일본군 '위안부' 관련 서술 과정은 중학교와 별반 차이가 없다. 1973년 국정화 이후 관련 내용들이 한 두 줄에 걸쳐 서술되거나 또는 아예 삭제되기도 했다. 1982년의 교과서에서 "여자들

까지 침략전쟁의 희생물로 삼기도 하였다"(150~151)는 언급이 나오기
는 하지만 모호하고 추상적이다. 1990년에 발행된 교과서에는 아예 그
서술조차 삭제되었고, 1996년의 교과서에 가서야 비로소 구체적인 용
어가 등장하기 시작했나.[19]

　현재 사용되고 있는 7차 교육과정의 고등학교 국정 국사교과서는
민족의 수난과 항일 독립운동 항목에서 '일본위안부 실상'이라는 박스
를 별도로 만들어 다음과 같은 <한국정신대문제대책협의회 교육자료
1>을 인용하고 있다.

> 　"일본제국주의는 1932년 무렵부터 침략전쟁을 확대해 가면서 점령 지구
> 에서 '군인들의 강간행위를 방지하고 성병 감염을 방지하며 군사기밀의 누
> 설을 막기 위한다'는 구실로 우리나라와 타이완 및 점령지역의 10만 명에
> 서 20만 명에 이르는 여성들을 속임수와 폭력을 통해 연행하였다.
> 　이들은 만주, 중국, 미얀마, 말레이시아, 인도네시아, 파푸아 뉴기니, 태
> 평양에 있는 여러 섬들과 일본, 한국 등에 있는 점령지에서 성노예로 혹사
> 당했다. 열한 살 어린 소녀로부터 서른이 넘는 성년에 이르기까지 다양한
> 연령의 여성들은 '위안소'에 머물며 일본 군인들을 상대로 성적 행위를 강
> 요당했다. … 전쟁이 끝난 후 귀국하지 않은 피해자들 중에는 현지에 버려
> 지거나, 자결을 강요당하거나, 학살당한 경우도 있다. 운 좋게 생존하여 고
> 향으로 돌아온 일본 '위안부' 피해자들은 사회적인 소외와 수치심, 가난,
> 병약해진 몸으로 평생을 신음하며 살아가야 했다."(343쪽)

　2002년에 한국의 교과서에서 위안부 관련 내용을 크게 확대한 것은
일본의 2005년 검정 교과서에서 위안부 실상관련 내용이 축소되고 아
시아여성기금의 내용이 확충된 것과 중요한 대조를 이룬다. 일본에서
그것이 정치. 사회적 상황의 보수화를 근본 요인으로 하며, 특히 민족관

---

19) 관련 기술은 위안부라는 구체적인 표현이 나오기는 하지만 더 이상의 설명은
　　없다. 정신대와 위안부를 혼동하기 쉽게 서술한 것도 문제이다.(이영선, 2004,
　　14~15)

계가 그 축을 이룬다고 한다면, 한국의 경우, 위안부 서술이 확대된 것
은 여성운동의 활성화와 정치·경제적 민주화의 결과라고 볼 수 있다.

V. 맺음말

봉건사회와 구별되는 근대사회로의 변화는 합리화의 과정이며, 그것
은 신분제도의 폐지에서 나타나는 인간의 평등을 지향하는 것이다. 그
거대한 변화 중 하나의 근간이 여성의 사회적 출현이다. 한일 양국의
교과서가 이 점을 무시한 것은 반쪽의 역사만을 학생들에게 가르치는
셈이 된다.

일본의 교과서가 한국의 교과서보다 여성에 대한 서술이 양적으로,
그리고 서술구조에서 다소 앞서 있다고 보여졌다. 그것은 근대화가 앞
선 일본에서 여성의 삶이 변화되고 사회 진출하는 양상도 다분화된 상
황을 보여주는 것이기도 하다. 그러나 한국의 교과서가 점차 서술을 늘
려가고 사회운동, 교육, 전시동원 등 분야에 적극적으로 관심을 기울이
기 시작한데 비해, 일본 교과서가 오히려 서술을 줄이고 기왕에 실렸던
내용을 대폭 삭제하는 과정을 보이는 것은 정치·사회적인 상황 변화와
직결되어 있다고 해석된다. 더욱이 이러한 젠더 편향은 민족과 계급 편
향과 맞물려 있으므로, 전체 사회 해석의 시금석과 같다. 일본군위안부
에 관한 서술은 그 단적인 표현이다. 교육이 이렇게 정치·사회적 조건
에 구속되는 것은 바람직하지 않아 보인다.

참고문헌

강영심, 2005, <일제강점기 조선여성의 법적 지위> 한일관계사연구논집 편찬위원회
    편, ≪일제상점기 한국인의 삶과 민족운동(한일관계사연구논집9)≫
국사편찬위원회, 2001 <일본 중학교 역사교과서(검정본) 한국관련 내용 시대별·주제별
    분석 보고서>
_____, 2001 <일본역사교과서에 반영된 일본하계의 연구성과 분석 보고서>
권오현, 2008 <일본역사 학습지도요령의 총론> (미발표 논문)
君島和彦, 1997 <일본의 중학교 사회과교과서(역사적 분야)의 검토> ≪江原人文論叢≫ 5
김경일, 2008 <한일근대가족의 비교연구: 현모양처와 모성을 중심으로> (미간행논문)
김경일·임상선·정혜경, 2003 ≪일본 역사교과서의 한국관련 내용 조사·분석 및 시정자
    료 개발≫ (한국정신문화연구원)
김대상, 1978 <일제하 여자정신대의 비극> ≪신동아≫ 4월호
김보림, 2000 <1990년대 일본의 역사교과서문제> (서울대 사회교육과 석사 논문)
동북아역사재단, 2008 <2007년도 검정본 일본역사교과서 분석집>
남상구, 2008 <일본 역사교과서의 일본군 '위안부' 기술변화> 한일관계사학회 ≪韓日
    關係史硏究≫ 30
_____, 2009 <'새역모' 발간 교과서의 검정실태에 나타난 일본 교과서 검정제도의
    문제점> ≪歷史敎育論集≫ 43
박두석, 1977 <포로 없는 전쟁> ≪실록 민족의 저항 3≫ (한샘출판사)
박수철, 2008 <일본중학교 사회과(역사분야) 학습지도요령의 변화 분석> (미발표 논문)
박정애, 2002 <한국역사교과서를 통해본 일본군 위안부 문제> 한국정신대문제대책협의
    회 심포지엄, ≪한일역사교과서를 통해본 전쟁과 여성≫ 발표논문
_____, 2008 <일제시기 인신매매의 구조와 성격> (미간행논문)
서민아, 2007 <≪한국 근·현대사≫교과서의 '일제 강제여행' 서술의 현황과 내용분석>
    (국민대 교육대학원 석사논문)
신주백, 2008 <현대사(근대사Ⅱ)> 아시아평화와 역사연구소 편, ≪역사인식을 둘러싼
    자화상, 외부의 시선≫ (선인)
여순주, 1994 <일제말기 조선인 여자근로정신대에 관한 실태연구> (이화여자대학교
    여성학과 석사학위논문)
이아현, 2001 <역사교육에서 본 일본군 위안부 문제: 한일역사교과서 서술을 중심으로>
    (중앙대 역사교육학과 석사 논문)
이영선, 2004 <일본군 '위안부'에 관한 교과서 서술과 문제점-한·일 역사교과서 서술을
    중심으로> (서강대 교육대학원 석사논문)

이찬희, 2001 <일본사교과서의 한국관련 내용 분석> ≪역사교육논집≫ 26

이찬희·손용택·김복영·김형국, 1993 ≪일본 중학교 사회과 교과서의 한국 관련 내용 변화 분석≫ (한국교육개발원)

이찬희· 손용택·정영순, 1999 ≪일본·중국 중등학교 역사 교과서의 한국 관련 내용 분석≫ (한국교육개발원)

이찬희·손용택·정영순·임상선, 2001 ≪일본 중학교 역사교과서의 한국 관련 내용 분석≫ (CR 2001-39) (한국교육개발원)

이찬희·임상선, 2002 ≪일본 중학교 역사교과서의 한국 관련 내용 변화 분석≫ (CR2002-35) (한국교육개발원)

이찬희, 임상선, 2005 <일본 중학교 역사교과서의 한국관련 내용 변화분석 연구> 한국학중앙연구원

일본문부과학성, 2008 <중학교학습지도요령 해설: 사회편>

일본역사교과서 전문가 분석팀, 2001 <일본중학교 역사교과서의 한국 관련 내용 검토의 견서Ⅱ - 기존 7종 교과서>

임종국, 1981 ≪정신대≫ (일월서각)

정재정, 2003 <일본 중학교 역사교과서의 개편과 한국사관련 서술의 변화> ≪사학연구≫ 69

정진성, 2004 ≪일본군 성노예제≫ (서울대출판부)

千聖林, 2008 <새로운 여성사: 쟁점과 전망> ≪역사학보≫ 200

俵義文(타와라 요시후미), 일본교과서바로잡기 운동본부 번역, 2001 ≪위험한 교과서≫ (역사비평사, 서울)

한국교육개발원, 1993 <일본중학교 사회과교과서의 한국관련내용 변화분석>

_____, 2007 <한일역사교육과정 비교연구> (수탁연구 CR 2007-83)

한국사연구단체협의회 주관 심포지엄, 2005 <일본중학교 교과서의 역사서술과 역사인식>

한일여성공동역사교재 편찬위원회 지음, 2005 ≪여성의 눈으로 본 한일 근현대사≫ 29-32(한울아카데미, 서울)

한일역사공동연구위원회, 2007 <2008년도용 일본고교 역사교과서 분석: 2007년 3월 검정 통과본을 중심으로>

현명철, 2007 <한일 역사교과서의 근대사 기술 분석> ≪동북아역사논총≫ 17

藤岡信勝, 2005 ≪敎科書採擇の眞相≫ (PHP新書, 東京)

西尾幹二·藤岡信勝, 1996 ≪國民の油斷: 歷史敎科書が危ない!≫ (PHP研究所, 東京)

永原慶二, 2001 ≪歷史敎科書をどうつくるか≫ (岩波書店, 東京)

三宅明正, 1997/1998 <歷史敎科書をめぐる政治的言說とその特徵> 中村政則 外, ≪歷史と眞實≫ (筑摩書房, 東京)

林博史, 2007 <沖繩戰 集團決定への敎科書檢定> ≪歷史學研究≫ 831

中村政則, 2001 ＜日本の歴史教科書 (扶桑社刊)にみる歴史敍述と歴史觀＞ ≪韓國獨立運
　　　動史研究≫ 16
俵義文, 1997・2001 ≪教科書攻撃の深層≫ (學習の友社, 東京)
＿＿＿, 2001 ≪徹底檢證 あぶない教科書≫ (學習の友社, 東京)

〈첨부자료 1〉 일본중학교 역사교과서 '일본군 위안부' 서술

출판사	1980년 검정	1992년 검정
中敎出版		조선과 대만에서도 징병이 실시되었다. 조선에서의 약 70만명 외에 중국에서도 약 4만명이 강제로 연행되어 탄광 등에서 노동을 강요 받았을 뿐아니라, *군을 수행해야만 했던 여성도 있었다*.(258쪽)
學校圖書		광산.토목 등의 중노동에는 조선이나 중국사람까지도 강제로 끌고와서 일을 시켰다. 또한 군대에서도 인원이 부족하자 대학생과 조선.대만 사람들을 전쟁터로 보냈다.(243쪽)
東京書籍		전황이 악화되자 조선.대만의 식민지 사람들도 군대에 소집되었다. 전쟁이 장기화되자 많은 조선이과 중국인까지도 일본으로 끌고 와서 악조건 하에서 공장이나 관산등의 중노동에 종사하게 했다. 1945년에는 재일조선인 수는 그때까지 이주해온 사람을 합하여 조선 총인구의 1할에 해당하는 2백수십만명에 달했다.(281쪽)
大阪書籍		조선에서는 약 70만명을 강제로 일본내지로 연행하여 노동시켰으며, *나이 어린 여성도 정신대로서 강제동원했습니다*. 게다가 대만·조선에도 징병령이 내렸습니다.(262쪽)
敎育出版		강제로 일본에 끌려온 약 70만명의 중국인은 탄광 등에서 중노동에 종사하게 되었다. 게다가 징병제 아래에서 대만과 조선의 많은 남성이 병사로서 전쟁터에 보내졌다. *또 많은 조선인 등 여성도 정신대 등의 명목으로 싸움터로 보내졌다*.(273쪽)
日本書籍		
淸水書院	집단적으로 끌려온 조선인은 약 70만명, 중국인은 5만명에 달했다고 한다.(263쪽)	전시하 일본에서는 노동력 부족을 메꾸기 위해 1941년경부터 약 80만명에 달하는 조선인을 강제로 일본에 연행하여 탄광.광산 등에서 일하게 하였다. 또한 중국인도 4만명 가까이 강제연행했다. 조선인과 중국인은 가혹한 노동을 강요받았다 … 일본의 병력이 부족해지자 조선과 대만인들에 대해서도 징병제를 실시하여 싸움터로 동원했다.(245쪽)
帝國書院	일본은 조선과 대만에서도 징병제를 실시했습니다. 또한 70만명 이상의 조선사람들과 약 4만명의 중국사람들을 강제로 일본으로 끌고 와서 탄광 등에서 심한 노동에 종사시켰습니다.(291쪽)	70만명 이상의 조선 사람들과 약 4만명의 중국사람들이 강제로 일본에 끌려와서 탄광 등에서 혹독한 노동에 시달렸습니다(286쪽). 일본의 식민지였던 조선과 대만에서는 전쟁 중에 많은 사람들이 강제로 일본에 끌려 와서 일본 각지의 공장이나 탄광에서 노동했습니다. (292쪽)

자료: 한국교육개발원, 1993 <일본 중학교 사회교과서의 한국 관련내용 변화분석>에서 발췌

출판사	1996년 검정	2001년 검정	2005년 검정
東京書籍	또 국내 노동력 부족을 메꾸기 위해, 다수의 조선인 및 중국인이, 강제적으로 일본에 연행되어, 공장 등에서 가혹한 노동에 종사되었다. *위안부로서 의사에 반하여 전지에 보내진 젊은 여성도 다수 있었다.*(263쪽)	또 많은 사람들이 전쟁에 휘말려들었습니다. 일본이 침략한 동아시아와 동남아시아에는 전장에서 죽기도 하고, 노동에 끌려 나오기도 하여, 여성과 아이들을 포함하여 일반 사람들에게도 많은 희생자가 생기었습니다.(175쪽)	일본에 연행되어 의사에 반하여 일하게 된 조선인, 중국인 등도 있었고, 그 노동조건은 가혹하고 임금도 낮아 지극히 힘든 생활을 강요당했다.(193쪽)
大阪書籍	더욱이 조선에서는 약 70만 명, 중국에서도 약 4명 명을 연행하여 광산 등에서 일을 시켰습니다. 또한 조선 등의 젊은 여성들을 *위안부로서 전장으로 연행하고 있습니다.* 더욱이 대만·조선에도 징병령을 내렸습니다.(260~261쪽)	또한 조선과 대만에서도 징병령이 실시되었습니다. … 그리고, 조선에서는 약 70만 명, 중국에서도 약 4만 명을 강제적으로 연행하여 광산이나 공장 등에서 일하게 하였습니다. (171쪽)	조선과 대만에서도 징병제를 실시하여 일본의 군인으로서 전쟁터에 보내졌다 … 조선이나 중국의 점령지로부터 수십만명의 사람들을 강제적으로 동원하여 광산과 방공호 제작 등의 일을 시켰다. (200쪽)
敎育出版	노동력 부족을 메꾸기 위해, 강제적으로 일본에 연행된 약 70만 명의 조선인과 약 4만 명의 중국인은 탄광 중노동에 종사하였다. 더우기 징병제라는 것으로, 대만과 조선의 많은 남성이 병사로서 전장에 보내졌다. 또 *많은 조선인여성 등도 위안부로서 전지에 보내졌다.* (261쪽)	노동력 부족을 메꾸기 위해, 강제적으로 일본에 연행된 약 70만 명의 조선인과 약 4만 명의 중국인은 탄광 등의 엄한 노동현장에서 일하였다. 또 징병제라는 이름으로, 대만과 조선의 많은 남성이 병사로서 전장에 보내졌다. 더욱이 많은 조선인여성 등도 공장 등으로 보내졌다. (204쪽)	식민지에서 다수의 사람들이 일본으로 끌려와서 공장이나 광산에서 일하게 되었다. 많은 조선이과 중국인이 엄격한 노동조건 하에서 괴로운 생활을 강요당했다 … 조선과 대만에서는 전쟁말기에 지원병제도가 개정되어 징병제가 실시되었다. 그래서 많은 사람들이 일본군병사로서 전쟁터에 보내졌고 많은 조선인 여성등도 공장에 보내졌다.(173쪽)
日本書籍 新社	또한 *여성을 위안부로 종군시키고 가혹한 취급을 하였다.* (264쪽)	또한 조선 등 아시아 각지에서 *젊은 여성들이 강제적으로 모집되어 일본 병사의 위안부로서 전장에 보내졌습니다.* (180쪽) 그러나 일본으로부터 피해를 당한 개인이 보상을 요구할 권리까지 각국 정부가 **빼앗**은 것이 불가능하다는 시각도 있습니다. 사실 이에 입각하여 강제연행 당한 사람들, *구 위안부 여성이나 남경사건의 희생자들이* 일본	조선이나 중국의 점령지로부터 많은 사람들을 내지로 강제적으로 데려왔다. 강제연행된 조선인의 수는 약 70만 명, 중국인의 수는 4만명에 달했다.(202쪽) 1943년 조선에서, 1944년 대만에서 징병제가 실시되었다. (205쪽) 이 전쟁으로 일본인 사망자는 군인,민간인을 합하여 310만 명 (조선인, 대만인 5만명 포함), 아시아 여러 나라의 사망자는 중국만 해도 2,180만

		정부의 사죄와 보상을 요구하며 잇달아 재판을 제기하고 있습니다. (205쪽) <사진> 김학순 씨의 고소 *일본정부에 사죄와 보상을 요구하는 재판을 제기한 김학순씨*(205쪽)	명에 달한다(중화인민공화국 정부의 발표). (207쪽) *군의 요청에 의해, 일본군 병사를 위해 조선 등 아시아의 각지에서 젊은 여성이 모집되어 전장으로 보내졌다.* (202쪽) *강제연행된 사람들이나 남경사건의 희생자들 등이 일본정부에 사죄와 보상을 요구하고 계속해서 재판을 제기하고 있다.*(231쪽) *<사진> 한국'태평양전쟁희생자유족회'의 일본정부에 대한 소송을 보도한 신문*(朝日新聞.1991.12.6)
日本文教出版	식민지인 대만이나 조선에서도 징병이 실시되었다. *위안부로서 전장의 군에 수행하도록 강요당한 여성도 있었다.* 국내의 노동력이 부족했기 때문에 조선에서 약 70만 명, 중국에서 약 4만 명의 사람들이 강제 연행되어 탄광 등에서 노동을 강요당하였다.(252쪽) <사진> 조선인의 강제연행 토목공사 및 광산 등에서 중노동을 강요당하였다.(252쪽)	… 그러나 식민지 독립을 인정하지 않고, 주민을 노동자로 징발하였다. 국내의 노동력을 보충하기 위해 조선에서 약 70만, 중국에서 약 4만 명의 사람들이 강제적으로 일본에 연행되어 탄광 등에서 가혹한 노동에 종사당하였다.(209쪽)	식민지 대만이나 조선에서는 병사의 모집이 시작되고 … (181쪽). 조선으로부터 약 70만, 중국으로부터 약 4만의 사람들을 … 일본에 데려왔고, 그들은 탄광 등에서 가혹한 노동에 종사당했다.(187쪽)
清水書院	조선인, 중국인은 가혹한 노동을 강요당하였다. … *또한 조선, 타이완 등의 여성 중에는 전지의 위안시설에서 종사하게 된 사람들도 있었다.*(259쪽)	또한 전지의 비인도적인 *위안시설에는 일본인 뿐만 아니라 조선과 대만 등의 여성도 있었다.*(189쪽)	조선이나 대만에도 징병제를 강제해서 일본병력으로서 전쟁에 동원했다 … 조선인이나 중국인을 강제적으로 연행해서 석탄갱도나 광산 등에서 일하게 했다. (203쪽) 조선이나 대만에는 징병제가 강제되어 각각 20만명, 2만명이 태평양전쟁에 동원되었다. 또한 일본 본국이나 사할린 등으로 노동력으로 강제적으로 연행된 사람들은 식민지였던 조선에서 약72만명 (1939~1945), 점령하에 있던 중국에서는 약 4만

			명(1943~1945)에 이른다고 이야기되고 있다.(204쪽)
帝國書院	*전쟁에서 남성은 병사로, 여성은 위안부 등으로 징집하여 견디기 힘든 고통을 안겨 주었습니다.(257쪽 칼럼) …* 게다가, 일본의 식민지였던 조선과 대만 사람들 가운데에서도 많은 희생자가 나왔습니다. 전쟁으로 일본 국내의 노동력이 부족해졌기 때문에 조선에 많은 사람들을 강제적으로 일본으로 연행하였습니다. 이 사람들은 광산, 군수공장, 토목건설업 등에서 위험하고 힘든 노동에 종사 당하였습니다. 이들 지역 출신자 중에는 위안부였던 사람들, 히로시마나 나가사키에서 원폭에 피폭당했던 사람들, 전전 일본령이었던 지역에 종전으로 잔류하게 된 사람들도 있습니다.(271쪽)	*전시기간 중 위안시설로 보내진 사람들과 구일본군으로서 징병된 한국, 대만 사람의 남성 등의 보상문제가 재판장에서도 제기되게 되었습니다.(221쪽)*	… 기업 등에서 반강제로 할당을 결정하여 조선인이나 중국인을 모아서 일본 각지의 탄광, 광산등으로 데려가 낮은 임금으로 심한 노동을 시켰다(209쪽). 대만과 조선에서도 징병이 실시되었다.(210쪽) (각주1): *전시 중 위안시설로 보내진 여성과 일본군으로 징병된 한국, 대만 남성 등의 보상문제가 재판정에 서게 되었다.(231쪽)*

자료: 1996년·2001년: 국사편찬위원회, 2001 ≪일본중학교 역사교과서(검정본) 한국관련 내용 시대별·주제별 분석 보고서≫ 231~233

　　2005년: 신주백, 2008 <역사인식을 둘러싼 자화상, 외부의 시선> 아시아평화와 역사연구소 편, ≪근대사 Ⅱ - 현대사≫ (선인) 243~244, 248~250

〈첨부자료 2〉: 일본고등학교 역사교과서 '일본군위안부' 서술
≪일본사 A≫

번호	출판사	서명 (2003)	2003년	2007년
1	第一	高等學校 日本史A 人·くらし· 未來	또한 조선인 여성을 중심으로 각종 구실을 붙여서 권유하거나, 강제연행하거나 해서 종군위안부로 삼았다.	또한, 조선인을 중심으로 많은 여성이 위안부로서 전쟁터에 보내졌다. (111쪽) 강제연행과 '종군위안부' 문제를 비롯한 전후 보상을 둘러싼 문제도 남아있다. (170쪽)
2	三省堂	日本史A	여성도 정신대로 조직되어 군수공장 등에서 노동에 종사되었고, 또한 일본군 병사를 위한 위안부로서 필리핀 등의 젊은 여성과 함께 戰地에 보내졌다. (117쪽) 또한 일본 정부는 '종군위안부'에 대한 보상으로서 민간에 "여성을 위한 아시아평화기금"을 만들어 지원했고(127쪽)	여성도 정신대로 조직되어 군수공장 등에서 노동에 종사되었고, 또한 일본군 병사를 위한 위안부로서 필리핀 등의 젊은 여성과 함께 戰地에 보내졌다.(117쪽) 또한 일본 정부는 '종군위안부'에 대한 보상으로서 민간에서 "여성을 위한 아시아평화국민기금"을 만들게 하여 지원했고(127쪽) 점령지에서는 일본은 군정을 실시하여 사람들을 강제적으로 노동자와 종군위안부 등으로 동원했다.(126쪽)
3	山川	日本史A	또한 위안부로서 각지의 軍에 종사했던 사람도 있었다(이른바 종군위안부). (200쪽)	또한 위안부로서 각지의 軍에 종사한 사람도 있었다(이른바 종군위안부).(200쪽)
4	東書	日本史A 現代から の歴史	일본의 식민지와 점령지에서는 조선인과 중국인, 필리핀인, 베트남인, 네덜란드인 등 다수의 여성이 종군위안부로 동원되었다. 위안소는 중국, 홍콩, 싱가포르, 네덜란드령 동인도에서부터 일본의 오끼나와제도, 홋가이도, 사할린 등에까지 이르렀다.(147쪽)	그 동안 모금을 모아서 '종군위안부'였던 사람들에게 일시금을 지급할 목적으로 '여성을 위한 아시아 평화 국민기금'(아시아여성기금이 발족(1995)하고 (중략) 이러한 사실들은 국제적인 인권인식의 고조를 반영한 것이다.(28쪽) 아시아 여성기금 아시아여성기금의 발족에 있어서는 인권에 관한 사항을 금전문제화 하려고 한다는 비판과 정부의 책임을 회피하려고 한다는 등의 비판이 국내외에서 제기되었다. 이 기금과 관련, 하시모토 류타로 이후 역대

| 4 | 東書 | 日本史A 現代から の歴史 | | 총리가 보낸 "'위안부'였던 분들에 대한 총리의 사죄 편지"에는 다음과 같이 기술되어 있다. "이른바 종군위안부 문제는 당시 군의 관여하에 다수의 여성의 명예와 존엄을 깊이 상처 입힌 문제입니다. 저는 일본국 내각총리대신으로서 다시 한 번 이른바 종군위안부로서 많은 고통을 경험하고, 심신에 치유하기 어려운 상처를 입은 모든 분들에 대해 마음으로부터 반성의 뜻을 전하고자 합니다. 우리들은 과거의 중압으로부터도 미래의 책임으로부터도 도망쳐서는 안됩니다. 우리나라로서는 도의적 책임을 통감하면서 사죄와 반성의 마음을 바탕으로, 과거의 역사를 직시하고 올바르게 이러한 사실을 후세에 전함과 동시에 부당한 폭력 등 여성의 명예와 존엄에 관한 여러 문제에도 적극적으로 대처해 나가고자 합니다(28쪽).

일본에서도 예컨대 종군위안부나 남경대학살 등 자국에 불리한 사실은 교과서에 실어서는 안 된다는 의견이 있다(31쪽).
일본의 식민지와 점령지에서는 조선인과 중국인, 필리핀인, 베트남인, 네덜란드인 등 다수의 여성이 '위안부'로 동원되었다. 위안소는 중국, 홍콩, 싱가포르, 네덜란드 영 동인도 등에서부터 일본의 오끼나와제도, 홋가이도, 사할린 등에까지 이르렀다.(148~149쪽)

"'종군위안부'로 되어졌던 분들에 대한 보상을 실시하는 것'과 '여성의 명예와 존엄에 관련된 현재의 여성문제에 관여하는 것'을 목적으로, 1995년 국민모금을 기초로 아시아여성기금이 설립되었다.(178) |

≪일본사 B≫

번호	출판사	서명(2003)	2003년	2007년
1	實敎	高敎 日本史B	그리고 군도설치에 관여한 위안소에는 일본군의 監理하에 병사의 性 상대로서 조선을 중심으로 중국·인도네시아·필리핀·네덜란드 등의 많은 여성을 위안부로 동원했다.(209쪽) '종군위안부' 문제에 대해서도	일본군도 설치에 관여한 위안소에는 일본군의 監理하에 병사의 性 상대로서 조선을 중심으로 중국·인도네시아·필리핀·네덜란드 등의 많은 여성을 위안부로 동원했다.(203쪽) 1990년대에 들어와 종군위안부와 강제

1	實教	高教 日本史B	한국의 여성단체를 중심으로 진 상규명과 사죄, 보상을 요구하는 운동이 일어나, 1990년 한국정신 대문제대책협의회가 발족했다. 그 가운데 원'위안부', 구 일본군 군인군속 등이 1991년 일본정부 에 보상을 요구하는 재판을 동경 지방법원에 제소했다.(242쪽) 1993년에는 '종군위안부' 문제 에 관한 조사결과 발표와 함께 고노 관방장관 담화를 발표, 군 의 관여하에 위안소가 설치되었 다는 것을 인정, '위안부'가 되 었던 사람들에 대한 '사과와 반 성'을 표하였다. 1994년에 '위안 부'에 대한 '보상금' 지급을 위 해 아시아여성기금을 설립했다. 1996년 국제연합인권위원회는 '종군위안부'문제 등에 대한 구 마라스와미 특별보고자의 보고 를 받고, '여성에 대한 폭력'에 관한 결의를 채택하고, 동 보고 에 留意한다고 표명했다. 동 보 고는 피해자에 대한 사죄와 배 상 등 6항목의 일본 정부에 대한 권고를 포함하고 있다.(243쪽)	연행 등에 대해 일본에 보상을 요구하 는 움직임이 분출했다. 1995년에는 무 라야마 수상담화에서 식민지 지배와 지 배에의 반성을 표명했으나 전후보상 문 제의 해결은 진전되지 않고 있다.(235) 종군위안부 문제 등 일본의 침략과 가 해의 사실을 기술해 온 교과서를 "자학 적"이라고 비난하는 움직임이 생겨나, 이런 주장에 근거한 중학교 역사·공민 교과서가 나타났다.(239쪽) 1993년에는 '종군위안부'문제에 대한 조사결과 발표와 더불어 고노관방장관 담화를 발표, 군의 관여하에 위안소 설 치되었음을 인정하고 '위안부'로 되었던 사람들에게 '사죄와 반성'을 표했다. 1994년 '위안부'였던 사람들에 대해 '보 상금' 지급을 위한 아시아여성기금을 설립했다.(243쪽) 1996년 국제인권위원회는 '종군위안부' 문제 등에 대한 구마라스와미 특별보고 자의 보고를 받아, '여성에 대한 폭력' 에 관한 보고서를 채택, 동 보고서에 유 의할 것을 표명했다. 동 보고는 피해자 에 대한 사죄와 배상 등 6개 항목에 걸 친 일본정부에 대한 권고를 포함하고 있다.(243쪽) 설명(1) '위안부' 문제에 대해서는 2000 년에 여성단체가 중심이 되어, 민간에 의한 재판형태를 띤 '여성국제전범법정' 을 도쿄에서 개최했다.(243쪽)
2	實教	日本史B	주제학습 또한 다수의 여성이 일본군 병 사의 性의 상대로서 '종군위안 부'로 되어 중국, 필리핀, 인도	주제학습 또한 다수의 여성이 일본군 병사의 性 의 상대로서 '종군위안부'로 되어 중국, 필리핀, 인도네시아 등의 前線과 오키

			네시아 등의 前線과 오끼나와 등으로 연행되었다.(377)	나와 등으로 연행되었다.(355)
			일본이 아시아에서 '명예로운 지위'를 점하기'(일본국헌법) 위해서는 과거의 침략을 반성하고 종군위안부와 강제노동의 보상 문제 등을 성실히 해결함과 동시에(373쪽)	일본이 아시아에서 '명예 있는 지위'(일본국헌법)를 점하기 위해서는 과거의 침략을 반성하고 종군위안부나 강제노동 보상 문제 등을 성실히 해결함과 동시에(391쪽)
3	三省堂	日本史B	여성도 정신대에 조직되어 군수공장 등에서 노동에 종사시키거나 일본군 병사를 위한 위안부로서 필리핀 등의 젊은 여성과 함께 戰地에 보내졌다.(330쪽)	여성도 정신대에 조직되어 군사공장 등 노동에 종사시키거나 일본군 병사를 위한 위안부로서 필리핀 등의 젊은 여성과 함께 戰地에 보내졌다.(330쪽)
4	淸水	高等學校日本史B	또한 전지에는 위안부도 보내졌는데, 조선인이 많았다. (221쪽)	또한 전지에는 위안부도 보내졌는데, 조선인이 많았다.(219쪽)
5	山川	新日本史	나아가 조선인 여성 중에는 종군위안부가 될 것을 강요받은 사람도 있었다.(356쪽)	나아가 조선인 여성 중에는 종군위안부가 될 것을 강요당한 사람도 있었다.(356쪽)
6	山川	高敎日本史	기술 없음	기술 없음

≪세계사 A≫

번호	출판사	서명	2003년도	2007년도
1	東書	世界史A	종군위안부로서 전선에 보내진 많은 여성도 있었다.(172쪽)	나아가 위안부로서도 전선으로 보내진 많은 여성들이 있었다.(세계사 A18~86)
2	實敎			종군위안부로서 전장에 보내어진 여성도 적지 않았다.(147쪽)

≪세계사 B≫

번호	출판사	서명	2003년도	2007년도
1	山川	新世界史	기술없음(공습, 원폭피해는 기술)	기술없음
2	淸水	高等學校世界史B	기술없음(공습, 원폭피해는 기술)	기술없음
3	帝國	新編高等世界史B新訂版	기술없음(공습, 원폭피해는 기술)	기술없음

≪윤리≫

번호	출판사	서명	2007년도
1	實敎		전후 보상: 과거에 일본이 행한 남경대학살, 강제연행, 종군위안부 등에 관련된 문제로, 현재 개인보상 소송이 제기되어 있다. 정부는 전후배상 문제는 해결되었다는 입장이지만 많은 위안부였던 사람들은 국가에 의한 사죄와 보상을 요구해왔다. 이에 대해 정부는 1995년에 '아시아여성기금'(민간모금)을 발족시켰다.(2007년 해산).

≪정치·경제≫

번호	출판사	서명	2007년도
1	東京		정부는 이 전후보상 문제는 국가의 배상에 의해 해결되었다고 하지만, 구연합국 포로와 종군위안부 등 전시 중 일본에 의해 비인도적 취급을 받은 사람들에 대해서는 인도상의 문제로서 성의 있는 대응이 요구되어 진다. (95쪽)
2	淸水		일본군에 의해 징용되어 전범이 된 사람들과 종군위안부, 강제연행으로 일본에 와 피해를 입은 피폭자 등으로부터 정부에 대한 공식사죄와 보상이 요구되어지고 있다. 이 배경에는 국가가 개인의 인권을 침해하는 것을 허락하지 않는다는 국제인권의식이 고양된 점이 있다. 일본정부는 전쟁과 국가간의 문제로 평화조약과 배상협정으로 '법적으로 해결되었다'는 입장을 가지고 있다.(89쪽)
3	實敎		1990년대가 되면 元 종군위안부와 강제연행 노동자에 대한 전후보상 문제가 주목을 끌어, 새로이 전쟁책임·전후책임이 요구됐다. (93~94쪽)
4	第一		일본과 근린제국과의 사이에는 심각한 문제로서 제2차 세계대전 당시 일본이 일으킨 종군위안부 문제(주1)와 강제연행 문제 등의 전후 보상 문제가 있다. 근린제국과의 진정한 우호관계를 수립하기 위해서는 이러한 문제는 하루라도 빨리 해결되어야 한다. (주1) 전시중, 중국·조선·동남아시아 등 지역에서 다수의 여성이 연행되어, 참기 어려운 고통을 당했다. 이 문제에 대해 국가간의 보상은 해결되었다고 하는 한편 일본 정부는 1993년 공식으로 사죄하고, 1995년 '여성을 위한 아시아평화국민기금'을 설립했다(2007년 종료 예정).(54쪽)

자료: 동북아역사재단, 2007 <2007년도 검정본 일본역사교과서 분석집> 279~284

〈첨부자료 3〉 한국고등학교 근현대사 교과서의 '위안부' 관련 기술

출판사	내용	비고
금성 출판사	<5. 전쟁 동원과 군 위안부 징용> 중 <군 위안부, 여성까지 전쟁 수단으로> 일제가 침략전쟁을 수행하면서 행한 가장 반인륜적인 범죄행위는 여성들을 전쟁에 강제 동원한 일이었다. 처음에는 임의로 조선여성들을 동원하던 일제는 전쟁막바지에 이르러 '여자정신대근무령'을 만들고 이를 법제화하였다(1944). 정신대라는 이름으로 동원된 여성들 가운데 일부는 일본과 조선의 군수 공장에 보내져 강제노역을 당하였고, 또 다른 여성들은 전쟁터로 보내져 군위부로 이용되었다. 일제는 이미 1930년대 초 대륙 침략과 함께 군 위안소를 시범적으로 운영하다가 전쟁 말기에는 이를 더욱 조직화하여 조선여성들을 집단적으로 징발하였던 것이다. 일제 말기 침략전쟁에 강제동원된 조선여성들의 수는 수십만명으로 추산될 뿐 정확한 인원은 파악되고 있지 않다. 이들 여성 가운데 많은 사람들은 전쟁 중에 군 위안부로 희생되었다. 전쟁이 끝난 후 귀국한 사람도 있으나, 개인적인 사정으로 귀국하지 못하고 외국에 잔류한 사람도 있다. 귀국한 사람들은 대부분 전쟁 중 입은 정신적·육체적 피해를 오랫동안 극복하지 못한 채 불행한 삶을 영위하여 왔다. 그러나 일본은 아직도 이에 대한 국가적 책임을 명백히 하지 않고 있어 국제적인 해결책은 여전히 미완으로 남아 있다.(163쪽) <매주 수요일 일본 대사관 앞, 위안부 할머니들의 피끓는 절규가 터진다> "일본 정부는 범죄 사실을 인정하고 책임자를 처벌하라!" "일본 정부는 피해자들에게 공식 사죄하고 법적으로 배상하라!" 한 손으론 플래카드를 들고 다른 손으로 힘겹게 구호를 외치는 위안부 할머니들, 고목껍질 같은 그 손은 꽁꽁 얼어붙어 있었다. 일본군 위안부 문제 해결을 위한 정기 수요 시위, 한국정신대문제대책협의회(약칭 정대협)는 1992년 1월 8일에 처음 수요집회를 연 이후 지금까지 무려 10년 가까이 광화문 일본대사관 앞에서 항의집회를 가져왔다. 위안부 할머니 여섯 분과 경실련, 수녀회, 학생, 시민들 50여명이 외치는 함성은 결코 작지 않았다. 특히 이 날은 도쿄대학 법대생들이 찾아와서 함께 묵념하며 자국의 범죄 사실을 반성하는 모습이 인상적이었다. 집회를 마친 후 위안부 할머니들은 "수고했다"며 학생들의 등을 토닥여 주었다. [오늘의 한국, 2000년 4월](163쪽)	<사진 삽입> - 2000년 국제법정에서 증언하는 생존자 - 수요시위하는 생존자 <사이트 기재> -정대협 사이트
두산	<4. 경제수탈의 심화> 중 <대륙침략과 병참 기지화 정책> 더욱이 많은 여성들을 일본군이 주둔하고 있는 아시아 각 지역으로 보내 위안부로 희생시키는 천인공노할 만행을 저질렀다. (153쪽) <군위안부> 일제는 태평양 전쟁을 일으켜 침략 전쟁을 확대하면서 우	<증언 자료 삽입> - '위안부' 생존자 김복동의 수기를 요약, 기술.

	리나라의 여성들을 여자근로정신대라는 이름으로 군위안부로 동원하였다. 1942년에 일제 의해 캄보디아에 군 위안부로 끌려갔다가 극적으로 생존하여 우리나라를 방문했던 훈 할머니[한국명 李南伊]의 경우는 우리에게도 알려진 군 위안부 피해의 대표적인 사례이다. 훈 할머니는 1998년 꿈에도 그리던 고국을 방문한 후 다시 캄보디아로 돌아가 그곳에서 한 많은 생을 마감하였다. 그 외에도 우리에게 알려지지 않은 군 위안부 피해자들은 이루 헤아릴 수 없이 많다. 다음은 군 위안부 피해자인 김복동 할머니의 수기를 요약할 글이다(이하 생략).(155쪽)	\<사진 삽입\> - 전시기 '위안부' 자료 사진
대한 교과서	\<5. 아직도 진행 중인 군대 위안부 논쟁\> 자료1- \<자료읽기\> \<군대 위안부로 끌려갔다가 살아남은 사람들의 증언\>(생략) 위의 자료에서 보듯이, 일제는 우리 여성들을 강제로 끌고 가 군대 위안부로 만드는 반인륜적 범죄를 저질렀다. 그런데 이러한 끔찍한 범죄 행위에 일본 정부가 직접 관여했다는 사실이 밝혀진 것은 거의 반 세기나 지난 뒤였다. 수많은 여성이 희생되었던 이 엄청난 사건의 진상이 왜 이제야 드러나게 되었을까? 제2차 세계대전 때 나치스가 저지른 범죄 행위를 인정하고 사죄한 독일 정부와 달리, 일본 정부는 군대 위안부 동원에 국가가 직접 개입하였다는 사실을 감추고 정부가 직접 개입한 사실도 부인하였다. 또 요즈음에는 조금씩 바뀌고 있지만 여성의 정조에 대해서만 엄격한 도덕적 잣대를 들이대는 우리 사회의 분위기 때문에, 피해자는 물론 정부도 이 문제에 대한 공식적 언급을 회피하였다. 그러나 1990년에 여성단체들이 한국정신대문제대책협의회를 만들면서 오랜 침묵이 깨어지게 되었다. 군대 위안부로 끌려갔던 여성들이 잇따라 증언을 하였고 자료2와 같이 군대위안부 동원에 일본정부가 직접 관여하였다는 사실이 밝혀졌다. 그리하여 유엔 인권 소위원회에서는 일본 정부의 배상을 요구하는 보고서가 채택되는 등 이 문제에 대한 국제 사회의 관심이 높아졌고 2000년에는 여성을 전시 성노예로 강제동원한 일본의 전쟁범죄행위를 단죄하기 위해 민간 법정인 여성국제 전범법정이 열려 일본국왕과 일본군 간부 등에게 유죄 판결을 내렸다.(152~153쪽) 자료2- 일본군 병참부가 관장하던 현지 위안소의 규칙: 정부가 직접 개입하지 않았다고 주장하던 일본 정부는, 한 일본인 역사학자에 의해 육군성 병무과에서 작성한 군대 위안부 모집에 관한 서류가 발견되자 사과를 할 수밖에 없었다.(153쪽) 자료3- \<자료읽기\> 당시 일왕은 군대 위안부 동원의 최종 책임자이므로 유죄이다. 군대 위안부 생존자들의 증언과 검사측이 제시한 여러 자료를 검토한 결과 일본 정부는 납치, 유괴, 사기 등을 통해 수많은 여성을 강제동원, 강간하는 등 반인도주의적 범죄를 저지른 점이 인정된다. 전쟁 중의 반	\<증언 자료 삽입\> - 정대협 자료 중 '위안부' 생존 자들의 증언사례 4가지. \<역사자료 삽입\> - '위안부'에 대한 강제동원을 입증하는 일본 군 문서 \<위안부 문제해결을 위한 운동 자료 삽입\> - 2000년 여성국제법정 판결문 \<문제제기\> - 열린 과제를 제시하여 토론 유도 \<사이트 삽입\> - 한국정신대연구소 사이트 소개

	인권 범죄는 시대를 초월해서 전범으로 처벌 가능하다는 입장에서 히로히토 전 일본 국왕에게 최종 책임자로서 유죄를 선고한다. - 2000 일본군 성노예 여성 국제 전범 법정 판결문, 2000년 12월 12일 - (153쪽) 열린과제- 1. 국제 민간 법정에서 자료3과 같은 결론을 내린 까닭을 자료 1-2를 참고하여 설명해보자. 2. 군대 위안부 문제가 겉으로 드러나기까지 오랜 시간이 걸린 까닭을 여성의 사회적 지위, 우리 사회의 문화적 특성과 연관지어 토론해 보자. 3. 한국 정신대 연구소 홈페이지 등에서 군대 위안부 문제가 어떻게 진행되고 있는지 찾아보자. 현재 일본정부는 사과는 하면서도 군대 위안부를 강제로 동원하였다는 사실은 부인하고 있으며, 피해자들의 배상 요구에 대해서도 한일 협정에서 모든 대일 청구권을 면제받았다는 주장을 펴고 있다. 그러나 이 문제는 단순한 피해 배상 문제가 아니라 여성의 인권과 지위를 확보하고 평화롭고 정의로운 미래를 만들기 위해 반드시 해결해야할 과제이다. 즉 우리 민족만의 문제가 아니라 아직도 불평등한 대우를 받고 있는 전 세계 여성의 문제라고 볼 수 있는 것이다.(153쪽)	
천재 교육	<4. 경제 수탈의 심화> 중 <침략 전쟁을 위한 인적·물적 수탈> 특히 나이 어린 여성들의 상당수는 중국과 동남 아시아 각 지역의 전쟁터로 보내져 군인들을 상대로 위안부 생활을 강요당하였다. 즉, 일본군은 점령 지역과 식민지 곳곳에 군 위안소를 설치, 강제 동원된 여성들에게 조직적인 성폭력을 자행하는 반인륜적 범죄를 저질렀던 것이다.(169쪽)	<사진 삽입> - 전시기 '위안부' 자료 사진
중앙교 육진흥 연구소	<4. 경제 수탈의 심화> 중 <일제 말기 전시 수탈의 심화> 군위안부의 동원은 1937년에 일제의 난징대학살 이후 본격화되었다. 난징 점령 당시 일제는 수십만 명의 중국인을 학살하고 여성들을 유린하였다. 이 사건으로 일본은 국제 사회에서 비난의 표적이 되었다. 이에 일제는 군인들의 성 문제를 해결하려는 그릇된 방편으로 군 위안소를 마련하고 한국 여성들을 위안부로 동원하였다. 일제는 돈을 벌게 해 주겠다는 감언이설이나 강제 납치 등의 수법으로 한국인 여성들을 끌고 갔다. 한국 여성들은 영문도 모른 채 전쟁터 이곳 저곳으로 옮겨다니며 씻을 수 없는 고통을 당해야만 하였다. 이렇게 끌려간 위안부의 숫자는 무려 수십만 명으로 추정되고 있다. 전쟁이 불리해지자 일본 군인들은 위안부를 버리고 자기들만 도망하거나 심지어 위안부 여성들을 동굴에 가두고 폭탄을 던져 몰살시키기도 하였다. 이러한 조치는 자랑스러운 일왕의 군대라고 떠들었던 자신들의 식민지 여성을 성적으로 유린하면서 전쟁의 두려움을 없애려 한 사실을 감추기 위한 것이었다. 전쟁이 끝났다고 해서 위안부 여성의 고통이 끝난 것은 아니었다. 험난함을 이겨내고 고국으로 돌아왔어도 몸을 더럽혔다는 이유로 주위의	<사진 삽입> - 전시기 '위안부' 자료 사진 <과제 제시> - 과제를 제시하여 후속 학습 유도

	따가운 시선을 받아야만 하였다. 그리하여 결혼도 제대로 하지 못한 채 경제적 어려움 속에서 외롭게 살아가야만 하였다.(175쪽) 과제- 광복 이후 군 위안부 피해자에 대한 배상 도는 보상, 일본의 사죄 등의 문제가 어떻게 다루어져 왔는지 조사해 보자. (175쪽)	
법문사	\<4. 경제수탈의 심화\> 중 \<1930년대 이후 일제의 경제 침탈\> 잊을 수 없는 역사: 강제 징용과 일본군 위안부 자료2- 일본군 위안부로 끌려갔다가 돌아온 할머니들은 이렇게 증언하였다. "반장 부인이 동네를 돌아다니면서 한 집에서 적어도 딸 한 명씩 내놓아야 한다고 말하였다. 나는 내가 식모로 있던 집의 딸을 대신해서 어떤 일본인을 따라 나섰다.", "일본 공장에 취직시켜 준다며 여자를 모집한다기에 나는 배고픔을 면하기 위하여 이 모집에 응하였다", "친구 집에 갔다가 돌아오는 길에 파출소 앞을 지나다가 순경에 붙들려 그 길로 위안소에 강제로 끌려갔다", "학교 담임 선생이 정신대에 나가라고 하였다. 나는 선생이 시키는 대로 일본 도오야마 현에 있는 공장으로 갔다. 그러나 공장 견학만 시킨 뒤 곧바로 남양 군도의 위안소로 끌려 갔다." 당시에는 여성들의 동원뿐만 아니라 징용과 징병을 위해서 10가구 단위의 애국반이라는 것이 조직되어 필요한 인원을 잡아갔다. 이렇게 강제로 잡아가는 것도 모자라서 한국의 일부 인사들을 내세워 "나라(일본)를 위하여, 천황을 위하여 우리의 딸을 바치자"라고 선동하였다. 그러나 전쟁이 끝나자 일본 제국주의자들은 위안부로 끌려온 여성들을 아무런 연고도 없는 전쟁터에 남겨두고 자신들만 도주하였다. 또한 어떤 지역에서는 패전으로 자포자기한 군인들이 자살을 하면서 위안부들에게도 자살을 강요하였다. 심한 경우에는 굴이나 잠수함에 여성들을 집어넣고 몰살시켰다. 일본 정부는 전쟁이 끝난 뒤 관계 자료들을 모조리 없애 버리고, "민간 업자들이 여성들을 사 온 것이지, 정부가 나서서 여성들을 동원한 바 없다"고 주장하고 있다. -여성부, 중고등학교 국사교과서의 일본군 위안부 관련 사항에 관한 수정안-(158쪽)	\<사진 삽입\> - 전시기 '위안부' 자료 사진

* 고등 근현대사 교과서는 7차 교육과정(1997년 12월 개정고시)부터 선택과목으로 편입
출처: 서민아, 2007, \<《한국 근·현대사》교과서의 '일제 강제연행' 서술의 현황과 내용분석\> (국민대 교육대학원 석사논문) 71~84의 각각의 표에서 재인용

Comparative research on gender bias in descriptions of the modern history of Korea & Japan

Chung, Jin-Seong

A description of gender bias in history is established in at least two aspects of non-visualization of women and discrimination in historical analysis. This paper, first, handles the issue of overall non-visualization in the contents of modern history of Korean and Japanese textbooks. As the most important variables determining the situation of women, this paper reviews the relevant aspects of education, law, ideology on gender equality, women's lives and the status of social movements. In the latter part of the paper, it reviews in more detail the issue of women's mobilization during war-time as described in the history textbooks of both Korea & Japan. This mobilization, summarized as labor and sex mobilization, resulted from women's various conditions discussed in the previous part of the paper, which were intertwined with overall national and class discrimination in a larger sense. This paper is confined to the political and social situation in both countries and intensively compares and analyzes middle school history textbooks which are widely used in Korea and Japan (Japan: Tokyo-based textbook, Korea: national designation textbooks), in addition to some high school textbooks. In order to understand current changes, the textbooks of more than three time periods are analyzed.

Key words: Non-visualization of women, Japanese military comfort women, textbooks authorization, self-inspection, national discrimination, class discrimination

韓日の近代史叙述のジェンダー偏向性の
比較研究

鄭鎮星

　歴史叙述におけるジェンダー偏向性は、女性の非可視化と歴史作動メカニズムにおける差別的分析という少なくとも二つの側面から構成される。本文では、まず韓日の教科書の近代史の叙述部分において全般的な非可視化の問題を扱う。女性の状況を決定する最も重要な変数として、法・制度と教育及び女性の役割に対する理念、そして女性の生活状態と社会運動の状況を検討する。二つ目に、韓日両国の近代史において特殊に形成された戦時下の女性動員の問題をより詳しく検討する。勤労動員と性動員として集約されるこの戦時動員は、前述の様々な女性条件の結果でありながら、広くは全般的な民族・階級といった条件と重なり、政治・社会的状況に拘束される。本文では韓日両国において最も多く使われている中学校歴史教科書(日本:東京書籍、韓国:国定教科書)を重点的に比較分析しながら、高等学校教科書も一部参考した。最近の変化を補足するため、少なくとも三つ以上の時期の教科書を分析した。

主題語：女性の非可視化、日本軍慰安婦、教科書検定、　自己検閲、
　　　　　民族差別、階級差別

한일 근대 가족의 비교 연구

―현모양처와 모성을 중심으로―

김 경 일*

Ⅰ. 머리말

근대적 가족제도에서 여성의 역할이나 지위를 말하는 경우 가장 많이 논의되어 왔던 주제 중의 하나로는 아마도 현모양처라는 개념을 들 수 있을 것이다. 그러나 많은 논의에도 불구하고 그 내용과 정의에 대해서는 일정한 합의점을 찾기 힘든 것 또한 사실이다. 현모양처를 둘러싼 논의에는 몇 가지 쟁점이 있어 왔는데 첫 번째로 들 수 있는 것이 그 성격을 둘러싼 논쟁이다. 즉 현모양처가 전통적인 여성상을 반영한 것인지, 그렇지 않으면 그것이 근대에 들어와 형성된 것인지의

---

* 한국학중앙연구원 교수

여부를 둘러싼 쟁점이다. 이 점과 관련해서는 적어도 1980년대까지의 연구들에서는 현모양처를 전통적 여성상과 결부시켜 이해하는 방식이 주류를 이루었으며,[1] 이와 유사한 사례는 동아시아의 다른 국가들인 일본이나 중국에서도 찾아 볼 수 있다.[2]

1990년대 이후 한국에서는 현모양처 개념의 근대성에 대한 이견이 없지는 않다고 하더라도[3] 그것이 전통적인 조선의 여성상이라기보다는 근대에 들어와 형성된 여성관이라는 점이 주류를 이루고 있다.[4] 현

---

1) 대표적인 연구로는 손인수, 1977 ≪한국여성교육사≫ (연세대학교 출판부) 및 박용옥, 1984 ≪한국근대여성운동사연구≫ (한국정신문화연구원) 등 참조. 공통적으로 이들은 일제 시대의 근대적 여성교육은 전근대적인 현모양처 수준에 머문 것이었다고 지적하면서, 현모양처의 원형을 전통적인 유교적 여성관에서 찾고자 하였다.

2) 일본의 경우 1990년대 이전까지의 연구들에서는 국가가 공인하는 여자교육 규범으로 양처현모 사상을 특수한 전전 일본의 여자교육 규범으로서, 따라서 정체된 반동적 여성관으로 파악하여 왔다. 중국에서는 1900년대 초 무렵 신 시대에 상응하는 이상적 여성상을 의미하는 슬로건으로 현모양처가 등장하였지만 1919년의 5·4운동 이후 유교적 가치관이 상정하는 전통적인 여성상으로 변모하면서 이후 그러한 의미로 정착하였다. 각각 小山靜子, 1991 ≪良妻賢母という規範≫ (勁草書房) 2 및 陳姃湲, 2006 ≪東アジアの良妻賢母論－創られた伝統≫ (勁草書房) 4~5 참조.

3) 川本綾은 현모양처 사상의 전근대성이나 근대성에 대한 성격은 일의적으로 규정할 수 없다고 하면서, 시대와 상황에 따라 근대적 및 전통적 성격이 번갈아 가며 강조된 여성관으로 이해하고자 하였다. 川本綾, 1999 <조선과 일본에서의 현모양처 사상에 관한 비교 연구: 개화기로부터 1940년대 전반을 중심으로> (서울대학교 사회학과 석사학위논문)

4) 대표적인 견해로 홍양희, 1997 <일제 시기 조선의 '현모양처' 여성관의 연구> (한양대학교 대학원 사학과 석사학위논문) 및 홍양희, 2004 <조선총독부의 가족정책 연구－'가'제도와 가정 이데올로기를 중심으로－> (한양대학교 사학과 박사학위논문)이 있다. 일본 유학생이 주체가 되어 보급된 현모양처상의 근대성을 규명한 최근의 연구로는 朴宣美, 2005 ≪朝鮮女性の知の回遊: 植民地文化支配と日本留學≫ (山川出版社) ; 2007 ≪근대 여성, 제국을 거쳐 조선으로 회유하다－식민지 문화지배와 일본 유학≫ (창비) 의 제7장이 있다.

모양처의 근대적 성격과 관련한 이들의 문제의식은 비록 다르더라도, 현모양처의 근대성에 대한 지지는 비교적 확고해 보인다. 무엇보다도 전통 시대에서 오늘날 우리가 이해하고 있는 현모양처라는 개념은 찾아 볼 수 없다. 조선왕조실록에 현모와 양처라는 용어가 개별적으로 사용되기는 했지만 두 용어가 합성어가 되어 하나의 여성상을 나타내는 '현모양처'라는 용어는 존재하지 않았다.[5]

전통시대의 가족 제도에서 여성의 지위를 단적으로 표현하는 말이 있다면 그것은 아마도 좋은 며느리라고 해야 할 것이다. 그리고 이 경우의 며느리란 오늘날처럼 일정 범위 내의 가족원에 대한 역할이라기보다는 오히려 집안이나 가문 전체를 대상으로 하는 역할을 의미하는 것이었다. 박경수는 구한국시대에는 현모란 말이 유행하지 않았다는 사실을 밝히고 있다. 여자 교훈서가 한 책도 없을 뿐 아니라 육아법에 관한 책이나 자녀교육상 필요한 참고서도 찾아 볼 수 없다는 점에서 현모주의에 대한 고려가 없었다고 그는 주장하였다. "맹자의 어머니와 같은 희유한 부인을 존경하고 숭배는 하였으나 육아교육, 자녀 교육을 철저히 하려는 민중 본위의 의미로써 현모를 고취한 사람은 한 사람도 없었던 것 같"다는 것이다. 이에 반해 양처라는 말은 있었지만, 그것의 의미는 달랐다고 그는 보았다. 즉 양처란 "남편에게 복종하는 것보다 시어머니, 시누이, 기타 남편의 친척 가족 등에게 종순"해야 한다는 점에서, "양처하면 좋은 며느리라고 말하는 것이 가장 적당"하다는 것이다.[6]

---

5) 이 경우 '양처'의 의미는 '어진 아내'가 아닌 '양인의 신분을 가진 처'를 지칭하는 의미로 사용되었다. 홍양희, <일제 시기 조선의 '현모양처' 여성관의 연구> <위 글> 2 및 홍양희, ≪조선총독부의 가족정책 연구-'가'제도와 가정 이데올로기를 중심으로-≫ <위 글> 제3장 참조.
6) 박경수, 1933 <새로운 현모양처란 무엇일가?-특히 현모주의에 대하여> ≪중명≫ 8, 104~105

결론적으로 말하면 구한말 시대에 현모라는 표현은 없었으며 양처란 말은 좋은 아내라기보다는 양순한 며느리를 의미했다는 점에서, 현모와 양처를 결합하여 하나의 주의로 일컬을 수는 없다는 것이었다. 이와 같이 전통시대에는 말할 것도 없고 구한말 시대에도 현모양처라는 개념은 존재하지 않았으며, 양처에 해당되는 말은 있었다 하더라도 아내라기보다는 며느리의 입장에서 이해되었던 사실은 이 개념이 근대의 시작과 더불어 일본으로부터 이입된 용어라는 사실을 보이는 것이다[7]. 일본에서도 현모양처 사상을 일본의 전통적인 여성규범으로서가 아니라 근대국민국가의 형성이나 근대가족의 성립과 불가분의 관계에 있는 근대 사상으로 이해하려는 시도가 있으며,[8] 그 연장선상에서 홉스봄(Eric J. Hobsbawm) 류의 '만들어진 전통'이라는 문제의식에서 한중일 3국의 현모양처 상을 근대가 낳은 산물로서 비교하는 연구도 나오고 있다.[9]

현모양처를 둘러싼 다음의 쟁점은 현모양처를 구성하는 현모와 양처의 두 측면과 관련된 것이다. 현모와 양처의 두 측면에서 어느 부분

---

7) 이와 관련하여 현모양처를 일제시기에 등장한 새로운 여성관으로 이해하는 대표적인 입장으로는 조혜정, 1988 <한국의 가부장제에 대한 해석적 분석 – 생활세계를 중심으로> ≪한국의 여성과 남성≫ (문학과 지성사)와 瀬地山角・木原葉子, 1989 <東アジアにおける良妻賢母主義 – 近代社會のプロジェクトとして – > ≪中國 – 社會と文化≫ 4 (東京大學校 中國學會)의 연구가 있다. 이들은 '현모양처'라는 용어가 일본으로부터 수입된 근대적 이데올로기라는 사실을 지적하면서, 그것이 조선에 도입된 시기를 1910년대 무렵으로 추론하였다(瀬地山角・木原葉子 <위 글> 285 및 홍양희, <일제 시기 조선의 '현모양처' 여성관의 연구> <앞 글> 2). 이에 대하여 홍양희는 1906년에 설립된 '養閨義塾 設立 趣旨文'을 통해 조선에 현모양처 여성관이 도입된 시기는 늦어도 1906년 이전으로까지 소급할 수 있을 것으로 추정하였다. 여성에게 "학문과 여공(女工)에 精藝와 婦德順哲을 교육"하는 것을 통하여 현모양처의 자질을 완비하는 것을 교육의 목표로 삼았다는 것이다.(홍양희, <같은 글> 23~24)

8) 小山靜子, ≪앞 책≫ 7

9) 陳姃湲, ≪앞 책≫ iii

이 더 본질적인 것으로 여겨져 왔는가라는 물음은 지금까지 빈번하게 제기되어 왔다. 관점에 따라서는 특히 현모양처의 사회적 기능과 의의에 주목하는 경우 이 질문은 호사가의 궁금증을 충족시키는 것이 될 수도 있을 것이다. 그럼에도 불구하고 이와 관련해서는 여러 차원의 논의들이 있어 왔던 것 또한 사실이다.

예를 들면 한일 비교의 관점에서 조선에서는 모자관계가 중시되어 온 반면에 일본에서는 전통적으로 부부관계가 중심이 되어 왔다고 하는 주장을 들 수 있다. 일본에서는 '양처현모'라는 표현이 '현모양처'라는 말보다도 널리 쓰였다는 사실이 때때로 이러한 주장을 방증하는 논거로 인용되기도 하였다. 그러나 일본에서는 현모양처와 양처현모라는 단어가 혼용되고 있었으며, 오히려 1900년대 초까지 현모양처라는 말이 더욱 일반적으로 쓰여 지고 있었다.[10] 나아가서 1900~1910년대의 고등여학교 수신교과서를 분석한 한 연구는 이 시기의 교과서에서 모 역할보다는 아내의 역할에 대한 기술이 많았던 것과 대조적으로 여자교육론에서는 차세대 국민양성의 관점에서 양처보다 현모의 면에 압도적인 비중을 두고서 가정교육을 담당하는 모 역할이 강조되었다는 사실을 지적하고 있다.[11]

거꾸로 조선의 경우를 보면 위에서 인용한 박경수의 언급에서 보듯이 구한말 조선에는 현모라는 표현조차 없었다는 지적은 조선에서 모자관계가 중시되어 왔다는 사실에 의구심을 갖게 한다. 신사임당 같은 '현모'의 사례가 없었던 것은 아니지만 이는 예외적인 사례로서 전통시대에 자녀의 교육은 아버지의 영역에 속해 있었기 때문이다. 또한 조은·윤택림은 1934~39년 사이 경기여고에 재학했던 신여성에 대한 인터뷰를 통하여 당시의 여학교에서는 어머니로서의 교육보다 아내로

---

10) 瀬地山角·木原葉子, <앞 글> 및 홍양희, <앞 글>
11) 小山靜子, ≪앞 책≫ 207

서의 교육에 중점을 두었다는 사실을 지적하였다. '현모양처'라기보다
는 '양처현모'라는 말을 썼던 것에서 보듯이, 학교에서는 "아내로서 할
일을 배웠고 어머니로서 할 일, 이런 것은 별로 강조를 안했"다는 것이
다. 즉 "살림하는 법을 중요시하는 소위 양처교육은 철저히 시켰"던
것과 대조적으로 "현모교육은 특별히 시켰던 것은 없었고 의학지식,
위생시간을 통해서 아이가 아프면 어떻게 하는가 이런 걸 많이 했다"
는 것이다.[12] 주목할 것은 어머니로서의 교육과 모성애에 대한 교육은
별개의 문제였다는 것이다. 인터뷰에 응했던 이 여성은 학교에서 어머
니로서의 교육에 소홀히 했지만, "모성애에 대해서 철저히 가르쳤는데
맹목적이어서는 안 된다"고 배웠다고 진술하였다.[13]

　이러한 논의를 고려해 볼 때 현모양처에서 현모와 양처에 대한 강조
는 민족이나 사회의 발전 정도에 따른 차이를 반영하는 것이며, 동일
한 발전 단계에 있는 경우라도 그것은 일반 사회와 학교 제도에서 강
조점의 차이를 반영하는 것일 수도 있다는 사실을 고려해야 할 것으로
보인다. 즉 조선과 일본의 차이는 사회 발전 단계가 빠른 일본에서 핵
가족화가 진행되면서 어머니보다는 아내가 중심이 된 가족제도를 반영
하는 것으로 보아야 할 것이다. 1930년대 조선의 경우에는 일반 사회
에서 국가나 가족의 강화를 염두에 둔 모성담론이나 어머니 역할에 대
한 관심이 강했던 반면에 학교 제도에서는 이상적 측면에서의 아내 역
할에 상대적으로 중점을 두었던 것으로 생각된다.

　그럼에도 불구하고 염두에 두어야 할 것은 현모와 양처는 분리된 개
념이라기보다는 사실상 두 가지가 밀접하게 결합된 상태에서 이해되고
통용된다는 사실이다. 비록 어느 한쪽에 강조점을 두더라도 현모는 양

---

12) 조은·윤택림, 1995 <일제하 '신여성'과 가부장제 – 근대성과 여성성에 대한
　　식민담론의 재조명(광복50주년기념사업위원회·한국학술진흥재단)> ≪광복
　　50주년 기념논문집≫ (8 여성) 191~192
13) ≪앞 책≫ 192

처에 의해 보완되는 것이며, 양처는 현모에 의해서 완성된다고 볼 수 있을 것이다. 이미 언급하였듯이 현모냐 양처냐 하는 양자택일의 물음이 무의미하다는 지적은 이러한 맥락에서 한 것이지만, 어느 경우에도 서로는 서로를 보완하면서 일정한 방식으로 고착화된 여성상을 각각의 사회에서 만들어 왔던 것이다.

현모양처론을 둘러싼 마지막 쟁점은 그것이 국가 권력에 의해 강제로 부과된 것인지, 그렇지 않으면 여성의 입장에서 어느 정도의 자발성을 수반한 것인지의 여부와 관련된 것이다. 이 경우 대립의 축을 이루는 것은 국가와 그에 대한 국민, 그 중에서도 여성이겠지만, 국가 권력의 주요 담당자들이 남성이라는 점에서 남성이 여성에 대하여 강제로 부과한 규범인가, 그렇지 않으면 여성 자신이 자발적으로 받아들인 것인가 라는 문제로도 환원될 수 있을 것이다. 그런데 이 문제가 의미를 갖는 것은 일본보다는 오히려 식민지 조선이나 반식민지 중국의 경우로, 현모양처론의 이른바 식민성과도 관련되는 문제라고 할 수 있다.

이 문제에 대해서는 홍양희에 의한 일련의 연구들이 지속적으로 문제를 제기해 오고 있는 바, 그에 맞서 川本綾은 조선에서의 현모양처 사상이 일본에 의해 강조된 것으로만은 볼 수 없다고 주장하였다. 조선의 민족주의적 지식인들 또한 그것을 이용해 왔다는 점에서 반드시 일본에 의해 강제로 이식된 것으로 볼 수만은 없다는 것이다.[14] 현모양처론의 자발적 수용에 대해서는 일본 여자 유학생을 사례로 한 박선미의 연구에서도 주장되고 있다.[15] 川本綾의 연구에 대해서는 홍양희가 설득력 있는 반론을 제기하고 있지만,[16] 박선미의 연구에서처럼 이

---

14) 川本綾, <앞 글> 6~7
15) 박선미, ≪앞 책≫ 참조.
16) 그녀는 개화기 조선의 지식인들이 여성계몽에 관심을 가지고 있었던 것은 사실이지만, 이들이 제시한 여성교육의 이념이 현모양처라기보다는 여성교육이나 남녀평등 사상과 같은 것이라고 주장하였다. 나아가서 1920, 30년대 조선

시기 여성지식인들이 젠더 규범의 단순한 수용자가 아니라 주체적 창
조자로서 역할 하였다는 주장도 동의하기 힘든 부분이 있다.[17] 그러나
川本綾의 연구에 대한 홍양희의 논의는 여성교육에 한정된 것이라는
점에서 한계를 갖는다. 전반적으로 보면 이 시기 여성을 포함한 지식
인 일반에서 현모양처론이 자발적으로 수용된 사례는 어렵지 않게 찾
아 볼 수 있기 때문이다.

　여기서 쟁점은 강제적 부과와 자발적 수용이라는 점으로 수렴되는
경향이 있었지만, 현모양처론을 식민성이라는 문제의식에서 논할 때는
강제-자발의 기준은 지나치게 협소하고 단순하다는 점을 염두에 두
어야 할 것이다. 현모양처론의 식민성을 거론하기 위해서는 현모양처
의 내용을 이루는 주요 쟁점들, 예컨대 여성의 가정 내 역할이나 사회/
국가에 대한 참여의 문제, 혹은 여성의 직업 등의 문제를 포괄적으로
검토해야 할 것이다. 이러한 맥락에서 수신 교과서 분석을 통한 한일
양국의 비교 연구는 이 시기 한국과 일본에서 현모양처 상의 차이는
단순히 그것이 시간 지체나 편차의 문제라기보다는 오히려 남성의 여
성에 대한 편견과 식민주의적 차별이 복합적으로 작용한 결과라는 점
을 보일 수 있을 것이다. 현모양처상을 둘러싼 식민성의 문제는 바로
이러한 점에서 설정될 수 있을 것이다.

　이러한 점을 염두에 두고서 이 글에서는 먼저 식민지 시기 조선에서
현모양처 개념을 둘러싼 다양한 이해 방식들을 이념적 스펙트럼에 따
라 구분하여 검토해 보기로 한다. 대략적으로 보면 현모양처라는 개념

의 민족주의자들이 현모양처를 주장한 것은 일제에 저항한다는 의미보다는
자유주의나 사회주의 여성관에 대항한다는 의미가 훨씬 더 강했다고 주장한
다. 홍양희, 2001 <일제시기 조선의 여성교육-현모양처 교육을 중심으로>
≪한국학논집≫ 35, 224~225
17) 김경일, 2008 <회유하는 知와 근대 여성의 출현(서평)> ≪역사비평≫ 82,
467~469

을 둘러싼 논의의 지형은 보수주의와 자유주의, 급진주의, 그리고 사회
주의라는 이념적 지향에 의거하여 구분해 볼 수 있는 바,[18] 교과서에
나타난 현모양처 상은 이 가운데에서 보수적 입장을 전형적으로 보이
는 것이었다. 이어서 다음 장에서는 먼저 여자교육의 목표와 교육정책
의 변화와 아울러 이에 따른 교과서 개편의 의도 등에 대하여 검토해
보기로 하겠다. 이를 바탕으로 식민지 시기 조선과 일본에서 현모양처
개념을 비교하기 위한 일환으로 이 시기에 사용되었던 중등학교의 여
자용 수신 교과서에 나타난 현모양처 상을 검토해 보기로 한다. 교과
서에 나타난 보수적 현모양처 상은 조선인 민간 차원에서 현모양처에
대한 다양한 논의들 가운데 편향되고 선택적이며, 부분적인 입장을 대
표한 것이라는 사실을 잘 보일 수 있을 것이다.

II. 동아시아의 현모양처주의와 식민지 조선

이미 지적했듯이 현모양처의 구체적인 의미에 대해서는 명확하게
정의된 내용을 찾기가 힘들다. 이 점은 식민지시기 조선의 경우에도
그러하지만 반식민지 상태를 경험하였던 중국이나 혹은 동아시아에서
현모양처의 근대적 형태의 원조가 되었던 일본의 경우에도 마찬가지였
다. 구체적으로 일본의 경우를 보면 현모양처에 대해서는 유교적인 전
통적 여성규범과의 연속성을 강조하는 입장과 이를 비판하면서 서구
적, 근대적 성격에 보다 주목하는 논자의 두 가지로 대별할 수 있다.[19]

---

18) 보수주의에 대한 논의는 포함하지 않지만, 각각의 사조에 대한 구체적인 용례
　로서는 김경일 2004의 3, 4장을 참조.
19) 陳姃湲, ≪앞 책≫ 27~8. 그녀에 따르면 전자는 中嶌邦, 후자는 히로다 마사
　키와 小山靜子의 연구가 대표적이다, 그런가하면 전통과 근대의 양자가 융합
　된 일본적 특수성을 강조하는 경우도 있다. 현모양처에 대한 연구의 선구자라

이처럼 다양한 접근에도 불구하고 현모양처가 무엇인가를 구체적으로 정의하려는 시도가 없었던 것은 아니다. 예를 들면 小山靜子는 일본에서 현모양처사상은 1870~80년대의 이른바 메이지계몽기의 현모론에서 단서를 찾을 수 있으며, 청일전쟁 이후 여자교육론의 발흥과 고등여학교령의 발포(1899)라는 상황을 배경으로 국가의 공인 아래 여자 교육 이념으로서의 지위를 확립한 것으로 본다. 그녀는 일본에서 현모양처사상은 특징으로 다음의 세 가지를 지적하고 있다. 첫째는 남녀는 단순한 생식능력의 상위에 그치지 않고 생리적으로도 심리적으로도 그로써 맡아야할 역할의 면에서 보아도 크게 다르다는 점, 말하자면 남녀의 차이를 대극적, 이질적 존재로서 차정하고 있는 것이며, 둘째로는 추상적, 이념적 수준에 그친 것이었지만 국가에 대한 기여라는 점에서 남녀의 상이한 역할은 동등하게 간주되었다는 점, 그리고 마지막으로는 이러한 형식적 동등성이 이면에서 여성은 실제로는 '제2차적 존재'로 간주되어 남성에 비해 열등한 지위에 놓여 있었다는 것이다.[20] 그녀는 그것이 제1차 세계대전 이후 세계 사조나 여성해방론의 영향과 같이 몇 차례에 걸친 변화의 계기를 거치면서 변용, 재편되어 가는 가운데에서도 여전히 그 본질을 유지하고 있다고 보았다.

1990년대 이후 현모양처에 대한 연구가 본격화된 중국에서도 현모

고 할 수 있는 深谷昌志는 "유교적인 것을 토대로 하면서 서구의 여성상을 굴절하여 흡수한 복합사상"으로 현모양처를 이해하면서, "일본 특유의 근대화 과정이 낳은 역사적 복합체"이자 동시에 "국체 관념으로 대표되는 체제 이데올로기의 여자교육관"으로 정리하고 있다. 中嶌邦, <日本教育史における女性> 女性學硏究會 編, 1981 ≪女性史をつくる≫ (勁草書房) 및 <女子教育の體制化－良妻賢母主義教育の成立とその評價> 講座日本教育史編輯委員會編, 1984 ≪講座日本教育史(3)≫ (第一法規出版) ; ひろたまさき, <文明開化と女性解放論> 女性史總合硏究會 編, 1982 ≪日本女性史(4)近代編≫, (東京大學出版會) ; 小山靜子, ≪위 책≫ 및 深谷昌志, 1966 ≪良妻賢母主義の教育≫ (黎明出版)

20) 小山靜子, ≪위 책≫ 52~56

양처를 둘러싼 논의의 지형은 일본에서와 비슷한 방식으로 전통-근
대의 축을 따르고 있다. 즉 중국 전통의 유교 문화에 기원을 둔 현모양
처가 근대 이후에 어떻게 변천해 갔는지에 주목하는 입장과 이에 대하
여 현모양처를 전통적인 여성상으로 보는 견해를 부정하고 근대 이후
중국에 수입된 외래사상이라는 전제에서 일본의 양처현모와의 관련성
이나 비교를 시도하는 입장으로 대별되는 것이다.[21]

　후자의 입장에 선 陳姃湲은 현모양처 자체에 대한 정의에 대해서는
다소 유보적인 입장을 보인다. 왜냐하면 그것은 상이한 시대의식이나
시대적 요구를 반영하는 가변적이고 유동적 개념이라고 보기 때문이
다.[22] 이러한 점에서 그녀는 현모양처론의 접근에서는 두 가지를 염두
에 두는 것이 중요하다고 지적하고 있다. 하나는 1900년대 이래 끊임
없이 중국 언론계를 흔들어왔던 현모양처를 둘러싼 논쟁의 가운데에서
그것이 의미하는 여성상은 반드시 동일한 것이 아니라 그 말에 내포된
의미가 각기 달랐고 또 다양했다는 점이다. 다른 하나는 각각 다른 시
기에 논의된 현모양처는 각기 다른 외래문화의 영향을 받았다는 사실
이다. 즉 다른 문화권으로부터의 이질적인 사상이 각각의 시기에 현모
양처론의 방향성이나 의미에 크게 영향을 미쳤다는 점에서, 현모양처
여성상은 통시대적으로 연속적이었다기보다는 오히려 각각 단절과 불
연속성을 보인다는 것이다.[23] 이러한 점에서 그녀는 창출된 전통으로
서의 현모양처에 착안하면서, 불변의 고정된 전통이 아니라 가변적이

---

21) 陳姃湲, ≪앞 책≫ 46~47
22) 陳姃湲, ≪위 책≫ 51
23) 20세기 초의 현처양모가 메이지 일본에서 성립한 양처현모주의의 교육이념을
　　받아들인 부분이 많았다고 한다면 5·4 신문화운동기에는 엘렌 케이(Ellen Key)
　　나 베벨(August Bebel) 등 급진적인 서구의 여성론에 의해 크게 영향을 받았으
　　며, 1930년 중반의 이른바 '婦女回家' 논쟁 시기의 현처양모는 당대를 풍미한
　　파시즘의 이탈리아나 독일의 '전업주부' 상의 또 다른 이름에 지나지 않았다
　　고 본다. 陳姃湲, ≪위 책≫ 6~7

고 유동적인 현모양처의 전통에 주목하고자 하였다.

이상의 논의에서 보듯이, 현모양처의 여성상을 둘러싼 일본과 중국에서의 논의는 크게 보면 전통 – 근대의 대립 쌍을 중심으로 전개되었다는 공통점을 보이면서도, 다른 한편으로는 일정한 차이점 또한 존재한다는 사실을 알 수 있다. 현모양처의 본질은 변하지 않은 채 그것이 시기를 거쳐 가면서 일정한 변용과 재편의 과정을 밟아 갔다고 보는 小山靜子의 입장과 현모양처의 본질은 시기에 따라 항상 가변적이었다고 하는 陳姃湲의 논의를 단적인 사례로 들 수 있을 것이다. 일본과 중국에서의 이러한 입장의 대조는 전자가 주로 규범에 초점을 맞춘 이론적, 개념적 접근을 하고 있다면, 후자는 오히려 구체적인 역사적 맥락 안에서 그것의 실제를 검토하고자 하는 문제의식의 상이를 반영한 것일 수도 있다.

그러나 이 점을 고려하더라도 그것이 일본과 중국에서의 차이를 설명하기에 충분조건이 되는 것은 아니다. 양국에서 현모양처 여성상의 상이는 제국주의 국가와 (반)식민지 국가라는 역사적 현실의 차이를 반영하는 것이기 때문이다. 정형화된 여성 규범이 일정한 형태로 유지, 지속되면서 헤게모니를 가질 수 있었던 제국주의 국가와 지배 형태의 여성상을 유지할 정도의 사회적 기반이 취약했던 것을 배경으로 특정 형태의 여성상이 시기를 달리하여 출몰을 거듭하였던 반식민지 상태라는 시대적 조건의 차이가 작용한 결과로서 볼 수도 있다는 것이다.

이러한 차이들을 염두에 두고 볼 때 조선의 사례는 어떠했을까? 아마도 조선의 경우는 일본과 중국의 중간 쯤 되는 어딘가에 위치하는 것이라고 말할 수 있을 것이다. 완전한 식민지 상태에서 조선은 시대에 따라 상이한 여성상이 번갈아 드나들 정도로 사회 변동이 극적인 양상을 띤 것은 아니었지만, 그렇다고 하여 특정 여성상이 안정적이고 지속적인 형태로 헤게모니를 행사하지는 못하였다. 다른 말로 하자면 조선에서의 현모양처 상은 일본과 비교해 볼 때 제한적이고 부분적인 형태로 이식되고 또 실행되었지만, 중국과의 비교에서는 상대적으로 일관된 형태로 일정한 시기에 걸쳐 지속되었다고 할 수 있다.

　구체적으로 말하면 중국과 마찬가지로 식민지 조선에서 현모양처라는 말이 자생적으로 생겨났다기보다는 외부로부터 수입되어 보급되었다고 해서, 그 의미가 일정한 형태로 정형화되고 고정된 상태에서 쓰이지만은 않았다. 성이나 세대, 계급, 혹은 사회적 입장과 이념 등에 따라 그것을 이해하고 해석하는 다양한 방식들이 생겨나게 되었으며, 이에 따라 이 말은 다양한 의미 내용을 내포하게 되었기 때문이다. 다시 말하자면 성과 세대, 계급 및 이념 등에 따라 현모양처주의를 이해하는 방식과 그에 대한 입장이 달랐다는 것이다. 이는 현모양처 자체에 대한 이해에서도 그러했지만, 그것의 바깥에 서서 그것을 대상화하고 비판한 입장에서도 그러하였다.

　만약 이 시기에 일반적으로 이해되는 바, 일종의 정형화된 식민지 현모양처 상이 있었다고 한다면, 크게 보아 두 진영에서 그에 대한 비판이 있었다. 첫 번째로는 특히 1910년대 후반과 1920년대 전반에 뚜렷했지만, 나혜석 등을 비롯한 이른바 급진주의적 여권론자들이 있었다. 이들은 여성의 인격과 개성의 독립이라는 입장에서 현모양처주의 자체를 비판하고 부정하였다. 둘째로는 사회주의자들이 있었다. 이들은 현모양처주의 자체에 대한 비판에서는 급진주의자들과 의견을 함께하면서도 그것의 원인에 대한 진단이나 대안의 제시라는 점에서 이들과는 상이한 태도를 취하였다.

　그렇다면 이 시기 일반적으로 이해되는 바 식민지 현모양처 상은 어떠한 것이었을까? 이 시기 현모양처주의의 가장 큰 특징은 가정 내에서 여성의 현모양처 역할을 여성의 천성과 본성의 차원으로까지 끌어올려 이해한다는 점에 있었다. 따라서 여성을 독립된 개체로서 인정하

고 여성 자신의 인격을 존중한다는 인식은 설 자리가 없었다. 조선총
독부에서 편찬한 ≪女子高等普通學校 修身書≫(卷2)는 "자신을 안다는
것은 수양의 제1보"이며, 자신을 알기 위해서는 먼저 "천부의 성능(性
能)에 대해서 판별하는 것이 중요"하다고 서술하였다. 이어서 이 교과
서는 "우리들(여성 - 필자)은 남자와 다르고, 특히 여자로서의 천분을
가지고 있다는 것을 자각해야만" 한다고 서술하고 있다. 왜냐하면 여
성들은 결혼해서 "一家의 주부로서 가사를 담당해야만 함과 동시에 어
머니로서 자녀를 양육해야만 하기 때문"이며, "이 천분을 다하는 것은
여자로서 가장 크나큰 임무"라는 것이다.24)

조선총독부가 상정한 현모양처의 구체적 내용은 중등학교 여학생 4
학년을 대상으로 한 수신교과서 <卷4>에서 상술되고 있다. 이에 따르
면 여학생들은 "양처란 주부로서 가정을 정비함과 함께 남편에 대하여
는 항상 懇篤한 반려로 되고 혹은 친절한 위안자로 되고 혹은 충실한
보조자임을 명심"해야 한다.25) 이와 아울러 자녀 교육의 대부분을 담
당하는 것은 여성으로, 자녀에 대한 교양은 여성의 천직이라고 주장하
였다. 이러한 점에서 "여자의 일생은 賢女로 되고, 賢婦로 되어, 賢母로
되기에 이르러서 완성"된다는 것이다. 즉 "국가사회의 업무는 여자의
손을 거치지 않고 행해질 수도 있지만 육아의 一事에 이르러서는 여자
의 손이 없으면 가능하지 않"다는 점에서 그것이 "가장 귀한 천직이라
고 하는 이유는 실로 여기에 있"다는 것이다.26) 현모의 측면에서는 특

---

24) 朝鮮總督府學務局, ≪女子高等普通學校 修身書≫(卷2), 1925의 제3과, <자신
   을 알라> 9~11 ; 한기언·이계학, 1996 ≪한국교육사료집성 - 교과서편 ⅩⅥ≫
   (한국정신문화연구원) 605
25) 朝鮮總督府學務局, 1927 ≪女子高等普通學校 修身書≫ 卷4의 제10과 <내조
   의 의무> 65~66 ; 한기언·이계학, 1996 ≪한국교육사료집성 - 교과서편 ⅩⅥ≫
   (한국정신문화연구원) 677
26) 朝鮮總督府學務局, 1927 ≪女子高等普通學校 修身書≫ 卷4의 제12과 <자녀
   의 교양> 77~78 [한기언·이계학, 1996 ≪한국교육사료집성 - 교과서편 ⅩⅥ≫

히 모성애가 강조되었다. 이러한 점에서 이 책은 "특히 남자가 아무리 시도를 해도 미치지 못하는 (여성의 - 필자) 가장 큰 장점은 모성애"라고 하면서, 여성은 이 모성애라는 "사랑의 힘에 의하여 인간의 창조자로도 되고 또 개선자로도 되는 것"이라고 못 박고 있다.[27]

이러한 현모양처의 여성상은 식민지 시기 후기에도 일관되게 유지되었다. 1938년 3월 제3차 개정 교육령에 따라 조선총독부령 제26호로 개정·공포된 고등여학교규정은 이 점을 잘 보이고 있다. <고등여학교 규정개정취지>는 기존의 규정이 추상적이어서 교육의 근본 목적이 제대로 수행되지 못했기 때문에 '양처현모'의 자질을 갖춘 '忠良至醇한 황국여성'을 양성하는 데 적합하도록 고등여학교 규정을 개정한다고 적시하고 있다. 이 규정의 제1조는 "고등여학교는 여자에게 마땅히 요구되는 고등보통교육을 시행하고 특히 국민도덕의 함양, 부덕의 함양에 뜻을 써, 양처현모로서의 자질을 얻음으로써 충량지순한 황국여성을 양성하는 데 노력한다"고 규정하고 있다.[28]

이처럼 현모양처가 남성과는 다른 "여자의 천분"이라는 조선총독부의 인식은 현모양처주의를 여성의 본성에 적합한 것으로 인식하는 전형적인 양상을 대표하는 것이었다. 그리고 여성의 "천부의 성능"을 개발하기 위해서 여성에 대한 교육이 특히 중요시되었다. 여성 교육이 일찍부터 "현모양처의 자질을 완비"하는 것을 목표로 내걸었던 것은 이러한 맥락에서 이해된다. "현모양처는 결코 무식한 여자에게는 무가망이요 불가능"이라는 지적은,[29] 학교 교육을 통해서 '습득'되는 현모양

(한국정신문화연구원) 680]

27) 朝鮮總督府學務局, 1927 ≪女子高等普通學校 修身書≫ 卷4의 제14과 <여자의 장점과 단점> 94 [한기언·이계학, 1996 ≪한국교육사료집성 교과서편 ⅩⅥ≫ (한국정신문화연구원) 684]

28) 朝鮮總督府學務局, 1938 <高等女學校規程改正趣旨> ≪朝鮮における敎育革新の全貌≫[渡部學, 阿部洋 編, 1987 ≪植民地朝鮮敎育政策史料集成≫ 4 (龍溪書舍) 128] ; 홍양희, <앞 글> 37에서 재인용.

처주의가 지니는 이러한 세속적 효용을 적나라하게 표현한 것이었다.

현모양처 여성상에 대한 이러한 인식이 조선총독부로 대표되는 식민지 권력의 영역에 한정된 것만은 아니었다. 가정 내에서 현모양처로서 여성의 역할이 여성의 본성과 분수에 맞는 것이라는 주장은 일찍이 조선인들 스스로에 의해 제기되어 왔다. 비록 이념적으로는 자유주의나 민족주의의 지향을 보였다 하더라도, 현모양처와 관련된 여성문제에서는 보수주의적 입장을 노출한 경우도 적지 않았다. 기독교계의 중심인물이었던 유각경은 전통적 관습의 지배로 여성들에게 현모양처주의가 깊숙이 박혀 있음을 비판하면서, "여자의 천직소라 하는 가정을 선정하여 불화와 이산의 가정을 평화와 쾌락이 충만한 지상의 파라다이스를 건설하여 생존 경쟁하는 이 사회무대에서 피로한 인생에게 참 안식소가 되게 하는 양처가 되고 유망한 제2세 국민을 양성하는 보금자리에 따뜻한 현모가 되도록 가르치자"고 주장하였다.[30]

유각경은 "전통적 현모양처주의"가 여성들에게 뿌리깊이 박혀 있는 이유로서 여성들이 "활동하는 범위를 가정 방면으로 표준하였던 연고"에서 찾으면서, "일반 여자들이 가정을 위하여만 희생하던 정신을 사회방면으로 한 걸음 옮겨 띠기를 기대"한다고 하였지만, 그것은 어디까지나 현모양처로서 여성의 본성을 전제로 한 것이었다. 이러한 점에서 여자의 천직을 가정 역할로 규정하고 그 희생정신을 사회로 확대시켜 사회발전에 기여하자는 유각경의 주장을 오숙희는 현모양처의 개념을 사회적으로 확대한 것에 불과할 뿐이라고 평가하였다. 즉 본질적으

---

29) "사회에 유위유망(有爲有望)한 청년"을 사위로 택하고자 하는 "여자의 부형"은 "먼저 그 딸을 상당한 학교 출신"으로 만드는 것이 필요하다는 사실을 알아야 하며, "딸의 일생에 행복 있게 하려면 그 딸을 학교에 입학시켜야" 한다고 주장되었다. 최해조, <사상의 개신과 여자교육(2)> 《매일신보》 1919년 6월 17일자 및 홍양희, <위 글> 28 참조.
30) 유각경, 1926 <우리의 기대하는 신여성> 《청년》 12월호, 3~6

로는 현모양처를 고수하는 것에 지나지 않는다는 점에서 결국은 문명한 현모양처 양성론에 지나지 않는다는 것이다.[31]

이른바 제1세대 신여성으로서 여성의 인격 자각과 이른바 신개인주의를 주창하였던 김일엽에게서도 이와 비슷한 의미에서 현모양처관을 찾을 수 있는 것은 흥미로운 일이다. 여성이 여성이기 이전에 사람이라는 그녀의 주장은 남성에 대한 여성의 차별을 지적한 것으로 여성으로서의 자신을 부정하는 것은 아니었다. 오히려 그녀에게 자아의 실현은 여성이 갖는 본질적 기질을 발휘하는 것이었다. 여자는 "여성적 기질을 벗어날 수 없는 것"이기 때문에 자신은 "먼저 모성이라는 것을 잊어서는 안 되겠다고 생각"한다고 하면서 그녀는 여성이 "가장 아름답고 위대한 것은 모성을 발휘하는 데 있다"고 주장하였다.[32]

여성에 내재한 고유한 속성의 일부로 현모양처를 이해하는 것은 남성도 예외가 아니었다. 예컨대 주요섭은 "아무리 여성해방을 부르짖고 여성의 사회적 진출을 논하는 시대라고 할지라도 여자의 근본적 욕망 또는 기원은 현모양처 됨에 있다"고 주장하였다. 대략의 편차는 인정한다 하더라도 "여성의 절대다수는 누가 강제하지 않더라도 저 스스로가 현모양처가 되고 싶은 본능적 충동을 내포하고 있"다는 것이다. 신여성이 결혼의 자유를 부르짖는 이유는 곧 자유연애와 자유결혼을 함으로써 진정한 의미의 현모양처, 즉 "외부의 강제에 의한 가식적 현모양처가 아니라 자기 진심에서 우러나오는 참된 현모양처가 되어 보겠다는 절규"라고 그는 단언하였다. 신여성이 직업 활동을 하더라도 그것은 어디까지나 임시방편의 과도기적으로 행하는 것이며, "될 수만 있으면 좋은 배우자를 얻어 이상적 가정을 세웠으면 하는 것이 그들의

---

31) 오숙희, 1988 <한국 여성운동에 관한 연구 – 1920년대를 중심으로 – > (이화여자대학교 여성학과 석사학위논문) 116, 123~125
32) 김원주, 1924 <재혼 후 일주년 – 인격 창조에> ≪신여성≫ 2-6, 40~43

최고의 祈願"이라는 것이다.33)

≪조선교육사≫의 저술로 유명한 이만규 역시 "성격으로나 체질로
나 여자는 가정의 왕인 주부와 처와 모되기에 適宜한 것"이란 점에서
"이이 낳기, 젖먹이기, 기르고 가르치기, 집안을 미화시키기" 등을 여
자의 사명으로 나열하였다. "여자는 언제든지 여자의 천직으로 돌아
가"야 한다는 언급에서 보듯이,34) 현모양처로서 여성의 역할을 성격이
나 체질, 혹은 원래부터 타고난 '천직'에 귀속시켜 설명했다는 점에서
그는 전형적인 현모양처 여성상을 지지하였다.

여성은 본래적으로 가정 내에서 여성으로서의 주어진 역할에 적합
하게 태어났다고 보는 현모양처의 여성상은 여성의 직업이나 사회 활
동에 대해서도 부정적인 입장을 보였다. 만일 여성이 부득이 바깥 활
동에 나서야 한다면 어디까지나 그것은 가정 내에서 여성 본연의 위상
을 벗어나지 않는 범위 안에서 영위되어야 하는 것으로 주장되었다.
이러한 점에서 다음 장의 구체적 분석에서도 서술하듯이, 현모양처의
여성상은 여성의 직업 활동에 대하여 유보적인 태도를 보였다고 할 수
있다. "여자의 국가사회에 대한 제일의 사명"은 가정에서 가사와 육아
를 담당하는 것이지만 1930년대 후반 전시체제로의 이행과 같은 "국가
적 비상 시기"에 여성의 직업 활동이 제한적으로 용인되었을 따름이
다. 그러나 이 경우에도 그것은 어디까지나 가사와 육아라는 여성 본
래의 "사명을 소홀하지 않는 한에서"라는 조건이 있었다. 즉 여성이
"적당한 직업에 종사하고 또 장래를 위해 직업을 배워 익혀두는 것은
금일 時勢上 특히 필요"하지만, 그것은 "여자로서의 사명과 부인 직업
의 본뜻(本意)에 비춰" "어디까지나 처이고 모인 존엄한 천직의 완수"
를 저해하지 않는 것이 중요하다는 것이다.35) 이와 아울러 여성의 직

---

33) 주요섭, 1933 <신여성과 구여성의 행로> ≪신여성≫ 1월호, 34
34) 이만규, 1932 <학창소언(1)> ≪청년≫ 12-1, 14

업 선택 기준으로는 "그 직업이 여자의 성질상 적당한 것인지"의 여부
가 가장 중요한 것으로 강조되었다. 남자와 동일한 직업에 종사하는
경우라도 "여자는 여자로서의 성질을 그 직업상에서 표현하는 것이 중
요"하기 때문이라는 것이다.[36] 다음 장에서 보듯이 여자다움, 혹은 '여
자의 특성'이 직업 선택에서 중요한 요인으로서 강조되고 있는 것이다.

　이처럼 식민지 권력이나 일부 조선인 지식인들이 현모양처 여성상
을 공통적으로 지지했다고 해서 양자 사이에서 전혀 의견의 차이를 볼
수 없는 것은 아니었다. 먼저 지적해야 할 것은 양자가 이해하는 식민
지 가족제도의 이상형의 상위이다. 일본의 경우 1920년 이후 도시에서
신중간층의 증대를 배경으로 교과서에서 가족 구성원의 정서적 결합에
기반을 둔 근대적 가족제도를 모델로 서술하였음에도 불구하고, 조선
에서는 이 시기에도 여전히 조상이나 시부모, 혹은 가사사용인 등을
포함한 가족 형태가 제시되고 있다. 이 점은 1930년대 말 이후에도 마
찬가지여서 조상을 중시하는 전통 가족을 가족의 이상으로 여전히 부
각시키면서, 궁극적으로 그것을 천황을 정점으로 하는 가족 국가의 파
시즘 이데올로기와 연결시키고자 하였다(후술).

　이와 대조적으로 조선인 지식인들은 전통적 가족 제도의 폐해를 지
적하면서 부부 중심의 근대 가족을 바람직한 가족 형태로 제시하였다.
우탄생이라는 익명의 필자는 교육받은 여성들에게 "지금의 조선가정

---

35) 이 입장은 후술하듯이 조선총독부가 편찬한 여자용 수신교과서에서의 직업에
　　대한 인식과 매우 유사한 양상을 보인다. 이에 대하여 김양선, 2003 ≪1930
　　년대 소설과 근대성의 지형학≫ (소명출판) 236은 여성을 자녀 양육자, 가계
　　전담자로서 사적 영역에 고립시킴으로써 여성의 활동을 제국주의 전쟁에 효
　　율적으로 활용하려는 전략에서 나온 것이라고 이 입장을 비판하였다.

36) 朝鮮總督府學務局, 1938 ≪中等敎育 女子公民敎科書≫ 소의 제11장 <직
　　업>에서 제2절 '여자와 직업', 119~124 [한기언·이계학, 1996 ≪한국교육사
　　료집성－교과서편 ⅩⅦ≫ (한국정신문화연구원) 222~223] 및 홍양희, <앞
　　글> 40 참조.

을 개혁하여 일신할 필요가 있다"는 사실을 역설하였다. "케케묵은 가정의 도덕을 파괴하고 가장 완전하고 가장 현대적인 도덕을 수립하고 가정의 비극을 가져오는 대가족제도를 깨뜨리고 행복과 만족만을 가져올 완전한 가정을 건설"해야 한다는 것이다. 그는 가정을 "한 가족의 피난소나 낙원이 되게 하는 동시에 사회를 위하여 사업하는 실험실이 되게 하며 더 나아가 사회문제를 냉정히 해결케 하는 연구실이 되게" 해야 하며, "밥이나 먹고 잠이나 자는 여관이나 탁아소가 되게 하지 말라"고 호소하였다. 여성이 남편의 노예적 지위라기보다는 심리적으로나 정신적으로 독립된 상태를 유지해야 한다는 점을 인정하면서도 그는 여성의 이러한 역할 행동에서 가정의 평화에 대한 여성의 인식과 아울러 "주부로서의 천직"에 대한 자각을 강조하였다.[37]

1920~30년대의 신문과 잡지들에서 쉽게 찾아 볼 수 있었던 이러한 논의에서 단적으로 드러나듯이, 가정개량론의 맥락에서 부부 중심의 소가족론이 지속적으로 제기되고 있었다.[38] 그리고 이러한 주장은 식민지 현실의 실제에도 점차로 반영되었다. 1930년대 전반 신가정으로 일컬어졌던 39명의 가정주부에 대하여 ≪신동아≫에서 실시한 설문조사 결과를 보면 무응답자 1명을 제외한 38가족의 가구원수는 2인 가족이 3명, 3인 가족이 5명, 4인 가족이 6명, 5인과 6인 가족이 각각 4명, 7인 가족이 8명, 8인 가족이 2명, 9인과 10인 가족이 각각 3명이었다.[39] 전체적으로 보면 가구원 수 2~4명의 가구가 14명으로 전체의 37% 정도에 지나지 않은 반면에 5인 이상의 가구 수는 24명으로 63%의 높은 비중을 차지하고 있으며, 전체 가구원수 218명에 대한 38가구

---

37) 우탄생, 1932 <현대적 주부가 되라> ≪신동아≫ 10월호 128~129
38) 김혜경·정진성, 2001 <"핵가족" 논의와 "식민지적 근대성": 식민지 시기 새로운 가족 개념의 도입과 변형> ≪한국사회학≫ 35-4, 220~224
39) 편집부, 1932 <신가정 내용 공개 – 팔방으로 해부한 그네의 생활양식> ≪신동아≫ 6월호, 93~111

의 평균 가구원 수를 보면 5.7명으로 비교적 많은 가족 수를 보이고 있다는 것을 알 수 있다.

그런데 이 기사에서 조사대상의 가족에 대하여 "시부모는 거의 다 봉양치 않고 분가해 사는 것도 소가족제가 차차 실시되는 모양"이라고 서술하고 있는 것을 보면 가구원에서 시부모와 같이 동거하는 경우는 많지 않은 것으로 보인다. 조사 자료에서 자녀수는 평균적으로 2.47명으로 많다고 할 수는 없으며,[40] 하녀나 식모 등이 있는 경우는 불과 3가구 정도에 지나지 않았다는 점을 고려해 보면 나머지는 친척이나 친지 등의 동거인이 대부분을 차지하였던 것으로 추정된다. 이처럼 가족의 이념은 시대의 발전에 따라 지속적으로 변화를 거듭하면서 점차 소가족제도로 이행하였던 현실과 교과서에서 제시하였던 가족제도의 규범 사이에는 크나큰 괴리가 있었다는 것을 알 수 있다.

조선총독부와 조선인 지식인 사이의 의견의 상이는 여성의 가사 일에 대한 평가에서도 찾아 볼 수 있었다. 조선총독부가 여성의 가정 내에서의 역할을 '국가', 혹은 '국가사회'와 연관시켜 의미를 부여하고자 하였던 것과 대조적으로, 조선인 지식인들은 '국가' 보다는 오히려 '사회' 혹은 '민족'이라는 말을 선호하는 미묘하면서도 결정적인 차이를 보였다. 예를 들면 이일정은 "완전한 인격 위에 선 현모양처라는 것"이 "여자의 分"이라고 주장하였다. "여자로서 내조의 실을 나타내고 일국의 장래 운명을 卜할 제2국민 즉 자녀교육의 책임을 다함"은 결코 "불명예한 천역"이나 "노예적 봉사"가 아니라는 것이다. 오히려 여성의 내조는 "여자가 사회에 다할 바 책임을 간접으로 수행하는 일대 사

---

40) 무응답 1가구, 무자녀 4가구를 제외한 전체 가구 수 34명의 총 자녀수는 84명이었다. 주목되는 것은 1자녀 가구가 무려 15가구로 높은 비율(전체 39가구에 대한 비율은 38.5%)을 보이고 있다는 점이다. 6명 이상의 다자녀 가구는 3가구로 전체 39가구에 대한 비율은 7.7%였다. 편집부, 1932 <신가정 내용 공개 - 팔방으로 해부한 그네의 생활양식> ≪신동아≫ 6월호, 93~111 참조.

명"이라고 그녀는 보았다. 이러한 점에서 신시대의 신여자는 "여자의 선천적 소질과 사명을 자각하여 質의 善導發展과 忠勤竭力을 꾀함으로써 남녀협력 일치를 기"해야 한다고 그녀는 주장하였다.[41]

그런가하면 우탄생이라는 필명의 저자는 "가정이 불완전할 때에 그 사회가 불완전해지는 것이고 가정이 불행스러울 때는 그 민족이 불행스러워지는 것"이며, 따라서 주부가 현명하고 영리하며 의식적으로 자신의 책임을 자각할 때에 비로소 가정의 행복이 온다고 주장하였다.[42] 이와 매우 비슷한 논리는 송진우에게서도 찾아 볼 수 있었다. 1933년 1월에 창간된 ≪신가정≫의 <창간사>에서 송진우는 위의 우탄생과 마찬가지로 먼저 가정생활의 중요성을 강조하였다. 즉 "가정생활의 불완전이란 것은 그 결과가 단순히 가정생활 그것에만 그치는 것이 아니고 그 불행의 남은 물결이 그대로 사회생활에까지 밀려 점점 걷잡을 수 없는 큰 현상을 지어내고야" 만다는 것이다. 가정문제가 사회의 기초로 된다는 점에서 중요한 의미를 가지고 있다고 할 때, 가정문제에 대한 책임은 "특별히 주부된 이가 가장 그 무거운 짐을 많이 지고 있"다고 그는 언급하였다. 우탄생과 비슷하게 가정주부가 남자의 종속적 존재는 결코 아니라는 점을 인정하면서도 그는 가정생활에서 여성이 자신에게 주어진 본연의 역할을 충실하게 하는 것이야말로 가정의 행복과 아울러 나아가서는 "조선 사회 조선 민족의 행복"에 기여할 수 있다고 주장하였다.[43]

현모양처에 기반을 둔 가족제도를 사회와 민족이라는 외부의 거시적 제도들에 대한 기능이라는 관점에서 이해하고자 했던 조선인들의 이러한 주장은 양자의 연결 관계를 거의 설정하지 않거나 혹은 한다

---

41) ≪동아일보≫ 1920년 4월 3일 ; 이일정, <남녀의 동권은 인격의 대립-당파열 타파의 필요>
42) 우탄생, <앞 글>
43) 송진우, 1933.1 <창간사> ≪신가정≫ 1호, 2~3

하더라도 매우 소극적인 차원에 그쳤던 식민지 권력의 시각(후술)과 대조를 이루는 것이었다. 비록 그것이 1930년대 후반 이후 전시동원체제로 이행하면서 '국가'에 대한 '봉사'로 강제적으로 수렴되어 갔다고는 하더라도 현모양처 여성상을 둘러싼 식민지 권력과 조선인 지식인들의 의견의 차이는 충분히 주목할 만한 것이었다.

Ⅲ. 중등학교 여자용 수신교과서에 나타난 현모양처상

1. 여자용 수신교과서의 편찬과 발행

이 시기 조선과 일본에서 중등학교 여자용 수신교과서를 비교 분석하기 위해서는 먼저 주 텍스트가 되는 수신교과서의 편찬과 발행 등에 대하여 검토할 필요가 있다. 일본에서 중등학교 여자용 수신교과서를 검정 대상으로 결정한 것은 1895년 6월의 문부성령 제4호에 의해서이다. 그러나 이 결정에도 불구하고 실제 수신교과서는 이후 몇 년 동안 간행되지 않았다가 1900년 전국고등여학교장회의에서 수신교과서편찬을 문부성에 건의하는 의안이 제출되어, 그 다음 해인 1901년에 문부성에서 고등여학교용 수신교과서를 발행하였으며, 같은 해에 최초의 검정합격본도 나오게 되었다. 일본에서 고등여학교의 여자용 수신교과서는 1901년부터 시작해서 1911년에 이르기까지 10여 종이 있었으며, 1911년부터 1932년에 이르기까지 무려 46종의 교과서가 유통되었다.[44] 이들 교과서는 현행 일본 교과서 검정제도와 비슷하게 검정신청

---

44) 小山靜子, ≪앞 책≫ 200~201. 아울러 구체적인 교과서 명에 대해서는 권말

본(견본본)과 검정합격본을 포함한 것인데, 1911년 이후의 경우 전체 46종의 교과서에서 문부성본은 1책뿐으로 그나마 1920년 이후에는 없어진 것이었다.

이와 대조적으로 식민지 조선에서는 일제에 의한 강제 병합 이후 1911년 8월 조선교육령이 발포되고 이어서 같은 해 10월에 보통학교, 고등보통학교, 여자고등보통학교 규칙이 제정되면서 교과서 편찬 사업이 시작되었다. 물론 강제 병합 이전인 이른바 통감부 시절에도 일제는 1908년의 사립학교령 제정을 전후하여 <學部編纂普通學校敎科用圖書發售規程>(1907. 7), <敎科用圖書檢定規程>(1908. 8), <學部編纂普通學校敎科用圖書發賣規程>(1908. 9)과 같은 일련의 규칙들을 제정하여 교과서에 대한 검열과 통제에 나섰다.[45] 강제 병합 이후 일제는 보통학교나 각종 사립학교에서 사용되고 있었던 구 학부 편찬 교과서를 검열하여 배일적 내용을 포함하거나 식민지 지배정책에 맞지 않는다고 판단되는 책들에 대해서는 검정무효, 검정불인가, 발매반포금지 등의 억압적 조치들을 통하여 대대적인 교과서의 정리를 단행하는 한편,[46] 총독부가 주관하여 교과서의 편찬 공급을 독점하다시피 하였다.[47]

의 부록, ix - xi쪽을 참조.

45) 정재철, 1985 ≪일제의 대한국식민지교육정책사≫ (일지사) 222~223

46) 초등, 중등용인지의 여부는 명확하지 않지만 이 시기 총독부로부터 불인가 조치(1915년 12월)를 받은 여자 수신교과서로는 1909년에 盧炳善, 盧益亨이 발행한 책이 있었다. 이 책은 그 이전인 1912년 12월에 총독부가 발표한 발매반포금지도서목록에 포함되어 있다. 한기언·이계학, 1993 ≪일제의 교과서정책에 관한 연구≫ (한국정신문화연구원) 159~161

47) 이러한 사정은 1921년 1월 朝鮮總督府學務局에서 비밀자료로 작성한 <現行敎科書編纂의方針>이라는 문건에 잘 나타나있다. 이 자료에 따르면 한말 조선인들이 편찬한 교과서들은 "병합 후는 그 내용이 전혀 부적당한 것이 되었기에 새로이 편찬의 긴급을 요하게 되"었으며, "또한 고등보통학교, 여자고등보통학교 및 이와 같은 정도의 각종 학교에 대해서는 정부에서 편찬한 것이

조선에서 거주하는 일본인 중학교, 고등여학교에서는 일본에서와 마
찬가지로 문부성 검정교과서를 사용하게 하였기 때문에 교과서 채택의
폭이 넓은 반면, 조선인에 대한 차별 정책은 고등여학교에서 '국어'나
조선어, 한문 등과 함께 수신 교과서를 총독부에서 독점적으로 관리하
였다. 실제로 1920년대 여자고등보통학교용으로는 유일하게 友枝高彦,
≪女子修身≫ 5卷, 1923년 12월의 訂正再版(富山房)만이 인가를 받았
다.48) 적어도 1920년대 중반 이후 대부분의 학교 현장에서 실제로 사
용된 교과서는 1925년 2월부터 1927년 5월 사이에 조선총독부에서 편
찬한 ≪女子高等普通學校修身書≫(1~4년용)였다. '국어'와 함께 수신
교과서는 조선총독부에서 직접 관장하는 독점적 지위를 누렸던 것이
다. 1937년 중일전쟁이 발발하고 1938년 3월에 조선교육령(제3차 개
정)이 발포되면서, ≪中等敎育女子修身書≫(1~4년용)가 1938년부터
1941년의 4년에 걸쳐 매해 간행되었다.49)

이와 같이 이 시기 조선에서 사용된 중등학교 여자용 수신교과서로
는 조선총독부가 편찬한 ≪女子高等普通學校修身書≫와 ≪中等敎育女
子修身書≫가 거의 독점에 가까운 지위를 누렸다는 점에서 이 교과서

전혀 없으며, 내지 출판인 중학교 교과서 및 조선인 출판인 조서 중에서 하나
하나 내용을 심사해서 사용인가를 해 왔으나 내지의 교과서는 그 기사와 수
준이 당시 사정에 맞는 것이 적고 조선인의 저서는 모두 극히 불완전해서 채
택할 만한 것이 아주 드물"기 때문에 "고등보통학교, 여자고등보통학교 및 동
정도 제학교의 교과서 특히 국민성 양성에 관계있는 수신, 국어, 한문, 역사,
지리 등의 교과서는 총독부에서 이를 편찬 공급하는 일이 하루도 늦출 수 없
는 정황"이였다는 것이다. 朝鮮總督府學務局, <現行敎科書編纂の方針>(秘),
1921년 1월 [한기언·이계학, ≪위 책≫ 18~20]
48) 朝鮮總督府學務局, <旣認可敎科用圖書一覽> (1925. 4~1927. 7), 한기언·이
계학, ≪위 책≫ 34~39 참조.
49) 총독부가 예고한 '발간예정의 신간 및 개정교과용' 목록에 따르면 이 ≪中等
敎育女子修身書≫의 교사용 新刊 교과서는 제1권이 1939년 6월 2일, 제2권
이 8월 22일(趣意書), 제3권이 1940년에 각각 발행 예정이었다. 한기언·이계
학, ≪위 책≫ 164~165

를 분석의 대상으로 할 것이다. 이 책들은 한기언, 이계학이 공동 편집한 ≪한국교육사료집성 - 교과서편≫(한국정신문화연구원, 1996)의 ⅩⅥ과 ⅩⅦ에 각각 수록되어 있다. 한편 일본의 고등여학교 수신교과서는 이미 언급했듯이 그 책 수가 매우 많을 뿐만 아니라 텍스트를 구하는 데에도 실질적인 어려움이 있는 점을 감안하여 직접 교과서를 분석하는 것보다는 이 시기 고등여학교 수신교과서에 나타난 현모양처상의 변천을 분석한 小山靜子의 연구결과를 전거로 하여 조선의 사례와 비교해 보고자 한다.

2. 여자교육의 목표와 교육정책의 변화

본격적인 교과서 분석에 앞서 먼저 조선에서 교육정책의 변화와 그 목표 및 그에 따른 교과서 개편의 의도 등에 대하여 간략히 언급하는 것이 필요할 것이다. 먼저 강제 병합 이전통감부 시기를 보면 이 시기 여자교육에 대해서는 "자진해서 그것을 시설할 것까지는 없고, 또한 이를 시설할 경우에도 설비가 허락되는 범위 내에서 조치하도록 하고 그 敎課도 되도록이면 簡易適切하고 實用卑近한 것이 되도록" 해야 한다고 언급하고 있다.[50] 즉 여자교육은 굳이 나서서 추진할 것이 아니고, 한다 하더라도 최소한의 범위 내에서 제한적으로 해야 한다는 매우 소극적 태도를 견지하였던 것이다. 이러한 입장은 강제 병합 이후의 여러 차례에 걸친 교육정책의 변화에도 불구하고 사실상 여자교육의 저변을 흐르는 일관된 흐름이라고 할 수 있었다.

강제 병합 이후 곧이어 1911년 8월에 공포된 조선교육령은 제1장의

---

50) 幣原坦, 1919 ≪朝鮮敎育論≫ (六盟舘, 東京) 188. 幣原坦은 통감부 시절 學政參與官으로 교과서 편찬에 주도한 역할을 한 인물로 알려져 있다. 정재철, ≪앞 책≫ 198 이하 및 265~266 참조.

<강령>과 제2장의 <학교>, 그리고 <부칙>으로 구성되어 있다. 제2
장의 <학교>의 제15조를 보면 "여자고등보통학교는 여자에게 고등한
보통교육을 하는 곳으로서, 婦德을 기르고, 국민된 성격을 도야하며,
그 생활에 유용한 지식과 기능을 가르친다"라고 규정하고 있다.[51] 제
11조에서 규정하고 있는 고등보통학교의 경우와 비교해 보면 거의 같
은 내용으로 남자의 경우는 '부덕' 대신에 '상식'이라는 말로 대체되어
있는 것이 다를 뿐이다. "역사를 달리하고 풍속을 같이하지 않는" 식
민지에서 "時勢의 趣向과 民度의 실제"를 내세워 "충량한 제국신민을
육성"한다는 식민지 교육의 목표에서 남성과 여성은 별다른 차이 없이
동일한 피지배민으로서 우민화교육의 대상이 되었다고 볼 수 있다. 그
러나 수신교과서에 대한 구체적 분석은 동일한 우민화교육의 희생자였
던 식민지 남성과 여성 사이에도 유의미한 차이가 있었다는 사실을 보
이고 있다. 여자고등보통학교 규칙 제11조와 고등보통학교 규칙 제12
조에서는 수신 교과목의 목표를 각각 다음과 같이 서술하고 있다.

> 수신은 교육에 관한 칙어의 취지에 따라 도덕상의 사상 및 정서를 양성
> 하여 구래의 양풍미속을 잃지 않도록 주의하여 實踐躬行을 권장함을 요지
> 로 한다. 수신은 嘉言善行 등에 비추어 생도의 일상행실에 따라 도덕의 요
> 령을 訓諭하고, 겸해서 예법을 교수하여야 한다.

> 수신은 교육에 관한 칙어의 취지에 따라 도덕상의 사상 및 정서를 양성
> 하여 구래의 양풍미속을 잃지 않도록 주의하여 實踐躬行을 권장함을 요지
> 로 한다. 수신은 嘉言善行 등에 비추어 생도의 일상행실에 따라 도덕의 요
> 령을 訓諭하고, 특히 국가 및 사회에 대한 책무를 알게 하며, 국법을 준수
> 하고 공익에 힘쓰는 기풍을 조성하는 동시에 보통의 예법을 교수하여야 한
> 다.[52]

---

51) 정재철, ≪위 책≫ 290∼292
52) 高橋濱吉, 1927 ≪朝鮮敎育史考≫ (帝國地方行政學會 朝鮮本部) 443∼444
　　및 정재철, ≪위 책≫ 315. 밑줄은 필자.

여기에서 주목되는 점은 여성의 경우에는 단순히 '예법'의 준수를
언급하고 있는 것과 대조적으로 남성에 대해서는 "국가 및 사회에 대
한 책무"라든가 "국법의 준수와 공익의 기풍"과 같은 사실들을 강조하
고 있다는 사실이다. 일본의 경우를 보면 小山靜子는 1901년에 초판이
나온 문부성 편찬의 ≪高等女學校用修身敎科書≫에서는 개인이나 가
족도덕과 아울러 사회와 국가도덕을 언급하고 있는 점이 1890년대에
발간된 교육칙어해설서나 女訓書 류의 수신교과서와 구분되는 가장 커
다란 특징이라는 점을 지적하고 있다. 즉 1890년대의 여훈서 류의 교
과서들에서는 개인이나 가족 도덕이 여성의 덕목의 대부분을 차지하고
사회나 국가에 대한 도덕은 거의 언급되지 않았다는 점에서 문부성 편
찬의 고등여학교용 수신교과서가 이전과는 다른 획기적인 의미를 가지
고 있다는 것이다.[53]

일본과의 비교에서 보자면 식민지 여성은 사회나 국가에 대한 의무
나 책임의 부과로부터 벗어난 '비국민'의 처지에 놓여 있었다고 할 수
도 있을 것이다. 이와 같이 식민지 권력은 피지배 여성을 자신이나 가
족의 영역에 머물러있는 제한적 개체로 파악하면서, 사회나 국가와 같
은 공공의 영역에서 원천적으로 배제하고자 하였다. 비록 그 의미와
지향은 달랐다 하더라도 일본 제국의 여성이나 식민지 남성은 공공 영
역에서 교화의 대상이 되었을지언정 식민지 여성은 "시세의 추이와 민
도의 실제"에 비추어 아직은 시기상조라는 것이 일제 식민주의자들의
생각이었다. 1898년의 찬양회 선언문에서 보듯이[54] 국가와 사회에 대
한 여성 자신의 참여라는 자발적이고 내재적인 전통이 압살되어 버린
대신, "시세를 알지 못하고 민도에 뒤진" 수동적이고 무기력한 식민지
여성상이 위로부터 강제적으로 부과되었던 것이다.

---

53) 小山靜子, ≪앞 책≫ 202~203
54) 김경일, ≪앞 책≫ 40~43

1919년의 3·1운동 이후인 1922년 2월에 개정 공포된 조선교육령(제 2차)에 의거하여 개편된 수신 교과서는 사회와 국가에 대한 여성의 의무를 지적하고 있다는 점에서 앞 시기와는 다른 경향을 보이고 있다.[55] 다음의 각각은 여자고등보통학교 규정 제9조와 고등보통학교 규정 제9조에서 기술하고 있는 수신 교과서의 교육 목표이다.

수신은 교육에 관한 칙어의 취지에 따라 도덕상의 사상 및 情操를 양성하고 중등 이상의 사회에 있어 여자에게 필요한 품격을 구비시키도록 하며, 실천궁행을 권장함을 요지로 한다. 수신은 처음에는 가언선행 등에서 구하고 학생의 일상행실을 보아 도덕의 요령을 고시하고 또한 예법을 가르치며 나아가 질서를 갖추어 자기·가족·사회 및 국가에 대한 책무를 알게 한다.

수신은 교육에 관한 칙어의 취지에 따라 도덕상의 사상 및 情操를 양성하고 중등 이상의 사회에 있어 남자에게 필요한 품격을 구비시키도록 하며, 실천궁행을 권장함을 요지로 한다. 수신은 도덕의 요령을 교수하여 국가·사회 및 가족에 대한 책무 그리고 인격교양에 관해서 필요한 사항을 알리고 특히 아국 도덕의 특질을 깨닫게 한다.[56]

위의 규정을 보면 여자고등보통교육의 목표로 이전에는 언급되지 않던 "사회와 국가에 대한 책무"를 서술하고 있는 것이 우선 눈에 띤다. 구체적인 내용에 대해서는 후술하겠지만, 그러나 이 경우에도 여성에게는 개인이나 일상생활에서 도덕이나 예법의 준수가 여전히 본질적

---

55) 이미 언급한 통감부 시대의 교과서에 대한 검열, 통제가 제1회 편찬이라고 한다면, 1911년 8월 발포된 조선교육령과 곧이어 제정된 학교 규칙의 취지에 따른 교과서 개편을 제2회 편찬 사업으로 일컫는다. 1922년 2월 조선교육령과 제 학교 규칙의 공포에 따라 조선총독부는 같은 해 1월 교과서 조사위원회의 의견을 참조하여 교과서의 개정, 편찬 작업에 착수하여 1924년에 대체로 완료하였는데, 이것이 제3회의 편찬 사업이었다. 朝鮮總督府, 1925 ≪朝鮮總督府編纂教科用圖書概要≫ ; 한기언·이계학, ≪앞 책≫ 32~34
56) 정재철, ≪앞 책≫ 379~380. 밑줄은 필자.

인 것이며 사회나 국가에 대한 의무는 부수적인 것으로 간주되었다. 이는 "자기·가족·사회 및 국가에 대한 책무"에서 사회나 국가보다도 자기나 가족을 먼저 나열하고 있는 것에서도 잘 드러난다. 이와 대조적으로 남사의 경우에는 국가와 사회에 대한 책무가 우선적이며, 특히 일본과 일본정신의 도덕적 특질에 대한 이해가 강조되고 있다.

1937년 중일전쟁의 발발 이래 전시동원 체제로 이행하면서 1938년 3월에 제정된 조선교육령(제3차)과 제학교 규정의 개정에 따라 여자고등보통학교는 일본인과 마찬가지로 고등여학교로 바뀌게 되었으며, 이에 따라 교과서도 문부성이 편찬한 책을 사용하게 하고, 부득이한 경우에만 조선의 특수 사정에 따라 총독부가 편찬한 교과서를 사용하게 하였지만,[57] 수신교과서의 경우는 다소 예외적으로 운영되었던 것으로 추정된다. 이 시기 고등여학교 규정 13조와 중학교 규정 제12조에서는 수신교과목에 대하여 다음과 같이 각각 서술하고 있다.

> 수신은 교육에 관한 칙어의 취지를 奉體하여 我國體의 본의를 明徵하고 국민도덕을 會得시켜 견고한 의지를 단련하고, 특히 我國體에 대한 확고한 신념을 함양함으로써 健全有爲한 황국신민다운 성격을 양성하여 실천궁행으로 교도함을 요지로 한다. 수신은 교육에 관한 칙어를 비롯한 기타의 詔勅의 聖訓에 따라 황국신민의 자각으로부터 출발하여 국민도덕의 실천에 관한 요령 및 보통의 예법을 가르치고, 나아가 국민도덕의 유래 및 특질에 관해서 會得시킴과 함께 시대의 사상에 대한 정확한 판단력을 길러 주어 황국신민다운 신념을 공고히 하는 동시에 그 본분을 體認시켜 대국민다운 자질을 양성함으로써 皇運扶翼의 도에 철저하게 함에 힘써야 한다. 수신을 교수함에 있어서는 항상 훈련에 중점을 두어 情操의 함양과 의지의 단련에 유의하고 이론과 실천과를 합일시켜 강고한 황국신민다운 지조를 양성함에 힘써야 한다.

---

57) 이 추세는 보통학교가 초등학교 제도로 바뀌는 1941년 이후부터 더욱 강화되어, "조선총독부의 경우도 이제는 독자적인 교과서 편찬보다는 중앙정부인 문부성 편찬의 교과서를 그대로 사용하려고 한 의도가 역력"하게 되었다. 한기언·이계학, 《앞 책》 135~139

　　수신은 교육에 관한 칙어의 취지를 奉體하여 我國體의 본의를 明徵하고
국민도덕을 會得시키며, 특히 황국의 여성으로서 須要한 품격과 情操의 도
야에 뜻을 두고 의지의 단련에 힘쓰는 동시에 我國體에 대한 확고한 신념
을 양성함으로써 忠良至醇한 황국여성다움을 기하고 실천궁행에 이끌어
나갈 것을 요지로 한다. 수신은 교육에 관한 칙어를 비롯한 기타의 詔勅의
聖訓에 따라 황국신민의 자각으로부터 출발하여 국민도덕의 실천에 관한
요령 및 보통의 예법을 가르치고, 나아가 국민도덕의 유래 및 특질에 관해
서 會得시킴과 함께 시대의 사상에 대한 올바른 판단력을 길러 주어 황국
신민다운 신념을 공고히 하는 동시에 자기·가족·사회 및 국가에 대한 책무
를 알림으로써 황국여성이 恪遵해야 할 본분을 깨닫게 하여 대국민다운 자
질을 양성함으로써 皇運扶翼의 도에 철저하게 힘써야 한다. 수신을 교수함
에 있어서는 항상 훈련에 중점을 두어 情操의 함양과 의지의 단련에 유의
하고, 특히 貞操를 중히 여기고 溫良至醇한 품성의 도야에 힘쓰며, 이론과
실천과를 합일시켜 강고한 황국여성다운 지조를 양성함에 힘써야 한다.[58]

　여기에서 먼저 주목되는 점은 사회와 국가에 대한 여성의 책무가 이
전과 마찬가지로 언급되고 있다고는 하더라도 여전히 개인이나 가족에
부수적인 것으로 간주되고 있다는 점이다. 앞 시기와 다른 점이 있다
면 '여성다움'에 대한 강조와 아울러 여성성의 발휘에 대하여 특히 강
조하고 있다는 사실일 것이다. 후술할 교과서 분석에서도 그러하지만,
이전 시기들에서 여성은 단순히 남성과의 구별을 위한 대립적 표현에
불과했다면 여기에서는 '忠良至醇'이나 '溫良至醇'과 같은 여성다움의
속성을 부각시키고 있다는 점에서 앞 시기와 차별성을 보이고 있다.
남성에 대해서는 "견고한 의지"나 '정확한' 판단력과 같은 표현을 쓰
면서, 여성에 대해서는 여성으로서 품격과 정서를 도야한다거나 여성
이 지켜야 할 본분 등을 언급하는 것은 여기에서 쓰고 있는 '황국여성'
이 단순히 황국신민과 대칭을 이루는 호명이 아니라 그 자체가 고유한
기의를 갖는 기표로써 사용되고 있다는 점을 보이는 것이다.

---

58) 정재철, ≪앞 책≫ 441~442 밑줄은 필자.

마지막으로 지적할 것은 여성의 貞操에 대한 언급이다. 남성에 대해서는 찾을 수 없는 이에 대한 언급은 암묵적으로 여성에게만 정조를 요구하는 불평등한 남녀관을 내비치는 것으로 해석할 수도 있을 것이다. 이 문제와 관련하여 구체적으로 수신교과서의 내용을 검토해 보면 여성에 대해서만이 아니라 남성에 대해서도 정조를 요구하는 대목이 나타난다. 그러나 그것은 남녀평등이나 여성의 인격이라는 차원보다는 부부 사이의 화합이라는 맥락에서 제시되는 것이었다. 즉 "부부의 화합은 순결한 애정에 의하여 생기고, 애정은 상호의 정조에 의해 보장된다"는 점에서 "정조는 부부간에 존재하는 일체 도덕의 기초라고 하여도 과언이 아"니며 따라서 "남녀에 대하여 그 경중을 따질 수는 없"다는 것이다. 그럼에도 남녀에 대한 정조의 요구는 곧이어 여성에게 보다 많은 의무를 부과하는 쪽으로 기울었다. "가정에서 시부모나 남편을 잘 섬기고 자녀교양의 중심으로 되어야 할 부인으로서 그 정조를 의심받는 것과 같은 일이 있다면 그것이야말로 가정의 파괴"로 된다는 점에서 "부인의 정조는 한층 중요한 의미를 가"진다는 것이다.59) 이 점은 여성다움을 강조하는 같은 교과서의 다른 부분에서 좀 더 명확한 형태로 서술되고 있다. 즉 "여성은 온화의 덕을 가짐과 함께 어디까지나 정조의 덕을 갖춰야" 하며, "특히 정조는 여자에 대하여 가장 중요한 생명이므로 어디까지나 굳게 이를 지켜야 한다"는 것이다.60)

이처럼 여성에게 편향된 정조의 요구는 일본 교과서에서의 서술과

---

59) 朝鮮總督府學務局, 1927 ≪女子高等普通學校 修身書≫ 卷4의 제9과 <부부의 화합> 57~58 [한기언·이계학, 1996 ≪한국교육사료집성-교과서편 ⅩⅥ≫ (한국정신문화연구원) 675]

60) 이어서 "항상 잘 자중하고 행실을 바르게 하여 견고하게 몸을 지킨다면 온화한 가운데에서도 후회 없는 품격을 가질 수 있을 것"이라고 서술하고 있다. 朝鮮總督府學務局, 1925 ≪女子高等普通學校 修身書≫ 卷2의 제8과 <온화와 貞操> 35 [한기언·이계학, 1996 ≪한국교육사료집성-교과서편 ⅩⅥ≫ (한국정신문화연구원) 611]

좋은 대조가 된다. 小山靜子의 분석에 따르면 1911년 이전까지의 수신
교과서에서는 남녀의 동등성에 대하여 거의 언급하지 않았다.[61] 그러
다가 1911년 이후의 시기가 되면 교과서들에서 남녀의 인격적 동등성
을 언급하는 교과서가 많아지게 되었으며, 이러한 변화를 상징적으로
보이는 것이 정조의 문제였다. 즉 여성에 대해서와 마찬가지로 남성에
대해서도 정조를 요구하는 경향이 증대되면서, 1932년 이후에는 정조
에 대하여 언급한 모든 교과서가 남녀 양성에 대하여 요구하기에 이르
렀다는 것이다.[62] 일본의 교과서가 양성평등이나 여성의 인격이라는
차원에서 문제를 제기하고 있는 것과 대조적으로, 조선의 경우에는 남
성의 정조를 언급한다 하더라도 그것은 부부의 화합이라는 맥락에서
형식적, 소극적으로 지적하는 데 그치고 있다. "정조는 여자의 생명"이
라는 서술에서 보듯이, 실제로는 여성에게만 일방적으로 정조를 요구
한다는 점에서, 남녀동등권에 대한 인식이 들어설 자리는 없었다고 해
야 할 것이다.

3. 중등학교 여자용 수신 교과서의 비교

이제 식민지 시기 조선과 일본의 중등학교에서 사용되고 있었던 여
자용 수신교과서의 내용을 구체적으로 비교, 검토해 보기로 하자. 먼저
가족 제도에 대하여 살펴보면, 1910년대까지의 일본 교과서에서 현모
양처는 시부모와 동거하고 가사사용인도 포함한 가족에서 남편이나 시
부모에 봉사하고 자녀를 키우고 교육하며 가정을 관리할 수 있는 여성
을 일컫는 것이 보통이었다.[63] 그러나 이러한 현모양처 상은 1920년

---

61) 小山靜子, ≪앞 책≫ 208~209
62) ≪위 책≫ 216~217
63) ≪위 책≫ 204

이후 신중간층의 증가나 도시에서 근대가족의 형성에 따른 가족 실태의 변화를 배경으로 급격하게 변화하는 양상을 보였다. 전통적 가정도덕의 비중이 점차 감소하면서, 교과서에서 시부모나 가사사용인(僕婢)에 관한 서술이 소수를 차지하게 된 것이다. 물론 조상으로부터 대대로 내려온 '가'라는 관점에서 가족을 파악해 온 주류적 견해는 이 시기에도 변화하지 않았다. 그럼에도 불구하고 안식처나 피난처로서의 근대적 가정관이 대폭 증대되면서,[64] 여성의 역할에서도 "가정의 和樂이나 一家團欒을 꾀하는" 것이 기대되기에 이르렀다. 곧 가족이 '가'로서만이 아니고 가족원 상호의 정서적 결합을 중시한 '가정'이라는 말로도 포착되기 시작했다는 것이다.[65]

조선의 경우를 보면 1920년대의 교과서에서도 여전히 가족을 말할 때에는 조상이나 시부모, 혹은 가사사용인 등이 함께 언급되고 있다. 이러한 점에서 家는 "가장에 의하여 통일되어 있는 가족의 단체로서 祖先으로부터 받아 자손에게 전해지는 것을 지칭"한다고 규정되었다.[66] 아울러 현재의 "행복한 생활"이 모두 "祖先의 餘德"이라는 점에서 "여자는 일상 가정에서 조선숭배의 실을 거두는 것에 힘쓸 중임을 가지고 있"는 것으로 강조되었다.[67] 시부모에 대해서는 아예 한 단원을 설정하여, 새로이 결혼한 여성은 자신의 뜻을 버리고 "시부모의 가르침에 기꺼이 따르며 만사 그 뜻을 거스르지 않고 가정 일을 잘 처리

---

64) 종래 3할 정도의 비중을 차지하던 것이 배증하여 2/3 정도의 교과서에 등장하게 되었다. ≪위 책≫ 213~214

65) ≪위 책≫ 214

66) 朝鮮總督府學務局, 1927 ≪女子高等普通學校 修身書≫ 卷4의 제5과 <家> 29 [한기언·이계학, 1996 ≪한국교육사료집성 – 교과서편 XVI≫ (한국정신문화연구원) 668]

67) 朝鮮總督府學務局, 1927 ≪女子高等普通學校 修身書≫ 卷4의 제6과 <祖先과 親類> 35~36 [한기언·이계학, 1996 ≪한국교육사료집성 – 교과서편 XVI≫ (한국정신문화연구원) 669~670]

하여 원만·융화의 실을 거두도록 노력해야" 한다고 서술하고 있다.[68]
나아가서 가사사용인에 대한 언급도 여전히 등장하는데,[69] 이에 대해
서도 별도로 독립된 단원을 배정하여 서술하고 있다.[70]

　일본은 그만두고 조선에서도 실제로는 1920~30년대에 부부 중심의
소가족론이 가정개량론의 맥락에서 지속적으로 제기되고 있었음에도
불구하고,[71] 교과서에서는 시부모나 친척, 혹은 노복(가사사용인)을 포
함하는 확대가족을 가족의 모델로 상정하고 있었으며, 특히 일본식의
家 제도에 바탕을 둔 가족 원리는 일본에서와 비슷하게 지속적으로 강
조되었다. 시대의 발전에 따라 가족의 이념은 지속적으로 변화를 거듭
하면서, 실제 가족 제도에 영향을 미쳐 왔음에도 불구하고, 1920년대
는 말할 것도 없고 1930년대 말 이후에 편찬된 수신교과서에서도 여전
히 "경노는 가정 내에서 시작한다"거나,[72] 부덕을 강조하면서 시어머
니와의 관계를 지적하는 사례에서와 같이,[73] 조상을 중시하는 전통 가

68) 朝鮮總督府學務局, 1927 ≪女子高等普通學校 修身書≫ 卷4의 제11과 <舅
　　姑> 71 [한기언·이계학, 1996 ≪한국교육사료집성 – 교과서편 ⅩⅥ≫ (한국
　　정신문화연구원) 678]
69) "僕婢을 사용할 때도 항상 가족의 일원으로서 친절하게 대함과 동시에 그 인
　　격을 존중하는 것을 잊어서는 안 된다"고 서술하고 있다. 朝鮮總督府學務局,
　　1925 ≪女子高等普通學校 修身書≫ 卷의 제10과 <一家의 평화> 44 [한기
　　언·이계학, 1996 ≪한국교육사료집성 – 교과서편 ⅩⅥ≫ (한국정신문화연구
　　원) 614]
70) 朝鮮總督府學務局, 1925 ≪女子高等普通學校 修身書≫ 卷2의 제12과 <사용
　　자와 사역당하는 자> 50~54 [한기언·이계학, 1996 ≪한국교육사료집성 – 교
　　과서편 ⅩⅥ≫ (한국정신문화연구원) 615~6)] 여기에서도 위와 비슷하게 "다
　　른 사람을 고용하는 경우. 사람을 쓸 경우 첫째로 염두에 두어야 할 것은 가
　　족에 대한 것과 마찬가지로 온화한 마음으로 대해야 한다"고 서술하고 있다.
71) 김혜경·정진성, 2001 <"핵가족" 논의와 "식민지적 근대성": 식민지 시기 새
　　로운 가족 개념의 도입과 변형> ≪한국사회학≫ 35-4, 220~224
72) 朝鮮總督府學務局, 1939 ≪中等敎育 女子修身書≫ 卷2의 제14과 <一家·親
　　類> 86~93 [한기언·이계학, 1996 ≪한국교육사료집성 – 교과서편 ⅩⅦ≫
　　(한국정신문화연구원) 57~59]

족을 가족의 이상으로 부각시키고 있었던 것이다.74)

특히 1930년대 이후 전시 체제로 이행하면서 전통적 가부장제의 이념은 일본정신을 강조하고 '황국' 이데올로기를 강요하는데 이용되었다. 이 점은 朝鮮總督府가 펴낸 ≪中等敎育 女子修身書≫(卷2)의 체제에서 단적으로 드러나고 있다. 즉 이 책의 제10과는 <황실>이고, 이어서 제11과의 <신민>을 거쳐, 제12과의 <우리家·祖先>으로 이어진다. 그리하여 이 단원에서는 조상을 거슬러 올라가면 결국은 천황으로 수렴되는 팔굉일우의 천황제 이데올로기의 원리가 그림까지 동원하여 설명되고 있는 것이다.75)

덧붙이자면 일본의 경우 小山靜子는 1907년 이후 가족 내에서 처나 며느리 역할에서 일어난 변화의 하나로 처나 며느리에게 무조건적인

---

73) "우리나라 국민도덕 안에서 가장 중시된 것"이 부덕이라고 하면서, 이러한 점에서 "가장 유감으로 된 것이 며느리와 시어머니의 관계"라고 서술하였다. 朝鮮總督府學務局, 1941 ≪中等敎育 女子修身書≫ 卷4의 제12과 <국민도덕과 婦德> 69~70 [한기언·이계학, 1996 ≪한국교육사료집성 – 교과서편 XVII≫ (한국정신문화연구원) 112]

74) 조선총독부가 1930년에 편찬한 <普通學校修身書卷一二.編纂趣意書>를 보면 수신 교재 선택의 기준으로 10개 항목을 제시하고 있는데, 이중 "가훈과 가법"이라는 항목에서는 "조선의 미풍을 중히 여기고 가족 제도의 유지 발달에 주의"하라고 서술하였다. 한기언·이계학, 1993 ≪일제의 교과서 정책에 관한 연구≫ (한국정신문화연구원) 133

75) 朝鮮總督府學務局, 1939 ≪中等敎育 女子修身書≫ 卷2의 제10~12과, 60~76쪽 [한기언·이계학, 1996 ≪한국교육사료집성 – 교과서편 XVII≫ (한국정신문화연구원) 51~54] 이와 비슷하게 같은 시기 ≪중등교육여자공민교과서≫를 보면 제1장 <우리 국>에 이어 제2장 <우리 家>를 서술하면서, "우리 가족제도 가는 단순히 현재의 가족뿐만 아니라 먼 조상으로 거슬러 올라가 자손에 미치는 이른바 祖孫一體의 영속적 단체"로서, "一家를 통일하고 대표하는 가장 즉 호주는 그 가계를 계승하고 가산을 보유하고 자제를 교양하고 조선의 제사를 끊이지 않게 하는 것을 최대의 의무로 하고 각 가족은 가를 위하여 일하고 가를 중심으로 생활한다"고 서술하고 있다. 朝鮮總督府學務局, 1938 ≪中等敎育 女子公民敎科書≫ 全, 1~25 [한기언·이계학, 1996 ≪한국교육사료집성 – 교과서편 XVII≫ (한국정신문화연구원) 192~198]

순종을 요구하고 있지 않은 사실을 지적하고 있다. 예를 들면 "처는 남편에 대하여 본래 순종함이 필요하다 해도 만약 남편에 과실·비행이 있어서 그 이름을 더럽히고 덕을 손상하는 일이 있으면 온화한 말과 평정한 기운으로 질투나 원한의 생각을 품지 않고 이를 말하는 것은 아내의 의무"라는 언급에서 보듯이, 가풍을 지킨다고 하여도 그것이 절대적인 것은 아니었다는 것이다.[76]

　이와 대조적으로 조선에서는 어떠한 경우에도 여성에게는 절대적인 순종과 복종이 요구되었다. ≪女子高等普通學校 修身書≫의 卷1에는 아예 <從順>이라는 독립된 단원이 있어서, "여자는 부모의 교훈, 명령에 따르고" 결혼을 해서 "남편이나 시부모에 종순하는 것이 가정의 평화를 유지하는 것"이라고 서술하고 있다. 남편이나 시부모에 대한 복종은 학교에서 선생이나 나아가서는 국가 사회에 대한 그것으로 확장되어 적용된다. 더구나 이러한 순종은 자발적이고 무조건적인 것이어야 했다. "여기서 우리들은 똑같이 교훈, 명령에 따르더라도 쾌히 여기에 따라야 하며, 불평한 태도를 취한다든지 말대꾸를 한다면 쓸데없이 다른 사람에게 불유쾌한 느낌만 주게 할 뿐"이며, 또한 "쾌히 명령에 복종할 뿐만 아니라 명령된 사항은 신속하게 이를 실행하도록 해야 한"다는 것이다.[77]

　다음에는 결혼한 여성의 직업에 관한 서술을 검토해 보기로 하자. 일본의 교과서에서 여성과 직업의 문제는 청일전쟁 후의 여자교육론에서는 전혀 언급되지 않은 문제들 중의 하나였다. 1911년까지의 수신교

---

76) 小山靜子, ≪앞 책≫ 204~205
77) 朝鮮總督府學務局, 1925 ≪女子高等普通學校 修身書≫ 卷1의 제8과 <從順> 31~35 [한기언·이계학, 1996 ≪한국교육사료집성－교과서편 ⅩⅥ≫ (한국정신문화연구원) 587~588] 흥미로운 것은 내용에서는 다소 다르지만 남자의 경우에도 이와 동일한 항목이 있다는 것이다. 朝鮮總督府學務局, 1923 ≪高等普通學校 修身書≫ 卷2의 제12과 <從順> 56~60 [한기언·이계학, 1996 ≪한국교육사료집성－교과서편 ⅩⅤ≫ (한국정신문화연구원) 670~671]

과서에서는 가사, 육아가 국가·사회의 기초인 것을 자각하면서, 처·모·며느리 역할을 수행하고 만일의 경우에 대비하여 직업능력까지도 배양하는 여성이 최대공약수적인 양처현모상이었으며,[78] 이러한 양상은 1916년 부렵까지도 계속되었다. 1916년의 교과서들에서는 비록 소수 의견에 지나지 않았지만 가사의 남는 시간을 이용하여 부업에 종사하는 것을 권장하는 의견들이 나타나서, 점차 다음 시기부터는 다수파를 형성하게 되었다

小山靜子는 1916년 이후의 이러한 변화가 여성의 역할을 가정 내로 한정하고 여성을 가정 내 존재로서만 규정하는 것이 아니라 여성과 사회와의 직접적 관계성을 추구하기 시작하였다는 의미에서 획기적인 것이라고 적극적인 의미 부여를 하고 있다. 그리하여 1920년 이후에는 직업에 관한 서술이 크게 변화하였는데, 그 계기는 양처현모사상의 전환을 촉진하는 계기이기도 하였던 제1차 대전 시기 구미 여성의 활동으로부터 받은 충격이었다. 즉 1차 대전 기간에 유럽 각국의 여성들이 종군한 남성 대신에 여러 직업 활동에 종사하면서 능력을 발휘하였다는 사실이었다.[79] 이에 따라 1920년대가 되면 모든 교과서가 직업에 대하여 어떠한 형태로든지 언급하게 되었다. 이리하여 만일의 경우에 대비하여 직업의 준비를 해야 한다는 의견이 급속하게 감소하는 한편 거의 모든 교과서가 일상적 의미에서 여성의 직업 활동에 대하여 서술하고 있다. '時勢의 진보'나 '近時 경제상태의 변화'에 따라 여성의 직업이 필요하다는 인식이 주류가 되었던 것이다. 小山靜子는 이러한 변화의 이유로서 세 가지를 들었다. 첫째는 직업은 여성 자신의 인간 형성에 유용하다고 하는 점, 둘째로는 여성의 직업 활동은 남편이나 자녀의 직업에 대한 이해를 깊게 함으로써 정신적 원조를 할 수 있는 기

---

78) 小山靜子, ≪앞 책≫ 206~207
79) ≪위 책≫ 210~212

저가 된다는 점 및 마지막으로 가장 유력한 이유로서 여성의 직업에 대하여 사회·국가의 입장에서 가치부여를 하게 되었다는 것이다.[80]

조선의 경우 여자수신교과서에서 여성의 직업 대해 서술한 대목은 1927년에 간행된 ≪女子高等普通學校 修身書≫(卷4)가 유일하다. 이 책의 제13과는 <여자와 직업>이라는 제목으로 되어 있는데, 여기에서는 먼저 "여자는 본래 가정에서 자녀를 양육해야 할 천직을 가지고 있으므로 따라서 여자가 특별한 직업에 나아가는 것은 비교적 적고 또 직업에 나아가서도 남자와는 크게 취향을 달리 한다"고 전제하면서, "남편이나 자녀의 직업에 대하여 처나 모의 동정, 또는 조력은 그 결과에 적지 않은 영향을 미치는 것이므로 (여성은) 직업이 어떠한 것인가를 이해하고 또 그 직업에서 올바른 길을 걷도록 마음을 쓰는 것이 필요"하다고 지적하고 있다. 이어서 이 책은 남자의 경우에도 이러할진대 하물며 "여성 자신이 밖에 나가 사회의 직업에 종사하는 경우는 더욱 그러하다"고 서술하고 있다.[81]

이러한 서술은 일본의 경우와는 다른 양상을 보이는 것이었다. 무엇보다도 먼저 여성의 가정 내 역할을 '천직'으로 강조하는 것만큼이나 여성의 직업 활동에 대하여는 유보적이고 제한적인 태도를 드러내고 있다. "현금 사회의 실제는 각종의 생산업 발달의 결과, 一家로서도 사회로서도 여자가 나아가 각종의 생산에 참가하는 것을 요구하는 것처럼" 된 한편, "교육의 진보와 체격의 발달은 여자로 하여금 그 요구에 응할 만큼의 자격을 갖출 수 있게 하여 직업에 나아가는 여자가 점차 많게 되어 왔다"는 일반론적 정세 앞에서, "특히 여자가 종사하려고 하는 경우에는 반드시 가정에서 여자의 천직을 되돌아보고, 한편에서

---

80) ≪위 책≫ 218~220
81) 朝鮮總督府學務局, 1927 ≪女子高等普通學校 修身書≫ 卷4 제13과 <여자와 직업> 85~86 [한기언·이계학, 1996 ≪한국교육사료집성–교과서편 XVI≫ (한국정신문화연구원) 682]

가족을 다스리면서 다른 한편에서 그 직업에 종사할 수 있는 것을 선택해야 한다"고[82] 요구하고 있는 것이다.

수신교과서에서 여자의 직업에 대한 서술은 위의 교과서 이외에는 더 이상 찾아 볼 수 없다. 1938년의 이른바 제3차 조선교육령 개정으로 중등학교에 신설된 공민과에서 여성의 직업 문제를 다루고 있기 때문이다[83]. 이러한 점에서 1930년대 말에 편찬된 수신교과서에서는 간접적인 방식의 언급 밖에 찾아 볼 수 없다. 1939년에 출판된 ≪중등교육 여자수신서≫(권2)의 제4과, <公益世務>에서 '공익'의 관점에서 직업의 의의를 서술하고 난 다음, 일본에서 널리 알려진 井上伝(でん)를 인용하여[84] 직업의 의미를 부각하는데 그치면서,[85] 여성의 직업 활동 자체에 대해서는 그다지 언급하지 않았던 것은 이러한 맥락에서 이해된다.

공민과 교과서를 보면 교육령 개정 이전에 사용되고 있었던 공민과

---

82) 朝鮮總督府學務局, 1927 ≪女子高等普通學校 修身書≫ 卷4 제13과 <여자와 직업>, 89~90 [한기언·이계학, 1996 ≪한국교육사료집성 – 교과서편 ⅩⅥ≫ (한국정신문화연구원) 683]

83) 공민과 교과서는 이른바 일본의 "국체와 국헌에 따라 국민으로서의 공민적 생활을 완수"한다는 원칙 아래 신설된 것으로, 특히 여성에 대해서는 고등여학교 규정 제14조에서 보듯이, "가정경제에 대한 사항"을 상세히 하는데 치중하였다. 정재철 1985, 450 참조.

84) 그녀는 에도시대 후기에 '구루메 가수리(久留米絣)'이라는 직물의 기법을 개발한 사람으로 유명하다. 12세 때 그녀는 낡은 옷의 퇴식된 부분을 보고 처음부터 실을 묶고 염색하면, 남색(염색된 부분의 색)과 흰색(염색되지 않은 부분의 색)의 모양이 있는 직물을 만들 수 있다는데 착안하여 예쁜 모양이 있는 '구루메 가수리'의 기법을 발명하여 지금도 전통공예품으로 생산되고 있다. 일본의 수신교과서에서는 창의와 연구가 중요하다는 사례로 많이 인용되고 있다. 이에 대하여 도움말을 준 오사카교육대학의 고바야시 카즈미(小林和美) 교수에게 감사드린다.

85) 朝鮮總督府學務局, 1939.19 ≪中等敎育 女子修身書≫ 卷2 이하 [한기언·이계학, 1996 ≪한국교육사료집성 – 교과서편 ⅩⅦ≫ (한국정신문화연구원) 40~42].

교과서에서는 직업에 관한 독립 단원에서 이 문제를 서술하였다. 즉 "여자는 천성이 內助에 적합하여 자녀의 육성을 본무로 해야 할 것이지만 가정 및 사회에는 여자가 할 수 있는 직업이 적지 않다"는 점에서 "여자 본래의 천성과 本務에 방해받지 않는 한 여자라 하더라도 직업을 가져야 한다"는 것이다.[86] 여자의 '천성'으로서의 가정 일에 구애받지 않는다면 직업 활동을 할 수 있다는 원론적이고 소극적 입장에 그치고 있다는 것을 알 수 있다. 여성의 직업을 일상적 활동으로 제시하였던 일본 교과서의 서술과는 여전히 상당한 인식의 차이가 있었다는 것을 알 수 있는 것이다.

여자에게는 가정에서의 일이 가장 중요하다는 생각은 이후에도 바뀌지 않았다. 1938년의 ≪중등교육 여자공민교과서≫(全)에서 "여자의 국가사회에 대한 제일의 사명은 집에 있어서 家政과 육아의 임무를 담당하는 것"이지만, "그 사명을 소홀히 하지 않는 범위 내에서 적당한 직업에 종사하고 또 장래를 위하여 직업에 習熟하여 두는 것은 금일의 시세 상 특히 필요하다"고 서술한 것은 이전과 마찬가지였다[87]. 그러나 이 시기 교과서에서 여성의 직업에 대한 서술은 앞 시기와 두 가지 점에서 미묘한 강조점의 차이를 보였다. 하나는 앞 시기에 비해서 상대적으로 여성의 직업 활동을 적극적으로 평가하고자 하는 경향을 보인다는 점이다. 예컨대 "세상에서는 여자가 직업에 종사하는 것은 우리나라의 미풍에 반하는 것처럼 생각하는 사람도 없는 것은 아니지만 이는 너무나 고루한 사고방식"이라고 하면서, "직업이 현저하게 분화

---

86) 朝鮮總督府學務局, 1934 ≪中等教育 女子公民科教科書≫ 全의 제7장 <직업> 59~60 [한기언·이계학, 1996 ≪한국교육사료집성 – 교과서편 XVII≫ (한국정신문화연구원) 150~1]
87) 朝鮮總督府學務局, 1938 ≪中等教育 女子公民教科書≫全 제11장 <직업>에서 제2절 '여자와 직업' 119~120 [한기언·이계학, 1996 ≪한국교육사료집성 – 교과서편 XVII≫ (한국정신문화연구원) 222).

하고 여자에 적합한 직업이 많게 될 뿐만 아니라 성질상 여자가 아니면 할 수 없는 것과 같은 직업이 증가하여 가는 금일에 있어서는 더욱 그러하다"는 언급이 그러하다.[88]

두 번째로는 앞 시기와는 달리 이러한 여자의 직업 활동을 이른바 '국가사회'에 대한 기여라는 시각에서 의미를 부여했다는 점이다. "여자가 직업에 종사하는 것은 단순히 일가의 생계를 돕는다고 하는 좁은 견지에서만이 아니라 국가사회의 견지에서 보아도 필요불가결한 것에 속한다"는 언급이 그러하다.[89] 앞 시기에는 찾아 볼 수 없었던 이러한 언급은 전시 동원 체제에서 여성들의 동원을 위한 의도에서 비롯되었다는 점에서 일면적이고 제한적인 것이었다. 이러한 점에서 일본과는 달리 직업 활동을 통하여 여성의 "교양을 높이고 그 지위를 향상시키는" 것은 어디까지나 의도하지 않은 결과로서, '국가사회'의 목적에 부수적인 것에 지나지 않았다. 앞에서 小山靜子가 정리한 여성에게 직업이 필요한 세 가지 이유 중에서 첫 번째의 "여성 자신의 인간 형성"은 일본에서와는 달리 그 자체 의미를 가지는 것이 아니라 세 번째의 "사회 국가의 입장"에 종속적인 것에 지나지 않은 '생업보국'의 차원에서 요구된 것이었다고 할 수 있는 것이다.

여성의 직업과 관련하여 다음에 언급할 것은 여성의 직업 활동을 여성의 타고난 속성으로서 이른바 '여자다움'과 연결시켜 제시한다는 것이다. 일본의 경우 여성의 직업 활동이 적극적으로 장려되면서 '여성의 특성'의 발휘를 바탕으로 한 '여성문화'의 창조나 '부인의 왕국'의 건설이 운위되기도 하였다. 그러나 이러한 맥락에서 여성의 직업에 대한 장려는 小山靜子이 적절히 지적한 대로 "종래의 성역할 규범을 그

88) 朝鮮總督府學務局, 1938 ≪中等敎育 女子公民敎科書≫ 全 제11장 <직업>에서 제2절 '여자와 직업' 120 [한기언·이계학, 1996 ≪한국교육사료집성-교과서편 XVII≫ (한국정신문화연구원) 222).
89) ≪위 책≫ 같은 곳.

대로의 형태에서 온존하고 나아가서 직업에 있어서도 '여자다움'을 관철시켜 간다고 하는 이 틀에 있어서만 직업 종사가 인정되는데 지나지 않"은 것이었다. 직업과 아울러 여자의 본성, 여자다운 특성이 발휘가 주장되는 "새로운 억압 상황"이 초래된 것이다. 그녀에 의하면 이러한 여성다움에 대한 강조는 "남녀의 상위를 두드러지게 함과 동시에 그것을 엄연한 '사실'로서 취급하여 각각의 특성에 따른 영역에서 활동하는 것이야말로 '천직'으로 된다는 논리로 연결"되는 것이었다.[90]

  일본 교과서에 나타난 이러한 양상은 조선의 경우와 비교해 볼 때 두 가지 점에서 차이가 있었다. 하나는 조선에서도 일본과 마찬가지로 여성의 직업 활동에서 여자다움이 강조되었지만, 그 시기는 일본보다도 훨씬 늦은 1930년대 말에 가서야 나타난다는 점이다. 즉 여성성에 대한 성차별적인 인식이나 표현은 그 이전의 교과서들에서도 무수히 찾아 볼 수 있지만, '여성의 특성'을 직업과 연결시켜 서술하는 대목은 1920년대의 ≪여자고등보통학교 수신서≫나 1930대 전반의 ≪중등교육 여자공민교과서≫에서도 찾아 볼 수 없다. 이와 관련해서는 1938년에 발행된 ≪중등교육 여자공민교과서≫(全)에서 "여자의 직업 선택에 관하여 우선 생각해야 할 것은 그 직업이 여자의 성질에 적당한 가의 여부"라고 하면서, "여자 특유의 면밀함과 온화함"을 지적하였던 것이[91] 처음이다. 일본의 경우와 비슷하게 직업 활동에서 '여자다움'이 강조되는 것은 여성의 직업 활동이 본격화되는 시점에서이기 때문에 일제의 필요에 의한 전시 동원 시기에 이르러 비로소 여자의 직업 활

---

90) 小山靜子, ≪앞 책≫ 221~225
91) 朝鮮總督府學務局, 1938 ≪中等敎育 女子公民敎科書≫ 全 제11장 <직업>, 121~2 [한기언·이계학, 1996 ≪한국교육사료집성 – 교과서편 ⅩⅦ≫ (한국정신문화연구원) 222~223] 1943년에 발행된 ≪중등공민 여자용≫에도 거의 유사한 대목이 보인다. 朝鮮總督府學務局, 1943 ≪中等公民 女子用≫ 下 제2장 <직업> 12~15 [한기언·이계학, 1996 ≪한국교육사료집성 – 교과서편 ⅩⅦ≫ (한국정신문화연구원) 254~255]

동을 강조하면서, 그것을 '여자의 특성'과 연결시키는 논리가 등장한
것이었다.

두 번째로는 일본의 경우 직업 활동에서 '여성의 특성'의 강조는 그
에 대한 평가는 어떠한 것이었든 간에 '여성문화'나 '여성의 왕국'의
건설과 같은 적극적인 제안으로 이어졌던 것과 대조적으로 조선에서는
그것이 제한적이고 소극적인 차원에 머물러 있었다는 점이다. 따라서
그것을 독자적인 여성문화로 연결시킨다는 류의 주장은 찾아 볼 수 없
었다. '생업보국'의 구호에서 단적으로 보듯이, 여성의 직업 활동은 어
디까지나 동원의 필요를 위한 기능적 차원에 머물렀던 것이다. 위에서
살펴 본 공민교과서가 "여자 본래의 사명은 가정의 건설에 있으므로
여자는 직업에 나아가려 하는 경우 반드시 일본여자로서의 사명과 부
인 직업의 본의에 비추어 결코 이에 화가 되지 않도록 하는 마음가짐
이 필요"하며, "어디까지나 처이고 모인 존엄한 天職을 완수하는 助力
으로 될 수 있도록 직업을 스스로 지배하여야 한다"고 주문하였던 것
은,[92] 이러한 맥락에서 이해되는 것이었다.

마지막으로 수신교과서에서 부인문제나 참정권 등의 문제가 어떻게
제기되고 있는가를 검토해 보기로 하자. 일본의 교과서에서 부인문제
는 1913년에 井上哲次郎이 편찬한 수신교과서의 제5학년용 교과서에
서 처음으로 등장하였다. 이 시기는 일본에서 ≪태양≫이나 ≪중앙공
론≫ 등의 잡지에서 부인문제 특집호가 실리고 부인문제가 사회의 주
목을 끌기 시작한 때였다. 小山靜子는 이 시기에 이미 수신교과서에서
이 문제가 어떠한 형태로든지 언급되기 시작한 것은 그 빠른 반응이라
는 점에서 놀랄만하다고 평가하고 있다.[93] 1920년대 이후에는 부인문

---

92) 朝鮮總督府學務局, 1938 ≪中等敎育 女子公民敎科書≫ 全 제11장 <직업>
   에서 제2절 '여자와 직업', 121 [한기언·이계학, 1996 ≪한국교육사료집성－
   교과서편 ⅩⅦ≫ (한국정신문화연구원) 222]
93) 小山靜子, ≪앞 책≫ 212~213

제를 다루는 교과서가 증가하면서, 부인 참정권과 같은 문제들도 다수의 교과서들에서 언급하였으며, 남녀의 인격적 동등성이 활발히 논의되었다.[94]

이와 대조적으로 조선의 경우에는 유감스럽게도 수신교과서들에서 이에 대한 서술을 찾아 볼 수 없다. 일본의 경우와 비슷하게 1920년대 초반에 조선인이 발행하는 각종의 신문과 잡지들에서 부인문제나 부인 참정권 문제가 활발하게 논의되었음에도 불구하고[95] 교과서에서는 그러한 논의가 일체 무시되었던 것이다. 이 문제에 대한 언급이 전혀 없었던 것은 아니지만, 이 경우에는 역설적이게도 여성문제의 폐해를 지적하거나 그것을 비판하는 일종의 반면교사로서의 역할을 위한 것이었다. 예를 들면 1927년에 발행된 여자고등보통학교 수신서의 4학년 용을 보면, 최근 제창되고 있는 '여자의 해방론' 가운데에는 "여자가 가정에서 일하는 것이 굴욕적이라 하고 이를 비난하고 종순이나 온화 등의 덕을 가지고 여자의 권리를 포기하는 것과 같이 해석하는 것도 있"다고 하면서, 이와는 달리 여성의 가사 일은 "여자의 귀중한 직분을 행하는 것"이라고 강변하고 있다.[96] 그런가하면 또 다른 대목에서는 "금일 소위 부인운동이라고 말해지는 것의 가운데에는 남녀가 선천적으로 신체, 성향 등에 차별이 있는 것을 고려하지 않고 남녀의 평등을 말하고 남자와 같은 것을 요구하는 것도 있"으며, "그 심한 것에는 정치적

---

94) ≪위 책≫ 217, 226
95) 부인문제를 예로 들면 일찍이 1920년을 보더라도 춘성, 1920.6 <부인문제> ≪여자계≫ 5 ; 나혜석, 1920.7 <부인문제의 일단> ≪서광≫ 6 ; 김성룡, 1920.8 <구주대전과 부인문제> ≪서울≫ 5 등의 잡지와 아울러 신문에서는 일기자, <부인문제의 개관>이 ≪동아일보≫ 1922년 6월 13일부터 30일에 이르기까지 16회에 걸쳐 연재, 소개되었다.
96) 朝鮮總督府學務局, 1927 ≪女子高等普通學校 修身書≫ 卷4 제10과 <내조의 의무> 63~64 [한기언·이계학, 1996 ≪한국교육사료집성－교과서편 ⅩⅥ≫ (한국정신문화연구원) 677]

으로도 사회적으로도 남자와 같은 권리를 요구하고 남녀의 직능의 차별이 있는 것을 조금도 인정하지 않는다고 하는 것도 있다"고 하면서, "사회의 진보 발전은 남자는 남자답게, 여자는 여자답게 각각 그 기능을 맡는 것"이라고[97] 서술하고 있다.

Ⅳ. 맺음말

지금까지의 내용에서 보았듯이 동아시아에서 현모양처 연구에는 몇 가지 주요한 쟁점이 있어 왔다. 첫 번째가 현모양처의 성격과 관련하여 그것이 전통적인 여성상을 반영한 것인지, 그렇지 않으면 그것이 근대에 들어와 형성된 것인지의 여부를 둘러싼 쟁점이었다. 두 번째의 문제는 현모와 양처의 두 측면을 구별하여 보는 관점에 서서 현모와 양처의 두 측면 중 어느 부분이 더 본질적인 것인가라는 물음은 지금까지 빈번하게 제기되어 왔다. 마지막의 쟁점은 그것이 국가 권력에 의해 강제로 부과된 것인지, 그렇지 않으면 여성의 입장에서 어느 정도의 자발성을 수반한 것인지의 문제와 관련된다. 이 쟁점은 국가 권력의 주요 담당자들이 남성이라는 점에서 남성이 여성에 대하여 강제로 부과한 규범인가, 그렇지 않으면 여성 자신이 자발적으로 받아들인 것인가 라는 문제로 환원될 수 있다.

다른 한편으로 이들 쟁점들은 현모양처라는 개념 자체의 정의 및 의미와 관련하여 논의되어 왔다. 현모양처의 여성상을 둘러싼 일본과 중국에서의 논의는 크게 보면 전통 - 근대의 대립 쌍을 중심으로 전개되

---

97) 朝鮮總督府學務局, 1927 ≪女子高等普通學校 修身書≫ 卷4 제14과 <여자의 장점과 단점> 92~93 [한기언·이계학, 1996 ≪한국교육사료집성 - 교과서편 ⅩⅥ≫ (한국정신문화연구원) 684]

었다는 공통점을 보이면서도, 다른 한편으로는 일정한 차이점 또한 존
재한다는 사실을 알 수 있다. 일본에서는 현모양처의 본질은 변하지
않은 채 그것이 시기를 거쳐 가면서 일정한 변용과 재편의 과정을 밟
아 갔다고 하는 연구가 있는가 하면, 중국에서의 연구자는 현모양처의
본질이 시기에 따라 항상 가변적이었다는 점에 주목하기도 하였다. 이
러한 차이는 두 나라에서 제국주의 국가와 (반)식민지 국가라는 역사적
현실의 차이를 반영하는 것으로, 정형화된 여성 규범이 일정한 형태로
유지, 지속되면서 헤게모니를 가질 수 있었던 제국주의 국가와 지배
형태의 여성상을 유지할 정도의 사회적 기반이 취약했던 것을 배경으
로 특정 형태의 여성상이 시기를 달리하여 출몰을 거듭하였던 반식민
지 상태라는 시대적 조건의 차이가 작용한 결과이기도 했다.

동아시아에서 조선의 경우는 일본과 중국의 중간 쯤 되는 어딘가에
위치한다. 완전한 식민지 상태에서 조선은 시대에 따라 상이한 여성상
이 번갈아 드나들 정도로 사회 변동이 극적인 양상을 띤 것은 아니었
지만, 그렇다고 하여 특정 여성상이 안정적이고 지속적인 형태로 헤게
모니를 행사할 정도로 지속가능한 사회 체제를 유지하지는 못하였다.
다른 말로 하자면 조선에서의 현모양처 상은 일본과 비교해 볼 때 제
한적이고 부분적인 형태로 이식되고 또 실행되었지만, 중국과의 비교
에서는 상대적으로 일관된 형태로 일정한 시기에 걸쳐 지속되었다는
것이다.

식민지 조선에서의 현모양처 상을 구체적으로 보면 이 시기 현모양
처주의의 가장 큰 특징은 가정 내에서 여성의 현모양처 역할을 여성의
천성과 본성의 차원으로까지 끌어 올려 이해한다는 점에 있었다. 따라
서 여성을 독립된 개체로서 인정하고 여성 자신의 인격을 존중한다는
인식은 설 자리가 없었다. 남성과는 다른 "여자로서의 천분"에 주목하
는 현모양처의 가장 전형적인 인식은 조선총독부로 대표되는 식민지

권력에서 쉽게 찾아 볼 수 있었다. 그러나 이러한 인식이 조선총독부에만 한정된 것은 아니었다. 가정 내에서 현모양처로서 여성의 역할이 여성의 본성과 분수에 맞는 것이라는 주장은 일찍이 조선인들 스스로에 의해 제기되어 왔기 때문이다.

식민지 권력이나 일부 조선인 지식인들이 현모양처 여성상에 대한 인식을 공유한다고 해서 양자 사이에서 의견의 차이가 없었던 것은 아니었다. 가장 두드러진 차이는 식민지 가족제도의 이상형에 대한 인식이었다. 식민지 권력이 조상을 중시하는 전통 가족을 가족의 이상으로 여전히 부각시키면서, 궁극적으로 그것을 천황을 정점으로 하는 가족국가의 파시즘 이데올로기와 연결시키고자 했다면, 조선인 지식인들은 전통적 가족 제도의 폐해를 지적하면서 부부 중심의 근대 가족을 바람직한 가족 형태로 제시하고자 하였다. 아울러 양자의 상이는 여성의 가사 일에 대한 평가에서도 찾아 볼 수 있었다. 조선총독부가 여성의 가정 내에서의 역할을 '국가', 혹은 '국가사회'와 연관시켜 의미를 부여하고자 하였던 것과 대조적으로, 조선인 지식인들은 '국가' 보다는 오히려 '사회' 혹은 '민족'이라는 말을 선호하는 미묘하면서도 결정적인 차이를 보였다.

현모양처에 기반을 둔 가족제도를 사회와 민족이라는 외부의 거시적 제도들에 대한 기능이라는 관점에서 이해하고자 했던 조선인들의 주장은 양자의 연결 관계를 거의 설정하지 않거나 혹은 한다 하더라도 매우 소극적인 차원에 그쳤던 식민지 권력의 입장과 대조를 이루는 것이었다. 비록 그것이 1930년대 후반 이후 전시 동원 체제로 이행하면서 '국가'에 대한 '봉사'로 강제적으로 수렴되어 갔다고는 하더라도 현모양처 여성상을 둘러싼 식민지 권력과 조선인 지식인들의 의견의 차이는 충분히 주목할 만한 것이었다.

식민지 권력의 보수적 여성상은 조선총독부가 편찬한 여성용 수신

교과서에 나타난 현모양처 상을 통하여 전형적인 방식으로 구체화되었다. 현모양처의 내용을 이루는 주요 주제들, 예컨대 여성의 가정 내 역할이나 사회/국가에 대한 참여의 문제, 혹은 여성의 직업 등의 사항을 구체적으로 검토해 보면 교과서에 나타난 보수적 현모양처 상은 조선인 민간 차원에서의 현모양처에 대한 다양한 논의들 가운데 편향되고 선택적이며, 부분적인 입장을 대표한 것이라는 사실을 알 수 있다. 수신 교과서 분석을 통한 한일 양국의 비교 연구는 이 시기 한국과 일본에서 현모양처 상의 차이는 단순히 그것이 시간 지체나 편차의 반영이라기보다는 오히려 남성의 여성에 대한 편견과 식민주의적 차별이 복합적으로 작용한 결과라는 사실을 잘 보이는 것이다.

참고문헌

김경일, 2004 ≪여성의 근대, 근대의 여성: 20세기 전반기 신여성과 근대성≫ (푸른역사)

김경일, 2008 <회유하는 知와 근대 여성의 출현(서평)> ≪역사비평≫ 82호

김양선, 2003 ≪1930년대 소설과 근대성의 지형학≫ (소명출판)

김원주, 1924 <재혼 후 일주년-인격 창조에> ≪신여성≫ 2권 6호

김혜경·정진성, 2001 <"핵가족" 논의와 "식민지적 근대성": 식민지 시기 새로운 가족 개념의 도입과 변형> ≪한국사회학≫ 제35집 4호

박경수, 1933 <새로운 현모양처란 무엇일가?-특히 현모주의에 대하여> ≪중명≫ 8호

박용옥, 1984 ≪한국근대여성운동사연구≫ (한국정신문화연구원)

손인수, 1977 ≪한국여성교육사≫ (연세대학교 출판부)

송진우, 1933, <창간사> ≪신가정≫ 1호

오숙희, 1988 <한국 여성운동에 관한 연구-1920년대를 중심으로-> (이화여자대학교 대학원 여성학과 석사학위논문)

우탄생, 1932, <현대적 주부가 되라> ≪신동아≫ 10월호

유각경, 1926, <우리의 기대하는 신여성> ≪청년≫ 12월호

이만규, 1932 <학창소언(1)> ≪청년≫ 제12권 제1호

이일정, <남녀의 동권은 인격의 대립-당파열 타파의 필요> ≪동아일보≫ 1920년 4월 3일자.

정재철, 1985, ≪일제의 대한국식민지교육정책사≫ (일지사). 1985.

조은·윤택림, 1995 <일제하 '신여성'과 가부장제-근대성과 여성성에 대한 식민담론의 재조명(광복50주년기념사업위원회·한국학술진흥재단)> ≪광복50주년 기념논문집≫(8 여성)

조혜정, 1988 <한국의 가부장제에 대한 해석적 분석-생활세계를 중심으로> ≪한국의 여성과 남성≫ (문학과 지성사)

주요섭, 1933 <신여성과 구여성의 행로> ≪신여성≫1월호.

川本綾, 1999 <조선과 일본에서의 현모양처 사상에 관한 비교 연구: 개화기로부터 1940년대 전반을 중심으로> (서울대학교 대학원 사회학과 석사학위논문)

최해조, <사상의 개신과 여자교육>(2), 매일신보 1919년 6월 17일자.

편집부, 1932 <신가정 내용 공개-팔방으로 해부한 그네의 생활양식> ≪신동아≫

한기언·이계학, 1996 ≪한국교육사료집성-교과서편 XV≫ (한국정신문화연구원)

한기언·이계학, 1996 ≪한국교육사료집성-교과서편 XVI≫ (한국정신문화연구원)

한기언·이계학, 1996 ≪한국교육사료집성-교과서편 XVII≫ (한국정신문화연구원)

한기언·이계학, 1993 ≪일제의 교과서 정책에 관한 연구≫ (한국정신문화연구원)

홍양희, 1997 <일제 시기 조선의 '현모양처' 여성관의 연구> (한양대학교 대학원 사학과
석사학위논문)
홍양희, 2001 <일제시기 조선의 여성교육-현모양처 교육을 중심으로> ≪한국학논집≫
제35집
홍양희, 2004 <조선총독부의 가족정책 연구-'가'제도와 가정 이데올로기를 중심으로->
(한양대학교 대학원 사학과 박사학위논문)

高橋濱吉, 1927 ≪朝鮮敎育史考≫ (帝國地方行政學會 朝鮮本部)
瀨地山角・木原葉子, 1989 <東アジアにおける良妻賢母主義-近代社會のプロジェクトとして
-> ≪中國-社會と文化≫ 제4호 (東京大學校 中國學會)
朴宣美, 2005 ≪朝鮮女性の知の回遊: 植民地文化支配と日本留學≫ (山川出版社) (2007
≪근대 여성, 제국을 거쳐 조선으로 회유하다-식민지 문화지배와 일본 유학≫
(창비)).
小山靜子, 1991 ≪良妻賢母という規範≫ (勁草書房)
深谷昌志, 1966 ≪良妻賢母主義の敎育≫ (黎明出版)
朝鮮總督府學務局, 1921 <現行敎科書編纂の方針>(秘)
朝鮮總督府, 1925 ≪朝鮮總督府編纂敎科用圖書槪要≫
朝鮮總督府學務局, <旣認可敎科用圖書一覽> (1925. 4~1927. 7).
朝鮮總督府學務局, ≪高等普通學校 修身書≫(卷2), 1923 [한기언・이계학, 1996 ≪한국
교육사료집성-교과서편 ⅩⅤ≫ (한국정신문화연구원)]
朝鮮總督府學務局, ≪女子高等普通學校 修身書≫(卷1), 1925 [한기언・이계학, 1996 ≪한
국교육사료집성-교과서편 ⅩⅥ≫ (한국정신문화연구원)]
朝鮮總督府學務局, ≪女子高等普通學校 修身書≫(卷2), 1925 [한기언・이계학, 1996 ≪한
국교육사료집성-교과서편 ⅩⅥ≫ (한국정신문화연구원)]
朝鮮總督府學務局, ≪女子高等普通學校 修身書≫(卷3), 1926 [한기언・이계학, 1996 ≪한
국교육사료집성-교과서편 ⅩⅥ≫ (한국정신문화연구원)]
朝鮮總督府學務局, ≪女子高等普通學校 修身書≫(卷4), 1927 [한기언・이계학, 1996 ≪한
국교육사료집성-교과서편 ⅩⅥ≫ (한국정신문화연구원)]
朝鮮總督府學務局, <高等女學校規程改正趣旨> ≪朝鮮における敎育革新の全貌≫,
1938 (渡部學, 阿部洋 編, ≪植民地朝鮮敎育政策史料集成≫ 第4卷(第1集敎育
要覽類), 龍溪書舍, 1987).
朝鮮總督府學務局, ≪中等敎育 女子修身書≫(卷1), 1938 [한기언・이계학, 1996 ≪한국
교육사료집성-교과서편 ⅩⅦ≫ (한국정신문화연구원)]
朝鮮總督府學務局, ≪中等敎育 女子修身書≫(卷2), 1939 [한기언・이계학, 1996 ≪한국
교육사료집성-교과서편 ⅩⅦ≫ (한국정신문화연구원)]

朝鮮總督府學務局, ≪中等敎育 女子修身書≫(卷3), 1940 [한기언·이계학, 1996 ≪한국
　　교육사료집성－교과서편 XVII≫ (한국정신문화연구원)]

朝鮮總督府學務局, ≪中等敎育 女子修身書≫(卷4), 1941 [한기언·이계학, 1996 ≪한국
　　교육사료집성－교과서편 XVII≫ (한국정신문화연구원)]

朝鮮總督府學務局, ≪中等敎育 女子公民科敎科書≫(全), 1934 [한기언·이계학, 1996
　　≪한국교육사료집성－교과서편 XVII≫ (한국정신문화연구원)]

朝鮮總督府學務局, ≪中等敎育 女子公民敎科書≫(全), 1938 [한기언·이계학, 1996 ≪한
　　국교육사료집성－교과서편 XVII≫ (한국정신문화연구원)]

朝鮮總督府學務局, ≪中等公民 女子用≫(下), 1943 [한기언·이계학, 1996 ≪한국교육사
　　료집성－교과서편 XVII≫ (한국정신문화연구원)]

中嶌邦, 1981, <日本敎育史における女性>, 女性學硏究會 編, ≪女性史をつくる≫ (勁草
　　書房)

中嶌邦, 1984, <女子敎育の體制化－良妻賢母主義敎育の成立とその評價>, 講座日本敎
　　育史編輯委員會編, ≪講座日本敎育史(3)≫ (第一法規出版)

陳姃湲, 2006 ≪東アジアの良妻賢母論－創られた伝統≫ (勁草書房)

幣原坦, 1919 ≪朝鮮敎育論≫ (六盟舘, 東京)

ひろたまさき, 1982, <文明開化と女性解放論>, 女性史總合硏究會編, ≪日本女性史((4)近
　　代編≫ (東京大學出版會)

Comparative Research on the Modern Family of Korea & Japan
-Centering on wise mother and good wife & motherhood

Kim, Gyeong-Il

In discussions of the so-called 'wise mother and good wife' in East Asia, examples of colonized Joseon can be regarded as standing in the middle between Japan and China. The most salient characteristic of the "wise mother and good wife," was raise to the dimension of women within the family, and on this point, was far from recognizing the women as autonomous individuals or respecting them in and of themselves. A typical example of this kind of recognition could be found in colonial power. This conservative image of women was materialized through the image of wise mother and good wive that appeared in self-cultivating textbooks for women published by the Government General during the colonial period. Through examining the main topics on wise mother and good wife, such as women's role in the family, participation in society/nation, or women's occupations, it can be found that the features of the conservative image of wise mother and good wife that appeared in textbooks represent a biased, selective and partial positions among the various discussions over wise mother and good wife. Comparison research on both Korea and Japan through self-cultivating textbooks (修身 教科書) clearly show that the differences in the features of wise mother and good wife in Korea and Japan during this period resulted from the prejudice of men against women and colonial discrimination rather than being simply the reflection of time or deviation.

Key words: wise mother and good wife(賢母良妻), motherhood, family system, East Asia, self-cultivating(修身) textbooks

韓日近代家族の比較研究
－良妻賢母と母性を中心に－

金炅一

　良妻賢母をめぐる東アジアにおける議論において、植民地朝鮮のケースは日本と中国の中間に位置するものだといえる。この時期の良妻賢母主義の最も大きな特徴は、家庭の中で女性の良妻賢母としての役割を、女性の天性と本性の次元にまで引き上げて理解するという点から、女性を独立した個体として認め、女性自身の人格を尊重するという認識とは距離が遠かった。このような認識の典型は、植民地権力に見出すことができる。この保守的な女性像は、朝鮮総督府が編纂した女性用修身教科書に記された良妻賢母像を通じて具体化された。良妻賢母の内容を成す主要主題等、例えば女性の家庭内での役割や社会・国家への参加の問題、或いは女性の職業などの事項を具体的に検討してみると、教科書に記された保守的な良妻賢母像は、朝鮮人民間における良妻賢母に対する多様な議論中では偏っていて選択的であり、また部分的な人口のみを代表したものだったという事実が伺える。修身教科書の分析を通じた韓日両国の比較研究は、この時期の韓国と日本における良妻賢母像の違いは、単にそのことが時間的遅滞や偏差の反映というよりは、むしろ男性の女性に対する偏見と植民主義的差別が複合的に作用した結果という事実をよく示している。

主題語：良妻賢母、母性、家族制度、東アジア、修身教科書

일제침략기 인신매매의 구조와 성격

박 정 애*

Ⅰ. 머리말

'인신매매'라는 주제는 역사적 고찰 대상으로서는 생소한 것이다. 이는 역사학의 영역에서 여성사가 주변부에 위치하고 있다는 사실과 무관하지 않다. 역사적으로 인신매매의 피해자는 주로 여성이었기 때문이다. 특히 신분제도가 해체된 근대 이후 무엇이든 상품이 되는 자본주의 사회를 맞은 가부장제 사회는 여성의 몸 또한 '상품'의 하나로 여겼다[1]. 그리고 어떤 나라들에서는 公娼制를 고안하여 여성의 인신매

─────────────────────────

* 숙명여대 교사전시관 건립위원회 연구원

1) 신분 차별이 젠더 차별을 압도했던 전근대 사회에서 인신매매의 주요대상은 노비였다. 이때 여자종인 婢가 남자종인 奴에 비해 더욱 열악한 처지에 있었다. 고정환은 산업화 이후 인신매매는 대부분 여성을 대상으로 이루어진 여성

매를 제도적으로 뒷받침하기도 하였다.

근대 인신매매 문제가 여성사의 영역에서 관심을 끌기 시작한 것은 어찌 보면 당연한 일이었다. 1990년대 들어와 한일 간의 정치적 쟁점으로 떠오른 일본군'위안부' 문제가 인신매매 연구의 추동력으로 작용하였다. 일본군'위안부' 역사에 대한 일본의 전쟁책임을 주장하는 세력과 그것을 부정하는 세력이 '위안부' 동원의 강제성 여부를 둘러싸고 첨예하게 대립하였던 것이다. 논쟁은, 협박 및 납치에 의한 '강제동원'은 없었고 '위안부'는 공창으로서 상행위를 한 것이기 때문에 일본 정부가 책임질 것이 없다는 일본의 우익측 주장2)에 대해 폭력 납치 등과 함께 인신매매 또한 '강제동원'의 범주에 들어가고 근대의 인신매매 구조는 일본의 공창제 하에서 형성, 발달된 것이라는 한국과 일본의 연구자 및 시민단체의 주장이 맞서는 형태로 전개되었다.

일본군'위안부'의 강제동원을 해명하는 차원에서 인신매매를 언급하는 글은 쉽게 찾아볼 수 있다. 취업사기나 유괴유인 등의 방식을 이용한 인신매매가 일본군'위안부'를 동원하는 방법의 하나였고, 이는 동원 목적을 은폐하고 피해자를 기만하여 강제적 상황에 놓이게 하는 것이기 때문에 강제동원의 방법으로 해석할 수 있다는 것이다.3) 그리고 조

매매였다고 한다 [高貞煥, 1994 <韓國 女性 賣買의 實態와 史的 考察> ≪女性問題硏究≫ 22 (대구가톨릭대학교 사회과학연구소) 154].

2) 이러한 주장은 일본군'위안부' 피해생존자의 등장과 함께 이른바 '망언'의 형태로 나오기 시작하다가 1997년도 중학교용 문부과학성 검정 교과서의 '위안부' 관련 기술 시비를 둘러싸고 본격적으로 전개되기 시작하였다[永井和, <日本軍の慰安所政策について>, http://www.bun.kyoto-u.ac.jp/~knagai/works/guniansyo.html (2004. 9. 18)]. 2007년 미국 하원에서 이른바 <일본군'위안부' 결의안>의 심의안이 시작된 가운데 일본 수상이 발언한 '위안부' 동원의 '협의의 강제성' 부정 발언과 일본 의원 및 교수들이 워싱턴포스트지에 낸 '위안부' 강제동원 부정 광고는 그 절정판이라 할 수 있다.

3) 강만길, 1997 <일본군 '위안부'의 개념과 호칭 문제> ≪일본군 '위안부' 문제의 진상≫ (역사비평사, 서울) 20~27

선에 도입된 공창제와 일본의 식민지 지배로 비롯된 조선의 빈곤상황
이 인신매매가 활용되는 데 유용한 토양이 되었다고 한다.[4]

　더 나아가 일본군'위안부'의 동원배경으로 공창제를 다루면서 공창
제 하의 인신매매에 대해 문제 삼는 연구가 있다. 군인을 성병으로부
터 보호하기 위한 성병검진제도를 중심축으로 한 일본의 근대 공창제
는 메이지 정부가 대륙진출을 통하여 근대국가를 확장하려는 과정에서
성립되었다.[5] 군국주의 확장을 위해 공창제를 필요로 하면서도 공창제
가 인신매매 제도라는 국제사회의 비난을 피하기 위해 일본은 편법을
동원하였는데, 그것이 바로 공창을 둘러싼 기만적 호칭들이었다. 공창
='대좌부(貸座敷)'라는 호칭을 통해 공창은 자유의지를 가진 근대 개
인이 자신의 의지에 따라 공창되기를 '선택'한 것이고, 포주는 이들에
게 영업장소를 빌려주는 것뿐이며, 국가는 이러한 '상행위'에 대해 세
금을 걷고 관리를 할 뿐이라는 일본측의 해석이다. 또한 일본은 새롭
게 진출한 지역에 실질적인 공창을 두면서 이것을 '요리점'이나 '작부'
라는 호칭으로 허가를 하였는데, 인신매매 제도인 공창제를 시행하는
나라라는 오명을 벗기 위한 것이었다.[6] 그리하여 일본의 근대 공창제
는 인신매매와 관계없는 듯한 제도적 외형을 가지고 성립, 전개되었으
나, 실질적으로 보면 인신매매가 공창제하의 '창기'를 생산하는 주요한
경로였다는 것이다.[7] 따라서 공창제 하의 인신매매가 반여성적이었음을

4) 정진성, 2004 <군위안부 강제동원> ≪일본군 성노예제: 일본군위안부 문제
　　의 실상과 그 해결을 위한 운동≫ (서울대학교 출판부, 서울) 62~66
5) 藤目ゆき, 1997 ≪性の歷史學≫(不二出版, 東京) 90 [김경자 외 譯, 2004 ≪성의
　　역사학: 근대국가는 성을 어떻게 관리하는가≫ (삼인, 서울)]
6) 宋連玉, 2000 <公娼制度から「慰安婦」制度への歷史的展開> ≪日本軍性奴隷
　　制を裁く2000年女性國際戰犯法廷の記錄 vol3 : 「慰安婦」戰時性暴力の實態[Ⅰ]≫
　　(綠風出版, 東京) 21~26.
7) 山下英愛, 2008 <日本軍「慰安婦」制度の背景ー朝鮮の公娼制度> ≪ナショナリ
　　ズムの峽間からー「慰安婦」問題へのもう一つの視座≫ (明石書店, 東京) 88~91

생각할 때, 공창제를 배경으로 등장한 일본군'위안소' 시스템 하의 인신매매 또한 반여성적임으로 강제동원의 범주로 볼 수 있다는 것이다.

인신매매 연구가 일본군'위안부' 문제와 깊이 결부되어 진행된 것은 근대 인신매매 문제를 이해하는 데 양날의 칼이 되었다. 일본군'위안부' 문제가 역사학 안에서 제 자리를 확보하고 있는 만큼 인신매매 문제 또한 진중한 역사적 논의의 대상으로서 무게감을 얻을 수 있었다. 그러나 일본군'위안부' 피해와 직결되지 않는 인신매매 문제를 제기하는 것은 부담이 생겨버렸다. 일본군'위안부' 문제의 피해상이 전제된 상황 아래서 인신매매 문제를 둘러싼 정치적, 사회적, 가족적 차원의 논의를 전개한다는 것이 쉽지 않게 되었던 것이다.

이러한 어려움은 궁극적으로 여성사가 역사학 내에서 아직까지 뚜렷한 정체성을 확보하지 못했다는 현실에서 비롯된다. 여성사는 젠더 관점의 역사학 쓰기라는 것을 표방하면서도 아직도 많은 여성사 쓰기가 기존의 남성중심적인 역사틀을 흔들지 않는 범위 내에서 '이삭줍기'식 역사를 추가하는 데 그치고 있는 것이다. 이를 위의 문제의식과 관련지어 말하면, 일본의 식민지 지배와 식민지 조선의 가족 및 사회구조, 그리고 전쟁 자체에 대한 젠더 분석이 선행되어야 일본군'위안부' 문제를 제대로 이해할 수 있음에도 불구하고 일본군'위안부' 문제는 단절적으로 이해되어 왔다고 할 수 있다. 기존 역사인식의 틀 안에서 일본군'위안부' 문제는 전쟁시기에 등장했던 일본의 전쟁범죄이자 여성에 대한 성폭력 문제로 인식되어 왔기 때문에, 그 이전시기에 구조적으로 존재했던 여성 지배 시스템과 연결지어 이해하는 것이 어색해졌던 것이다.

이러한 상황은 고스란히 역사교과서의 서술에 반영되었다고 할 수 있다. 정치나 교육, 사회운동 등의 분야에서 여성의 경험이 달랐음에도 불구하고 남성중심적인 역사서술의 체계 속에서 편리한 장면에서만 여성이 등장하는 상황은 젠더 관점의 역사 서술이라는 여성사의 취지를 충분히 반영하지 못한 것이다. 그리고 이러한 젠더편향적인 교과서 서술의 맥락에서 기술된 일본군'위안부'의 역사상만으로는 이 문제가 갖고 있는 복잡다단한 성격을 충분히 해명할 수 없다.

본 연구에서는 일제시기 인신매매의 주요양상이 여성매매임에 주목하여 그 정치사회적 원인과 결과를 밝히려고 한다. 인신매매를 제도적으로 뒷받침 했던 공창제 자체의 모순 규명, 그리고 당시 국제법 및 형법이 금하고 있던 인신매매가 이루어지는 방식을 통해 '위안부'로 동원되었던 여성, 그 중에서도 식민지 조선여성이 처해 있던 특수한 역사적 조건을 밝히려 한다. 더불어 당시 조선여성을 둘러싼 가족, 교육, 직업 환경에 대해 언급함으로써 근대여성사는 일제하 젠더 구조 및 일제의 식민지 지배의 성격에 대한 이해 위에서 서술되어야 한다는 것을 주장하려 한다. 그리하여 식민지 여성의 '위안부' 동원문제에서 무엇을 문제화할 수 있는지 제시하여 '위안부' 동원을 둘러싼 역사교과서 쟁점의 새로운 패러다임 전환을 제시하고자 한다.

Ⅱ. 인신매매의 배경

1. 일본의 근대 공창제의 성격

일제시기 조선의 인신매매 문제는 거의 대부분 공창제 문제와 관련되어 있었다. 公娼制는 넓은 의미에서 국가가 관리·통제하는 성매매 시스템을 말한다. 성을 파는 여성에 대한 등록과 정기적인 성병검진을 통해 이들의 성을 사는 남성의 행위를 합법행위로 규정한다. 그리고 이를 통해 이익을 얻는 업주들을 관리하고 통제하는 제도이다.

이 때문에 식민지 시기 조선에서 시행되었던 일본의 공창제는 인신매매 제도라는 오명을 쓰고 끊임없이 비판을 받았다. 그럼에도 조선의 공창제는 식민지 기간 내내 존속했다. 같은 시기 일본에서 "공창제=인신매매 제도"라는 반대에 부딪힌 결과 일부 지역에서 공창 폐지을 폐지했던 사실[8]과는 비교되는 부분이다.

한반도에서 공창제는 일제가 식민 지배를 효율적으로 하기 위해 이식해 들어온 대표적인 제도 중 하나로 꼽힌다.[9] 인신매매 문제의 근본 요인으로 내내 비판을 받기는 했지만, 사실 근대 일본의 공창제도는 메이지 정부의 인신매매 금지 과정에서 성립된 것이었다.[10] 따라서 인신매매의 구조를 이해하기 위해서는 공창제의 성립배경과 그 시행과정을 추적하는 작업이 선행된다.

일본의 근대 공창제의 제도적 출발은 1872년의 <창기해방령>에서 비롯했다. 에도기에 확립된 일본의 창기 제도는 '몸값'의 지불을 통해 창기의 평생이 포주 한 사람의 손에 맡겨진 인신매매에 기초를 두고 있었다.[11] 1872년에 일어난 마리아루스호 사건[12]은 메이지 정부 수립

---

8) 1893년 群馬縣에서 1941년 이시카와현(石川縣)까지 15개현이 폐창을 실현했다. [早川紀代, 1995 <日本社會と公娼制> 吉見義明·林博史, ≪共同研究 日本軍慰安婦≫ (大月書店, 東京) 194]

9) 宋連玉, 1994 <日本の植民地支配と國家的管理賣春 - 朝鮮の公娼を中心にして - > (朝鮮史研究會) ≪朝鮮史研究會論文集≫ 32

10) 早川紀代, 1997 <公娼制とその周邊 - 東京府を中心して> ≪季刊 戰爭責任研究≫ 17, 51

11) 早川紀代, <위 논문> 51

12) '마리아루스호 사건'이란 1872년 6월에 수리를 위해 일본 요코하마(橫浜)에 정박해 있던 페루 배 마리아루스(Maria Luz)호에서 중국인 노동자가 탈출, 학대를 호소하자, 일본정부가 재판을 통해 이들을 해방시킨 사건을 말한다. 일본정부는 중국인 노동자가 처한 노예계약 상태가 人道에 반하기 때문에 무효라고 판결을 내렸는데, 이에 대해 페루 선장측은 일본에도 창기라는 인신매매가 공공연하게 이루어지고 있으므로 일본은 노예매매를 비판할 자격이 없다고 강력하게 항의하였다.(http://ja.wikipedia.org/wiki)

이후 창기제도의 인신매매 문제에 대해서 문제의식을 갖고 있던 일본 정부로 하여금 제도적 결단을 내리게 한 계기였다. 문명개화정책을 표방하고 세계 열강들과 '문명' 경쟁을 하고 있던 메이지 정부로서는 창기제도의 인신매매 문제에 쏠린 국제적 관심을 벗어날 필요가 있었던 것이다. 그리하여 일본 정부는 같은 해 <창기해방령>을 공포하고 창기의 인신매매 및 종신구속을 금지하고 창기를 해방한다는 뜻을 선포했다.

그러나 <창기해방령>은 창기 제도 자체를 폐지한 것은 아니었다. 도쿄부(東京府)는 <창기해방령>이 인신매매를 금지하는 것이지 창기업 자체를 금지하고 있는 것은 아니라고 해석하고 1873년 부령으로 <가시자시키도세규칙(貸座敷渡世規則)>, <창기규칙>, <藝妓규칙>을 정하였다. 생활의 어려움으로 인해 창기업이 필요한 여성에게 가시자시키,[13] 곧 방을 대여하고 포주와 창기의 계약방식에 의해 인신매매의 소지를 없애겠다는 것이다. 따라서 창기 본인의 신청에 따라 경찰이 창기면허를 주고 포주와 창기는 기간 및 전차금(선불금) 계약을 맺는 것을 법령의 골자로 하고 있었다.

1876년은 관련 법령의 개정과 성병 및 세금, 사창 단속에 관한 법령이 마련되어 일본 근대 공창제의 체제가 성립한 시기이다.[14] 그 내용

---

13) 추후에 살펴보겠지만, 가시자시키(貸座敷) 방식의 공창제도는 일본의 식민지 및 진출지역에 이식된다. 가시자시키는 "돈을 받고 빌려주는 방"이라는 뜻으로서, 성 판매를 원하는 창기들에게 포주는 계약을 통해 방을 빌려줄 뿐이며 인신매매는 없다는 의미가 내포된 말이다. 인신매매를 근간으로 하고 있지만, 표면상 인신매매를 부정하고 있는 일본식 공창제도의 기만성을 잘 보여주는 말이라 생각한다. 가시자시키는 조선에 공창제가 도입된 이후 대좌부라 불렸다. 이 글에서는 일본의 상황을 설명할 때는 가시자시키, 조선의 상황을 설명할 때는 대좌부라 표기한다.

14) 早川紀代, 1995 <앞 논문> 188~189. 이하 1876년에 성립된 공창제의 내용은 早川紀代의 정리에 의함.

은 다음과 같다. 창기가 창기등록을 신청할 때에는 부친 등 보호자의 동의서가 필요하고, 가시자시키 업자와 기간 및 전차금의 반제방법에 대해서 계약서를 작성한다. 창기는 매월 2회의 성병검사를 받아야 하며, 매월 영업에 대한 세금을 납입해야 한다. 폐업은 창기 본인이 경찰서에 와서 신청해야하며, 업자의 동의가 필요하다. 그리고 허가를 받지 않은 여성의 성매매는 금하고, 발각되었을 경우 벌금을 내야한다.

일본이 공창제가 문명사회에 반하지 않는 근대적인 제도라고 표방하는 이유는, 공창제가 표면적으로는 자유의지를 가진 근대 주체(창기)의 자유로운 계약 행위라는 형식을 띠고 있기 때문이었다. 그러나 법령 제정 및 개정 과정에서 스스로 인정했듯이, 창기들은 "생활상의 이유로 창기업을 그만 둘 수 없는" 여성들이 대부분이었다. 곧 빈곤상황을 잠깐이라도 벗어나기 위해 전차금이 필요했던 여성들이었던 것이다. 공창제의 조항 중에는 계약기간 중 각종 명목으로 늘어나는 전차금에 대한 제한 규정이 없었다. 따라서 전차금이 남아있는 한 창기는 창기업을 벗어날 수 없었다. 또한 공창제는 '창기의 자유의지'를 내세웠지만, 당시 호주제 하에서 여성은 독자적으로 법률행위를 할 수 없었다. 창기계약 시 부친 등 보호자의 동의서를 첨부해야 했던 것도 이러한 사정을 반영한다. 이는 표면상으로는 창기가 인신매매의 희생자가 되는 것을 보호하기 위함이었지만, 부모 및 남편 등 '법적인 보호자'가 인신매매 주체로 나서는 배경이 되기도 하였다. 결국 공창제는 형식상의 계약서만 존재한다면 전차금을 갚을 때까지 창기가 인신 구속을 받으면서 성을 팔고, 남성들은 이들의 성을 사는 것을 법적으로 허용하고 관리하는 제도였던 것이다.[15]

도쿄의 공창제는 몇차례의 개정을 거쳐 1896년 <가시자시키히키테

---

15) 早川紀代, 藤目ゆき, 송연옥, 야마시타 영애 등 공창제 연구자들은 이러한 기만성이 일본의 근대 공창제의 최대 특징이라고 말한다.

쟈야창기취체규칙(貸座敷引手茶屋娼妓取締規則)>으로 재정비되었다. 이
것을 토대로 전국적인 규정이 제정된 것이 1900년의 <창기취체규칙>
이었다. 이때에는 공창제에 대한 비판을 어느정도 수렴하여 창기의 자
유폐업조항을 강화하였다. 이로써 법령상 창기는 빚이 있어도 폐업할
수 있었지만 현실적으로 창기의 자유폐업은 '사건'으로 받아들여질 만
큼 힘든 일이었다.[16]

　그렇다면 일본 정부가 애초부터 인신매매 제도라고 비난받은 창기
제도에 대해 수차례 논의를 거듭[17]하면서도 결국 폐지를 결심하지 못
한 이유는 무엇일까. 근대 일본의 공창제를 일본 고유의 것으로 이해
하고 일본의 후진성과 전근대성의 표출로 이해하는 시각에 반대하는
후지메 유키는, 일본의 근대 공창제는 일본이 세계 자본주의에 포섭되
고 근대국가가 수립되는 가운데 유럽의 공창제를 모델로 해서 이전의
것을 재편성한 것이라고 말한다.[18] 전쟁을 통한 식민지 개척을 바탕으
로 제국을 확대해 나간 프랑스, 독일, 영국 등의 제국주의 국가들이 군
대의 성병예방을 통해 전력손실을 막으려는 목적으로 공창제를 만들어
냈고, 서구 열강을 모방하며 제국주의 국가로 성장해 나간 메이지 정
부가 이를 참고로 하였다는 것이다. 따라서 군대 유지가 중시되는 식
민지에서는 공창제를 통한 성매매 통제가 더욱 엄격하게 이루어졌는
데, 여기에는 일본도 예외가 아니었다. 일본의 공창제 또한 일본이 진
출하고 침략했던 아시아 여러 지역, 점령지인 만주 지역이라든가 식민
지인 조선, 타이완 등지에서 더욱 발달했던 것이다. 다음 절에서는 19

---

16) 山下英愛, 1992, <한국 근대 공창제도 실시에 관한 연구>19 (이화여대 석사
　　논문, 서울)
17) <창기해방령> 이후 도쿄부가 관련 법령을 제정하는 과정에서 사법성과 좌원
　　(左院: 입법기관), 대장성, 도쿄부 등이 수차례 의견을 교환하는데, 모두 창기
　　제도의 존속을 전제로 공인/묵인, 집창/산창 문제를 놓고 이견을 보였다(早川
　　紀代, 1997 <앞 논문> 52).
18) 藤目ゆき, ≪앞 책≫ 91~92

세기 말~20세기 초반 한반도에 일본의 공창제가 도입되고 성립되어가는 모습을 살펴보도록 하겠다.

2. 공창제의 조선 도입과 일본식 인신매매 구조의 이식

조선의 전통 사회에 성매매 관행이 전혀 없던 것은 아니었지만,[19] 노골적으로 성을 사고파는 행위는 일본인들의 이주로부터 비롯된 것이었다. 공창제가 도입된 이후 공창제는 일본이 조선에 들여온 대표적인 제도로서 자주 거론되었다.

> 아산둔모에 콩볶는 소리가 들린 지도 이제는 30년이 지났다. 병정의 꽁무니를 따라서 현해탄을 건너온 '니혼무스메'의 역사도, 어느덧 30년이 되었는가 보다. 조선이라고, 옛적인들 기생이 없었으리오 만은, 창기니 작부니 하는 새 이름을 가진 여자가 분 냄새와 합해 정조를 팔고 술판에 헛웃음을 실어 남자의 등골을 □게 되기는 역시 갑오년 이후의 일일까 한다.[20]

---

19) 공창제 도입 이전에 조선에 존재했던 성매매 관행의 증거로서 기생제도가 자주 거론된다(山下英愛, 2008 ≪앞 책≫ 58) 기생이 양반층 남성의 공공연한 성적 대상으로 존재했던 것은 사실이나, 성적 제공을 대가로 생계를 유지하는 것이 이들의 본래 임무는 아니었다. 수청을 거부했던 기생의 이름이 오르내리는 것도 이러한 기생문화에 기인할 것이다. 조선시대의 관기제도는 예악정치와 신분제의 토대 속에서 女樂의 이름으로 존재했다. 개항 이후 신분제가 해체되고(1894년), 관기제도 또한 해체되는(1900) 상황 속에서 기생은 양반층의 독점대상이라는 신분에서도 벗어나게 된다. 자본주의가 잠식해가는 근대 가부장적 사회 속에서 기생을 성적 대상으로 보는 시선이 강해지고, 기생 중 일부만이 전통적 기생의 기능 중 技藝만을 독립시켜 가수와 배우와 같은 대중문화인으로 성공한다. 그리고 대다수의 기생들이 공창제의 수립과정에 편입되어 접객여성으로 생존해 나간다. 기생의 근대적 재편양상에 대해서는 서지영, 2005 <식민지 시대 기생연구(Ⅰ)-기생집단의 근대적 재편 양상을 중심으로> ≪정신문화연구≫ 28~29 참조.

20) ≪동아일보≫ 1924년 5월 10일 2면, <女人虐待, 공창폐지는 매소부 자신이>

일제가 여성에 관해서 이 땅에 남긴 해독이 두 가지 있으니, 하나는 공
창제도고 또 하나는 그들의 봉건적인 노예여성관을 유지 연장시킨 것이
다.[21]

일본의 근대 공창제는 군대를 중심으로 '제국'을 확장하려는 일본의
근대화 정책을 뒷받침하는 것이었다. 따라서 조선을 강제로 개항시키
고 두 차례의 전쟁을 통해 한반도에서 주도권을 장악해갔던 일본의 조
선 식민지화 과정은 공창제의 도입 및 정착 과정, 그것에 다름 아니었
다.[22] 야마시다 영애에 따르면, 일본이 조선에 공창제도를 실시해간 과
정은 다음의 세 가지로 나눌 수 있다. 첫째, 1876년 조일수호조규 체결
이후 일본인 거류지에 일본인 성판매업자가 증가하고 거류지 내에 유
곽을 설치하는 과정, 둘째 러일전쟁에 승리한 일본이 조선에 통감부를
설치한 후, 일본인 거류지 뿐 아니라 조선사회에 대한 성매매 단속에
착수하고 공창화 정책을 도입해가는 과정, 셋째 총독부가 지배하는 시
기인 1916년에 <대좌부창기취체규칙>을 발포하고 조선 전국에 공창
제를 실시하는 과정이다.[23]

일본인 거류지와 군대 주둔지를 중심으로 유곽 지역이 형성되는 역
사적 과정[24]은 공창이 일차적으로는 조선 내에 이주한 일본인의 성병

---

21) 최정석, 1946 <해방되는 창기 5천명> 《개벽》 77
22) 공창제의 이러한 성격에 주목하여 조선에서 공창제가 도입되고 실행되는 과
    정을 검토한 논문으로는, 孫禎睦, 1988 <日帝下의 賣春業－公娼과 私娼>
    《都市行政硏究》 (서울시립대 도시행정연구원) ; 宋連玉, 1994 <日本の植民
    地と國家的管理賣春―朝鮮の公娼を中心して> 《朝鮮史硏究會論文集》 32 ;
    야마시다 영애, 1997 <식민지 지배와 공창제도의 전개> 《사회와역사》 51
    등이 있다.
23) 山下英愛, 2006 <朝鮮における公娼制度の實施とその展開> 《日本軍「慰安婦」
    關係資料集成》 675 (明石書店, 東京) 야마시다 영애는 두 번째 단계를 다시
    나누어 1910년에 일본이 조선을 병합한 이후 총독부 권력 하에 각 道마다 공
    창제를 실시하는 단계를 삽입하기도 한다(山下英愛, 2008 <앞 논문> 57.
24) 부산(1876년)과 원산(1880년), 서울(1882년), 인천(1883년) 등 개항장, 개시장

관리를 위해서 도입되고 있음을 말해준다. 그러다가 러일전쟁 이후 한
반도에서 일본의 주도권이 확고해지고 나서부터는 조선인을 대상으로
성매매 관리에 나서기 시작하여 1908년에 경시청령으로 <기생단속
령>, <창기단속령>을 제정하였다. 이때의 주요내용은 기생과 창기의
영업을 경시청의 감독하에 두고 성병검사를 철저히 한다는 것이었다.[25]

이 시기 조선인에 대한 성매매 관리는 은밀히 성매매를 하는 조선인
여성의 증가를 배경으로 이루어진 것이었다. 앞의 단속령과 관련하여
경찰당국은 기생과 창기의 범주를 정의하였는데, 이에 따르면 기생은
"구래의 관기 또는 기생이라 불리는 자를 총칭한 것"이고 창기는 "賞
花室, 갈보 또는 색주가의 작부를 총칭한 것"이었다.[26] 1908년의 시점
에서 상화실, 갈보, 또는 색주가의 작부라 불리며 은밀히 성을 파는 여
성들이 존재하고 있었다는 얘기인데, 이는 1894년 이전에는 없던 것이
었다.[27] 19세기 말 조선 사회의 상품경제의 활성화에 따른 풍속변화와
일본인 거류지의 성매매 증가, 전쟁에 따른 일본군 주둔의 영향을 받
아 조선인 성매매 여성이 늘어났던 것이다.[28] 더욱이 지속되는 조선의

을 중심으로 영사관의 성매매 관리가 시작되고 유곽이 형성된다(宋連玉,
1994 <朝鮮「からゆきさん―日本人賣春業の朝鮮上陸過程」> ≪女性史學≫ 4).
이밖에 용산, 나남, 회령 등 대표적인 일본군 주둔지에도 유곽지역이 설정되
었다.

25) 山下英愛, 2006 <앞 논문> 678 ; <기생단속령>, <창기단속령>에 대한 자
세한 내용은 송연옥, 1998, <대한제국기의 <기생단속령><창기단속령>―
일제 식민지화와 공창제 도입의 준비 과정> ≪韓國史論≫ 40. 참조. 송연옥
은 이때의 조선인 접객여성에 대한 단속 또한 조선 내 일본인들의 성병관리
를 염두에 두고 추진된 것이라 지적했다.

26) 藤永壯, 2004 <植民地朝鮮における公娼制度の確立過程―1910年代のソウルを中
心に―> ≪二十世紀研究≫ 5

27) 앞의 각주 20) 참조. 본래 조선시대에는 성을 팔아 생계를 잇는다고 여겨지는
화랑, 유녀 등을 엄히 다스렸기 때문에 최소한 이들이 노골적으로 가시화되지
는 않았던 것 같다.(孫禎睦, 1980 <開港期 韓國居留 日本人의 職業과 賣春
業・高利貸金業> ≪韓國學報≫ 18 105~106.

빈곤화는 조선여성의 '성매매업' 투신을 가속화시켰다.

> 요즈음 조선부인 사이에는 사회상태의 변천에 따라 생활난을 부르짖게
> 되어 그 중 하급부인 등은 절실하게 금전이 생활상 필요함을 느껴 그 결과
> 어떠한 노동에도 일을 하는 사람들이 있는 동시에 한편으로 몸을 추업계에
> 투신하여 일가생계의 방법을 강구하는 두 가지 경향을 보이게 이르렀다 …
> 현재의 경성에서는 아직도 충분히 그들 조선 부인을 사용할만한 사업이 없
> 고 …29)

위의 글은 생계를 위해 돈벌이가 절실한 여성들이 별다른 선택의 기
회 없이 '醜業界(사회적으로 추한 직업이라 본 성매매업을 의미)'에 몸
을 던지고 있는 상황을 전하고 있는 것이다. 병합 직후의 시점에서 조
선여성을 위한 돈벌이가 그다지 없으며, 이 때문에 이들이 '일가 생계
의 방법을 강구'하기 위해 성매매를 하고 있음을 지적하고 있는 것이
주목된다. 이후 일본의 본격적인 식민지배가 전개되는 과정에서도 이
러한 상황은 크게 바뀌지 않기 때문이다.

병합 후 조선인을 일본식의 공창제 체제 안으로 밀어넣는 한편, 각
道에 따라 각가 다르게 실시되고 있던 창기단속이 전국적으로 통일되
는 것은 1916년 경무총감부령에 의해 <대좌부창기취체규칙>이 공포
되면서부터였다. 경무총감부는 동시에 <요리옥음식점영업취체규칙>,
<예기작부 예기치옥영업취체규칙>을 공포하여 예기와 작부의 성매매
를 금하고 사창의 단속 방침을 정하였다.

<대좌부창기취체규칙>은 기본적으로 일본 공창제의 틀을 그대로
가져온 것이다. 이 때문에 일본에서와 마찬가지로 창기가 되려는 자는
보호자의 승낙서 및 전차금 등에 관한 계약서를 소지하여 직접 경찰서
장에게 제출하고 허가를 받아야 했다.30) 일본의 공창제와 차이를 보이

---

28) 山下英愛, 2006 <앞 논문> 677
29) ≪朝鮮新聞≫ 1911년 5월 5일 [藤永壯, 2004 <앞 논문> 재인용]

는 점은 조선 내의 창기(조선인, 일본인 모두 해당)가 일본에 비해 연령 하한이 1살 낮고[31] 자유폐업에 관한 규정이 일본의 그것보다 불철저하여[32] 조선 내 창기의 경우, 일본의 경우보다 인신구속의 여지를 더욱 열어놓은 점을 들 수 있다.

일본의 공창제가 인신매매에 의지하지 않는다는 인상을 주기 위해 호주제라는, 당시 가족구조와 모순되는 여성주체를 내세웠다는 것은 앞에서도 설명한 바이다. 조선의 공창제는 여기에 식민지적 특징에 가세한 형태였던 것이다.

재색이 겸비해도 부모의 승낙이 제일. 옮겨 다닐수록 천지 위의 그 신세! … 그러면 어떤 사람에게 일 값이 많이 나가느냐 하면 나이 20 안팎

---

30) 朝鮮總督府 警務摠監部令 第4号, <貸座敷娼妓取締規則> ≪朝鮮總督府 官報≫ 1916년 3월 31일.
제16조 창기업을 하려는 자는 본적, 주소, 씨명, 기명, 생년월일 및 돈벌이장소를 기재하고 또한 가시자시키 영업자의 연서를 받은 원서에 다음의 서면을 첨부하여 스스로 출두하여 경찰서장에서 願出하고 허가를 받을 것.
　1. 父의 승낙서, 父를 알지 못할 때, 사망했을 때, 집을 떠났을 때 또는 친권을 행할 능력이 없을 때는 집에 있는 母의 승낙서, 母도 사망했을 때, 집을 떠났을 때 또는 친권을 행사할 수 없을 때에는 미성년자일 때에는 후견인, 성년자일 때에는 호주 또는 부양의무자의 승낙서 또는 승낙을 할 자가 없다는 것을 소명하는 서면.
　2. 전호에 거론한 승낙서의 인감증명서
　3. 호적등본 또는 민적등본
　4. 창기업 및 전차금에 관한 계약서 사본
　5. 경력 및 창기를 하는 사유를 기재한 서면
　6. 경찰서장이 지정하는 의사 또는 의생의 건강진단서
　전항의 1호의 승낙에서 계부, 계모 또는 적모는 후견인으로 간주함.
31) 1900년에 전국적으로 정비된 일본의 <창기취체규칙>에서는 창기업 금지 연령이 17세 이하였지만, 조선의 <대좌부창기취체규칙>에서는 17세 미만이었다.
32) 일본의 <창기취체규칙>이 창기명부의 삭제에 관해 구체적으로 명기했던 것에 비하여 조선에서는 창기가 직접 창기폐업 허가증을 첨부하여 경찰서장에게 제출하도록 되어있었다(山下英愛, 2006 <앞 논문> 680).

되고 얼굴이 어여쁘고 부모의 승낙서와 민적등본까지 갖은 이가 보통 1등
이라는데 … 비록 아름다운 얼굴과 가무의 재주가 있어도 부모의 승낙서
민적등본이 없고 보면 1등 노릇을 못한다. 왜 그런고 하니 만약 일이 탄로
되어 부모나 그 전남편이 찾게 되면 돈들인 포주는 한 푼 찾지 못하고 사
람만 빼앗기게 되는 까닭에 반드시 승낙서와 민적등본을 요구하는 것이오
…33)

위의 글은 창기계약에서 가장 중요한 것이 부모(또는 남편)의 승낙
서임을 말해준다. 창기 본인의 의사를 따른다는 공창제의 취지는 사실
은 그 부모나 남편의 의지를 따른다는 뜻이었다. '일가의 생계'를 위해
부모나 남편의 '승낙서'를 얻어 별 수 없이 대좌부에 가는 여성에게 법
적 의미 그대로 개인의 자유의지로 창기 되기를 '선택'했다고 말할 수
있을까.

또한 '계약'이라는 법률 행위는 어느 정도의 관련 정보와 지적 능력
을 소유했을 때 가능한 것이다. 하지만 두루 알다시피 총독부는 조선
인에 대한 교육을 실시하는 데 인색했다. 여기에 딸을 가르치는 것에
소홀했던 당시의 가부장적 분위기와 맞물려 일제시기 내내 여성의 문
자해득율은 50%를 넘어서질 못했다.34) 이러한 상황에서 '창기계약'을
하는 여성이 자신의 의지를 가지고 업주와 협상 및 타협을 한다는 것

---

33) ≪시대일보≫ 1925년 8월 26일 2면, <人肉市場4: 最上千二百圓 價格도 千萬
   別>

34) 보통학교 여학생의 취학율이 비교적 높았던 1940년에도 22.2%에 불과했다.
   반면 일본의 심상소학교 여학생의 취학율은 1900년대에 이미 90%에 달하고
   있다 [한일여성공동역사교재 편찬위원회, 2005 ≪여성의 눈으로 본 한일 근
   현대사≫ (한울아카데미, 서울) 102~105.] 여기에서 염두에 두어야 할 것은
   양국의 여성교육은 모두 일반교육(남녀학생 대상 교육)에 비하여 차별받고 있었
   다는 점이다. 한편 1928년 조사에 의하면 조선인 창기는 대다수가 無學 또는
   보통학교를 완전히 마치지 못한 자이고, 일본인 창기는 대개 심상소학교를 졸
   업한 자라고 한다.(≪동아일보≫ 1928년 11월 14일 2면, <웃음팔고 울음 사
   며 그늘에 자라는 萬餘朶花, 한 번 발을 넣은 후엔 화류항 전전, 最近 調査
   全朝鮮 藝娼妓 數>)

은 거의 불가능했다. 더욱이 창기가 직접 허가증을 가지고 경찰서장에게 제출해야 한다는 '창기폐업' 조항은 그야말로 '그림의 떡'에 그칠 공산이 컸다.

교육기회에서 소외됐던 조선 여성의 처지는 다른 돈벌이의 기회에서도 제약을 받았다. 일본인이 주 구매층이어서 중등교육 정도는 받아야만 가능했던 서비스직은 물론이고 공장의 여성노동자 또한 문자해득자를 선호했다. 식량공급지로서의 식민지 역할 속에서 조선에는 문을 두드려볼만한 공장 또한 많지 않았다. 농민의 점층적 몰락을 추동하는 일제의 경제정책 속에서 농촌의 빈곤은 깊어만 갔다. 열악한 경제상황은 조선인 소개업자와 접객업자(대좌부 및 요리점, 음식점, 카페 등의 영업자)가 양산되는 토양이 되었다. 새로운 기회의 땅으로 여기고 조선에 진출해 있던 일본인 접객업자와 함께 이들은 농촌에서 밀려나온 여성들의 구매자가 되었다.

이상의 호주제 및 여성교육·여성직업 상황, 농촌의 빈곤 문제는 여성을 성산업으로 떠미는 주요한 배경이 되었다. 일제시기 총독부의 여성관련 정책이 현모양처주의라는 기조 아래 가정내 여성의 역할을 중시하고 여성의 사회적 독립을 부차시하는 것이었다는 점을 상기하면, 공창제가 내세운 '창기 본인의 의사에 따른 계약'이라는 명분이 실제로는 사상누각과 같은 것이었음을 알 수 있다. 이런 점에서 공창제의 성립과 함께 감언이설 등으로 여성을 속여 접객업 계약을 맺게 하는 일본식의 여성매매 구조 또한 이식됐다는 후지나가 다케시의 지적은 적절해 보인다.[35]

---

35) 藤永壯, 2004 <앞 논문>

Ⅲ. 인신매매의 구조와 실태

1. 인신매매의 구조와 방식

공창제의 법적 해석에 의하면 17세(일본은 18세) 이상의 여자가 호적등본과 친권자(친권자가 없으면 후견인 및 부양의무자)의 승낙서를 소지하고 대좌부 업자와 맺은 전차금과 기간에 관한 계약서를 경찰서에 제출하면 그 여자는 창기가 될 수 있었다. 예기와 작부 또한 나이를 제외하고는 마찬가지 조건이었는데,[36] 단 이들은 가무를 통하여 객석의 유흥을 돕거나(예기), 음식을 접대하는 것(작부)이 본래의 역할로 성을 파는 행위는 금지되어 있었다. 그러나 이들을 이용한 업자들의 성매매 행위는 공공연 하여, 사회적으로 이들은 허가 없이 성 판매를 하는 자, 곧 私娼으로 분류되고 있었다.[37]

이들 접객여성과 업자 사이에는 소개업자가 있었다. 업자는 '계약'을 위해 필요한 모든 절차와 준비를 소개업자에게 의지했고, 소개업자

---

36) 朝鮮總督府 警務摠監部令 第3號, <芸妓酌婦芸妓置屋營業取締規則> ≪朝鮮總督府 官報≫ 1916년 3월 31일 제1조 참조.
   예기는 일본인 기생을 뜻하는 데, 통상 예기라 할 때는 조선인 기생도 포함되는 경우가 많았다. 예기작부의 하한연령에 관해서는 통일된 규정은 없다. 1927년 <전라남도 훈령>에 의하면 작부는 17세 이상, 예기는 12세 이상으로 규정되었는데(宋連玉, 1994 <앞 논문> 45), 지역에 따라 허가연령이 차이가 있었던 것으로 생각된다. 한편 기생의 허가연령은 15세 이상이었다는 신문기사가 있다. "… 피고 노찬옥은 소화 2년 봄에 원고인 박능오의 2녀로 당시 9세된 박병내를 기생으로 영업허가를 받을 연령 15세에 달하기까지는 가곡 무도 등을 가르쳐가지고…"(≪동아일보≫ 1935년 5월 30일 석간 2면, <賣春을 强要, 實女引渡訟>).
37) "… 사창이라고 하면 기생과 작부 같은 것이니 …"(≪동아일보≫ 1927년 12월 9일 3면, <婦人時評; 公私娼의 數(西園生)>).

는 그 대가로 수수료를 받았다. 일반여성이 접객여성이 되는 과정에는 대부분 소개업자가 있었으며, 접객여성과 업자의 '합법적인 계약' 뒤에는 반드시라고 해도 좋을 만큼 소개업자의 인신매매가 존재했다.

> 營業者 奸計에 一生을 犧牲, 한 벌 발 들이면 평생을 버려, 市場에 나오게 된 經路 가사에 종사하던 여자 혹은 순결한 처녀 혹은 남의 안해로 있던 그들이 화류계에 몸이 빠지게 된 경로는 대개 어떠한가. 대개가 인신매매를 영업으로 하는 주선업자의 꾀임에 빠져 한번 들여놓은 발을 빼지 못하고 있는 자가 1,743명이나 되며 그의 친권자에게 팔린 자도 적지 않아 1,485명이나 되며 정부에게 속아 넘어간 자도 상당히 많다고 한다. 그러나 일본인도 역시 주선업자의 유인에 넘어간 사람이 많기는 하나 부모형제를 위하여 몸을 희생한 자가 조선인보다 많다고 한다 …38)

> 인사소개업의 간판 아래서 부녀를 유인하여다가 청루에 팔아먹는 유인마 일단 … 이들은 방물장사 등 행상인으로 꾸미고 경성시내를 위시하여 각 지방 주요도시는 물론 궁핍에 떨고 있는 농촌 일대를 편답하면서 가정불화로 싸우는 집안들, 또는 가난에 쪼들려 끼니를 굶는 집안 등을 찾아들어 달달한 말솜씨로 부녀자와 숫처녀 등을 꾀어내다가는 서울로 데리고 와서는 음식점 작부 등으로 50원내지 2~3백원씩에 팔아먹은 것이라고 한다. 물론 그 매매 행위는 전차금이란 명목아래 여자를 화폐로 환산한 것인데 거기는 당자의 부모승낙이 필요한 관계상 이들은 호적등본과 공인 사인 등을 모조리 위조해가지고 양친의 승낙이 있는 듯이 꾸민 것이라고 한다 …39)

위 기사는 발각된 사건을 통해 본 소개업자의 인신매매 방식이다. 이외에도 일제시기에 검거된 조직적인 유괴유인 사건에는 거의 대부분 소개업자가 개입되어 여성의 유괴유인 뿐 아니라 문서의 위조 등을 중개했다.

일본에서는 일찍이 에도시대 때부터 소개업자[구치이레야(口入屋)]

---

38) 《동아일보》 1928년 11월 14일 2면, <웃음 팔고 울음 사며 그늘에 자라는 萬餘朶花, 한번 발을 넣은 후엔 화류항전전, 最近調査 全朝鮮藝娼妓數>
39) 《동아일보》 1936년 1월 30일 조간 2면, <방물장사 앞잡이, 誘引魔의 毒牙, 窮乏의 農家, 不和의 家庭 찾아, 公印僞造 人身賣買>

가 활약하였다. 따라서 공창제의 인신매매적 요소를 제거한다는 명분으로 메이지 정부는 소개업에 대한 단속규칙을 만들었다. 1905년에 공포된 <예창기구치이레업취체규칙(藝娼妓口入業取締規則)>과 1917년에 공포된 <예창기작부주선업자취체규칙>은 소개업자의 불법행위를 감시하기 위해 만든 법령이었다.[40]

조선에서도 마찬가지로 공창제를 정비하는 과정에서 소개업 관련 법령을 제정했다.[41] 1913년 경상북도에서 <주선영업취체규칙>(경상북도 경무부령 제3호)을 제정하여 친권자 없는 미성년자의 주선과 피주선자의 의사에 반한 주선, 피주선자를 속여 주선처를 그만두게 하는 것 등의 행위를 금지하였다.

인사소개소의 설립은 1923년에 <소개영업취체규칙>이 공포되면서부터였다.[42] 이 때부터 접객여성의 소개는 이전의 <주선영업취체규칙>에서 <소개영업취체규칙>에 의해 적용을 받았다.

---

40) 早川紀代, 1995 <앞 논문> 192. 1905년의 것은 소개업에 대한 허가, 장부작성에 대한 경찰의 검사, 소개업자의 예창기 금전 취급의 금지, 예창기되기를 권유 금지, 의뢰인 숙박의 금지 등을 규정한 것이고, 1917년의 것은 여기에 작부가 추가된 것이었다.

41) 宋連玉, 1994 <앞 논문> 52.

42) "… 이 '도가'집이 생기기는 언제부터인가. 지금으로부터 삼년 전이오, 여기 참여한 뚜쟁이만도 서른 둘이라 한다. 원래 뚜쟁이란 그 전부터 있었지마는 하도 수가 많아 그 이익을 독차지 할 수가 없어 자기네끼리만 창기와 장사해 먹듯 하여 보려고 예창기, 작부소개업이란 이름 아래 허가를 얻어가지고 아주 마음 턱 놓고 직업적으로 사람매매 소개만 하게 되었다. 사람으로 사람매매를 소개하는 악마, 이 악마들이 모이는 악마굴 정말 말만 들어도 몸서리가 쳐지지 않을 수 없을 것이다…"(≪시대일보≫ 1925년 8월 22일 2면, <人肉市場1: 河橋越邊牛額屋, 吸血鬼 窟穴>) '도가'집, 곧 인사소개소가 지금(1925년)으로부터 3년전(1923년)에 생겼다고 한다.

<소개영업취체규칙>은 1923년 1월 전라남도에서 공포된 것을 필두로 하여 1920년대 말까지 전국의 각도마다 계속 공포되었다. 내용상 차이는 대동소이하다.[尹明淑, 2003 ≪日本の軍隊慰安所制度と朝鮮人軍隊慰安婦≫ 301 (明石書店, 東京)]

윤명숙의 연구에 의하면,[43] 조선의 <소개영업취체규칙>은 일본의 그것에 비해 영업단속 조항이 형식적이었다. 일본에서는 소개 영업 종목이 아홉 가지로 분류되어 이 가운데 "예기, 창기, 작부의 소개 및 주선"은 다른 종목과 겸업할 수 없었다. 또한 영업자의 사기와 유괴, 인신매매 행위에 대해서도 12항에 걸쳐 금지조항이 명기되어 있었다. 영업자의 자격 또한 엄격하게 정하고 있어 영업자는 "300엔 이상의 부동산을 소유"해야 했다. 이 조항은 "영업자 수를 줄이고, 또한 영업자의 소질을 향상"시키기 위해 "빠질 수 없는 조건"이라고 하였다.

그러나 이보다 나중에 제정된 조선의 <소개영업취체규칙>에는 영업자의 자격에 관한 조항이 없었다. 오히려 "루트만 있다면 자금 없이도 돈을 벌 희망이 있는 직업"이어서 "생활의 방도가 막혀버린 조선인에게 성공의 기대와 기업의욕을 채워주는 몇 안되는 직업의 하나"였다.[44] 다음과 같은 인사소개소의 외양 또한 여러모로 일본 소개업자의 엄격한 자격 조건과 대비되는 부분이다.

> … 남향한 일각문이 납작하게 달려 '난쟁이' 키만한 사람도 허리를 굽히지 않으면 이자를 되려 받을 만치 된 오막살이 초가가 있다. 문패도, 간판도 달리지 않은 그 집안으로 들어서면 창살이 반 넘어 부러진 문짝이 여기저기 떨어져 있고 종잇조각이 붙기도 하고 떨어지기도 하여 구멍이 뻐끔뻐끔 뚫린 벽, 먼지가 뽀얗게 앉은 마루에도 드문 있는 사람의 발자국, 쉬파리가 엥엥 하는 마당이 팔모로 뜯어보나 어수선 산란하고도 우중충한 것이 사람 꼴이라곤 구경한지가 한 십년 넘어진 흉가같이 보인다…[45]

경찰의 허가를 받은 인사소개업자라 하더라도 주로 불법적인 인신매매를 통해 접객여성을 조달하였는데, 당시 사회에서는 이들을 공사

---

43) 尹明淑, ≪위 책≫ 302

44) 宋連玉, 1994 <앞 논문> 51~52

45) ≪시대일보≫ 1925년 8월 22일 2면, <人肉市場1: 河橋越邊半頹屋, 吸血鬼窟穴>

창 업자, 유괴유인범과 함께 '인육상'이라 부를 정도였다.

> … 우리는 인도의 날카로운 칼로써 이를 飼養하는 비인간의 인육상배를 모조리 처참할 것을 절규하여마지 않는 바이다. 일본인 지나인은 도외시하고라도 조선인 그 중에도 모 회 회원이라는 미명을 가진 임모 김모가 작부소개 반반겸의 요리업 등 간판을 흘연히 붙이고 생지옥적(籍)을 꾸미고 있으니 이 얼마나 가증한가. 모두가 생활을 양위하는 직업이라 하여 또 이하제도의 법률 그 보양 하에서 부득이 그 존재를 허한다 하면 별문제라 할지 모르거니와 오인은 모름지기 인도상 다소의 양식을 ㅁ執한 이상 이런 것 박멸은 그다지 難事가 아닐 것이다. 지방풍기를 고창하는 청년단체여. 분투할 바이다.[46]

유괴유인, 문서위조 외에 소개업자는 전차금에 각종 비용 명목의 '웃돈'을 얹는다거나 한번 판 접객여성을 되파는 방식으로 이익을 취했다.

> … 다시 강씨란 작자를 불러 값을 정하여 보라고 하였다. 강씨의 답은 어물어물한다. "그동안 밥 값, 옷 두 벌 값, 신 값, 찻삯, 화장품 값 그것 저것을 다 치고 원 몸값 100원을 더 얹으면 180원은 주어야겠다"고 한다 …[47]

> … 그러면 3월부터 7월까지의 시세없을 동안에는 어떤 수단으로 뚜쟁이들이 영업을 계속한다든가. 이미 자기 손으로 팔려간 여자를 다시 꼬여들여 팔아먹는 것으로 종사를 하게 된다. 그럼으로 한번 자기가 홍정을 붙인 후에는 반드시 그 여자와 연락을 끊지 않고 비밀히 뒷기약을 항상 두어 "너 거기서 지나다가 주인의 학대가 있다든지 고생이 되거든 나에게 다시 알려라 훌륭한 곳을 듣보았다가 인권해주마"고 엿을 먹인다. 아- 이런 꼬임이야말로 함정을 길이길이 벗어나지 못하게 하는 '올가미'이다. 한번 팔려가서 한군데 오래 있고 보면 계약한 기한을 지내어 자유의 몸이 될 수가 있지마는 여러 번 팔릴수록 기한이 자꾸 늘어가고 값도 보태져서 좀처럼

46) ≪동아일보≫ 1925년 7월 2일 3면, <自由鐘 - 人肉商을 撲滅하자>
47) ≪시대일보≫ 1925년 8월 30일 2면, <人肉市場6: 대문짝 같은 발에 좁직한 운혜>

하여서는 그물을 벗어날 수 없다. 이런 몸서리쳐지고 지긋지긋한 꼬임이었
마는 철모르는 여자들이 그 꼬임에 솔깃하여 조금만 자기의 비위에 틀리면
도로 뚜쟁이의 지시를 좇아 다른 데로 가기로 한다. 그리되어 서너 번 이상
만 넘어 다니고 보면 영영 성한 사람이 될 수 없다 …48)

접객여성을 파는 곳은 전국적이라 할 만 했다. "부내 각 처에 있는
인사소개업자들 중에 시골에 있는 순진한 처녀를 유인하여 호적을 위
조하여 가지고 각 지방으로 전매를 하는 일이 비일비재"49)했고, "서울
서 팔려 시골로 가기도 하고 시골서 서울로 오기도 하여 오늘 충청도,
매일 경상도로 넘어" 다녀 "앉은 자리가 더울 새 없이 끌려다니는"50)
상황이었다. 업자들은 외국으로 인신매매하는 것을 더 선호했는데 "외
국에 팔면 돈을 곱절이나 더 받는 바람에 욕심이 치밀뿐더러 조선 어
디다 두었다가 만약 모든 죄악이 사출이 나고 보면 두 수 없이 콩밥
신세를 지게 되기 때문에 돈 더 받고 뒷 염려까지 없애느라고 될 수
있는 대로 외국으로 보내려 하는 까닭에 그처럼 많이 가게 된다고 한
다."51)

소개업자 혼자 인신매매에 나서는 경우는 드물었다. 여성을 유인해
오는 지역과 또 파는 지역이 광범위했던 만큼 인신매매 중개인이 지역
곳곳에 분포하여 조직적, 체계적으로 움직였다.

---

48) 《시대일보》 1925년 8월 28일 2면, <人肉市場5: 市勢좋은 時節은 九月에서
    三月>
49) 《매일신보》 1937년 11월 20일 조간 3면, <시골색시를 꼬여내어 팔아먹는
    못된 놈들, 호적을 위조하는 일이 항다반, 경찰에서 엄중 사실>
50) 《시대일보》 1925년 8월 24일 2면, <人肉市場3: 外國方面 輸出은 全部 純
    實女>
51) <위 기사>. 1925년의 시점에서 그 중 많이 가는 곳은 중국, 일본, 대만, 사할
    린(樺太)이었다. 그리고 파는 자는 곱절의 이득이 있지만, 팔리는 자는 "옷 한
    번 변변히 얻어 입지 못"했다고 한다.

서울 있는 뚜쟁이도 시골 뚜쟁이가 아니면 사고팔 수 없으며 시골 있는
뚜쟁이도 서울 뚜쟁이가 아니면 역시 팔고 살 수가 없어 서로 연락을 취하
는 기관과 암호가 있어 그네의 통신하는 수단과 사람 얽어 넣는 거미줄같
이 경찰 당국자의 죄인 잡는 것 같이 기민하게 되어 서로 보도 못하던 이
도 한번 명함을 내놓고 암호로 말하면 아주 동업자라고 못할 말이 없게 되
며 암호는 군데 군데 달라 평양서 쓰는 암호와 마산서 쓰는 암호가 다르다
한다.[52]

불법적 인신매매를 '합법적 계약조건'으로 탈바꿈시키는 것도 소개
업자를 중심으로 한 이들 인신매매 집단의 일이었다. 문서위조의 대상
은 '호적 등본'과 '승낙서'였다. 인신매매되는 여성은 대부분 허가연령
미만이거나 승낙서가 없었기 때문이다.[53] 문서위조를 하는 방법은 본
인의 호적을 위조하는 경우,[54] 아내나 동생, 친딸로 중개인의 호적에
넣는 경우,[55] 다른 사람의 호적을 훔쳐 쓰는 경우,[56] 이미 사망한 자의
호적을 훔쳐 쓰는 경우[57] 등이 있었다. 문서위조는 중개인 스스로 하

52) <위 기사>.
53) 중개인이 부모를 찾아가 당신 딸과 결혼을 할 테니 승낙서를 달라는 식으로
    속여 부모로부터 승낙서를 받기도 하였다.(≪동아일보≫ 1928년 10월 11일 2
    면, <結婚詐欺 안해를 창기로, 犯人은 本町署에>)
54) ≪동아일보≫ 1925년 6월 19일 2면, <婦女誘引, 일본에 가다가 부산수상서
    에 피착>
55) ≪동아일보≫ 1927년 5월 11일 5면, <親딸로 民籍에 올려 加捧女를 密賣,
    창기로 의부딸을 팔아먹어, 陝川의 處女密賣犯> ; ≪매일신보≫ 1939년 2월
    7일 석간 2면, <婦女十數名誘引, 올케 삼았다간 娼婦로, 夜叉의 化身, 男女誘
    拐團 二名 鐘路署서 打盡>
56) ≪동아일보≫ 1920년 9월 7일 3면, <咸南北青의 可憐한 少女 誘引하야 창기
    로 팔고 문서 위조한 죄로 증역> ; ≪동아일보≫ 1927년 5월 29일 7면, <求
    職處女를 誘引하야 臺灣僻地에 密賣, 민적까지 위조하야 팔아, 釜山署에 打
    盡된 誘引團>
57) ≪동아일보≫ 1936년 3월 5일 조간 2면, <幽靈의 私生兒로 入籍시켜 虛無人
    과 結婚까지, 그다음 喪夫했다고 팔아먹어, 神鬼도 놀랄 誘引魔의 挾雜一
    例>

는 경우도 있었지만, 관공서의 서기58) 또는 대서인59)이 개입되는 경우
도 많았다.

소개소가 "비록 경찰서장의 허가를 받는다 하지만 그 내막이 실로
암담하기 짝이 없"60)는 상황에서 무허가 소개소의 인신매매 또한 성행
했다. 소개소에 대한 법 규정이 불철저 하고 경찰의 단속 또한 느슨한
상황61) 속에서 무허가 소개소는 세금을 내지 않았기 때문에 더 많은
이익을 볼 수 있었을 것이다. 이들은 드러내 놓고 영업을 하고 있었으
며, 일반 소개소와 마찬가지로 인신매매에 주력하고 있었다.62) 일반 소

---

58) ≪동아일보≫ 1921년 5월 16일 3면, <五名의 不良團, 井邑郡의 金宗煥이 河
小西未라는 젊은여자를 유인하야 京城에서 이리저리로 팔아먹어> ; ≪동아
일보≫ 1926년 9월 29일 2면, <國內와 滿洲聯絡 婦女誘引 密賣, 만주와 평
양과 대구 등지와 연락 부녀를 유인타 잡혀 취조 후 송치, 民籍係員 等 九名
送局>. 이때의 유인 밀매단에서 문서위조를 담당했던 경성부 서기 문경선은
중위 출신이라는 점 때문에 언론의 주목을 받았다. 하지만 후속 기사에서 공
범자들은 2년 등의 구형을 받고 있는 데 반해 문경선에 대한 구형은 보이지
않는다.(≪동아일보≫ 1927년 2월 25일 2면, <婦女誘引密賣團 最高 二年求
刑, 모 공리까지 관련한 밀매단, 피고 열한명에 십개월 구형>).
59) ≪동아일보≫ 1937년 9월 22일 조간 5면, <五百圓定價로 딸 팔려는 아비(海
州)>
60) ≪매일신보≫ 1939년 12월 3일 석간 2면, <人事紹介業을 明朗케, 産業戰線
女性을 保護, "職業紹介令" 今月 中에 發布>
61) 尹明淑, ≪앞 책≫ 304. 윤명숙은 경찰의 단속이 형식적인 것에 불과해서
<소개영업취체규칙>의 목적은 인신매매의 단속이 아니라 접객여성의 원활
한 공급이었다고 주장한다.
62) "… 11명은 영리유괴의 본부인 무허가의 인사소개소를 부내 죽첨정 1정목 모
처에 두고 소화 10년 2월부터 유괴단원을 경기이남 각 지방으로 파견하여 석
양과 밤중으로 들어 정거장과 번잡한 길목으로 다니는 시골색시를 만나게 되
면 감언이설로 서울을 가게 된다면 좋은 음식과 의복을 얻는 수가 있는 외에
상당한 수입도 얻을 수가 있다고 유인을 하여 상경하게 한 후 무지한 시골색
시들을 작부로만 1명에 대하여 50원내지 100원까지를 받고 50여명을 팔아먹
었다는데 …"(≪동아일보≫ 1937년 10월 15일 석간 5면, <五十處女를 誘
引, 人肉市場에 歇賣, 七道에 亘한 一黨 十一名의 毒牙, 今日, 法廷에 暴露된
罪狀>).

개소 중에는 무허가 소개소와 연결되어 인신매매된 여성을 공급받기도
하였다[63].

2. 인신매매의 양상

소개업자 및 중개인(유인유인범 등), 접객업자가 얽혀서 국내외를 넘
나들며 여성을 사고파는 방식은 공창제 하에서 발생하고 발달한 인신
매매 구조였다. 공창제가 확립되기 이전의 여성매매는 가난한 집의 딸
을 사서 처나 첩으로 두는 식이었다.[64] 아니면 어릴 때 '수양녀'란 명
목으로 데리고 와서 기예를 가르친 후 '천업'에 종사하게 하는 식이었
지, "악한이 양가의 자녀를 약탈해서 매매하는 것은 극히 적은 사건에
속"했다.[65]

당시 언론이 인신매매의 원인으로 공통적으로 지적하고 있는 것은
공창제의 존재 자체와 함께 '빈곤문제', 즉 경제적 요인이었다.[66] 이

---

63) "… 간악한 소개업자가 허가 없는 소개인들과 교묘한 수단으로 연락해가지고
    갖은 악착한 짓을 다해온 놀랄만한 사실도 판명되어 …"(≪조선중앙일보≫
    1934년 5월 25일 2면, <賣笑婦의 피를 빠는 惡紹介業者에 鐵槌, 平壤署 斷
    然 取締方針>)
64) 藤永壯, 2004 <앞 논문>.
65) 韓國內部警務局, 1910 ≪韓國警察一般≫ 282(藤永壯, 2004 <위 논문>에서
    재인용). 1910년 당시 조선에 부임하고 있던 경찰관료가 조선에서 관찰한 여
    성매매의 상황이다.
66) "… 창기가 되는 원인은 거의 다 한가지라고 할 수 있으니 경제적 궁핍으로
    인함이외다. 일반적으로 여자의 지위가 경제적으로 남자에게 노예 되는 지위
    에 있는 이 시대인 고로 경제문제라 하여도 창기로 팔리는 일 가족 일 개인의
    경제문제가 아니라 전 사회의 경제조직 문제입니다 …"(≪동아일보≫ 1926
    년 9월 15일 3면, <창기문제 법률과 도덕>. "… 이는 개인의 불인불의에 기
    인한 것은 물론이나 타 일편으로는 불공평한 경제조직, 불평등한 사회조직이
    동조한 것이다. … 제4계급의 비참은 세계적으로 공통적 운명이다. 하물며 조

시기 하루가 멀다 하고 신문 지면을 채우고 있는 인신매매 관련 기사들은 몰락하는 농촌과 교육, 직업, 가족 구조 속에서 열악한 상황에 놓인 여성의 처지를 그대로 반증하는 것이었다. 한해, 수해 등 자연재해가 있는 해나 그 다음 해에는 인신매매 사건 기사가 쏟아졌다.

"조선에 큰 기근이 들"었던 1924년과 그 다음해인 1925년에는 조직적 유괴단에 의한 인신매매 사건이 이전 시기에 비해 현저하게 늘었던 해였다. 특히 중국인 유괴단이 활개를 쳤는데, 이들이 출입하는 인천항에서는 인천청년단체가 중심이 되어 愛隣會를 조직하고 중국으로 팔려나가는 여자들의 구조 활동을 할 정도였다.[67]

> 지금 시내 서대문서에 체포되어 취조를 받고 있는 중국인 인육매매상 남운기의 입으로 여기 대한 두려운 사실이 폭로되었다. 그 자의 말을 들으면 자기네는 얼마 전부터 조선에 큰 기근이 들어 모든 사람이 어떤 수단을 부려서든지 짐승같이 라도 목숨만 보존하고 싶어 하는 기미를 알고 이것을 기화로 자기네 나라 마적 출신의 동무들 10여명이 패를 짜서 아녀자의 국외 밀수출을 계획한 것인바 그 방법도 매우 교묘하여 오랫동안을 발각도 안 되고 잘하여 먹었는데 내용을 들으면 우선 서울 태평정에 본거지를 두고 대구와 인천, 평양 삼 개소에 지부를 두어 날마다 그 부원들이 혹은 옷감 파는 행상 모양으로 또는 나물장사로 변장하고 그 부근 촌가를 돌아다니면서 어린 아이들이 있는 집을 찾아서 자기네는 좋은 사람들이니 우리에게 어린 딸을 맡기면 잘 길러 주겠다고 교묘한 말씨로 꾀어서 그 자리에 돈 10원이고 또는 가지고 왔던 물품을 주고 데려가는데 그 부모도 이런 죽느냐 사느냐 하는 판에 복덩어리가 왔다 하고 또 설만 열 살도 되나마나한

선인이며 조선인 중에도 또한 제4계급의 조선인된 자이랴? …"(≪시대일보≫ 1924년 12월 26일 3면, <人身賣買에 對하여, 當局의 主義·主張은 如何>). 이와 함께 언급되는 것이 도덕적 결점, 그리고 "금하는 바가 항다반으로 실행되니 그 법이 구두 위에서 발을 긁는 이보다도 효력이 적은 듯한 법률적 결점"이었다(≪동아일보≫ 1924년 8월 30일 2면, <人身賣買의 惡弊, 세가지 요소를 발견하겠다>).
67) ≪동아일보≫ 1925년 4월 14일 2면, <백 원에 중국인 첩, 백 원에 팔려 중국에 가는 길에 애린회의 탐지로 방금 보호 중>.

어린애를 음행시킬 줄을 모르고 승낙하여 놓으면 그네들은 곧 데려다가 인천 지소를 거처 중국에 도항함으로 유명한 소주와 항주, 상해 등지의 청루에 팔아먹는 것인데 금년 치고도 이 악한의 손에 걸린 아녀자는 벌써 수십 명에 달한다 하며 … 그네들이 아이 하나만 팔게 되면 살 때는 수 십 원이나 중국 청루에 보내면 삼백원으로부터 오백원까지 받아 적어도 매명에 수 백 원 이익을 본다더라[68].

조직적인 인신매매는 중국뿐만 아니라 일본으로도 향했다. "시골 각지에 직업을 소개한다는 구실로 그와 같이 어린 부녀자를 꾀어 일본으로 혹은 중국으로 유인하여 가는 일이 많"았던 것이다.[69] 이는 취업사기를 통한 인신매매 기사로는 처음 보는 것이어서 주목된다.

급격히 늘어난 조직적인 인신매매 사건에 대해 당시 언론은 심각하게 받아들였다. 특히 "산 설고 물 설고 인심조차 알지 못하는 남북 만주로 보내는 사실이 날로 그 수효를 더하"는 데다 "30여명의 유부녀와 산골 처녀들을 유인하여 현해탄을 건너 일본 각지에 보내어 노예며 창기로 팔아먹으려고" 하는 사건이 발각된 것에 충격을 받았다.

그러나 그들이 보기에 경찰당국은 "인신밀매의 흉한들을 대거 수색하여 체포 근절할 방책은 … 강구코자도 아니하는"[70] 모습이었던 것 같다. 실제로 앞에서 인용한 중국인 남운기 등의 인신매매 사건에 대하여 경찰은 이들을 '취조'하다가 "자기 집에 방송"했는데 "유치장이 만원"이라서 "둘 곳이 없어" 일시적으로 풀어주는 것이라고 했지만, 세상에는 "중국인 거상들이 이면으로 석방운동을 하여 내어 놓는 것"

---

68) ≪동아일보≫ 1924년 12월 26일 2면, <饑饉에 못 이겨 愛女를 放賣, 삼남 지방의 대 기근으로 할 수 없이 딸을 파는 참상, 戰慄할 中國人의 兒女密賣, 惡魔는 誰인가, 大規模의 計劃>
69) ≪동아일보≫ 1925년 11월 5일 2면, <婦女 九名을 誘引, 여공에 빙자하고 부녀를 모집, 인천에서 배타다가 발각되어>
70) ≪동아일보≫ 1925년 10월 14일 5면, <人身賣買를 根滅하자, 경찰이여! 이에 좀 더 충실하라>

이라는 소문이 돌았다.[71]

중국인이 개입된 인신매매 사건은 1930년대 중반까지 꾸준히 일어났는데 이는 피해여성들이 주로 중국지역으로 팔려갔던 사실과 관련된다. 특히 1931년 만주사변 발발 이후 일본과 조선의 집객입자들이 만주시역에 진출하는 것을 배경으로, 중국으로 인신매매되는 여성 또한 급격히 늘어났다.[72] 1933년에는 신의주와 경성에서 여아가 유괴유인, 인신매매된 사건을 계기로 해서 "소녀유인단의 마굴수사"가 "맹렬한 활동"을 벌였다.[73] 중국인이 개입된 인신매매 사건의 특징은 다음과 같다.

경성과 평양을 필두로 중국인의 조선소녀 유인 매각사건이 아직도 세인

---

71) ≪동아일보≫ 1924년 12월 30일 2면, <兒女密賣者의 林海仙 一派는 재작일 일시 방면> 경찰은 새해에 다시 잡아넣을 것이라고 말했지만, 이에 관한 후속 기사는 보이지 않는다. 경찰의 입장은 "죄중은 확실하지만 적용할 법 조문이 없어 난처하다"는 것이었다.

72) "밝아오는 만주의 극채색에 현혹하여 근대인 특히 일본인의 만주에 대한 인식부족에서 몸을 걸친 도박의 흥미에 빠져 생피를 빠는 인간이 세상에 있다. 가련한 여자들에게 마수를 뻗어 예기, 창기, 고녀, 여급, 여중 등 여자의 이름을 만드는 것은 나오라 나오라는 만주이다 … 대체로 봉천에 있는 주선인과 내지의 주선인의 관련으로 부인의 무역을 하고 있는 듯 하다 … 그녀들도 모르는 사이에 유혹에 손을 뻗쳐오는 일은 금후에도 상당히 있을 것으로 보인다"(≪釜山日報≫ 1932년 7월 16일 석간 4면, <女給へ芸娼妓へ 惑の魔手は 踊る 地奉天連絡の周旋屋にかかり 洲へと憧む女群の危機>). 윤명숙은 접객업자의 만주 이주는 만주사변이 일단락된 1931년 말경부터 증가했다고 한다. 尹明淑, ≪앞 책≫ 347.

73) ≪동아일보≫ 1933년 6월 18일 석간 2면, <女兒賣喫犯金福祿, 검사국에 송치(新義州)> ; ≪동아일보≫ 1933년 6월 29 석간 1면, <少女慘殺暗葬事件眞相 茶屋町서 親父發見 月餘前失家兒로 判明 事件裏面은 漸次로 擴大中 中人魔窟正體暴露> ; ≪동아일보≫ 1933년 6월 29일 석간 2면, <檢事局과 協議 誘引魔掃蕩 참살 사건과 별개로 취급 鍾路署 猛活動繼續>. "최근 수 삼년 동안에 … 잃었던 소위 미아라는 것은 부지기 수"였다고 한다.(≪동아일보≫ 1933년 6월 29일 조간 1면, <失蹤된 迷兒 系統的調査 공포에 떠는 애 잃은 부모들 府內에 相當한 數灸>)

의 기억에 새로운 이때 전주에도 동 사건이 발생하여 전주 서에서는 돌연
대활동을 개시하여 중국인 십 수 명을 검거 취조 중 … 그 자들은 무의무
식한 농촌의 부녀들을 감언이설로 꾀어 양녀로 데려다가 양육한다고 속여
매입하여 중국의복을 입히고 귀에 고리를 채워 마굴에 감금한 후 조선말을
못하게 하고 중국어를 차차로 가르쳐 중국인 소녀같이 만들어 가지고 중국
본토로 보내어 다수한 금품을 받고 매각한다고 한다 …74)

　　10살 내외의 어린 소녀를 유괴유인 하여 중국인 같이75) 키운 뒤에
중국으로 팔았던 것이다. 평양에서 일어난 인신매매 사건은 특히 일본
인 변호사가 개입된 조직 범죄사건으로 주목된다. 중국인 일당이 몇 년
동안 조선 소녀들을 유인하고 매매하였다 발각되었는데, 무죄석방된 뒤
일본인 변호사를 내세워 구출된 소녀를 되돌려 달라고 소송을 한 사건
도 있었다. 변호사 또한 한 패인 것으로 드러났고, 구출된 소녀를 다시
유괴하기도 하는 등의 그의 "죄상이 명백"하게 밝혀졌다. 그러나 변호
사 일당은 소녀의 수양부의 고소취하로 다시 석방되었다고 한다. 사건
의 무게감과 사회적 파장에 비해 결과는 석연치 않았던 것이다.76)
　　이렇게 팔려간 소녀들의 문제는 중국에서도 심각한 것이었다. 1933
년에는 중국 산동성의 치푸(芝罘) 영사관이 총독부에 진상조사를 의뢰
하기에 이른다.

---

74) ≪동아일보≫ 1933년 8월 22일 조간 4면, <全州中國人中에 少女誘引團發覺,
　　중국인들이 조선 소녀를 매각, 十數名檢擧取調中>
75) 중국옷을 입히고 중국말을 가르치는 외에 전족을 채워 발을 졸이기도 했다.
　　≪동아일보≫ 1924년 10월 27일 2면, <益山에 中國魔鬼, 열두살짜리 조선
　　여아를 굴 속에 가두고 발을 졸여>
76) ≪동아일보≫ 1933년 7월 26일 석간 3면, <悲運의 四少女 朝鮮말도 못하고
　　魔窟 속에서 呻吟 팔자에 없는 중국인 노릇 警察의 손으로 救出(平壤)> ; ≪동
　　아일보≫ 1933년 12월 5일 석간 2면, <小兒誘引嫌疑로 森岡二三辯護士檢擧,
　　아이를 일본 의복 입혀 혐의포로, 平壤에 劇的 그로事件> ; ≪동아일보≫
　　1933년 12월 8일 석간 3면, <森岡二三辯護士中心 少女誘引團打盡 某副社長
　　으로 있던 紳士(平壤)> ; ≪조선중앙일보≫ 1933년 12월 10일 5면, <森岡辯
　　護士 一黨을 釋放, 고소취하로>

중국 치푸(芝罘)영사로부터 총독부 외사과에 도착된 조사의뢰에 의하면 치푸에 상륙하는 중국인 중에 조선아이들 같이 보이는 어린이들을 동반한 것이 많은데 대개는 내려치는 듯 매질에 인정상 볼 수 없고 가슴을 찢는 듯한 울음소리에 지나는 사람도 귀를 막고 지나는데 이것은 아마 유인이나 매매에 의한 것으로 보이니 조사해 달라는 것을 받고 즉시 경무국에 그 조사를 의뢰하였다 한다. … 들어온 보고에 의하면 대개는 빈궁한 사람에게서 장래에 암자나 혹은 시집을 보내준다는 조건으로 최저는 2원으로부터 최고 20원까지 받고 넘겨서 매매된 것으로 … 팔려간 아이는 중국복을 입고 중국말을 강제로 시킨다 한다. 그리고 통계가 분명한 조사를 거치지 못한 것은 파고 사는 데 아무런 신고가 없음으로 그 취체가 원만히 진행되지 못하였다 하며 … 금후 철저한 단속이 있을 것이라 … 아직도 학대와 혹사에 울고 있는 조선의 아동들이 지금도 얼마일지 모르는데 이 어린이들을 위하여 반드시 있어야 할 보호법이 없고 특히 금번 일본에 실시된 아동학대방지법도 조선에서는 가을에 구름을 바라듯이 언제 실시될지 모른다 한다 …77)

치푸 영사관의 의뢰를 받고 진상조사를 하면서 경찰은 '철저한 단속'을 다짐하고 있으나, 이는 립 서비스에 불과한 것이었다. 중국으로 팔려나가는 여성의 인신매매는 끊이지 않아 1935년 상하이에서는 재류 동포의 반수가 "상해 암흑굴에서 헤매이는 조선 여자"일 정도였다78). 조선의 공창제와 앞 인용문의 <아동학대방지법>과 같이 일본과 차별적으로 적용되는 법률도 문제였지만79), "종래 사상대책 등에는

---

77) ≪동아일보≫ 1933년 10월 8일 석간 2면, <可恐할 中人의 魔手에 誘引失蹤된 十四兒, 山崎芝罘領事가 發見報告, 警務局調査로 判明 ; 父母의 貧窮에 犧牲 轉輾賣買되는 乳幼兒, 二원 내지 四원의 값으로 팔려, 祕密嚴守로 團束困難 ; 保護法殆無 防止策杳然, 금후의 단속도 곤란한 형편, 社會上重大한 問題>

78) "그들의 비참한 현상은 민족적 체면을 손상하는 일이 왕왕 발생되어 재주동포유지들 사이에는 그런 추업(醜業)을 통제퇴치하려는 운동도 있는 모양이나 먹고 살 길을 찾아 혹은 금전에 몸이 팔려 이곳까지 온 그들이라 그들을 구제할 도리가 없다 한다"(≪동아일보≫ 1935년 3월 7일 석간 2면, <上海暗黑窟로 轉落된 朝鮮女性 二千餘名 娼妓舞女 女給으로 體面損傷 慘澹한 生活 對策漠然>)

만전을 기하였지마는 □근한 잡범[유인마 : 필자]의 조치에 다소 불철저한" 경찰의 태도도[80] 문제였던 것이다.

> 근래에 소녀실종사건이 빈발하다는 것은 신문지상의 보도에 의하여 익히 알려진 바이어니와 최근에 와서는 더욱 그 도수가 빈발하게 되었으니 그는 참으로 사람으로 하여금 수해, 실종 등 과실에 의한 우연적 발생사고가 아니요, 그것이 기□의 마수에 의하여 계획적으로 실행되고 있는 것이라는 것을 생각하게 되는 바이어니 부모된 사람들로서는 일시라도 마음을 놓고 그 딸들을 내놓을 수 없는 것이다. … 이와 같은 전율할만한 사실이 우리 앞에 전개되어 있는 것을 볼 때에 우리로서는 그 취체가 너무도 태만하든 것을 생각하지 아니할 수 없는 것이니 이러한 시민의 직접 기위(奇威)가 되는 사실에 대하여 다만 조사하는 정도에만 그치지 말고 좀 더 적극적으로 당국자가 활동하지 아니하면 아니될 것을 믿는 바이다[81].

1937년 중일전쟁이 발발하고 일본군의 진출 지역이 확장되면서 새로운 점령지로 나아가는 접객업자의 수도 더욱 늘어났다. 그리고 "지나사변 이후 북지방면을 향하고 진출하는 이런 종류의 영업자들이 격증하는 것은 이에 따라 희생을 받는 부녀자의 늘어가는 것을 의미하는 것"이었다.[82] 1938년에 총독부 경무국이 상하이와 북지(중국 화북 지역)에 대한 여행증명서 발급을 간소화하면서[83] 이러한 추세는 가속화

---

79) 이외에도 국제연맹의 <부인아동매매금지조약>에 가입하면서 식민지를 제외한 사례 등을 들 수 있다. 자세한 내용은 제4장 제1절 참조.

80) ≪동아일보≫ 1939년 3월 29일 조간 1면, <誘引魔의 跋扈>

81) ≪동아일보≫ 1935년 8월 3일 조간 1면, <頻發하는 少女失蹤事件, 警察은 果健在乎>

82) ≪동아일보≫ 1938년 9월 3일 석간 2면, <市內에 誘拐魔橫行 十四歲處女가 또 誘引되어 警察이 活動 家庭의 注意가 必要>

83) ≪매일신보≫ 1938년 2월 2일 조간 3면, <支那行旅行客에 旅券交付를 緩和, 警務局, 各道에 通牒>. 이때 "직업별로 따져서 많이 간 사람은 북지로 간 사람 가운데 상인이 528명, 여급과 창기가 257명이고, 상해로 간 사람 중에는 여급이 25명, 장인이 15명"이었다.

되어갔다.

1938, 1939년에는 인신매매 사건이 절정에 달했는데[84], 戰況의 변화와 함께 이시기 가뭄이 크게 들어 빈곤 가정의 여성들이 가정과 농촌에서 밀려난 것도 한 이유를 차지했다. 재해가 있을 때 인신매매가 느는 것은 놀라운 사실도 아니었지만, 조선에서 이에 대한 경찰의 특별한 대처가 있었다는 기록은 찾아볼 수 없다. 반면 일본에서는 비슷한 상황에서 현실적인 대처를 하고 있었다. 1934년에 동북지역에서 흉작이 났을 때 재해지의 인신매매를 방지하기 위하여 내무성에서 구체적인 방침을 정하고 있었던 것이다.

> 동북 흉작에 의한 농민의 궁핍은 점점 심각해져 가서 농가의 처녀가 가정의 생계를 구하기 위해 창기, 작부 등으로 몸을 파는 자가 지금 증가하고 … 내무성에서는 사회인도상 철저적으로 그 인신매매 방지를 하기 위한 대책을 강구 중인데, 이번 三井 家 기타로부터 기부금 11만 1,090여만원을 기금으로 대체적으로 다음과 같은 방법에 의해 인신매매를 방지하고 시비를 가리지 않으면 안 되는 사람에 여중, 여공 기타 생업에서 일할 수 있는 사람은 각 기관과 연락하여 알선하고, 필요한 경우에는 취직자금을 대부하여 일시적으로 빨리 구할 수 있도록 20일 오전 사회, 경보 양국의 명으로써 관계현청에 통첩하고 곧바로 인신매매 방지를 도모하였다
>
> 인신매매 방지 방법.
> 1. 현청, 직업소개 사업국, 경찰시정촌, 소개소, 학교, 방면위원, 사회사업단체 등의 각종 기관을 총동원하여 이를 담당하게 하고 동시에 경찰도 악주선인을 단속할 것
> 1. 가정의 사정에 의해 돈벌이를 나가야만 하는 자에 대해서는 전국 직업소개기관을 동원하여 구인을 개척하고 직업소개 중앙사무소, 정촌 역장, 경찰서, 소개소와 연락하여 생업에 취직할 수 있도록 알선할 것
> 1. 취직은 가능한 한 현지 아니면 현지가 불가능한 경우, 가능한 한 가까운 토지에 알선할 것
> 1. 이러한 부인들을 상경시킬 때에는 직업소개소원 등 우에노역(上野驛)에 출영시켜 지킬 것

---

84) 야마시다 영애, 1997 <앞 논문> 176

1. □□□□에서 여중봉공을 할 때는 시내 우량가정에 알선할 것. 이에
   대해서는 목하 동경시에서도 계획 중
1. 생업에 취직된 부녀로서 가정 사정에 의해 다소간 생업자금을 필요로
   할 때에는 대체로 50원 내외에서 취직자금을 대부하여 취직 후 급료
   중 일부를 매월 반제시킬 것 등[85].

일본 '내지'에서는 미쓰이(三井) 등 기업으로부터 기금을 마련하여
취업자금을 대부하고, 관계기관을 총동원하여 취업을 알선하며, 여성
이 구직을 위해 상경을 할 때는 직업소개소원이 역에 나가 대기하여
인신매매 소지를 없애는 등의 조치를 취하고 있었던 것이다. 빈곤의
상황에서 별다른 방법 없이 '전차금'에 의지해야 했던 조선의 상황을
생각하면, 꽤 구체적이고 현실적인 방안임을 알 수 있다. 유사한 상황
속에서 일본 본국과 식민지에 대한 '철저적 대처'의 의미가 어떻게 달
랐는지 확인할 수 있는 부분이다.

인신매매를 둘러싼 조선적 환경이 총동원되어 일어난 대표적인 사
건은 1939년의 하윤명 유괴단 사건과 배장언 유괴단 사건이라 할 수
있다.[86] 대전형무소 간수 출신의 하윤명과 소학교 교사 및 공장 감독
을 거친 배장언은 소개업자(허가, 무허가 포함), 접객업자, 층층이 위계
화된 유괴유인업자[87]와 연결되어 전국적으로 '활약'한 끝에 하윤명은
8년여 간 150여 명, 배장언은 4년여간 150여명의 여성을 인신매매하였

---

85) ≪釜山日報≫ 1934년 11월 21일 조간 7면, <悲慘な東北凶作地 婦女の身賣り
    二万人 人道上捨て置けず 愈よ社會局の防止策成る>
86) 이들 사건에 대한 자세한 추이는 尹明淑, 2003 ≪앞 책≫ 394~398.
87) 지역에서 일단 유괴유인한 여성을 여러 차례 업자의 손에 넘긴 뒤 최후에는
    경성에 본부를 둔 하윤명이나 배장언이 소개소나 접객업자를 통해 인신매매
    하는 방식이었다. "친척 형제 외에 다수 부하를 유괴편의대처럼 경향 각지에
    파견하여 천순동 [배장언의 가명]이 아직 체포된 지도 모르고 처녀 유괴에 활
    약하고 있는 잔당이" 남아있을 정도로 대규모였다.(≪동아일보≫ 1939년 3월
    28일 석간 2면, <五十餘 處女를 誘引 北支, 滿洲에 大部隊를 賣喫收養女를
    한다고 白紙委任狀을 받아서 犯罪敢行 第二,河允明事件 擴大>)

다. 여성들을 판 곳도 조선 안팎을 넘나들어 조선 전국은 물론 베이징 (北京), 톈진(天津), 상하이 등 '북지'와 '만주'에 달했다. 특히 배장언은 부모들에게 '백지위임장'을 받아 '승낙서'를 위조하는 방식으로 '합법' 을 가장했다.

하윤명 사건에서 이들과 '거래'했던 접객업자와 소개업자는 사건이 발각되자 경찰보다 기민하게 움직였다. 사건에 대한 수사가 진척되면 서 '계약무효'가 될 것을 두려워한 업자들이 "국외인 만주국으로 인사 소개업자의 손을 거쳐 헐가로 처리한 것이 판명"되었던 것이다.[88] 그 중에는 '산동성 답경위안소'에 팔린 여자도 있었는데,[89] '위안소 업자' 의 입장에서는 '합법적 조건'을 갖춘 '위안부'를 사온 것이라 생각했겠 지만, 애초에 유괴유인됐던 피해자는 여러 단계를 거쳐가면서 '위안부' 가 될 수 있는 조건을 갖추게 되었던 것이다. '위안부'를 동원하는 주 요한 방식으로 불법적인 인신매매가 사용되었다고 지적하는 데에는 이 러한 배경이 있었던 것이다.

IV. 인신매매의 비판과 일제의 대응

1. 인신매매 비판

일본의 근대 공창제의 탄생과정에서 살펴보았듯이, 인신매매 문제는 세계 열강의 대열에 합류하기 위해 '문명화'를 입증해야 했던 근대 일

---

88) ≪동아일보≫ 1939년 3월 10일 2면, <팔린 處女 救出無望 뺏긴 것을 念慮코 滿洲로 散賣 惡鬼의 뒤를 따른 惡鬼>

89) ≪매일신보≫ 1939년 3월 9일 석간 2면, <河允明誘拐事件 波紋擴大, 惡辣한 遊廓業者, 警察의 救出을 念慮, 續續 外國으로 轉買>

본이 국제사회에 내보여야 하는 일종의 리트머스 종이와 같은 것이었다. 그리고 일본은 공창제의 제정을 통해 국제사회의 비난에 대응하기 위한 내적논리를 만들어내면서 그 시험과정을 통과하려 했다. 인신매매 문제는 동아시아에서 정치적 우월권을 확보해간 일본이, 다시 동아시아에 대해서 '문명화'의 정도를 묻는 카드로 사용되었다. 이러한 배경 속에서 일본은 조선의 인신매매에 대해 비판을 하기 시작하였다.

> … 어찌 人이 되어 人에게 賣하여 어찌 人이 되어 人을 買하리오. 人이 되어 人에게 賣하는 자는 그 체질을 족히 可論할 자 無하거니와 人이 되어 人을 買하는 자는 그 죄가 우심하도다. 我 조선의 인물매매의 악습을 논하건데 1은 노예의 매매, 2는 부녀의 매매오, 3은 창기의 매매다 …90)

위의 기사에서 일본은 인신매매가 조선에서 옛날부터 내려오는 나쁜 습관이라고 비판하고 있다. 1910년대 ≪매일신보≫의 인신매매 관련 기사에서 자주 볼 수 있는 단어가 위와 같이 '악습', '폐풍'이라는 말이었다. 인신매매 문제를 들어 시대에 뒤떨어진 조선이라는 이미지를 만들었던 것이다. '조선의 야만'과 '일본의 문명'이라는 대비를 통해 일본의 조선 지배를 정당화하려는 의도가 엿보인다.

반면 당시 조선의 지식인들은 인신매매가 일본의 공창제와 함께 조선에 새롭게 들어온 문제라고 비판했다. 본래 조선은 "풍기방면에 민중적 여론이 강"했는데, 공창제가 조선에 수입되어 "비문화적, 비위생적" 인신매매가 생겼으며, 그것은 세계에도 드문 형태라는 것이다91).

---

90) ≪매일신보≫ 1911년 4월 25일 1면, <人物賣買의 惡帚>. 이 외에도 ≪매일신보≫ 1912년 3월 7일 3면, <매매인물악습, 지금도 인물매매가 있나> ; ≪매일신보≫ 1912년 10월 16일, <기생 轉賣 惡帚, 기생 매매의 악한 폐풍> 등 '악습', '폐풍'이란 표현을 들어 조선의 인신매매를 비판하고 있는 기사들이 있다.

91) ≪동아일보≫ 1931년 2월 10일 1면, <人身賣買의 惡制度, 速히 革淸하라>

조선의 지식인들 역시 '비문화적인 일본'이 '문화적인 조선'을 부당하
게 억압하고 있음을 인신매매 문제를 통해 드러내고 싶어했던 것이다.

한편 실제로 인신매매에 관한 19세기 말의 신문기사를 보면 인신매
매 문제에 대해서 조선사회가 강경한 태도를 취하고 있음을 알 수 있
다. 단순히 말에 그치고 있는 것이 아니라 지역사회에서 인신매매 하
는 자를 쫓아내거나 때리는 등 엄한 징벌을 가하고 있었던 것이다[92].

공창제가 본격적으로 시행되고 인신매매의 방식 또한 더욱 구조화
되는 상황에서, 인신매매에 대한 비판은 필연적으로 공창제에 대한 비
판을 낳았고 이는 나아가 공창제 폐지에 대한 요구로 이어졌다.

> 청루라는 인육시장은 달이 가고 해가 갈수록 점점 더 발달하여 갑니다.
> 수 없는 자매들이 그곳에서 자기의 청춘과 양심과 인격과 정조를 파괴당하
> 고 있습니다. 이 사회는 그것을 공공연한 제도로서 허락하고 있습니다. …
> 팔려가는 사람이 한없이 많은 것이 사실이니 그것은 우리사회의 내용을 증
> 명하는 것입니다. 이것으로도 우리는 분개를 참을 수가 없는 바이지마는
> 그 제도로 인하여 또 한가지 죄악의 사실이 발생합니다. 그것은 즉 양가부
> 녀를 속이거나 강제하여 그 인육시장에 팔아먹는 악마의 무리가 횡행하는
> 것입니다. 이 사실은 지금 조선 각처에서 일어납니다 …[93]

공창제가 있기 때문에 인신매매가 횡행한다는 비판이다. 근대 공창
제 성립의 애초 취지는 인신매매 없는 성매매업을 두겠다는 것이었지
만, 이러한 취지를 염두에 두고 공창제에 대해 언급하는 사람은 없었
다. 공창제를 옹호하는 存娼論者들 조차도 "창부의 노예적 입장"과

---

92) "… 이완길이 계집이 이웃 문삼성의 계집을 다른 데 팔았더니 이 일을 경무청
　에서 알고 문삼성의 계집은 찾자 주고 이완길의 계집은 징계하여 보냈는데
　그 동내서 이런 사람과 함께 살기 불가능하다고 쫓았다더라"(≪독립신문≫
　1896년 4월 30일, <懲戒賣人>); "…그렇게 사람을 짐승같이 매매하는 놈은
　경무청에서 잡아다가 사람 매매한 죄와 기인취물하는 죄로 단단히 징치할만
　하다더라"(≪제국신문≫ 1899년 1월 11일, <强勸賣淫>)
93) ≪동아일보≫ 1927년 12월 1일 3면, <人肉市場과 婦女詐賣의 惡魔>.

"영업방법"은 "비난받을 점"이라고 인정하였다.94) 다만 "개선의 여지
가 있다" 말로써 공창제 비난을 피해가려고 했다. '개선'의 방식이 일
본과 식민지 조선에서 어떻게 달랐는지는 앞장에서 살펴본 대로다.

공창제 하의 인신매매 문제에 대해서 일본의 입장을 이끌어낸 것은
국제사회였다. 인신매매 금지관련 국제조약의 가입을 둘러싸고 일본은
어떤 식으로든 입장을 표명해야 했던 것이다.

국제연맹은 창설 다음해인 1921년에 제네바에서 <부인 및 아동의
매매금지에 관한 국제조약>을 체결하고 가맹국의 조인을 촉구하였
다.95) 사실 이때의 조약은 공창제 자체를 전면적으로 금지한 것은 아
니었다. 문제는 공창제가 아니라 일정한 조건 아래에서 이루어지고 있
던 여성매매였다. 곧 21세 미만의 여성에 대한 창기계약과 폭행 또는
협박, 그 외의 강제적 수단에 의한 성매매 알선을 인신매매로 보고 금
지한다는 것이었다.96)

일본 내무성에서는 이때의 가입문제를 둘러싸고 '방침을 연구'하였

---

94) 이들이 주장하는 존창의 근거는 첫째, 공창이 사창보다 낫다는 것. 둘째, 국민
　　위생에 무게를 두어야 한다는 것, 셋째, 일반부인의 정조를 지키기 위한 작은
　　희생이라는 것, 넷째 현재와 같이 자극이 많은 도회생활에서 성도덕을 향상시
　　킬 수 없는 의지박약한 자가 많은 경우에 공창의 존재는 어쩔 수 없다는 것이
　　었다.(西龜三圭, 1926 <公娼制度存廢論> ≪警察彙報≫ 246.)
95) 국제사회의 인신매매 금지에 관한 논의는 국제연맹 창설 이전부터 있던 것이
　　었다. 일찍이 1875년경부터 유럽을 중심으로 인신매매 문제에 관한 논의가
　　시작되어 오다가 1902년 프랑스 정부 주최로 파리에서 국제회의가 열렸을 때
　　다시 논의되어 1904년에 <추업을 행하기 위한 부녀매매 단속에 관한 국제협
　　정>이 작성되었다. 이 협정에 이어 1910년에는 <추업을 행하기 위한 부녀매
　　매 금지에 관한 국제조약 및 최종의정서>가 체결되었는데, 1921년의 조약
　　체결은 이때의 결의를 계승한 것이다.[鈴木裕子, 2006 <東洋婦人兒童賣買實
　　施調査団と國際連盟における婦人賣買問題ー「婦女禁賣」問題と日本政府の對応
　　を中心にー> ≪日本軍「慰安婦」關係資料集成≫ 709~710. (明石書店, 東
　　京)]
96) 藤目ゆき, ≪앞 책≫ 74~75.

는데 쟁점은 두 가지였다. 18세 이상으로 규정된 현 공창제 하의 창기 허가연령과 국제조약 조건의 괴리를 어떻게 해결하느냐의 문제와 현 공창제 하의 창기유입실태가 강제적 수단에 의한 인신매매에 해당하는 가의 문제였다. 만약 일본의 공창제가 인신매매에 의지하여 유지되고 있다고 해석된다면, 공창제 자체가 뿌리부터 흔들릴 수 있는 문제였다.

이에 대해 위생국장은 "예기와 창기의 매매가 곧 부인의 인신매매라고 인증할는지 어떠할는지는 연구하여 본 후가 아니면 모르겠으나 … 국민위생상으로 보아 창기를 금지하는 것이 결과가 어떠할는지 의문이라"면서 공창제를 고수할 입장을 내비쳤다.[97] 그렇다고 조약에서 빠지게 되면 일본의 공창제가 인신매매 제도라는 것은 인정하는 것이 되기 때문에 일본으로서는 고심을 하지 않을 수 없었다.

결국 일본은 두 가지 보류조건을 붙여 1921년에 조인을 하고 1925년에 비준을 하였다. 보류조건은 규정연령 21세를 18세로 하고, 조선·대만 등의 식민지는 조약의 적용 제외지로 한다는 것이었다. 그리고 창기는 본인의 의사에 따라 계약을 맺는다는 공창제의 법적 조항을 들어 일본의 공창제에는 인신매매 및 인신구속의 요소가 없다고 주장하였다. 그러나 식민지 제외라는 보류 조항을 덧붙인 것에서 일본 또한 식민지 공창제 하의 인신매매 문제에 대해서 자신있게 부정할 수 없었음이 보인다. "식민지인 조선인, 대만인 및 해외출가추업부에 대해서 국내법 [일본의 공창법]을 일률적으로 적용하기 어렵다는 사정 때문"[98]이라고 애매모호한 이유를 댔지만, 결국 일본의 공창제에 견주어 식민지의 공창제가 인신매매의 기준에서 더욱 열악한 조건에 있다는 것을 자인했던 것이다. 이후 연령제한 보류조건은 1927년에 철폐가 되

---

97) 《동아일보》 1921년 8월 14일 3면, <娼妓賣買가 大問題, 이번 국제노동회의에서는 기생과 창기의 매매를 금지하는 조약 성립될 터>

98) 鈴木裕子, <앞 논문> 710.

었지만, 식민지 제외 보류조건은 끝내 유지됐다.

일본의 인신매매 문제가 다시 한번 국제사회의 주목을 받는 것은 1931년의 일이었다. 국제연맹 부인아동위원회는 1929년 동양의 여러 나라를 대상으로 하는 <부인아동매매 실지조사>를 결정하고 1930년 부터 싱가폴, 태국, 베트남 등지에 대한 조사를 시행하였다. 이른바 존 슨조사단이라고 불린 조사단이 조선에 들어온 것은 1931년 6월 5일의 일이었다.[99] 일제 측은 조사단의 방문에 앞서 척무성 사무관을 경성에 파견하여 그 대응책을 총독부와 협의하였다[100]. 이 때의 '협의'에 대해서는 1931년 2월에 척무차관과 조선총독부 정무총감이 주고받은 서신을 통해 그 내용을 추측해볼 수 있다. 총독부 측에서 "다수의 추업자 중에는 종종의 원인으로 인하여 돈을 빌리기 위해 이용되는 자도 적지 않다고 보인다"고 기재한 것에 대해서 일본 본국에서는 "'조선의 추업 부는 돈을 빌리기 위해 이용되는 것이 아니다 … 예기 창기 작부 등은 자기의 자유의사에 따라 그 계약을 해제하여 임의의 가업을 그만둘 수 있도록 … 장려하고 있다'고 기재할 것"이라고 요청하고 있었다.[101] 일본의 척무성과 조선총독부의 '협의'란 결국 인신매매 현실을 은폐할 방법에 대한 '말맞춤'에 불과했던 것이다.

존슨조사단은 1931년 6월 9일에 일본 도쿄에 도착하여 조사를 시행하고 1932년에 결과보고서를 제출하였다. 존슨조사단이 "일본에 와 보고 가장 놀란 것 중의 하나는 '예기창기소개업'이 공인되어 있는 일"이었다고 한다.[102] 일본 공창제의 존재야말로 '부녀매매'의 토대를 이루

---

99) 《동아일보》 1931년 6월 5일 1면, <現社會와 人身賣買 國聯調査委員 來到>

100) 《동아일보》 1931년 5월 6일 2면, <人身賣買調査員 來月엔 朝鮮到着, 國際聯盟에서 派遣한 것>

101) 鈴木裕子, <앞 논문> 716

102) 《동아일보》 1934년 6월 20일 조간 6면, 金正實, <公娼問題는 어데로 가나; 廢娼에로>

고 있다고 지적을 하고 있는 것이다.[103]

국제사회의 압박과 일본 및 조선 등지의 폐창 요구[104]에 직면해서 일제는 공창제 하에서 이루어지고 있는 인신매매 문제에 대하여 어떤 식으로든 대응을 하지 않을 수 없었다.

2. 일제의 대응-인신매매 처벌과 단속의 강화

공창제에 따르면 공사창에 관련된 법률행위에서 경찰의 판단이 매우 중요한 역할을 하고 있었다. 공창제의 규정을 벗어나는 불법적인 인신매매를 단속하고 처벌하는 문제에서도 경찰의 판단과 의지가 결정적으로 작용하였다.

법적인 차원에서 인신매매에 관한 처벌은 일본 형법에 의해 규정되었고, 일본의 형법은 조선에서도 마찬가지로 시행되었다.[105] 특이한 점은 일본에서 <인신매매죄>는 2005년 6월에 비로소 생긴다는 것이다. 일제시기 인신매매에 관한 처벌은 제255조 <약취 및 유괴의 죄>와 제226조 <국외이송목적의 약취 유괴죄>에 의해 다뤄졌다. '인신매매죄'를 명시한 형법 조항이 없었던 것은 공창제 하에서 접객여성의 유입은 합법적인 계약에 의한 것이라는 자신감이 있었기 때문이다. 불

---

103) 鈴木裕子, <앞 논문> 718

104) 국제연맹에서 인신매매 금지관련 움직임이 있을 때마다 일본 및 조선 등지에서도 폐창에 대한 기대를 높이면서 폐창운동에 박차를 가하였다. 한편 일본의 폐창운동 단체는 '醜業婦'관에 의거하여 일본 내에서는 광범위한 폐창운동을 벌였으나, 이에 비해 식민지의 공창제에 대해서는 별다른 관심을 기울이지 않았다. 이들이 일본의 팽창주의를 일관되게 지지하고 옹호했다는 사실과 관계 깊을 것이다.(藤目ゆき, ≪앞 책≫ 112~120)

105) 도츠카 에츠로(戶塚悅郎), 박홍규 역, 2004 <전시여성 폭력에 대한 일본사법의 대응, 그 성과와 한계-최근 발굴된 일본군 "위안부"납치처벌 판결(1936년)을 둘러싸고-> ≪민주법학≫ 26 (민주주의법학연구회, 서울), 372.

법적인 계약이라면 협박이나 속임수를 통해서 이루어지는 것일 텐데, 이는 앞의 두가지 형법으로 충분히 다스릴 수 있다고 본 것이다.

제255조의 내용은 "영리, 외설 또는 결혼을 목적으로 사람을 약취 또는 유괴하는 자는 1년 이상 10년 이하의 징역에 처한다"이다. 제226조는 "제국 외로 이송할 목적으로 사람을 약취 또는 유괴하는 자는 2년 이상의 유기징역에 처한다. 제국 외로 이송할 목적으로 사람을 매매하고, 또 유괴된 자(被拐取者) 혹은 팔린 자(被賣者)를 제국 외로 이송한 자 역시 같다"는 내용이다.[106]

약취 및 유괴 행위에 대해서는 1년 이상 10년 이하(제국 외로 이송했을 시는 2년 이상)의 징역에 처한다는 것인데, 그렇다면 '약취'와 '유괴'라는 범죄는 어떻게 성립되었을까.

> 약취, 유괴라는 것은 보호받고 있는 상태에서 사람을 끌어내어 자기 또는 제3자의 사실적 지배하에 두는 것이다. '약취'와 '유괴'의 구별은, '약취'는 폭행 또는 협박을 수단으로 하는 경우이고, '유괴'는 기망(欺罔: 속임수) 또는 유혹을 수단으로 하는 경우를 말한다. ⋯ 유괴죄에서 '기망'이라는 것은 허위의 사실을 가지고 상대방을 착오에 빠뜨리는 것을 말하고, '유혹'은 기망의 정도까지는 아니지만 감언으로 상대방을 움직여서 그 판단을 잘 못하게 하는 것을 말하게 하는 것이 다수설이다.[107]

폭행이나 협박 뿐만 아니라 감언이설이나 허위의 사실로서 사람을 속여 이득을 취하는 행위 모두 '법대로' 하자면 1년 이상 10년 이하의 징역감이다. 그러나 조선에서 일어났던 굵직한 인신매매 사건만 보더라도 구형이 3년을 넘지 않았다.[108] 1939년에 검거되어 유래 없이 조

---

106) 尹明淑, <앞 논문> 391
107) ≪大刑法コンメンタール刑法 八卷≫ 601, 603. [前田朗, 1998 <國外移送目的 誘拐罪の共同正犯-隱されていた大審院判決-> ≪季刊 戰爭責任硏究≫ 19, 4에서 재인용.]
108) 1933년 6월에 검거된 김만록이 3년형을 언도받는데[≪동아일보≫ 1933년

직적이고 대규모적이라 주목받은 "희대의 유인마"[109] 하윤명 또한 재
판을 받은 기록을 찾을 수 없었다.[110] 다만 1940년 11월에 하윤명이라
는 자가 경성에서 인사소개업을 하면서 다시 인신매매를 시도하다가
검거된 기사는 보인다.[111] 그는 감언이설에 속아 팔려온 여성을 "다시
창기로 팔아먹으려고 제반수속을 만들기 위해" 피해여성의 본적지에
내려왔다가 경찰의 손에 걸렸다. 그가 1939년의 하윤명과 동일인물이
라면 150여명을 유괴유인한 죄로 검거된 하윤명이 최대한 1년 6개월
여만에 인사소개업 허가를 받고 있는 셈이었다. 이때에도 이렇다할 처
벌이 없어서 "엄중한 취조를 받고는 겨우 신원만은 석방이 되어가지고
줄행랑"을 치는 상황이었다고 한다. 이후 하윤명이 싱가폴로 가서 위
안소를 경영했다는 사실을 언급한 연구가 있다.[112] '희대의 유인마'로
불린 하윤명이 의외로 관대한 처분을 받고 있었다는 점, 그와 관계를
맺고 있던 인사소개업자 가운데 '위안소'와 연락을 하고 있던 업자가
있었다는 점, 하윤명이 체계적인 인신매매 조직망을 갖고 있었다는 점
을 생각할 때 개연성이 있는 지적이다. 일본군은 '위안부'모집업자 선

7월 13일 조간 2면, <女兒誘引魔判決, 金萬祿에 三年>], 김만록은 10세 미
만의 여아를 인신매매하여 형법 제224조 <미성년자의 약취 유괴죄>에 적
용된 것이었다. 또한 1936년 1월에 검거된 김복순 등 유괴단 12명 중 문서
위조를 담당했던 박재숙이 3년 언도를 받았다. 박재숙은 전과 이력에 영리유
괴죄에다 문서위조죄가 가중되어 중형을 언도받은 것이었다. 유괴단의 주모
자이자 영리유괴죄로 기소된 김복순은 2년 6개월을 언도받았다. [京城地方
法院 檢事局, 1936 ≪昭和十三─十七年 刑事判決原本 第一冊≫]

109) ≪매일신보≫ 1939년 3월 16일 석간 2면, <處女와 寡婦들을 多數히 滿洲에
密賣>

110) 2009년 1월 정부기록보존소의 재판자료를 검색한 결과 '하윤명'이나 그의
아내 '김춘교'와 관련된 재판자료는 찾을 수 없었다. "제2의 하윤명 사건"이
라 불린 배장언 유괴사건의 '배장언' 또한 마찬가지로 검색되지 않았다.

111) ≪매일신보≫ 1940년 11월 5일 석간 4면, <毒牙에 걸린 少婦, 轉賣 中 救
出>

112) 임종국, 2004, ≪밤의 일제 침략4≫(한빛문화사, 서울)

정을 할 때 '주도면밀'할 것을 요청하였는데, 이러한 방침하에서 어떠한 인물이 업자로 선정되었는지 추측할 수 있다.

일제가 인신매매 단속에 성의를 보이는 것은 1938년 총력전 체제에 들어온 이후였다. 1931년 만주사변을 시작으로 15년 간의 아시아태평양전쟁에 돌입한 일본은 1937년에 발발한 중일전쟁을 계기로 본격적인 전쟁체제에 들어갔다. 이때 일본 전쟁의 특징은 총력전 체제로 인적, 물적, 사상적 동원의 총력을 기울이는 것이었다. 이 과정에서 인신매매 단속 또한 접객여성의 확대 방지를 통한 전시 인적 확보라는 측면에서 이루어졌다.

이를 위해 일제가 새삼스럽게 주목한 것은 인사소개소의 인신매매 문제였다. 그동안 예창기의 소개를 맡아왔던 인사소개소는 "비록 경찰의 허가를 받는다 하지만 그 내막이 실로 암담하기 짝이 없"었으므로 새롭게 직업소개소령을 발포하여 "철저히 단속과 취체를 하여 인적 자원을 아끼는 의미에서도 산업전선에 이용할 수 있는 처녀들을 철저히 보호"하겠다는 것이다. 그 뿐만 아니라 "앞으로는 경찰서장의 단순한 허가만에 그치지 않고 각 도지사의 권한에 맡겨 엄격히 감독취체"하겠다고 구체적인 단속강화의 방법까지 밝히고 있었다.[113] 확실히 추상적인 구호에 그쳤던 이전의 태도에 비하면 현실적인 대책으로 바뀐 것이었다.

이에 따라 1940년 1월 조선총독부 제령 제2호로 <조선직업소개령>이 발포되었다. 직업소개소는 이전의 府營에서 國營으로 재편되었고, 전시체제에 따른 노무자의 원활한 공급과 배치를 목적으로 하였다. 노무자의 모집사업은 모두 허가제로 바뀌었는데, 이로써 예기, 창기, 작부의 모집사무도 통제할 방침이 정해졌다.[114]

---

113) ≪매일신보≫ 1939년 12월 3일 석간 2면, <人事紹介業을 明朗케, 産業戰線女性을 保護, "職業紹介令" 今月 中에 發布>

그렇다고는 해도 '인적자원을 아끼는 의미에서 산업전선에 이용할 수 있는 처녀들을 철저히 보호'하겠다는 의도가 동시기 일본과 같이 적극적으로 시행되었는지는 의문이다. 일본에서는 1940년 3월 1일부터 <청소년고입제한령>을 실시하고 12세부터 30세 사이의 남성이 '평화산업'에 고용되는 것을 제한하여 이들이 시국산업에 동원될 수 있도록 하였다. 또한 12세 이상 25세까지의 여성에게도 이 제한령을 적용하였는데, 그 주된 목적은 접객업의 예기, 창기, 작부를 현재의 70%로 줄이고, 이들로 하여금 가정으로 돌아가 전시산업을 수행하는 남성의 '위안자'가 되도록 한다는 것이다. 이 제도는 같은 해 9월 1일부터 조선인 남자에 대해서도 실시되었는데, 단지 조선인 여성에 대해서만은 제외하였다.[115) 그 제외 이유에 대해서는 뚜렷히 밝히고 있지는 않으나, 이 제외조치로 인하여 조선인 여성의 접객업 유입은 일본과는 달리 제한을 받지 않게 되었다.

일제가 여성의 인적 확보 차원에서 주력한 것은 조선인 '수양녀의 해방운동' 이었다. 이때 일제가 주목한 '수양녀 제도'란 가난한 부모가 어린 딸을 '수양녀'란 명목으로 포주에게 넘기고 그 대가로 전차금을 받는 것이었다. 포주들은 '기생수업'의 명목으로 아이들에게 춤과 노래 등을 가르치다가 이들이 일정한 나이가 되면 기생을 시키거나 작부나 고용녀 등으로 다시 팔았는데, 팔려간 이들에게는 성매매가 강요되었다는 것이다. 사실 이러한 방식의 여성 인신매매 방식은 새삼스러운 것도 아니었고 일본에도 있었지만, 총력전 체제에 들어와 일제가 '수양녀'를 문제시하면서 거론한 것은 "부정한 인육상"[116)과 "딸 자식을

---

114) ≪동아일보≫ 1939년 2월 15일 석간 7면, <助興稅 國稅編入으로 財源 補塡에 腐心, 開城府 財政難 尤甚>

115) ≪매일신보≫ 1940년 2월 27일 조간 3면, <平和産業 靑少年勞務者는 從來의 七割로 減少, "靑少年雇入制限令" 實施 앞두고, 三十萬圓 追加 豫算 計上>

얼마 안되는 금전과 무역하는 그 부모네들의 죄악"[117])과 "인신매매에
길든 노예적 습관"[118])이었다. 그 동안 방치해온 경찰의 태도는 문제
삼지 않은 채 1940년에 들어와서는 '국민생활의 신체제'가 빚어낸 "명
랑하고 감격 깊은 이야기"로서 '수양녀 해방운동'을 선전하고 있었던
것이다.[119])

경찰은 수양녀를 '해방'시킨다는 명목으로 화류계와 음식점 고용인
의 내막을 조사하고 해당 지역의 수양부모들을 불러 수양녀의 '해방'
을 종용하였다. 이에 따라 1939년 5월 개성서에서 처음으로 수양녀를
'해방'하였고[120]) 1940년 8월 17일 동대문서에서도 수양부모 200여명,
같은 해 9월 7일 본정서에서 216명, 같은 날 종로서에서 110명을 호출
하여 수양녀를 '해방'시킬 것을 약속받았다[121]). 수양부모들이 조건 없
이 수양녀를 부모에게 돌려보내겠다고 응답했다는 것이다. 이 때 경찰
은 "전차금 같은 것은 일일이 간섭하지 않겠다"는 뜻을 밝혔다. 수양
부모의 '인간적 양심'과 친부모의 '도덕적 양심'에 맡겨 해결하겠다는
것이었다.[122])

116) ≪동아일보≫ 1939년 5월 13일 석간 7면, <獸心먹은 惡抱主, 開城署 繼續
摘發 取調>
117) ≪동아일보≫ 1939년 7월 14일 석간 2면, <生活苦에! 魔手에! 妓生酌婦 豫
備隊 輻輳, 東署管內에만 五百餘萬 點檢>
118) ≪매일신보≫ 1940년 9월 5일 조간 3면, <良心에 呼訴할 뿐, 修養女 解放
에 따른 金錢關係, 警察은 不干涉方針>
119) ≪매일신보≫ 1940년 9월 5일 조간 3면, <良心에 呼訴할 뿐, 修養女 解放
에 따른 金錢關係, 警察은 不干涉方針>
120) ≪동아일보≫ 1939년 5월 11일 석간 3면, <籠中鳥에 自由의 손, 十五名의
不法契約을 打破 救出, 開城署 陋習擺脫의 英斷>
121) ≪매일신보≫ 1940년 8월 18일 조간 3면, <管內 收養母를 召喚, 修養女 解
放誓約, 東大門署의 英斷!> ; ≪매일신보≫ 1940년 9월 4일 조간 3면, <修
養女 80名, 一齊히 解放, 本町署도 準備完> ; ≪매일신보≫ 1940년 9월 8
일 석간 2면, <修養女 解産의 斷, 今日 鐘路管內 一百 收養母의 呼出, 白紙
로 解散을 命令>

이후 '수양녀의 해방'에 관한 '미담' 사례가 신문지상에 계속 선전되었는데, 그 사이에도 "전차금을 떼일 새라 수양녀를 함부로 딴 곳에 팔아넘"기는 수양부모들이 속출했다.[123] 인천에서는 수양부모들이 데리고 있는 수양녀의 수를 축소하여 신고하는 방법으로 손해를 피하려고 하였다.[124] 한편 이 때의 경찰의 조치는 '수양녀'들을 다시 친부모에게 돌려보내는 것이었다. 이 때문에 친부모에게 돌아가지 않겠다고 주장하는 '수양녀' 또한 있었다. 10여년 동안 돈에 팔려 남의 집을 전전했는데, 그동안 자신을 방치했던 친부모를 믿을 수 없다는 것이었다[125].

인신매매에 기반을 둔 접객영업이 지속될 뿐만 아니라 1931년 만주사변 발발 이후 접객업이 새롭게 진출할 수 있는 시장이 넓어진 상황 속에서 인신매매는 끊이지 않았다. 일본의 대륙침략에 따른 점령지의 확대로 인신매매가 가능한 공간 또한 넓어졌는데, 전시체제기 조선 내 접객업 억제방침과 표면적인 인신매매 단속 강화로 조선 밖으로 팔려가는 여성 또한 늘어났다.

1938년 8월 일본 외무성은 경찰과 각 지방의 장관들에게 <불량분자의 중국 도항에 관한 건>을 보내고 '혼란스럽게 섞여 다니는 불량분자의 중국 도항을 엄격하게 단속 하고, 이를 위해 중국으로 건너간 후에 불량행위를 할 우려가 있는자'에 대한 신분증명서 발급을 금지할 것을 지시하였다.[126] 그러나 일제는 스스로 '추업(醜業)'이라 불렀던

---

122) ≪매일신보≫ 1940년 9월 5일 조간 3면, <良心에 呼訴할 뿐, 修養女 解放에 따른 金錢關係, 警察은 不干涉方針>

123) ≪매일신보≫ 1940년 9월 15일 석간 2면, <친딸을 假裝코 轉賣, 收養母들 惡의 行狀, 本町署만 17件 摘發>

124) ≪매일신보≫ 1940년 10월 27일 석간 3면, <解放命令無視, 修養女를 隱匿>

125) ≪매일신보≫ 1940년 10월 13일 조간 3면, <養我者가 實母! 賣喫한 生母에게 눈물의 抗議, 修養女 解放의 喜悲劇>

126) 外務次官發警視總監・各地方長官他宛 <不良分子ノ渡支ニ關スル件> 1938年8

성매매업자와 창기, 작부 등에게 신분증명서를 발급하고 있었다.[127] 이들 중에는 일본 군대의 위안소 운영을 위하여 일본이나 조선 등지에서 '위안부' 모집을 하고 중국 등으로 들어가는 사람도 있었다. 그리고 그 "모집방식은 유괴와 비슷"한 것이었다.[128] 군'위안부'를 포함하여 접객여성의 도항은 1938년 이후에는 일제의 관리하에서 이루어졌다고 할 수 있다. 그리고 그 대부분은 인신매매 방식을 통해서 가능했던 것이다.

V. 맺음말

본 연구에서는 일제시기 인신매매의 주요 양상이 여성매매임에 주목하여 그 정치사회적 원인과 결과를 밝히려고 하였다. 인신매매를 제도적으로 뒷받침 했던 공창제 자체의 모순 규명, 그리고 당시 국제법 및 형법이 금하고 있던 인신매매가 이루어지는 방식을 통해 '위안부'로 동원되었던 여성, 그 중에서도 식민지 조선여성이 처해 있던 특수한 역사적 조건을 살펴보았다.

일제시기 인신매매의 구조는 근대 일본의 공창제 성립과 그것의 식민지 도입 과정에서 형성된 것이었다. 일본은 전쟁을 통한 식민지 개척을 중심으로 하는 근대국가 건설을 위해 군대'위안'과 성병관리를 효율적으로 수행할 근대 공창제를 재편하였다. 그리고 공창제는 '개인주체의 자유로운 계약행위'이기 때문에 인신매매 제도가 아니라고 주

月31日付[女性のためのアジア平和國民基金 編, 1997 ≪政府調査「從軍慰安婦」關係集成 ①≫ 3~7 (龍溪書舍, 東京)]
127) 永井和, <앞 논문>
128) 陸軍省副官 發 北支那方面軍 及 中支派遣軍 參謀長 宛 通牒, 陸支密第745号 <軍慰安所從業婦等募集ニ關スル件> 1938年3月4日付

장하였다. 그러나 여성차별적인 경제구조, 가족제도, 교육제도 하에서
공창제는 인신매매에 의지하여 유지될 수밖에 없었다.

공창제의 조선 도입 과정은 일본의 조선 식민지화 과정에 다름 아니
었다. 1876년 조선을 강제로 개항시킨 일본은 거류지를 중심으로 유곽
을 설치하기 시작하였고, 조선사회의 성매매 단속에도 착수하여 1916
년에는 일련의 법령을 공포하고 조선 전국에 일원적인 공창제를 실시
하였다. 그리고 그 결과 감언이설, 허위의 사실 등으로 여성을 속여 접
객업 계약을 맺게 하는 일본식의 인신매매 구조 또한 이식되었다. 가
족, 교육, 직업 등의 분야에서 성과 계급적 차별 위에 민족적 차별까지
받아야 했던 조선 여성은 인신매매의 손쉬운 대상이 되었다.

공창제 하 인신매매 구조의 중심에는 소개업자가 있었다. 소개업자
는 인신매매 중개인과 접객업주와 결탁하여 여성을 직접 약취·유인하
든가, 여성을 인신매매하여 이득을 취하였다. 이 때문에 소개업을 단속
하는 법령이 있었으나 조선의 법령은 일본의 그것에 비해 단속 조항이
형식적이어서 조선의 인사소개업은 '인신매매의 소굴'이라는 오명을
쓸 정도였다.

일본의 공창제는 인신매매 제도라는 국제사회와 폐창운동단체의 비
판에 직면하여 일제는 근대 공창제의 수립으로 인신매매는 없어졌다는
추상적인 구호로 대응하였다. 한편 불법적인 인신매매를 처벌하고 이
에 대한 단속을 강화하여 국내외의 비판을 피하려고 하였다. 그러나
식민지 조선에서는 "사상대책에는 만전을 기하였지만 잡범(유괴유인
범)의 조치에 다소 불철저한" 경찰의 태도로 인하여 법적인 단속조차
제대로 이루어지지 못하는 실정이었다.

이렇게 공창제는 식민지에서 더욱 견고하게 유지되었다. 이는 재조
일본인과 일본군대의 성병관리를 통해 식민지 지배를 효율성을 기하기
위한 것이었다. 이러한 상황 속에서 일본군 위안소 정책이 본격화되었

을 때, 식민지 공창제 하의 인신매매 구조는 식민지 여성을 '위안부'로
동원하는 데에도 활용되었다. 이 때문에 전시기 '위안부'의 강제동원
문제를 해명하기 위해서는 공창제 하 인신매매의 구조와 함께 그것의
성격을 야기한 가족, 교육, 직업 등 사회 전반에 대한 젠더 관점의 이
해가 선행되어야 한다. 현재의 근현대사 교과서와 같이 젠더편향적인
서술로는 '위안부'의 동원문제를 둘러싼 소모적인 논쟁을 극복하기가
어려울 것이다.

참고문헌

강만길, 1997 <일본군 '위안부'의 개념과 호칭 문제> ≪일본군 '위안부' 문제의 진상≫ (역사비평사, 서울)

高貞煥, 1994, <韓國 女性 賣買의 實態와 史的 考察> ≪女性問題研究≫ 22 (대구가톨 릭대학교 사회과학연구소) 154.

藤目ゆき, 1997 ≪性の歷史學≫(不二出版, 東京) 90 [김경자 외 譯, 2004 ≪성의 역사학: 근대국가는 성을 어떻게 관리하는가≫ (삼인, 서울).

藤永壯, 2004 <植民地朝鮮における公娼制度の確立過程-1910年代のソウルを中心に-> ≪二十世紀研究≫ 5.

鈴木裕子, 2006 <東洋婦人兒童賣買實施調查団と國際連盟における婦人賣買問題一 「婦 女禁賣」問題と日本政府の對応を中心に一> ≪日本軍「慰安婦」關係資料集成 ≫ (明石書店, 東京).

山下英愛, 2006 <朝鮮における公娼制度の實施とその展開> ≪日本軍「慰安婦」關係資料 集成≫ (明石書店, 東京).

山下英愛, 2008 <日本軍「慰安婦」制度の背景一朝鮮の公娼制度> ≪ナショナリズムの峽 間から一「慰安婦」問題へのもう一つの視座≫(明石書店, 東京).

서지영, 2005 <식민지 시대 기생연구(Ⅰ)-기생집단의 근대적 재편 양상을 중심으로> ≪정신문화연구≫ 28-2.

孫禛睦, 1988 <日帝下의 賣春業-公娼과 私娼> ≪都市行政研究≫ 서울시립대 도시행 정연구원.

宋連玉, 1994 <日本の植民地支配と國家的管理賣春-朝鮮の公娼を中心にして->, 朝鮮 史研究會 ≪朝鮮史研究會論文集≫ 32.

宋連玉, 1994 <日本の植民地と國家的管理賣春一朝鮮の公娼を中心して> ≪朝鮮史研究 會論文集≫ 32.

宋連玉, 1994 <朝鮮「からゆきさん一日本人賣春業の朝鮮上陸過程」> ≪女性史學≫ 4.

송연옥, 1998 <대한제국기의 <기생단속령> <창기단속령>-일제 식민지화와 공창제 도입의 준비 과정> ≪韓國史論≫ 40.

宋連玉, 2000 <公娼制度から「慰安婦」制度への歷史的展開> ≪日本軍性奴隷制を裁く 2000年女性國際戰犯法廷の記錄 vol3:「慰安婦」戰時性暴力の實態[Ⅰ]≫(綠風 出版, 東京).

야마시다 영애, 1997 <식민지 지배와 공창제도의 전개> ≪사회와역사≫ 51.

永井和, 2004. 9. 18 <日本軍の慰安所政策について>, http://www.bun.kyoto-u.ac.jp/~knagai/works/guniansyo.html.

尹明淑, 2003 ≪日本の軍隊慰安所制度と朝鮮人軍隊慰安婦≫ (明石書店, 東京).

임종국, 2004, ≪밤의 일제침략사≫ (한빛문화사, 서울)

前田朗, 1998 <國外移送目的誘拐罪の共同正犯－隱されていた大審院判決－> ≪季刊
　　　戰爭責任硏究≫ 19.

정진성, 2004 <군위안부 강제동원> ≪일본군 성노예제: 일본군위안부 문제의 실상과
　　　그 해결을 위한 운동≫ (서울대학교 출판부, 서울).

早川紀代, 1995 <日本社會と公娼制> 吉見義明・林博史, ≪共同硏究 日本軍慰安婦≫
　　　(大月書店, 東京).

早川紀代, 1997 <公娼制とその周辺―東京府を中心して> ≪季刊 戰爭責任硏究≫ 17

한일여성공동역사교재 편찬위원회, 2005 ≪여성의 눈으로 본 한일 근현대사≫ (한울아카
　　　데미, 서울).

The Structure & Character of Human Trafficking during the Japanese Colonial Period

Park, Jung-Ae

This paper examines politico-social cause and effect, focusing on the fact that human trafficking during the Japanese colonial period was mainly the trade of women. The structure of human trafficking during the period of Japanese rule was formed through the establishment of the legalized prostitution system of modern Japan and its implementation in the colony. Japan re-organized the modern public prostitution system (公娼制) for military 'comfort' and to control the spread of sexual diseases effectively in an effort to build a modern nation through militaristic colonial expansion. And Japan insisted that it was not a human trafficking system because the public prostitution system was a 'free contract entered into by individual subjects.' Such a prostitution system, however, could only be maintained under an economic structure, family system and education system that discriminative against women.

The introduction process of the public prostitution system to Joseon was almost the same as the colonialization process of Joseon by Japan. It was also the process by which a Japanese style human trafficking structure was transplanted into Joseon. Joseon women, who were subject to racial discrimination in addition to sexual and class discrimination in family, education, occupation and so forth, became an easy target for human trafficking. At the center of human trafficking under the legalized prostitution system, there were brokers. Even though there was a statute to crack down on the solicitation of prostitutes, the provisions of Joseon were weak compared to Japan and so the escort business in Joseon could be stigmatized as a 'den of human trafficking.'

Confronting criticism from the international society and anti-prostitution movement groups that contended that the Japanese public prostitution system was in reality a human traffic system, Japan responded with an abstract allegation that because of the Japanese public prostitution system human trafficking disappeared. In addition, by punishing illegal human trafficking and reinforcing crackdowns, Japan tried to avoid criticism at home and abroad. It is difficult to see any real effects arising from such superficial crackdowns.

Similarly, the public prostitution system was maintained more firmly in the colonies in order to achieve efficient colonial rule through the management of sexual diseases for the Japanese people staying in Joseon and for the Japanese military. Under these circumstances, when the policy of comfort centers within the Japanese military was in full swing, the human trafficking structure under the colonial public prostitution system was used to mobilize colonial women as 'comfort women' for sexual slavery. Because of this, in order to under the forced mobilization of 'comfort women' during the war period, it is necessary to first examine the issue from a gender perspective in family, education, and occupation, together with the structure of human trafficking under the public prostitution system. The one-sided description of gender bias seen in current textbooks cannot easily overcome the wasteful debates over the mobilization of 'comfort women.'

Key words : human trafficking, the public prostitution system, custom (風俗) police, arguments to abolish the prostitution system, comfort women for the Japanese military

日帝時期の人身売買の構造と性格

朴貞愛

　本研究では、日帝時代の人身売買の主な様相が女性売買であったことに注目し、その政治的・社会的原因と結果を明かそうとした。日帝時代の人身売買の構造は、近代日本の公娼制成立とその植民地導入過程において形成されたものであった。日本は戦争を通じて植民地開拓を中心とする近代国家の建設のために、軍隊「慰安」と性病管理を効率的に遂行する近代公娼制を再編した。そして公娼制は「個人主体の自由な契約行為」であるため人身売買制度ではないと主張した。しかし、女性差別的な経済構造、家族制度、教育制度の下で、公娼制は人身売買により生き延びるしかなかった。

　公娼制の朝鮮導入過程は、日本の朝鮮植民地化過程と違いない。また、それは朝鮮に日本式の人身売買構造が移植される過程でもあった。家族、教育、職業などの分野において、身分階級的差別の上に民族的差別まで受けなければならなかった朝鮮女性は、人身売買の手安い対象となった。公娼制の下、人身売買構造の中心には紹介業者があった。紹介業を取り締まる法令はあったものの、朝鮮の法令は日本のそれに比べ取り調べ条項が形式的であったため、朝鮮の人事紹介業は「人身売買の巣窟」という汚名を被った。

　日本の公娼制は人身売買制度であるという国際社会と廃娼運動団体の批判に直面し、日帝は近代公娼制の樹立により人身売買はなくなったという抽象的なスローガンで対応した。また、不法な人身売買を処罰し、取り締まりを強化して国内外の批判から脱しようとした。しかし、形式に止まった人身売買の取り締まりが効果を挙げるのは難しかった。

　このように娼婦は植民地において一層堅固に維持された。これは在朝日本人と日本軍隊の性病管理を通じ、植民地支配を効率的に進めるためのものであった。このような状況の中、日本軍慰安所政策が本格化された時、植民地公娼制下の人身売買構造は、植民地女性を「慰安婦」として動員するためにも活用された。このため、戦時期の「慰安婦」の強制動員問題を改名するためには、公娼制下の人身売買構造と共に、その性格を惹起した家族、教育、職業などといった社会全般におけるジェンダー観点の理解が先行されなければならない。現在の近現代史教科書のように、ジェンダー偏向的な叙述では「慰安婦」の動員問題をめぐる消耗的論争を克服することは難しいといえる。

主題語：人身売買、公娼制、風俗警察、廃娼論、日本軍慰安婦

찾아보기

한일 역사교과서 서술의 이념　　　　　　　　값 28,000원

　2010년 3월 15일　초판 인쇄
　2010년 3월 25일　초판 발행

　　　　　　　　편　　자 : 한일관계사연구논집 편찬위원회
　　　　　　　　발 행 인 : 韓 政 熙
　　　　　　　　편　　집 : 신학태 김지선 문영주 정연규 안상준 문유리
　　　　　　　　발 행 처 : 景仁文化社
　　　　　　　　　　　　　 서울특별시 마포구 마포동 324-3
　　　　　　　　　　　　　 전화 : 718-4831~2, 팩스 : 703-9711
　　　　　　　　　　　　　 http://www.kyunginp.com
　　　　　　　　　　　　　 E-mail : kyunginp@chol.com
　　　　　　　　등록번호 : 제10-18호(1973. 11. 8)

ISBN : 978-89-499-0679-9 94910 세트
　　　　978-89-499-0688-1 94910
* 파본 및 훼손된 책은 교환해 드립니다.